사회복지정책론

노 병 일

교육과학사

일러두기

본 저서의 독자 분께 참고가 될까 해서, 몇 가지를 미리 일러두고자 한다.

1. 사회복지정책을 잘 이해하기 위해서는 사회보장에 관한 지식을 기본적으로 가지고 있어야 한다. 사회복지학과의 교과 과정에 별도로 '사회보장론'이라는 과목이 있기 때문에, 본 저서에서는 사회보장에 관해 기본적인 내용만을 다루었다. 그러므로 사회보장론 과목이나 기타 자료를 통해서, 사회보장에 관한 지식을 더불어 갖추시기를 바란다.

2. 본 저서에서는 우리나라에서 실시하고 있는 사회복지정책 프로그램(예컨대 사회보장제도)의 현황을 자세히 제시하지 않았다. 왜냐하면 관련 법령이나 제도가 수시로 바뀌고 있기 때문이다. 따라서 해당 부서의 홈페이지를 수시로 접속해서, 사회복지정책이나 사회보장과 관련된 신선한 자료를 만나 보시기를 바란다.

3. 본 저서에서 언급된 모든 한글 문헌과 외국 문헌(영어 문헌과 프랑스어 문헌)은 본인이 '원본'을 직접 읽고 정리한 것이다. 본인이 직접 보지 않고 인용한 것은 '재인용'이라고 표시하였다. 독자 분께서 본 저서의 일부를 인용할 경우에는, 본 저서를 출처로 제시해주시기를 바란다. 특히 독자 분께서 본 저서에서 제시된 외국 학자의 주장 내용을 인용할 경우에는, 본 저서에서 '재인용'하였음을 표시해주시기를 부탁드린다.

4. 독자 분께서 본문에 주목하게 하기 위해, 본 저서에서는 인용한 문헌의 페이지를 제시하지 않았다. 그리고 보기 편하게 하기 위해, 본 저서에서 참고한 문헌의 저자가 두세 사람일 경우에는 모든 사람의 이름을 표시하였다.

머 리 말

사회복지정책은 사회복지 활동이 벌어지는 어느 곳에나 관여하고 있다. 예를 들어 상담과 같은 사회복지실천 영역도, 알게 모르게 사회복지정책과 관련되어 있다. 그러므로 사회복지정책론은 사회복지학에서 기둥의 역할을 하는 분야라고 볼 수 있다. 무엇보다도 사회복지정책론은 사회복지 현상을 폭넓게 볼 수 있는 렌즈를 제공하는 분야이다. 그러므로 사회복지가 진행하는 커다란 흐름이나 전망을 헤아리는 거시적인 눈을 갖추기 위해서는 사회복지정책을 잘 이해하고 있어야 한다.

그러나 사회복지정책론의 구체적인 범위에 관해서는 학자들 사이에 합의가 잘 되어 있지 않은 편이다. 이런 점은 『사회복지정책론』이라는 제목을 가진 저서들의 목차를 보면 금방 알 수 있다. 각 저서들마다 다루는 내용과 순서가 매우 다양하기 때문이다. 이런 점은 미국이나 영국에서 나온 저서의 경우에도 마찬가지이다. 따라서 다양한 내용을 품은 사회복지정책론 저서를 앞으로도 꾸준히 만나게 될 것 같다.

본 저서 역시, 위와 같은 맥락에서, 사회복지정책을 이해하는 데 조그마나마 도움을 주기 위해 이 세상에 모습을 보였다. 본 저서에서는 나름대로 사회복지정책의 여러 분야를 파악하는 데 초점을 두었다.

본 저서는 크게 5부로 구분되어 있다. 각각의 부에서는 사회복지정책의 여러 모습을 살펴보고 있다.

제1부의 경우, 사회복지정책의 일반적 측면을 다루고 있다. 구체적으로 제1부에서는 사회복지정책의 개념과 영역, 사회복지정책의 주체와 대상, 사회복지정책의 기능과 모형을 살펴보고 있다. 그러고 나서 사회복지정책의 사회적 가치와 사회복지정책의 이데올로기를 살펴보고 있다.

제2부의 경우, 복지국가와 사회복지정책 발달의 역사와 이론을 다루고 있다. 구체적으로 제2부에서는 복지국가에 관해 살펴보고, 이어서 사회복지정책이 발달한 역사를 살펴보고 있다. 그러고 나서 사회복지정책 또는 복지국가의 발달과 관련된 이론을 살펴보고 있다.

제3부의 경우, 사회복지정책을 분석하는 측면을 다루고 있다. 구체적으로 제3부에서는 사회복지정책을 분석하는 틀과 분석 유형을 살펴보고 있다. 그러고 나서 사회복지정책을 분석하는 주요한 방법인 산출분석, 과정분석, 성과분석을 차례로 살펴보고 있다.

제4부의 경우, 사회복지정책의 주요 쟁점을 다루고 있다. 구체적으로 제4부에서는 사회복지정책과 경제 사이의 관계를 살펴보고, 이어서 사회복지정책과 성 측면을 살펴보고 있다.

제5부의 경우, 사회보장정책과 빈곤관련 정책을 다루고 있다. 구체적으로 제5부에서는 사회보장과 사회보험의 기본적인 측면을 살펴보고, 이어서 빈곤과 관련된 사회복지정책을 살펴보고 있다.

막상 본 저서의 마지막 문장을 맺고 보니, 즐거움보다는 부끄러움이 가슴을 허전하게 메워 온다. 그리고 저작권 문제로 좋은 사진이나 그림을 많이 싣지 못한 것도 아쉬움으로 남는다. 더 채워야 할 부분은 나중에 개정판을 발간할 때에 손질하겠다는 변명을 하면서, '부끄러움+아쉬움'의 커튼을 살며시 내려 본다.

본 저서가 나오기까지 여러 사람의 도움이 있었다. 우선 사회복지정책과 관련해 우리나라에서 고전처럼 인정받는 저서를 쓰신 길버트·테렐(Gilbert & Terrell) 교수님과 송근원·김태성 교수님에게 감사드린다. 이 분들이 쓰신 저서는 우리나라에서 나온 사회복지정책론 저서에서 매우 많이 인용되고 있다. 본인 역시 이 분들의 저서에서 많이 배웠고, 또한 본 저서에서 많이 참고하였다.

그리고 본 저서를 간행해 주신 교육과학사 김동규 사장님, 항상 자상함을 보여주신 정경식 부장님, 편집을 맡아주신 담당 선생님에게 감사의 마음을 드린다.

마지막으로, 본인을 길러주신 부모님, 철없는 본인에게 항상 엔돌핀을 넣어주는 아내 전영신, 어려운 시기를 굳건하게 잘 헤아린 아들 지용에게 허브의 향을 살포시 날려 보낸다.

2011년 1월에

칠갑산 자락에서 노병일

차 례

PART 01 사회복지정책의 일반적 측면

PART 05 사회보장정책과 빈곤관련 정책

PART 01

사회복지정책의 일반적 측면

제1장

사회복지정책의 개념과 영역 및 특성

1. 사회복지정책의 개념
2. 공공정책과 사회정책과 사회복지정책
3. 사회복지정책의 목적과 영역
4. 사회복지정책과 사회사업실천 및 일상생활

1 사회복지정책의 개념

'사회복지정책(social welfare policy)'은 '사회복지'라는 용어와 '정책'이라는 용어가 합쳐서 생긴 표현이다. 따라서 사회복지정책을 정의하기 위해서는 '사회복지'와 '정책'에 대한 개념을 먼저 살펴볼 필요가 있다.

1) 정책의 개념과 의의

(1) 정책의 개념

사회과학자들은 정책(policy)을 연구하는데 크게 관심을 가지고 있다. 그리고 학문에서뿐만 아니라 일상생활에서도 정책이라는 용어를 매우 광범위하게 사용하고 있다. 사실상 모든 사회제도와 사회조직은 더 일관성 있게 의사결정을 하기 위해 정책을 개발하고 있다. 따라서 정책은 매우 포괄적인 용어이다(Abramovitz, 2004; Dear, 1995; 김태성, 2003).

그간의 경우, 정책에 대한 정의가 여러 가지 제시되어 왔다. 정책에 대해 정의한 예를 몇 가지 살펴보면 다음과 같다.

일상생활과 학문 영역에서 정책이라는 용어는 널리 사용되고 있다: 정책토론회의 안내와 어느 잡지의 목차

① 웹스터(Webster) 사전에 따르면, 정책은 여러 가지 사회제도가 선택하고 활동하는 데 지침이 되는 통치 원칙이나 계획이나 행동과정을 가리킨다.

② 미국의 전국사회사업가협회(NASW)에서 간행한 사전에 따르면, 정책은 조직이나 정부가 행동지침으로 사용하는 지속적인 계획을 가리킨다. 이런 계획은 겉으로 분명히 드러날 수도 있고, 또는 겉으로 드러나지 않을 수도 있다(Barker, 2003).

③ 티트머스(Titmuss, 1974)에 따르면, 정책은 주어진 목적을 달성하기 위해 지향하는 행동을 다스리는 원칙을 가리킨다.

④ 디어(Dear, 1995)에 따르면, 정책은 정부와 그 대표자들이 할 수 있고 할 수 없는 것을 정해주는 원칙, 계획, 절차, 행동과정을 가리킨다.

⑤ 김태성(2003)에 따르면, 정책은 해당 조직의 목표를 달성하고자 할 때 필요한 행동에 관한 원칙이나 지침이나 일정한 계획 등을 가리킨다.

요약하건대, 정책은 목적을 달성하기 위해 실시하는 행동에 관한 원칙이나 지침이나 계획이라고 볼 수 있다.

그리고 정책이라는 개념에는 변화의 측면이 포함되어 있다. 그러므로 정책은 상황, 제도, 관행, 행동을 변화시키는 것을 의미한다고 볼 수 있다(Titmuss, 1974). 따라서 사회나 집단이나 조직으로서 변화시킬 수 있다고 볼 경우에만, 정책이 의미가 있다는 점에 유의하여야 한다. 이런 맥락에서 티트머스(Titmuss, 1974)는 정책이라는 용어가 행동 지향적이고 문제 지향적인 의미를 가지는 것으로 보고 있다.

그리고 정책은 행동에 관한 원칙인데, 이에 따라 정책은 정부가 시민에 대해 책임이 있다는 인식을 실행에 옮기는 역할을 한다. 그러므로 정책에는 사회적 가치, 이데올로기, 세계관이 반영되어 있다(Tice & Perkins, 2002).

특히 정책은 정부의 활동과 크게 관련된다. 그러므로 어떤 면에서, 정책은 정부가 하는 모든 것을 가리킨다고 볼 수도 있다. 실질적인 입장에서 볼 경우, 정책은 입법부의 국회의원들, 행정부의 장(長), 기관의 관료들이 선택해 나타난 결과를 일컫는다고 볼 수도 있다(Dear, 1995).

(2) 정책의 의의

정책은 특정한 행동 과정을 정해준다는 데 그 의의가 있다. 예를 들어 대부분의 선진국에는 분명한 외교정책, 국방정책, 환경정책, 조세정책, 소득보장정책, 형사정책이 있다. 이런 정책들의 경우, 주어진 활동 영역에서 법적으로 무엇을 할 수 있고 무엇을 할 수 없는지에 대해 사람들에게 알려줌으로써, 특정한 행동 과정을 결정하는 역할을 한다(Dear, 1995).

(3) 정책과 프로그램과 법

정책이라는 개념에는 여러 가지 요소가 포함되어 있기 때문에, 정책이라는 용어를 사람에 따라 다르게 사용하는 경향이 있다. 이와 관련해, 정책과 프로그램 사이의 차이점과 정책과 법 사이의 차이점을 논의하는 경우가 있다.

일반적으로 정책과 프로그램에 관해서는 다음과 같은 의견이 있다(김태성, 2003).

① 일부에서는, 정책이라는 용어와 프로그램이라는 용어를 서로 개념적으로 구분하지 않고 함께 사용하고 있다. 실제로, 사람들 중에는 정책이라는 용어와 프로그램이라는 용어가 같은 의미를 지니는 식으로 사용하는 사람이 많다.

② 일부에서는, 정책과 프로그램을 개념적으로 구분하고 있다. 이 경우, 정책이라는 용어는 어떤 목표를 달성하기 위한 원칙을 가리키고, 프로그램이라는 용어는 이런 원칙에 따라 정책의 목표를 달성하기 위한 구체적인 수단들을 가리키는 식으로 사용한다. 즉, 정책은 상위의 개념이고, 프로그램은 하위의 개념이라고 보는 것이다.

요약하건대, 정책과 프로그램이라는 용어를 개념적으로 구분할 수 있지만,

실제 현실에서는 정책과 프로그램이라는 용어를 함께 사용하는 경우가 많다.

한편, 정책과 관련된 내용은 법령에 들어가 있는 경우가 많다. 그런데 정책은 조직의 목표를 달성하기 위한 원칙이라는 식으로 이해되므로, 정책은 매우 넓은 의미를 지닌다. 이에 비해서, 법은 공공 영역에서 공식적으로 인정되고 합법적인 것으로 인식되어서 공적인 권위를 가지는 정책을 가리킨다. 이렇게 입법화된 정책은 모든 국민에게 공적 권위(이른바 공권력)를 가지고 집행된다. 이에 비해서, 민간 영역에서의 정책은 국민으로부터 합법성을 부여받은 것이 아니다. 따라서 국민은 민간 영역의 정책을 반드시 따를 필요는 없다(Dear, 1995; 김태성, 2003).

이런 식으로 정책과 법을 구분하게 되면, 많은 국가정책은 입법화되어 있기 때문에 정책과 법은 같은 의미를 지닌다고 볼 수 있다. 그렇지만 모든 국가정책이 입법화된 법으로만 되어 있지는 않다. 즉, 입법화되지 않은 비공식적인 국가정책도 존재한다. 실제로, 정책집행자가 임의적으로 판단하는 것에 근거해서 이루어지는 국가정책도 있다(김태성, 2003).

2) 사회복지의 개념

사회복지에 대한 정의는 다양하다. 사실, '사회복지'와 '정책'이라는 용어들 중에서, '정책'이라는 용어보다는 '사회복지'라는 용어가 더 복잡하다. 우선, 사회복지는 좁게 정의될 수도 있고, 넓게 정의될 수도 있다. 즉, 사회복지를 좁은 의미를 지니는 것으로 볼 수도 있고, 사회복지를 넓은 의미를 지니는 것으로 볼 수도 있다. 그러나 사회복지를 좁게 정의하는 방식이나 사회복지를 넓게 정의하는 방식은 모두 완벽한 것은 아니다(Dolgoff & Feldstein, 2000; 김태성, 2003).

(1) 넓은 의미로 볼 경우

사회복지를 매우 넓은 의미로 볼 경우, 사회복지는 사회구성원들이 복리를 누리는 상태를 가리킨다. 그러나 사회복지 이외에도, 사회에서 발생하는 모든 일들은 사회구성원들의 복리에 영향을 미친다.

그리고 사회복지를 넓게 정의하는 관점은 비영리 영역 이외의 영역과도 관련된다. 사회복지를 넓게 보는 관점과 관련된 영역에는 비영리 프로그램, 영리 프로그램, 정부 프로그램에서의 활동이 포함된다. 이런 활동에서는 사회복지사, 의사, 간호사, 법률가, 교육자, 종교인 등을 포함한 매우 다양한 전문 인력을 활용하고 있다(Dolgoff & Feldstein, 2000; 김태성, 2003).

(2) 좁은 의미로 볼 경우

그러나 사회복지를 너무 넓게 정의할 경우에는, 사회복지에 대한 윤곽을 잡기가 어렵다. 그러므로 사회복지를 좀 더 좁은 의미를 가지는 식으로 정의할 필요가 있다. 사회복지를 좁은 의미로 볼 경우, 사회복지는 사람들이 기본 욕구를 해결한 상태라고 볼 수 있다(김태성, 2003). 단, 이 경우에 어떤 것을 '기본' 욕구로 볼 것인가는 논쟁거리가 될 수 있다.

3) 사회복지정책의 개념

사회복지정책에 대해서 단순하거나 분명하거나 동일한 정의는 존재하지 않는다. 심지어 어느 학자는 사회복지정책을 정의하는 것에 대해 부정적인 입장을 취하고 있다(Abramovitz, 2004; DiNitto, 2007). 그러므로 사회복지정책에 대한 정의는 국가마다 크게 차이가 나고, 또한 학자마다 크게 차이가 난다.

(1) 사회복지정책의 개념

(가) 사회복지의 개념과 관련된 사회복지정책 개념

우선, 사회복지를 넓은 의미로 보게 되면 사회복지정책을 정의하는 것은 의미가 없어진다. 왜냐하면 사회의 모든 정책은 사회복지정책이 된다고 볼 수 있기 때문이다(김태성, 2003). 따라서 사회복지정책을 정의할 경우에는, 사회복지를 좁은 의미로 보는 것이 현실적으로 더 유용하다.

일부 학자들이 사회복지정책에 관해 정의를 내린 바를 살펴보면 다음과 같다.

① 아브라모비쯔(Abramovitz, 2004)에 따르면, 사회복지정책은 사회가 기본적인 사회적 욕구에 대해 반응하거나 반응하지 않는 방식을 말한다.

② 카저와 스토이즈(Karger & Stoesz, 2006)에 따르면, 사회복지정책은 자신의 기본적인 욕구를 충족하는 데 도움이 필요한 사람에게 급여를 제공하는 것을 규제하는 것을 말한다.

③ 디니토(DiNitto, 2007)에 따르면, 사회복지정책은 국민의 삶의 질에 영향을 미치는 것으로서, 정부가 하기로 결정하거나 또는 하지 않기로 결정한 것을 말한다.[1)]

④ 김태성(2003)에 따르면, 사회복지정책은 사람들의 기본 욕구를 해결하는 정책을 말한다.

> **사회복지정책 관련 특성과 사회복지의 정의**
>
> 사회복지 활동에 무엇이 포함되는가에 관해서는 모든 사람들의 의견이 일치하고 있지 않다(김태성, 2003). 사회복지를 좁게 정의하는 사람들은 사회복지의 개념과 관련해 개별적, 직접적, 비시장적, 공식적, 비영리적, 일방적, 소비적 측면을 강조하는 경향이 있다.
>
> 이에 비해서 사회복지를 넓게 정의하는 사람들은 기본 욕구를 해결하는 방법을 넓게 볼 가능성이 크다. 따라서 사회복지를 넓게 정의하는 입장에서는, 사회복지의 개념에 집합적, 간접적. 시장적, 비공식적, 영리적, 쌍방적, 생산적 측면도 포함시키는 경향이 있다. 물론 이중에서 어떤 것을 포함시키느냐는 사람마다 다를 수 있다.

여러 사람들의 정의를 종합해 볼 때, 사회복지정책은 사회나 사회구성원들의 기본적인 욕구를 충족시키려는 조처나 방식이라고 볼 수 있다.

(나) 정책 개념을 고려한 사회복지정책 개념

사회복지정책의 개념을 설정하는 데 있어, 위에서 정책의 개념에 관해 논의한 바를 반영할 필요가 있다. 이렇게 할 경우, 사회복지정책은 개인과 가족과 지역사회가 사회적으로 적절한 수준의 복리를 누릴 수 있게 하기 위해 정부가 실시하는 행동에 대한 원칙이나 지침이나 계획을 가리킨다고 볼 수 있다.

그리고 위에서 정책과 프로그램을 개념적으로 구분하는 것을 논의한 바 있다. 이와 관련해서 볼 경우, 사회복지정책은 사람들이 기본적인 욕구를 다루기 위해 이용하는 사회복지 프로그램들이라고 볼 수 있다.

---

1) 그러나 디니토는 사회복지정책을 넓은 관점에서 볼 경우에 사회복지정책에는 정부가 하는 거의 모든 것이 포함된다고 보고 있다.

[정리] 사회복지정책의 개념

- 사회복지정책은 '사회복지'와 '정책'이라는 용어가 합쳐서 생긴 표현이다.
- 정책은 목적을 달성하기 위해 실시하는 행동에 관한 원칙·지침·계획이라고 볼 수 있다.
- 정책은 정부 활동과 크게 관련되므로, 정책은 정부가 하는 모든 것을 가리킨다고 볼 수도 있다.
- 정책은 특정한 행동 과정을 정해준다는 데 그 의의가 있다.
- 정책과 프로그램이라는 용어를 개념적으로 구분할 수 있지만, 현실에서는 두 용어를 함께 사용하는 경우가 많다.
- 법은 공공 영역에서 공식적으로 인정되고 합법적인 것으로 인식되어 공적 권위를 가지는 정책이다.
- 사회복지는 좁게 또는 넓게 정의될 수 있다. 사회복지를 넓은 의미로 볼 경우, 사회복지는 사회구성원이 복리를 누리는 상태를 가리킨다. 사회복지를 좁은 의미로 볼 경우, 사회복지는 사람들이 기본 욕구를 해결한 상태를 가리킨다.
- 사회복지정책에 대한 정의는 국가나 학자마다 크게 차이가 난다.
- 사회복지정책을 정의할 경우에, 사회복지를 좁은 의미로 보는 것이 현실적으로 더 유용하다.
- 일반적으로 사회복지정책은 사회·사회구성원의 기본 욕구를 충족시키려는 조처·방식이다. 그리고 프로그램과 연관시킬 경우, 사회복지정책은 사람들이 기본 욕구를 다루기 위해 이용하는 사회복지 프로그램이라고 볼 수 있다.

2 공공정책과 사회정책과 사회복지정책

1) 공공정책

공공정책(public policy)은 사회정책이나 사회복지정책보다도 더 넓은 의미를 가지는 식으로 사용되는 경우가 많다. 공공정책에 대해 정의한 바를 살펴보면 다음과 같다.

① 모한(Mohan, 1988)에 따르면, 공공정책은 공적 영역에서 자원을 할당하는 과정을 말한다.

② 카저와 스토이즈(Karger & Stoesz, 2006)에 따르면, 공공정책은 목표와 목적을 명시하고 있는 정책으로서, 정부가 설계한 정책을 말한다.

③ 아브라모비쯔(Abramovitz, 2004)에 따르면, 공공정책은 정부가 사회를 위해 실시하거나 적용하는 원칙, 계획, 행동 과정을 말한다.

요컨대, 공공정책은 정부가 공적 영역과 관련해서 어떤 목적을 위해 자원을 배분하는 원칙과 행동 과정을 말한다고 볼 수 있다.

한편, 공공정책은 다음과 같은 두 가지의 커다란 영역으로 구분되는데, 이 두 가지 영역은 서로 관련되어 있다(Abramovitz, 2004).

① 국제정책(international policy)이 있다. 국제정책은 국가의 경계를 넘어서 취해지는 활동과 관련된 원칙과 행동 과정을 가리킨다. 국제정책에서는 외국과의 무역, 군사 업무, 이민, 외국에의 원조 제공, 국제 금융, 우주 탐험, 문화 교류 등과 관련된 문제를 다룬다.

② 국내정책(national policy)이 있다. 국내정책은 한 국가의 경계 내에서 나타나는 행동의 지침이 되는 정부 결정을 가리킨다. 국내정책에는 사회복지와 관련되는 정책뿐만 아니라 농업, 기업, 경제, 노동시장, 운송, 조세 등과 관련된 정책도 포함된다. 국내정책은 사회정책(social policy)이라고도 불린다.

2) 사회정책

사회복지정책이라는 용어 못지않게 자주 사용되고 있는 용어가 사회정책이다. 실제로 사회정책과 사회복지정책은 같은 의미를 지니는 용어로 사용되는 경우가 많다(Mohan, 1988).

사회정책에 대해 정의한 바를 일부 살펴보면 다음과 같다.

① 마셜(Marshall)은 사회정책의 이론을 가다듬은 사람이다. 마셜에 따르면, 사회정책은 서비스와 소득을 제공함으로써 사람들의 복지에 직접적으로 영향을 미치는 정부 행동을 말한다(Tice & Perkins, 2002).

'사회정책'이라는 용어를 사용한 저서들(표지)
[왼쪽부터 Clasen & Freeman(1994), Chambers & Wedel(2009), Karger, Midgley & Brown(2003)의 표지]

② 디어(Dear, 1995)에 따르면, 사회정책은 사람들의 사회적 복리에 영향을 미치는 원칙과 절차와 행동 과정을 말한다.

③ 모리스(Morris, 1979)에 따르면, 일반적으로 사회정책은 불공평을 시정하고 취약층의 여건을 개선하고 이들을 도와주기 위한 정부정책을 말한다.

④ 영(Young, 1989)에 따르면, 사회정책은 복지 영역에서 정부가 취하는 행동을 말한다.

요약하건대, 사회정책은 사회구성원의 복리에 영향을 미치는 원칙이나 정부 행동과 같은 것을 가리킨다. 그리고 사회정책은 공적 영역과 민간 영역 모두에서 이루어 질 수 있지만, 정부가 하기로 결정하거나 하지 않기로 결정한 것들이 사회정책의 주요한 요소를 이룬다. 그러므로 사회정책과 관련된 원칙과 절차와 행동 과정은 법령과 기관 규정에 들어 있다(Dolgoff & Feldstein, 2000; Dear, 1995).[2]

마셜은 사회정책의 이론을 가다듬은 사람이다: 마셜(Marshall, 1975)의 저서인 『사회정책』의 표지

구체적으로 볼 경우, 사회정책은 다음의 두 가지 모두를 의미한다고 볼 수 있다(Dolgoff & Feldstein, 2000).

① 행동할 과정을 선정하고 추진하는 사회적인 의사결정 과정을 의미한다. 이것은 정책결정(policy making)의 측면을 말한다.

② 이런 과정을 거친 후에 나타난 산물이나 결과를 의미한다. 이것은 결과적으로 등장한 정책(resulting policy)의 측면을 말한다.

3) 사회정책과 사회복지정책

개념적으로 볼 때, 사회복지정책은 사회정책의 하위 영역이거나 사회정책의 한 부분이다.[3] 따라서 사회복지정책은 국내정책(사회정책)의 한 유형이다(Dear, 1995; Abramovitz, 2004).

그러나 사회정책과 사회복지정책이라는 용어를 사용하는 경향은 국가마다 차이가 있다. 예를 들어 유럽에서는 '사회복지정책'이라는 용어를 거의

2) 이런 점은 앞에서 정책을 논의할 때 언급한 바 있다.
3) 하지만 앞에서 언급한 바와 같이, 현실적으로는 사회정책과 사회복지정책을 같은 의미를 지니는 것으로 보는 경우가 많다.

'사회복지정책'이라는 표현이 있는 미국 저서들(표지)
[Blau(2004)와 Karger & Stoesz(2006)의 표지]

사용하지 않고 있다(김태성, 2003). 그 대신에 유럽에 있는 국가에서는 '사회정책'이라는 용어를 사용하는 경향이 있다. 이 경우에, 사회정책은 매우 넓은 의미를 가지는 복지국가 정책의 핵심적인 요소가 된다.

그리고 미국에서는 사회복지정책이라는 용어를 사용하고 있다. 그러나 미국의 사회복지정책은 대인 사회 서비스(personal social service)와[4] 관련된 정책으로 제한되는 경우가 많다. 즉, 미국의 사회복지정책은 아동복지정책, 장애인복지정책, 노인복지정책 등으로 제한되는 경향이 있다.

또한 유럽에서 사회부조(공공부조)라고[5] 부르는 것을 미국에서는 '복지(welfare)'라고 부르는 경향이 있다. 따라서 미국에서 '복지정책'은 공공부조정책을 가리키는 식으로 사용되는 경우가 많다(Abel-Smith, 2008; 김태성, 2003).

[정리] 공공정책과 사회정책과 사회복지정책

- 공공정책은 정부가 공적 영역과 관련해 어떤 목적을 위해 자원을 배분하는 원칙·행동과정을 말한다.
- 공공정책은 국제정책과 국내정책으로 구분되기도 하는데, 이 경우에 국내정책은 사회정책으로도 불린다.
- 사회정책과 사회복지정책은 같은 의미를 지니는 용어로 사용되는 경우가 많다.
- 사회정책은 사회구성원의 복리에 영향을 미치는 원칙·정부행동과 같은 것을 가리킨다. 그리고 정부가 하기로 결정하거나 하지 않기로 결정한 것들이 사회정책의 주요한 요소를 이룬다.
- 개념적으로 볼 때, 사회복지정책은 사회정책의 하위 영역이거나 한 부분이다.
- 사회정책과 사회복지정책이라는 용어를 사용하는 경향은 국가마다 차이가 있다. 유럽에서는 사회복지정책이라는 용어를 거의 사용하지 않고 있고, 그 대신에 사회정책이라는 용어를 사용하는 경향이 있다. 그러나 미국에서는 사회복지정책이라는 용어를 사용하고 있다.
- 미국에서는 공공부조를 '복지'라고 부르는 경향이 있다.

4) 대인 사회 서비스는 사람들 사이의 관계와 사람과 환경 사이의 관계를 개선하고 사회에서 자신을 실현할 수 있는 기회를 제공하는 것을 기본 목적으로 삼는 사회 서비스를 말한다(Barker, 2003).
5) 사회부조(공공부조)는 경제적으로 취약한 사람들을 국가가 도와주는 공적인 제도이다(노병일, 2009). 공공부조에 관해서는 15장에서 자세히 다룬다.

3 사회복지정책의 목적과 영역

1) 사회복지정책의 목적[6)]

사회복지정책(또는 사회정책)은 여러 가지 목적을 추구하고 있다. 예를 들어 모리스(Morris, 1979)는 사회정책을 정의하면서, 사회정책의 목적을 다음과 같이 간접적으로 제시한 바 있다.

① 공평하지 못한 것을 시정한다.

② 취약층의 여건을 개선한다.

③ 힘이 없는 층에게 원조를 제공한다.

2) 사회복지정책의 영역

(1) 사회복지의 범위에 따른 영역 구분

사회복지정책의 영역에는 여러 가지가 있다. 하지만 사회복지정책의 영역에 대한 구분은 학자마다 다소 차이가 난다. 그리고 사회복지정책의 영역은 실제로 분명하지 않다고 보는 학자도 있다(DiNitto, 2007).

그러나 사회복지를 좁게 보느냐 또는 넓게 보느냐에 따라서, 어느 영역이 사회복지정책의 영역에 속하는지 여부가 달라질 수 있다.[7)] 사회복지의 의미를 어느 정도 넓게 보느냐에 따라서, 사회복지정책의 영역을 다음과 같이 구분할 수 있다.

① 사회복지정책의 기본적인 영역으로 소득보장 영역, 의료 영역, 주택 영

---

6) 사실, 사회복지정책의 목적은 사회복지정책의 기능과 중복되는 측면이 매우 많다. 사회복지정책의 기능은 2장에서 다룬다.

7) 이 점은 사회정책의 경우에도 마찬가지이다. 경제정책이나 환경정책에 비해서, 사회정책은 산만하고 잔여적인 범주에 속한다(Wilensky et al., 1985). 따라서 사회정책은 넓게 볼 수도 있고 좁게 볼 수도 있다. 예를 들어 사회정책은 정부가 하는 업무의 대부분을 포함하는 식으로 넓게 볼 수도 있고, 빈곤층을 위한 소득보장만을 가리키는 식으로 좁게 볼 수도 있다.

역, 교육 영역, 대인 사회 서비스 영역을 꼽을 수 있다(김태성, 2003). 예를 들어 디니토(DiNitto, 2007)도 위의 다섯 가지 영역을 사회복지정책의 영역에 포함시키고 있다. 실제로, 사회복지정책의 영역을 위와 같은 다섯 가지 영역으로 제한하는 경우가 많다.

② 사회복지정책의 영역을 넓게 보는 입장에서는, 경제정책의 영역에 속한다고 볼 수 있는 조세정책과 노동시장정책을 사회복지정책의 영역에 포함시키는 경향이 있다(김태성, 2003). 왜냐하면 조세정책과 노동시장정책은 소득보장정책의 기능을 하기 때문이다. 예를 들어 고든(Gordon, 1994)은 사회보장정책에서 노동시장정책을 중요하게 취급하고 있다. 그리고 티트머스(Timuss, 1976)는 복지를 사회복지(국가복지), 재정복지, 직업복지로 나눈 바 있는데, 여기서 재정복지는 조세정책과 관련된다.[8)]

③ 사회복지정책을 더 넓게 보는 입장에서는, 사회복지정책을 사회정책과 동일시하는 경향이 있다.[9)] 이런 입장을 취하는 사람들은 기본 욕구의 개념에 환경 영역, 교통 영역, 문화 영역 등도 포함시키는 경우가 많다(김태성, 2003). 그리고 라피테(Lafitte, 1973)의 경우, 사회정책은 시장이 편리하게 충족시킬 수 있는 광범위한 영역의 밖에 있는 모든 범위의 욕구를 다룬다고 본다. 또한 앞에서 이미 언급한 것처럼, 디니토(DiNitto, 2007)에 따르면, 사회복지정책을 넓게 볼 경우에 사회복지정책에는 정부가 하는 거의 모든 일이 포함된다. 즉, 이렇게 볼 경우, 사회복지정책에는 의료, 주택, 공공부조와 같은 것뿐만 아니라 조세, 국방, 에너지 보존과 같은 것도 포함된다. 따라서 이런 경우에는 사회복지정책의 영역이 매우 넓어진다.

베버리지의 5대 악과 사회복지정책 영역

베버리지(Beveridge)는 '5대 악'으로 빈곤(궁핍), 질병, 더러움(불결), 무지, 게으름(나태)을 꼽았고, 이 각각을 퇴치하기 위해 소득보장정책, 의료정책, 주택정책, 교육정책, 완전고용정책이 필요하다고 보았다(노병일, 2009). 5대 악을 물리치기 위한 이런 정책은 사회복지정책의 영역과 크게 관련된다.

8) 이 부분에 관해서는 2장에서 자세히 설명한다.
9) 윌렌스키 등(Wilensky, Luebbert, Hahn & Jamieson, 1985)의 경우, 사회정책의 영역을 '복지국가'와 대체로 같은 것으로 정의하고 있다.

요컨대, 사회복지정책의 영역과 관련해 위에서 살펴본 바를 〈표 1-1〉과 같이 정리할 수 있다.

〈표 1-1〉 사회복지정책과 사회정책과 기타 공공정책의 영역 구분

정책	영역
5대 사회복지정책	① 소득보장정책, ② 의료정책, ③ 주택정책, ④ 교육정책, ⑤ 대인 사회 서비스(사회복지 서비스)정책
넓은 의미의 사회복지정책	① 조세정책, ② 노동시장정책
넓은 의미의 사회정책	① 환경정책, ② 교통정책, ③ 문화정책
사회복지정책에 포함되지 않는 기타 공공정책	① 국방정책, ② 외교정책, ③ 치안정책, ④ 농업정책, ⑤ 산업정책 등

* 출처: 김태성(2003: 31)을 변형해 표로 작성함

2) 구체적 영역 구분의 예

일부 학자들은 사회복지정책의 영역을 구체적으로 구분하여 제시하고 있다. 예를 들어 디니토(DiNitto, 2007)의 경우, 미국의 맥락에서 여러 영역에서의 사회복지정책과 프로그램을 다루고 있다. 구체적으로 디니토가 사회복지정책을 논의하면서 다루는 정부 프로그램은 다음과 같다.

① 소득보장 영역과 관련된 프로그램이 있다. 이런 것으로 최저임금, 근로장려세제,[10] 연금, 실업보험, 산업재해보상보험, 공공부조가 있다.

② 영양 영역과 관련된 프로그램이 있다. 이런 것으로 푸드 스탬프(food stamps), 학교 급식, 여성·유아·아동을 위한 영양보충 프로그램, 아동·성인을 위한 음식 프로그램, 노인 영양 프로그램이 있다.

③ 건강 영역과 관련된 프로그램이 있다. 이런 것으로 메디케이드(Medicaid), 메디케어(Medicare),[11] 공중보건이 있다.

④ 사회 서비스 영역과 관련된 프로그램이 있다. 이런 것으로 아동보호 서비스, 가족보호 서비스, 지역사회 정신건강 서비스, 보육, 노인이

10) 근로장려세제에 관해서는 12장에서 자세히 설명한다.
11) 메디케이드와 메디케어는 미국에서 의료 서비스를 제공하는 제도이다.

나 장애인을 위한 독립생활 서비스와 장기보호 서비스가 있다.

⑤ 고용 영역과 관련된 프로그램이 있다. 이런 것으로 고용 서비스, 직업훈련, 직업재활이 있다.

⑥ 주택 영역과 관련된 프로그램이 있다. 이런 것으로 공공주택, 담보와 관련된 원조가 있다.

⑦ 교육 영역과 관련된 프로그램이 있다. 이런 것으로 취학전 교육, 모든 아동에게 교육 기회를 제공하는 제도가 있다.

[정리] 사회복지정책의 목적과 영역

- 사회복지정책(사회정책)은 여러 가지 목적을 추구한다.
- 사회복지정책의 영역에는 여러 가지가 있다.
- 사회복지정책의 기본 영역으로 소득보장 영역, 의료 영역, 주택 영역, 교육 영역, 대인 사회 서비스 영역을 꼽을 수 있다. 그러나 사회복지정책의 영역을 넓게 볼 경우에는, 조세정책과 노동시장정책도 사회복지정책의 영역에 포함되는 경향이 있다. 그리고 사회복지정책을 더 넓게 볼 경우에는 사회복지정책을 사회정책과 동일시하는 경향이 있고, 여기에는 환경 영역, 교통 영역, 문화 영역 등도 포함되는 경향이 있다.
- 티트머스는 복지를 사회복지(국가복지), 재정복지, 직업복지로 나눈 바 있는데, 재정복지는 조세정책과 관련된다.
- 베버리지는 5대 악으로 빈곤(궁핍), 질병, 더러움, 무지, 게으름을 꼽았고, 이를 퇴치하기 위해 소득보장정책, 의료정책, 주택정책, 교육정책, 완전고용정책이 필요하다고 보았다. 이런 정책은 사회복지정책의 영역과 크게 관련된다.

4 사회복지정책과 사회사업실천 및 일상생활

1) 사회복지정책과 사회사업실천[12)]

(1) 사회복지정책과 사회사업실천의 차이점

언뜻 보기에, 사회복지정책과 사회사업실천은 서로 관련되지 않은 독자적인 분야인 것처럼 보인다. 특히, 사회사업실천가가 수행하는 주요한 기능은 정책을 형성하는 과정에서 최종적으로 결정을 내리는 것과는 거리가 멀다는 사실 때문에, 사회복지를 전공하는 사람들 중에는 사회복지정책에 대해 관심을 덜 가지는 사람이 많다. 실제로 사회사업실천가들 중에는, 사회사업실천은 사회복지정책과 크게 관련이 없다고 인식하는 실천가가 많다.[13)]

그러므로 사회사업실천가들은 상호작용하는 기법을 개발하는 데 관심을 가지는 경향이 매우 크다. 즉, 사회사업실천가들은 전문가로서 자신이 어떻게 행동해야 할 것인지를 배우고, 또한 클라이언트와 동료와 지역의 지도자 및 집단과 어떻게 관여할 것인지를 배우는 데 관심을 크게 가지는 경향이 매우 크다(Gilbert & Terrell, 2005).

물론, 사회복지정책의 분야와 사회사업실천의 분야 사이에는 차이점이 많이 있다. 사회복지정책과 사회사업실천 사이의 차이점을 정리하면 〈표 1-2〉와 같다.

---

12) 사회사업실천은 사회 서비스를 제공받는 사람들과 개인적으로 접촉하거나 즉각적으로 영향을 미치는 방식을 통해서, 그 목표를 이루는 전문적인 사회복지 활동을 말한다(Barker, 2003).

13) 이런 점과 관련해, 최성재(1999)는 "사회복지학의 학문적 패러다임과 이론은 미시적(micro), 중간(mezzo) 및 거시적(macro) 사회체계(social system)의 모든 부분에 공히 적용되어 검증되고 발전되어 있어야 할 것입니다. [..] 그러나 실천현장은 미시적 차원이나 중간체계만 관련되고 거시적 체계는 관련이 없는 것처럼 여기고 있는 경향이 있어 상당히 우려되고 있습니다."라고 밝힌 바 있다.

〈표 1-2〉 사회사업실천과 사회복지정책의 차이

	사회사업실천(미시적 개입)	사회복지정책(거시적 개입)
클라이언트	개인, 가족, 소집단	이웃, 공식적 조직, 지역사회, 전체사회
목표	사회기능의 향상 : 개인, 가족, 소집단을 위한 사회문제의 완화	조직, 지역사회, 전체사회의 변화
기초가 되는 지식	개인변화 이론 : 발달심리학, 인간발달 이론	대규모 체계변화 이론 : 사회학, 경제학, 정치학, 산업관계학
공통으로 필요한 지식	소집단 사회학, 커뮤니케이션 이론	
변화 전략	직접적인 상담, 위기개입, 개별 클라이언트를 위한 옹호	지역사회조직, 사회행동, 로비활동, 조정, 지역사회분석

* 출처: Whittaker(박병현(2007: 43)에서 재인용).

(2) 사회복지정책과 사회사업실천의 관련성

사회복지정책과 사회사업실천 사이에 위와 같은 차이점이 있지만, 사회복지정책은 사회복지실천가가 전문가로서 수행하는 활동에 크게 영향을 미치고 있다. 따라서 사회복지정책과 사회사업실천은 서로 밀접하게 관련되어 있다. 그러므로 사회복지정책을 공부하는 것은 사회 서비스 분야에서 활동하는 실천가들에게 중요하다(Abramovitz, 2004; Gilbert & Terrell, 2005). 이에 관해 좀 더 살펴보면 다음과 같다.

(가) 사회복지정책의 실천에의 영향

현실적 측면에서 볼 경우, 사회복지정책은 사회사업실천의 토대가 된다. 왜냐하면 사회복지정책은 사회복지 프로그램을 정의하고, 이런 프로그램에 필요한 재정을 충당하고, 이런 프로그램을 실시하는 것과 직접적으로 관련되기 때문이다. 다음과 같은 측면에서 이런 점을 찾아볼 수 있다(Tice & Perkins, 2002; Gilbert & Terrell, 2005; Abramovitz, 2004).

① 사회복지정책은 사회사업실천의 프로그램을 개발하고 실행하는 것과 관련된 규정을 제시한다.[14] 이것은 구체적으로 다음과 관련된다. ㉠

14) 이런 규정의 특징은 다음과 같다. ① 이런 규정은 법령에 포함되어 있다. ② 일반인의 태도가 변하고 정치적 환경과 경제적 환경이 변하는 것을 반영하기 위해서, 이런 규정은 주기적으로

사회복지정책은 사회사업가가 실시하는 사회사업실천의 토대가 된다: 덴마크 사회사업가협회의 사무실(덴마크 코펜하겐에서 저자 찍음)

사회복지정책은 대상을 규정한다. 즉, 사회복지정책은 사회사업실천가들이 서비스를 제공하는 클라이언트 체계를 결정한다. 그럼으로써, 사회복지정책은 클라이언트의 생활에 영향을 미친다. ㉡ 사회복지정책은 제공하는 사회복지 서비스를 규정한다. 또한 사회복지정책은 사회사업실천가가 클라이언트들을 도와줄 수 있는 정도에 영향을 미친다. 특히 사회복지정책은 사회사업실천가들이 사용하는 실천 방법에 영향을 미친다.[15] ㉢ 사회복지정책은 서비스를 제공하는 측이 누구인지에 대해 규정한다. ㉣ 사회복지정책은 사회복지기관이 클라이언트를 도와주는 활동을 수행하는 능력에 영향을 미친다.

② 사회복지정책은 사회사업실천과 관련된 서비스에 필요한 재정을 확보하는 방식을 결정한다.

그러므로 사회사업실천가들이 사회복지정책에 관심을 가지지 않는 경우에도, 사회사업실천가들은 중요한 방식으로 사회복지정책의 영향을 받고 있다. 요컨대, 공적인 사회복지정책은 전문가들이 제공하는 사회 서비스의 종류, 이런 서비스의 양, 이런 서비스의 대상, 이런 서비스가 제공되는 조건에 영향을 미친다(Gilbert & Terrell, 2005).

그리고 사회복지정책은 사회사업실천가의 고용이나 경력과도 관련된다. 이런 점을 몇 가지 살펴보면 다음과 같다(Tice & Perkins,

> **사회사업실천가의 사회복지정책 공부 필요성**
>
> "사회복지 전문가는 사회정책의 영역이 우리 영역이 아니라는 헛된 상념에서 벗어나, 사회복지의 정치적 영역에 관한 지식을 습득하여 이 분야에 적극적으로 관여함으로써, 사회복지의 전문 영역을 넓혀야 할 것이다. 한마디로 말해서, 비정치화된 사회복지(depoliticized social welfare)란 기득 세력이 '못 가진 자'들의 편에 서 있는 사회사업가들로 하여금 자신들의 이해관계에 관여하지 못하도록 막기 위해 만들어 놓은 일종의 음모요, 일방적으로 강요된 울타리에 지나지 않는다"(송근원, 2004: 29).

개정된다.

15) 예를 들어 약물남용 상담, 재가보호, 지역사회 개발과 같은 서비스를 제공하고 이런 서비스가 필요한 정도는, 사회복지정책에서 결정내린 바를 반영하는 경우가 많다.

> **사회복지정책에 대한 지식의 필요성 : 사례**
>
> 지역의 사회복지사는 빈곤층을 도와주고자 한다. 사회복지사가 관여하는 초기의 경우, 사회복지사는 좋은 의도를 가지고 일하기 때문에 자신이 하는 일이 성공할 것이라고 예상한다. 그리고 이에 따라 사회복지사는 열심히 일한다. 그러다가 사회복지사는 어려움을 겪기 시작한다. 이런 상황의 예로 다음과 같은 것이 있다(Blau, 2004).
>
> ① 상사가 협조하지 않는 경우가 있다. 사회복지사는 클라이언트를 위해 어떤 프로그램을 실시하기를 원하지만, 사회복지사의 상사는 그 프로그램이 클라이언트에게 효과가 없을 것이라고 말하는 상황이 있을 수 있다.
>
> ② 프로그램이 부족한 경우가 있다. 사회복지사가 활동하는 지역에 빈곤층의 자녀를 맡길 보육시설이 부족한 실정이고, 또한 빈곤층이 실질적인 직업훈련을 받을 기회는 더 부족한 상황이 있을 수 있다.
>
> ③ 법을 지키는 것과 관련해 문제가 생기는 경우가 있다. 사회복지사는 빈곤한 클라이언트의 딸이 엄마와 함께 시간을 더 많이 보낼 필요가 있다고 생각하지만, 사회복지사는 법 규정을 지켜야 하기 때문에 이 엄마가 자신의 딸과 시간을 더 오래 보내도록 할 수 없는 상황이 있을 수 있다. 예를 들어, 법에는 공공부조를 받는 엄마는 일할 능력이 있으면 자활 프로그램에 참여하도록 규정되어 있을 수 있다.
>
> 이렇게 되면, 사회복지사는 좋은 의도를 가지고 일하려 하지만, 좋은 의도만 가지고는 충분하지 않게 된다. 이에 따라 사회복지사는 좌절을 느끼게 되고, 사회복지사는 여러 가지 의문을 품게 된다. 예를 들어 사회복지사는 "클라이언트에게 가장 좋은 것을 내가 하려는데, 왜 현재의 복지제도는 그것을 못하게 하는 거야?"라고 의문을 가질 수 있다(Blau, 2004).
>
> 사회복지정책은 사회복지사가 느끼는 위와 같은 감정에 대해 자세하게 해답을 주고자 한다. 간단히 말해서, 사회복지사가 이렇게 좌절하게 되는 것은 구조적인 원인이 있기 때문에 그렇다. 그리고 이런 구조적인 원인이 생기는 이유는, 모든 형태의 사회사업실천은 사회복지정책을 반영하기 때문이다.

2002; Gilbert & Terrell, 2005).

① 사회복지정책은 사회복지사가 고용될 기회를 결정한다. 예를 들어 미국의 경우, 1935년에 제정된 사회보장법에서 제시된 조처가 실행된 후부터, 사회사업과 관련된 일자리의 수가 증가하였다. 구체적으로 사회사업실천과 관련된 일자리의 수가 1930년에는 4만 개이었으나 1940년에는 7만 개로 크게 증가하였다.

② 사회사업실천가로서 현재 교육받고 있는 많은 학생들은, 나중에 기관의 관리자나 기관장으로 승진해서 정책과 관련된 역할을 수행하게 된다. 그러므로 경력의 측면에서 볼 경우, 사회사업실천가는 사회복지정책에 관해 기본적으로 알고 있어야 한다.

(나) 사회사업실천가의 정책에의 영향

사회사업실천가는 현재나 나중에 사회복지정책과 관련해 영향을 미칠 수 있다. 그러므로 사회사업실천가가 사회복지정책에 관한 지식을 갖추는 것은 중요한 의미를 갖는다. 이런 점을 몇 가지 살펴보면 다음과 같다(Gilbert & Terrell, 2005).

① 클라이언트에게 서비스를 제공하는데 경험이 많은 사회사업실천가들은 사회복지정책과 관련된 광범위한 지침을 실행하는 데 상당한 재량권을 가지는 경우가 많다.[16] 이에 따라서 경험이

16) 사회복지조직의 규모가 더 커지고 더 복잡해짐에 따라서, 사회사업실천가가 사회복지정책을 분

많은 사회사업실천가들은 해당 사회복지정책을 실행할 뿐만 아니라 이런 사회복지정책에도 영향을 미친다.[17]

② 일반인과 정책결정자들의 경우, 사회사업실천가들은 사회복지 프로그램과 이런 프로그램의 결과에 대해 유용한 정보를 제공할 수 있다고 생각한다. 예를 들어 의회의 의원들과 정치인들과 지역사회 집단은 아동복지 사업가와 같은 실천가에게 조언을 구한다. 이런 조언에는 잘못된 조언도 있고 잘된 조언도 있을 수 있다. 그러나 이들은 사회사업실천가들이 전문가이기 때문에, 이들 사회사업실천가들이 제시하는 조언을 신중하게 받아들인다. 그러므로 이런 상황을 고려할 때, 적어도 사회사업실천가는 사회복지정책에 관해 어느 정도 알고 있어야 한다.

2) 사회복지정책과 사회구성원

알게 모르게, 사회구성원의 일상생활은 사회복지정책과 크게 관련되고 있다. 이런 예를 몇 가지 살펴보면 다음과 같다(Abramovitz, 2004).

① 사회구성원 개인과 그 친구와 친지들은 살아가면서 여러 시점에서 사회복지 서비스를 이용한다.

② 사회구성원 모두는 사회복지정책을 지원하기 위해 세금을 납부한다.

그리고 다른 측면에서 사회복지정책은 사회구성원의 일상생활에 영향을 미치고 있다. 구체적으로 사회복지정책은 사회의 구성원에게 다음과 같이 영향을 미치고 있다(Abramovitz, 2004).

① 사회복지정책은 정부가 복지 영역에 지출하고자 할 때 필요한 비용을 누가 부담할 것인지를 결정하는 데 영향을 미치고, 또한 이런 정

석하는 데 있어 가지는 재량권이 더 중요해진다.

17) 그러나 이 경우에 다음과 같은 문제점이 있다. ① 사회사업실천가에게 제시되는 지침이 너무 단순한 형태로 전달되는 경우가 너무 많다. ② 정책과 관련된 일은 다른 영역의 일처럼 잘 정의되지 않는다. 사회사업실천에서 사용되는 많은 방법들을 활용할 경우에, 사회사업실천가들은 대체로 매우 합의된 일단의 역할을 수행할 수 있게 된다. 그러나 사회복지정책이 형성되는 과정은 서로 갈등적인 경우가 많은 여러 가지 역할과 관련된다. ③ 사회사업실천은 '개인' 수준에서의 실천인 경향이 있다. 그러나 사회복지정책을 형성하는 것은 이와는 아주 다르다. 즉, 사회복지정책의 형성은 많은 사람들의 활동과 관련된다.

부 지출에서 누가 혜택을 볼 것인가를 결정하는 데 영향을 미친다.

② 사회복지정책은 사람들이 얼마나 잘 살 것인가를 결정하는 데 영향을 미친다.

③ 사회복지정책은 사람들이 서로 맺는 관계가 어떤 성격을 지니는지를 결정하는 데 영향을 미친다.

④ 사회복지정책은 사람들의 전반적인 삶의 질을 결정하는 데 영향을 미친다.

⑤ 사회복지정책은 국민들이 사회정의를 증진하는 데 얼마나 관여할 것인지를 결정하는 데 영향을 미친다.

⑥ 사회복지정책은 사회구성원이 사회의 취약층에 대해 얼마나 책임을 져야 하는지에 영향을 미친다.[18] 즉, 사회복지정책에 따라서, 사회구성원은 다른 사람에 대한 사회적 책임을 크게 가질 수도 있고 적게 가질 수도 있다.

[정리] 사회복지정책과 사회사업실천 및 일상생활

- 사회복지정책 분야와 사회사업실천 분야 사이에는 차이점이 많다. 하지만 사회복지정책은 사회사업실천에 크게 영향을 미친다.
- 사회사업실천가들이 사회복지정책에 관심을 가지지 않는 경우에도, 사회사업실천가들은 중요한 방식으로 사회복지정책의 영향을 받는다.
- 사회복지정책은 사회사업실천가의 고용 및 경력과도 관련된다.
- 사회사업실천가는 현재나 나중에 사회복지정책과 관련해 영향을 미칠 수 있다.
- 직접적이든 간접적이든, 사회구성원의 일상생활은 사회복지정책과 크게 관련된다.

18) 이것은 위에서 언급한 사회정의 증진과도 관련된다.

제2장

사회복지정책의 주체와 대상 및 기능과 모델

1. 사회복지정책의 주체
2. 사회복지정책의 대상
3. 사회복지정책의 기능
4. 사회복지정책의 주요 모델

1 사회복지정책의 주체

넓은 의미로 볼 때, 사회복지정책의 주체로 정부(국가), 지방자치단체, 공공복지기관, 민간복지기관을 들 수 있다. 하지만 사회복지 자원을 제공하는 주체는 논쟁거리가 되는 경우가 많다. 특히 정부가 수행하는 적절한 역할과 관련된 논쟁에서는, 복지와 관련된 자원을 제공하는 데 있어 어느 주체가 가장 많이 책임져야 하는지를 중점적으로 다루는 경우가 많다. 그렇지만 실제로는 정부(국가), 가족, 시장 등을 포함한 여러 주체 모두는 자원을 분배하는 역할을 나름대로 수행하고 있다(Abramovitz, 2004; 송근원, 2004).

1) 정부(국가)[1]

(1) 정부의 일반적 역할

사회복지정책에서 가장 중요한 역할을 하는 주체는 말할 것도 없이 정부(국가)이다. 정부는 공적인 권력을 가지고 있으므로, 가치가 있는 자원을 배분하는 활동을 정부만이 권위적으로 할 수 있는 경우가 많다.

정부는 사회복지정책에서 가장 중요한 주체이다: 제3 정부종합청사(저자 찍음)

그러나 이외에도 정부는 광범위한 활동에 관여하고 있다. 구체적으로 정부가 할 수 있는 행동에는 다음과 같은 것이 포함된다(Spicker, 2010; Furniss & Tilton, 1977; Gilbert & Terrell, 2005; 송근원, 2004). 이런 것은 정부가 수행하는 일반적인 역할에 해당된다고 볼 수 있다.

① 정부는 규정을 정한다. 즉, 정부는 정부와 기타 조직이 운영되는 규정을 정한다. 기타 조직의 예로 기업이나 자선 조직이 있다.

② 정부는 강요한다. 즉, 정부는 아동학대와 같은 행동을 금지시킬 수 있고, 또한 정부는 어떤 형태의 행동을 요구할 수 있다. 예를 들어 정부는 아동을 학교에 보내라고 요구할 수 있다.

③ 위와 관련되는 것으로서, 정부는 자산에 대한 권리를 제한한다. 이것은 생산적 영역과 비생산적 영역 모두에 해당된다.

④ 정부는 사회에 있는 권력을 사용하는 것에 관여한다.

⑤ 정부는 서비스를 제공하거나 구입한다. 이것을 좀 더 자세히 살펴보면 다음과 같다. ㉠ 서비스 제공은 국가가 서비스를 자체적으로 제공하는 것을 의미한다. 이런 예로서 공공주택, 공적 의료서비스, 공공 교육이 있다. ㉡ 서비스 구입은 국가가 서비스 제공을 보장할 책

---

1) 실제적으로 정부와 국가는 구분되는 개념이다. 그러나 본장에서는 정부와 국가를 유사한 개념으로 본다.

임이 있음을 인정하지만, 이런 서비스를 국가가 아닌 다른 기관으로부터 구입하는 것을 의미한다.

⑥ 정부는 보조금을 제공한다. 이것을 좀 더 자세히 살펴보면 다음과 같다. ㉠ 보조금은 다음과 같은 것으로 구성되어 있다: ㉮ 특정한 방식으로 행동하도록 하기 위한 금전적 격려금이 있다. 이런 금전적 격려금은 어떤 일을 한 것에 대한 보상일 수 있다. 예를 들어 고용 증진에 대한 보상으로 격려금을 제공할 수 있다. ㉯ 보상의 형태가 있다. ㉰ 어떤 일을 하게 하는 격려일 수 있다. ㉡ 세금은 부정적 보조금으로의 역할을 하는 방식으로 사용될 수 있다. 예를 들어 담배에 세금을 많이 부과하는 방식을 통해서, 사람들이 담배를 피우는 것을 꺼리게 할 수 있다.

⑦ 정부는 설득한다. 예를 들어 정부는 사회 구성원을 교육시킬 수 있다.

⑧ 정부는 집단이 추구할 목적을 명확하게 가다듬고 이런 목적을 설정한다.

⑨ 정부는 다양한 목적을 실현하기 위한 자원을 동원하는 것에 관여한다.

⑩ 정부는 생산한다. 예를 들어 독립된 조직과 마찬가지로, 정부는 특정한 자원을 생산해 국민에게 서비스를 제공할 수 있다.

⑪ 정부는 재정을 제공한다.[2] 예를 들어 정부는 소득보장, 의료, 교육, 대인적 사회 서비스의 영역에서 재정을 제공할 수 있다.

(2) 현대의 정치체제와 복지

잘 발달된 산업사회의 경우, 정치체제는 복지를 지원하는 방향으로 조직되어 있다. 따라서 현대의 정부는 다음과 같은 것을 추구하고 있다(Gilbert & Terrell, 2005).

① 광범위하게 볼 경우, 현대의 정부는 다음과 같은 것을 추구하고자 한다. ㉠ 경제적 번영을 보장한다. ㉡ 사회적 안정을 보장한다.

② 더 구체적으로 볼 경우, 현대의 정부는 다음과 같은 것을 추구하고

2) 이 부분에 관해서는 산출분석을 다루는 장(9장)에서 자세히 설명한다.

자 한다. ㉠ 물질적 안정을 보장한다. ㉡ 건강, 교육, 주택 영역에서 최저 수준을 보장한다. ㉢ 현대의 삶에서 사람들의 복리에 부정적으로 영향을 미치는 사회적 위험으로부터 사회 구성원을 보호한다.

이에 따라서 현대의 정부는 복지와 관련해 여러 역할을 수행하게 된다.

(3) 시장의 실패

정부가 제공하는 사회복지 급여나 서비스는 '시장의 실패(market failure)'와 크게 관련된다. 시장의 실패는 "시장경제가 경제적 효율성을 달성하지 못하는 상황"을 말한다(Stiglitz, 1997). 따라서 시장의 실패에 대처하기 위해서 정부는 정책적으로 개입하게 된다. 사실상, 모든 정부는 '시장'의 작동에 대해 여러 가지 방식으로 개입하고 있다(Furniss & Tilton, 1977). 그러므로 시장의 실패는 정부가 사회복지를 제공하는 주체가 되어야 한다는 논리를 제공한다.[3)]

여러 가지 요소가 시장의 실패를 보여준다. 이런 요소를 몇 가지 살펴보면 다음과 같다.

(가) 공공재

(a) 개념과 특성

'공공재(public goods)'는 시장의 실패를 보여주는 대표적인 예이다. 공공재는 사유재(민간재)(private goods)와 대조되는 개념이다. 사유재는 그 재화를 소유한 사람이 비용을 지불하지 않는 사람에 대해서 해당 사유재를 사용하지 못하게 할 수 있는 재화를 말한다. 그러나 공공재는 "많은 사람들이 동일한 재화를 동시에 소비할 수 있으며, 그 재화에 대하여 대가를 치루지 않더라도 소비 혜택에서 배제할 수 없는 성격을 가진 재화"이다(ISCU, 2010).

따라서 공공재는 다음과 같은 특성을 지니는 재화를 말한다(Stiglitz, 1997; 김태성·성경륭, 2000).

① 공공재는 비경합적(nonrivalrous) 성격을 지닌다. 비경합성은 한 개인이 재화를 소비하는 것이 다른 개인이 재화를 소비하는 것을 줄이

3) 시장의 실패는 공공 선택 모델과 크게 관련된다. 공공 선택 모델의 경우, 정부는 시장이 다룰 수 없는 일부 기능을 수행하여야 한다고 보고 있다(Dye, 2008). 즉, 정부는 시장의 실패의 일부를 해결하여야 한다고 보고 있다.

지 않은 특성을 말한다. 즉, 일단 공공재가 제공되면, 다른 사람이 그 재화를 소비하는 데 추가로 비용이 들지 않는다는 것이다.

② 공공재는 비배타적(nonexcludable) 성격을 지닌다. 비배타성은 순수한 공공재의 혜택을 개인이 사용하지 못하도록 배제하는 데는 비용이 매우 많이 드는 특성을 말한다. 즉, 다른 사람이 공공재를 사용하지 못하게 하기가 어렵다는 것이다.

따라서 순수한 의미의 공공재는 재화를 소비하는 데 있어 비경합적 성격(비경합성)과 비배타적 성격(비배타성)을 지니는 재화를 말한다(Stiglitz, 1997; Dye, 2008; 김태성·성경륭, 2000). 요컨대, 공공재는 다른 개인이 이를 사용할 경우에 비용이 거의 들지 않고, 해당 재화를 사용하지 못하게 하는 데에는 비용이 매우 크게 드는 재화를 말한다.

등대를 예로 들면서 공공재를 설명하는 경우가 많다: 일본 오사카항의 등대
(오사카에서 저자 찍음)

공공재의 특성을 지닌 재화와 서비스의 예로 국방, 등대, 공원이 있다.

(b) 문제점과 여파

그러나 공공재는 문제점을 가지고 있다. 이런 문제점을 구체적으로 살펴보면 다음과 같다(Stiglitz, 1997; Dye, 2008; 김태성·성경륭, 2000).

순수한 공공재를 소비하는 것을 미리 배제하기는 어렵다. 따라서 공공재에서 혜택을 얻는 사람들은 그에 대한 비용을 치르지 않으려는 경향이 있다. 그러므로 사회구성원은 공공재가 제공되기를 바라고 있다. 즉, 사회구성원은 공공재에 대한 욕구가 있다. 그리고 이렇듯 공공재를 제공하면, 사회구성원에게 이득이 된다. 그러나 개인은 공공재에 대한 욕구가 있더라도, 이런 욕구를 숨기고 있다가 공공재가 제공되면 비용을 지불하지 않고서도 혜택

> **공공재의 예: 등대**
>
> 순수한 의미의 공공재로 자주 인용되는 예는 등대이다. 등대가 공공재인 이유는 다음과 같다(김태성·성경륭, 2000).
>
> ① 일단 등대의 불이 켜지면, 등대의 주위를 지나가는 모든 배는 등대불의 혜택을 받게 된다. 즉, 등대가 제공하는 서비스에 대한 요금을 지불하지 않아도, 똑같은 등대불 서비스를 받을 수 있다. 따라서 등대는 비경합적 특성을 지닌다.
>
> ② 등대불 서비스와 관련해, 요금을 지불하지 않은 배를 등대불 서비스에서 제외하기가 어렵다. 따라서 등대는 비배타적 특성을 지닌다.

을 보려는 경향이 있다. 이것을 '무임승차자 현상(free-rider phenomenon)'이라고 부른다. 무임승차자는 비용을 치르지 않고 공공재의 혜택을 누리는 사람을 말한다. 따라서 공공재를 공급하는 것과 관련해 '무임승차자 문제'가 발생한다. 그러므로 공공재를 시장 기제를 통해 제공하려고 하면, 그 공공재는 제공되지 않거나, 또는 설사 제공된다 해도 사회적 욕구에 비해 불충분하게 제공될 수밖에 없다.

따라서 시장은 공공재를 제대로 제공할 수 없다. 그러므로 정부가 공공재를 제공하여야 한다. 결국, 공공재가 사회적으로 바람직한 정도로 제공되기 위해서는, 정부가 공공재를 사용하는 비용을 세금의 형태로 강제적으로 사회구성원에게 부과하여야 한다.

(c) 사회복지 급여·서비스의 경우

사회복지의 급여나 서비스는 공공재의 성격을 지니고 있다고 볼 수 있다. 즉, 사회복지 급여·서비스를 제공할 경우, 그에 대한 혜택을 사회구성원 모두가 누릴 수 있게 된다(김태성·성경륭, 2000).

예를 들어 정부가 아동복지 프로그램을 제공하여 모든 아동의 건강 수준과 교육 수준을 높이게 되면, 모든 아동은 시민으로 건전하게 성장하고 또한 생산성이 높아질 가능성이 크다. 이렇게 되면 사회 전체가 이득을 보게 되므로, 결국에 가서 모든 국민이 아동복지 프로그램의 혜택을 보는 셈이 된다.

특히 사회복지 급여·서비스가 보편주의적 성격을 더 지닐수록, 이런 급여·서비스는 공공재의 특성을 더 많이 지니게 된다.

(나) 외부효과

(a) 개념과 의의

시장의 실패를 보여주는 또 하나의 요소는 '외부효과(externalities)'이다. 외부효과는 개인이나 기업이 어떤 행위를 하지만, 이에 대한 모든 비용을 치르지 않는 경우나 모든 이득을 차지하지 않는 경우에 나타나는 현상을 말한다. 복지 영역에 적용할 경우, 외부효과는 어떤 사람이나 조직의 행동이 다른 사람의 복지에 시장 기제 외부에서 영향을 주는 것을 가리킨다(Stiglitz, 1997; 김태성·성경륭, 2000).

이런 외부효과 때문에 정부가 개입하여야 한다. 즉, 외부효과 때문에, 정부는 국민의 복지에 주도적으로 책임질 필요가 있게 된다(Dye, 2008; 김태성·성경륭, 2000).

(b) 형태

일반적으로 외부효과는 긍정적 외부효과(positive externality)와 부정적 외부효과(negative externality)로 구분된다(Stiglitz, 1997; Dye, 2008; Blau, 2004; 김태성·성경륭, 2000).

① 긍정적 외부효과는 어떤 사람의 행위 덕분에 다른 사람들이 비용을 지불하지 않고서도 혜택을 보는 것을 가리킨다. 긍정적 외부효과의 예로 다음과 같은 것이 있다: 동네의 어떤 사람이 자선 행위를 해서 동네에 빈곤한 사람의 수가 줄어든 경우, 자선 행위를 하지 않은 다른 사람들도 빈곤층의 수가 줄어든 것과 관련해 이득을 볼 수 있다. 즉, 이 경우에, 동네에 거주하는 어떤 사람의 자선 행위 때문에, 그 동네에서 범죄 행위나 비행 행위가 발생하는 비율이 감소하고 그 동네의 주택 가격이 올라갈 수 있다. 이렇게 되면, 자선 행위를 하지 않은 동네 사람도 이득을 보는 셈인데, 이것이 바로 긍정적 외부효과이다.

② 부정적 외부효과는 한 사람의 행위가 그 행위에 대해 비용을 지불함이 없이, 다른 사람들의 복지에 해를 주는 것을 가리킨다. 부정적 외부효과를 가장 대표적으로 보여주는 예는 공기 오염과 수질 오염이다. 예를 들어 강 상류에 공장을 가진 사람이 폐기물을 강에 버리는 행위는 강 하류에서 물고기를 잡아먹고 사는 사람의 복지에 해를 주는데, 이것이 바로 부정적 외부효과이다.

(c) 사회복지 급여·서비스의 경우

외부효과와 관련해, 사회복지 급여·서비스를 정부가 제공해야 하는 이유를 다음과 같이 제시할 수 있다(김태성·성경륭, 2000).

① 사회복지 급여·서비스는 긍정적 외부효과를 많이 가져오기 때문이다. 이렇게 긍정적 외부효과를 가져오는 대표적인 사회복지 급여·서비스

의 예로 다음과 같은 것이 있다. ㉠ 사회 구성원이 소득을 일시적·영구적으로 얻을 수 없을 때 소득을 보장해주는 것이 있다. ㉡ 국민의 건강 수준을 증진하는 것이 있다. ㉢ 아동의 교육 수준을 높이는 것이 있다.

② 긍정적 외부효과를 크게 가져오는 사회복지 급여·서비스는 시장 기제를 통해서는 사회적으로 바람직하게 공급되기 어렵게 때문이다. 긍정적 외부효과가 큰 사회복지 급여·서비스를 정부가 아닌 영역이 제공할 수 있다고 생각할 수 있겠지만, 이것은 현실적으로 어렵다.

따라서 정리하건대, 어떤 사회복지 급여·서비스를 제공할 경우에 긍정적 외부효과가 크면 클수록, 그리고 이 때문에 이런 사회복지 급여·서비스에 대해 비용을 지불하지 않고도 이득을 보는 사람이 많으면 많을수록, 이런 급여·서비스는 시장에서 자발적으로 제공되기 어렵다. 그러므로 결국, 정부가 강제적으로 세금을 걷어서 이런 사회복지 급여·서비스를 공공재로서 모든 국민에게 제공하여야 한다.

(다) 불완전한 정보

(a) 개념과 배경

어떤 급여나 서비스에 관해 충분한 정보를 가지고 있지 않을 때에는, 소비자에게 필요한 급여·서비스를 시장에서 제공하더라도 이런 급여·서비스는 소비자가 진정으로 원하는 것이 아닌 경우가 있다. 그리고 이럴 경우에 이런 급여·서비스는 비효율적으로 배분될 가능성이 크다. 이런 상황을 '불완전한 정보(imperfect information)'라고 한다. 불완전한 정보는 시장에 참여한 사람이 의사를 결정하는 데 있어 중요한 정보를 충분하게 가지고 있지 않은 상황을 말한다(Stiglitz, 1997; 김태성·성경륭, 2000). 이런 정보의 예로 급여·서비스의 가격이나 특성에 관한 정보가 있다.

일반적으로 어떤 급여·서비스를 제공하는 측과 받는 측 사이에 급여·서비스에 관해 정보의 차이가 있을 경우에는, 정보를 많이 가진 측이 급여·서비스의 형태, 질, 가격 등을 결정할 가능성이 크다. 이때에 급여·서비스의 공급자가 정보를 더 많이 가지는 경우가 많다.

이런 상황에서, 정부가 급여·서비스의 소비자들보다 급여·서비스에 대해 정보를 더 많이 갖고 있을 경우에, 정부가 주도하여 이런 급여·서비스를 더 효율적으로 분배할 수 있다.

(b) 사회복지 급여·서비스의 경우

일반적으로 특정한 급여·서비스가 다음과 같은 네 가지 특성을 지니고 있을 경우에, 이런 급여·서비스는 시장에서 효율적으로 분배되기 어렵다(김태성·성경륭, 2000).

① 급여·서비스에 관한 정보를 수집하는 데 비용이 많이 들거나, 또는 정보의 질을 높이는 데 비용이 많이 드는 경우가 있다.

② 급여·서비스에 관해 정보를 수집하였다 하더라도, 이런 정보를 이해하기가 매우 어려운 경우가 있다. 대개의 경우, 전문적이고 세부적이고 기술적인 정보들은 이런 특성을 지닌다. 이런 특성을 보여주는 대표적인 예가 의료서비스에 관한 정보이다.

③ 해당 급여·서비스에 대해 잘못된 형태를 선택할 때 발생하는 손해가 매우 큰 경우가 있다. 예를 들어 잘못된 형태의 의료서비스를 선택할 경우에는 생명을 잃을 수도 있다.

④ 어떤 급여·서비스에 대해 소비자들이 선택하는 폭이 비교적 단순한 경우가 있다.

사회복지 급여·서비스인 사회보험, 의료서비스, 교육서비스, 주택서비스 등은 위와 같은 특성들을 많이 지니고 있다. 그러므로 이런 사회복지 급여·서비스는, 여기에 대해 기술적 정보를 많이 가지고 있으면서 이런 정보를 관리하는 정부에 소속된 전문적인 관료들이 주도해서 강제적으로 제공하는 것이 바람직하다.

정리하건대, 특정한 형태를 가지는 사회복지 급여나 서비스는 불완전한 정보의 문제를 가지기 때문에, 이런 사회복지 급여·서비스는 정부가 주도해서 제공하는 것이 사회적으로 더 효율적이다.

(라) 도덕적 해이

(a) 개념과 배경

'도덕적 해이(moral hazard)'는 보험에 가입한 사람이 보호되는 사항을 피할 유인이 적은 것을 말한다(Stiglitz, 1997). 일반적으로 개인의 의도적인 행위가 보험에서 대비하고자 하는 위험이 발생할 가능성에 영향을 줄 수 있기 때문에, 도덕적 해이가 발생하는 경우가 많다. 즉, 사람이 어떤 위험에 대비하는 보험에 가입하고, 또한 그 위험이 발생해도 그에 따른 심리적인 손해가 적을 경우에는, 이 사람은 해당 위험이 발생하는 것을 예방할 행위를 할 동기가 더 적어질 가능성이 크다. 그 결과, 해당 위험이 발생하는 비율이 커지게 된다(김태성·성경륭, 2000).

그리고 이렇게 되면, 보험에 가입한 사람들의 보험료는 높아지게 되고, 이에 따라 보험 가입자는 줄어들게 된다. 이런 문제가 심각해질 경우에, 결국에 가서 민간보험에서는 이런 보험 상품을 제공하기 어렵게 된다.

그러므로 결국에 가서 도덕적 해이 문제를 해결하기 위해서는, 급여·서비스를 제공하는 측이 급여·서비스를 받는 측의 행위에 대해 정보를 충분히 갖고서 이들의 행위를 모니터하고 통제하여야 한다. 그러나 민간시장에서 급여·서비스를 제공하는 측이 이렇게 모니터하고 통제하기 위한 정보를 구하기는 매우 어렵고 또한 비용도 크게 든다. 그러므로 정부가 나서서 집단적으로나 강제적으로 모니터·통제하는 것이 비용이 적게 들고 더 효율적이다.

(b) 사회복지 급여·서비스의 경우

사회복지 프로그램에서는 도덕적 해이가 나타날 가능성이 크다. 이중에서도, 실업보험은 도덕적 해이의 문제가 심각하게 나타날 수 있는 대표적인 사례이다. 예를 들어 민간시장에서 실업보험을 판매한다고 가정할 경우, 실업과 관련해 다음과 같은 문제가 생길 수 있다(김태성·성경륭, 2000).

① 보험 가입자가 실업 상태에 놓였을 때, 민간보험 회사는 이것이 자발적 실업인지 비자발적 실업인지를 확실하게 구분하기 어렵다.

② 실업 상태에 놓여도 이에 따른 '심리적 비용'은 다른 위험에 비해 적다. 예를 들어 질병에 걸렸을 때에는 고통이 클 수 있기 때문에 질병 상태를 벗어나려고 노력한다. 그러나 실업 상태는 그렇지 않을 수 있기 때문에, 실업 상태가 매우 오랜 기간 지속될 수 있다.

요컨대, 실업보험에 일단 가입하면, 다른 보험에 비해 실업보험에서는 비교적 쉽게 보험금을 지급받을 수 있고 심리적 고통이 크지 않을 수 있다. 그리고 이에 따라 실업보험의 가입자는 실업 상태에 놓이지 않거나 실업 상태에서 벗어나려고 노력하려는 동기가 적어진다.

그러나 도덕적 해이의 문제는 민간 부문에서뿐만 아니라 정부가 주도하는 프로그램에서도 심각하게 발생한다.

(마) 역의 선택

(a) 개념과 배경

질병이나 실업과 같은 위험에 대비해주기 위해 민간보험 회사가 의료보험이나 실업보험을 판매할 때에는, 이런 위험이 발생할 가능성이 높은 사람들이 이런 보험에 집중적으로 가입하는 경우가 많다. 이런 것을 '역의 선택(adverse selection)'이라고 부른다. 역의 선택은 보험회사가 보험료를 인상하면 위험도가 가장 적은 사람들(즉, 보험금 지급을 요구할 가능성이 가장 적은 사람들)이 탈퇴하여 보험 가입자의 구성이 더 나빠지는 현상을 말한다(Stiglitz, 1997). 따라서 역의 선택은 보험금을 받을 가능성이 높은 사람들이 해당 보험을 집중적으로 구입하는 현상을 말한다.

기본적으로 볼 경우, 민간보험 회사는 보험에 가입할 대상들에게 얼마나 위험이 발생할 가능성이 있는지에 관해 잘 알 수 없기 때문에 역의 선택이 나타난다. 즉, 보험에 가입한 개인이 자신에게 위험이 발생할 가능성에 관해 민간보험 회사보다 더 많은 정보를 갖고 있기 때문에, 민간보험 회사는 각 개인에 대해 적당한 보험료를 정하기가 어렵게 된다(김태성·성경륭, 2000). 그 결과로 나타나는 현상이 역의 선택이다. 그러므로 역의 선택은 불완전한 정보 때문에 발생하는 현상이라고 볼 수 있다.

역의 선택이 발생하는 기제는 다음과 같다. 민간보험 회사가 개인 가입자에 대해 적절한 보험료를 정하기 어려운 경우, 민간보험 회사의 입장에서는 이윤을 얻기 위해서 보험료를 높게 부과할 수밖에 없다. 이렇게 높은 보험료를 부과하게 되면, 위험이 발생할 가능성이 상대적으로 낮다고 생각하는 사람들은 해당 보험에 가입하기를 꺼리게 된다. 따라서 위험이 발생할 가능성이 매우 높은 사람들만이 해당 보험에 가입하게 되고, 이런 상황에서 민간보험 회사는 이익을 얻기 위해 보험료를 더 높게 정하게 된다. 결국, 시간이 흐를수록 역의 선택 문제가 더 악화된다. 이런 악순환이 반복되면, 보험료가 매우 높아져서 대부분의 사람은 이런 보험에 가입하기가 현실적으로 어렵게 된다. 이에 따라 결과적으로, 민간시장에서는 이런 보험을 제공하기가 어렵게 된다(김태성·성경륭, 2000).

역의 선택 문제를 해결하기 위한 방법은, 보험에 집단적으로 가입하게 하는 것이다. 이 경우, 각 개인에게 위험이 발생할 가능성은 정확하게 모를지라도, 보험에 가입하는 사람들에게 위험이 발생할 집단적 확률은 비교적 쉽게 알 수 있다. 따라서 이런 집단적 확률을 근거로 해서, 보험료를 적절하게 정할 수 있게 된다. 그런데 집단의 규모가 클수록 역의 선택 문제는 약화된다. 그러므로 사회의 구성원 전부를 강제로 가입시키는 방식을 사용하면, 역의 선택 문제를 효율적으로 다룰 수 있다. 따라서 정부가 전 국민을 대상으로 주도하는 강제적 프로그램인 사회보험은 이런 역의 선택 문제를 해결하고자 하는 것이다(김태성·성경륭, 2000).

(b) 사회복지 급여·서비스의 경우

일부 사회보험은 역의 선택 문제와 관련되는 경우가 많다. 역의 선택 문제 때문에 민간보험 회사가 개인을 대상으로 제공하기 어려운 보험의 예로 실업보험이 있다(김태성·성경륭, 2000).

(바) 위험 발생의 상호 의존

(a) 개념과 배경

'위험 발생의 상호 의존'은 위험이 발생하는 것이 서로 관련되어 있는 것을 말한다. 일반적으로 민간시장에서 특정한 보험을 제공하기 위해서는, 민간보험 회사가 이런 보험을 제공하는 것과 관련해 재정을 안정적으로 확보할 수 있어야 한다. 만약 어떤 위험이 발생하는 것이 서로 의존적일 경우에는, 재정을 안정적으로 확보하기가 어렵게 된다. 즉, 어떤 사람에게 위험이 발생하는 것과 다른 어떤 사람에게 위험이 발생하는 것이 서로 연관되어 있을 경우에는, 안정된 재정을 갖추기가 어렵다. 따라서 이런 상황에 있는 위험에 대해서는, 민간시장에서 보험을 제공하기가 어렵게 된다(김태성·성경륭, 2000).

(b) 사회복지 급여·서비스의 경우

일부 사회복지 프로그램은 위험 발생의 상호 의존 문제를 겪는다. 이와 관련된 좋은 예가 실업보험이다. 어느 사람이 일하는 회사나 산업 영역만이 이 사람이 실업 상태에 놓일지 여부를 결정하는 것은 아니다. 예를 들어 국가의 경제 상황도 개인이 실업 상태에 놓일 가능성을 결정한다. 즉, 국가 전체의 경제 여건이 좋지 않은 상황에서는, 어느 개인이 실업 상태에 놓일 가능성과 다른 어떤 사람이 실업 상태에 놓일 가능성은 서로 연관되어 있다. 이렇게 되면, 실업 상태에 놓이지 않은 사람이 납부한 보험료를 가지고, 실업 상태에 놓인 사람에게 보험금으로 지급하는 것을 보장하기 어렵다. 따라서 민간보험 회사에서 실업보험을 제공할 경우에, 결국에 가서 이 회사는 재정적으로 파탄되는 상태에 놓일 가능성이 크다. 이런 경우에는 정부만이 실업보험과 관련된 보험금을 보장해 줄 수 있게 된다(김태성·성경륭, 2000).

(사) 규모의 경제

(a) 개념과 배경

'규모의 경제(economies of scale)'는 규모를 확대할 경우에 비용 측면에서 나타나는 이득을 말한다. 어느 경우에는 규모가 작은 주체보다는 규모가 큰 주체가 재화를 상대적으로 더 낮은 가격에 만들어 제공할 수 있다. 그러므로 민간 부문보다 정부가 이런 재화나 서비스를 제공할 경우에, 단위 당 비용이 상대적으로 적어지고 또한 거래 비용도 적어질 수 있다(Wikipedia, 2010; 김태성·성경륭, 2000).

(b) 사회복지 급여·서비스의 경우

사회복지와 관련된 급여·서비스는 규모의 경제와 관련된 특성을 많이 가지고 있다고 볼 수 있다. 이런 예로 모든 아동에게 의무교육을 시키는 것, 공공주택을 대량으로 건설하는 것, 모든 국민에게 의료 서비스를 제공하는 것, 모든 국민을 대상으로 사회보험을 실시하는 것이 있다.

그러나 규모의 경제가 일부 기술 형태에는 적용될 수 있을지 몰라도, 직업 상담과 같은 사회서비스에는 적용되기 어려울 수도 있다는 비판이 있다(Gilbert & Terrell, 2005; 김태성·성경륭, 2000).

는 경상수지 흑자 현상이 세계 총수요 약화로 이어진다고 지적한 바 있다. 경상수지 흑자를 내는 국가들은 그들의 교역 상대국에 '외부 불경제(negative externality)'가 되고 있다는 것이다. 케인스는 적자 국가들보다 흑자 국가들이 오히려 세계 경제 번영에 훨씬 더 위협이라고 믿었다. 그래서 경상수지 흑자에는 세금을 매기자는 제안까지 했다.

10년 전 아르헨티나는 이른바 '죽음의 소용돌이'를 겪었다. GDP 대비 재정적자

세상에 완전한 시장이란 없다. 시장실패란 언제나 존재한다. 그래서 시장과 정부는 따로따로일 수 없다. 미국의 금융위기를 촉발한 원인도 시장실패에 정부가 둔감해서다. 비우량 주택담보대출은 늘리면서 그 위험한 상품을 다른 상품과 섞어 위험을 감출 수 있게 했으니 투자가들의 경계심이 작동할 수 없었다. 정보의 비대칭이야말로 시장실패의 첩경이고, 시장을 투명하게 만드는

Bagehot | Moral hazard

Why things look even worse for Tony Blair than they do for George Bush

시장의 실패와 관련된 용어는 언론에 자주 등장한다: 부정적 외부효과(외부 불경제), 불완전한 정보(정보의 비대칭), 도덕적 해이를 다루고 있는 기사의 예 [출처: 동아일보와 이코노미스트]

[정리] 사회복지정책의 주체

- 사회복지정책의 주체로 정부(국가), 지방자치단체, 공공복지기관, 민간복지기관을 들 수 있다. 하지만 사회복지 자원을 제공하는 주체는 논쟁거리가 되는 경우가 많다.
- 사회복지정책에서 가장 중요한 역할을 하는 주체는 정부이다. 정부는 광범위한 활동에 관여하는데, 복지와 관련해서도 여러 역할을 수행한다.
- 시장의 실패는 시장경제가 경제적 효율성을 달성하지 못하는 상황이다. 시장의 실패는 정부가 사회복지를 제공하는 주체가 되어야 한다는 논리를 제공한다. 시장의 실패를 보여주는 요소(원인)로 공공재, 외부효과, 불완전한 정보, 도덕적 해이, 역의 선택, 위험 발생의 상호의존, 규모의 경제가 있다.
- 공공재는 시장의 실패를 보여주는 대표적인 예이다. 공공재는 재화를 소비하는 데 있어 비경합성과 비배타성을 지니는 재화이다. 공공재는 무임승차자 문제를 가지므로 시장은 공공재를 제대로 제공할 수 없고, 정부가 공공재를 제공하여야 한다. 보편적인 사회복지의 급여나 서비스는 공공재의 성격을 지닌다.
- 외부효과는 개인이나 기업이 어떤 행위를 하지만, 이에 대한 모든 비용을 치르지 않는 경우나 모든 이득을 차지하지 않는 경우에 나타나는 현상이다. 사회복지 급여·서비스는 긍정적인 외부효과를 많이 가져온다.
- 불완전한 정보는 시장에 참여한 사람이 의사를 결정하는 데 있어 중요한 정보를 충분하게 갖지 않은 상황이다. 특정한 사회복지 급여나 서비스는 불완전한 정보의 문제를 가지기 때문에, 정부가 주도해 제공하는 것이 사회적으로 더 효율적이다.
- 도덕적 해이는 보험에 가입한 사람이 보호되는 사항을 피할 유인이 적은 것을 말한다. 도덕적 해이가 커지면, 민간보험에서는 해당 보험 상품을 제공하기 어렵게 된다. 사회복지 프로그램에서는 도덕적 해이가 나타날 가능성이 크다.
- 역의 선택은 보험금을 받을 가능성이 높은 사람들이 해당 보험에 집중적으로 가입하는 현상을 말한다. 역의 선택 문제를 해결하기 위한 방법은, 보험에 집단적으로 가입하게 하는 것이다. 일부 사회보험은 역의 선택 문제와 관련되는 경우가 많다.
- 위험 발생의 상호 의존은 위험이 발생하는 것이 서로 관련되는 것을 말한다. 일부 사회복지 프로그램은 위험 발생의 상호 의존 문제를 겪는다.
- 규모의 경제는 규모를 확대할 경우에 비용 측면에서 나타나는 이득을 말한다. 사회복지와 관련된 급여·서비스는 규모의 경제의 속성을 많이 가진다.

2) 민간 영역

정책을 실제로 결정하는 사람은 권위를 가진 정책 결정자이다. 하지만 민간단체나 민간기관, 이익집단, 지역 주민 등도 해당 정책을 결정하는 과정이나 그 이후의 과정에 참여한다(송근원, 2004). 그러므로 민간 영역도 사회복지정책의 주체가 될 수 있다.

민간 영역이 주체가 되어 제공하는 사회복지로 시장, 공공기관과 유사한 기관, 노동조합, 종교기관, 비영리기관, 기업이 제공하는 여러 가지 급여와 서비스가 있다(The Canadian Encyclopedia, 2010).

(1) 시장

민간 영역 중에서 물품과 서비스를 분배하는 주요한 제도는 시장이다. 모든 이데올로기적 관점의 경우, 시장은 모든 사람에게 동일한 소득을 제공하는 것이 아니며 또한 물품을 구입할 수 있는 능력을 동일하게 제공하지 않는다는 점에 대해 동의하고 있다(Abramovitz, 2004).

시장의 중요성과 관련되는 개념으로 '정부의 실패(government failure)'가 있다. 정부의 실패는 정부가 개입할 경우에 자원이 왜곡되게 분배되고 효율성이 더 낮아지는 것을 말한다. 정부의 실패는 시장의 실패와 대응되는 개념이다(Wikipedia, 2013). 그러므로 정부의 실패는 시장이 개입하여야 한다는 논리를 제공한다.

(2) 비공식 영역

정부나 시장 이외에, 비공식 영역에서도 사회복지와 관련된 급여·서비스를 제공하고 있다. 이중에서도, 사회복지정책과 관련된 대표적인 비공식 영역은 친족이다. 사회복지와 관련해, 친족은 보호가 필요한 구성원을 보호하고 서로 재정적으로 도움을 주는 역할을 한다(Gilbert & Terrell, 2005).

친족의 주요한 형태로 가족이 있다. 가족은 노동시장에 참여하지 않거나 또는 스스로 자신을 돌볼 수 없는 사람들을 보호하는 경우가 많다. 이렇게 함으로써, 가족은 가족 구성원에게 자원을 분배하는 역할을 한다. 이것을 가족의 위치와 관련해 살펴보면 다음과 같다(Abramovitz, 2004).

① 가장은 가족 구성원이 필요한 음식, 의류, 주택, 의료, 기타 여러 가지 물품과 서비스를 구입하는 데 필요한 임금을 벌어온다.

② 성인 여성과 기타 무급 가족 구성원들은 가사 일을 하고, 아동을 돌보고, 집안을 꾸려나간다.

종교기관도 사회복지과 관련된 주체의 하나이다: 사찰이 빈곤층을 돕기 위한 돈을 모으고 있는 항아리(북한산 도암사에서 저자 찍음).

(3) 기타 영역

사회복지와 관련해 여러 주체가 복지와 관련된 급여·서비스를 제공할 수 있다. 정부나 시장이나 친족 이외의 주체로 다음과 같은 것이 있다(Gilbert & Terrell, 2005).

① 종교제도가 있다. 사회복지와 관련해, 종교기관은 신앙중심의 건강·교육·사회서비스를 제공한다.

② 사업장이 있다. 사업장은 근로자에게 복지와 관련된 급여를 제공한다.

③ 상호부조제도가 있다. 상호부조제도의 주요한 형태로 지지 집단이 있다. 사회복지와 관련해, 상호부조기관은 자조(自助), 자원봉사, 비영리 사회서비스를 제공한다.

3) 복지의 사회적 분류

사회복지정책의 경우, 복지를 위해 간접적으로 지출하는 것에도 주목하는 관점과 공공 영역 이외의 영역에도 주목하는 관점이 필요할 수 있다. 이런 관점을 처음 제시한 사람은 티트머스(Titmuss)이다. 티트머스의 경우, 사회복지제도는 복지국가보다 범위가 더 넓다고 보고 있다. 따라서 티트머스는 '복지의 사회적 분류(social division of welfare)'를 제시하는데, 여기에는 세 가지의 주요한 복지체계가 포함된다. 세 가지 복지체계는 사회복지체계, 재정복지체계, 직업복지체계를 말한다. 이에 따라 티트머스는 복지를 사회복지(국가복지)(state welfare), 재정복지(회계복지)(fiscal welfare), 직업복지(occupational welfare)의 세 가지로 분류하고 있다(Spicker, 2010; Ervik & Kuhnle, 1996; Gilbert & Terrell, 2005; Abramovitz, 2001; Alcock, Erskine & May, 1999; Karger & Stoesz, 2006).

이중에서 재정복지는 조세제도를 통해서 제공되는 복지를 말한다. 구체적으로 재정복지는 분명한 사회적 목적을 달성하고자 하는 조세제도를 가리킨다. 재정복지의 경우, 조세면제와 조세감면과 세제혜택을 통해서 간접적으로 개인과 가족에게 소득을 보조해 준다.[4] 이런 재정복지는 여러 국가에서 자주 사용되고 있다.

그리고 직업복지는 고용과 관련된 복지를 가리킨다. 구체적으로 직업복지는 사업장 및 유급 노동과 관련된 보험 제도와 복지서비스 제도를 말한다. 사업장에서 근로자를 위해 제공하는 급여 혜택은 근로자뿐만 아니라 근로자의 가족도 이용할 수 있는 경우가 많다. 이런 급여 혜택은 사업장에서 일하는 많은 근로자에게 중요한 복지 급여로 작용한다.

티트머스가 제시한 세 가지 복지체계는 사회복지정책의 주체가 확대되는 것과 관련된다. 그리고 세 가지 복지체계로 구분하는 것은 사회복지정책의 영역을 확대하는 데 도움을 준다.

4) 주체의 다양성 : 복지 다원주의

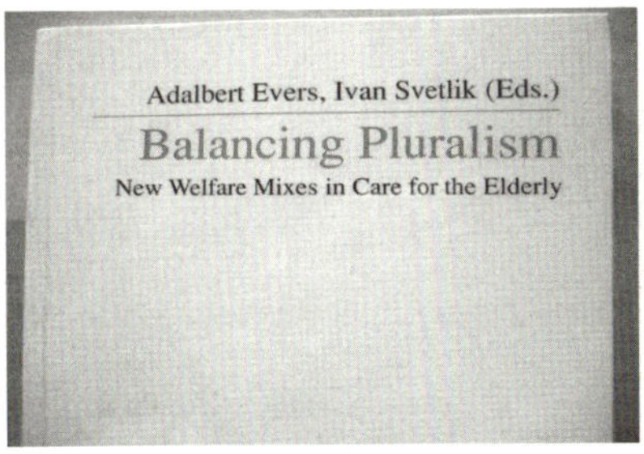

복지 다원주의는 여러 복지 영역에서 나타나고 있다: 노인 돌봄과 관련해 복지 다원주의를 다룬 저서(Evers & Svetlik, 1993)의 표지

복지국가가 위기를 맞이함에 따라서, 복지 영역은 복지 다원주의(welfare pluralism)를 추구하는 방향으로 나가고 있다. 복지 다원주의는 공적 영역의 수단과 민간 영역의 수단 모두를 사용하여 복지를 생산하고 소비하는 것을 말한다(Alcock, Erskine & May, 1999). 복지 다원주의는 복지 혼합(welfare mix)이라고도 불린다.

한 마디로 말해서, 복지 다원주의는 국가뿐만 아니라

4) 오늘날의 경우, 예산 용어에서는 이런 것들을 '조세 지출'이라고 부른다. 조세 지출에 관해서는 산출분석을 다루는 장(9장)에서 자세히 설명한다.

비국가 영역도 복지를 제공하는 주체로 참여하는 것을 일컫는다. 그러나 실제적으로는, 복지 다원주의는 복지를 제공하는데 있어 국가가 수행하는 역할을 줄이고, 그 대신에 국가 이외의 영역이 수행하는 역할을 증대시키는 것을 의미하고 있다. 여기서 국가 이외의 영역은 비공식 영역, 민간 영역, 상업 영역을 가리킨다(Pijl, 1994).

[정리] 사회복지정책의 주체(계속)

- 시장은 물품과 서비스를 분배하는 주요한 제도의 하나이다. 정부의 실패는 정부가 개입할 경우에 자원이 왜곡되게 분배되고 효율성이 더 낮아지는 것을 말한다.
- 정부나 시장 이외에, 비공식 영역에서도 사회복지와 관련된 급여·서비스를 제공한다.
- 티트머스는 '복지의 사회적 분류'를 제시하는데, 이것은 사회복지, 재정복지, 직업복지를 말한다. 재정복지는 조세제도를 통해 분배된 복지를 말하고, 직업복지는 고용과 관련된 복지를 말한다. 세 가지 복지체계는 사회복지정책의 주체가 확대되는 것과 관련된다.
- 복지 다원주의(복지 혼합)는 국가뿐만 아니라 비국가 영역도 복지를 제공하는 주체로 참여하는 것을 일컫는다.

2 사회복지정책의 대상

1) 개관

사회복지정책이 무엇인가를 살펴보는 것은, '누구를 위한 사회복지정책'이냐를 살펴보는 것과 관련된다(Titmuss, 1974). 따라서 사회복지정책에서 사회복지정책의 대상(객체)도 중요한 위치를 차지해 왔다. 사회복지정책에서의 대상은 '사회복지정책으로부터 권리를 주장할 수 있는 대상'이라고 볼 수 있다(송근원, 2004). 이런 대상을 일반적으로 클라이언트라고 부른다.

이 경우에, 클라이언트의 범위와 관련해 여러 가지 관점이 있을 수 있다. 이런 관점을 살펴보면 다음과 같다(Abramovitz, 2001; 송근원, 2004).[5]

---

5) 이것은 사회복지의 잔여적·제도적 개념과 관련되는 측면이 크다.

① 매우 좁은 의미의 관점으로, 사회적으로 생활 능력이 없는 사람을 사회복지정책의 대상으로 보는 관점이 있다. 이런 관점은 사회복지의 잔여적 관점과 관련된다고 볼 수 있다.

② 이보다 더 넓은 의미의 관점으로, 생활 능력이 없는 사람들뿐만 아니라, 앞으로 사회적 위험을 겪을 수도 있는 잠재적 클라이언트도 사회복지정책의 대상으로 보는 관점이 있다.

③ 이보다 더욱 더 넓은 의미의 관점으로, 모든 국민을 사회복지정책의 대상으로 보는 관점이 있다. 예를 들어 아브라모비쯔(Abramovitz)의 경우, 정부의 지출은 주요 기업뿐만 아니라 모든 사회 계층의 사람들에게 이득을 준다는 점을 제시한 바 있다.

전통적으로 사회복지정책의 대상은 빈곤층이거나 취약층이어 왔다. 그러나 현대에 들어서, 복지국가는 취약층의 욕구뿐만 아니라, 많은 이익집단의 욕구도 충족시켜주고 있다. 이런 상황이 나타나는 주요한 이유는, 사회복지가 보편주의의 원칙을 지지하는 방향으로 나가기 때문이다. 이런 맥락에서 보편주의는 모든 사람이 복지를 평등하게 이용할 수 있는 과정을 의미하게 되었다. 이 경우, 모든 사람에는 가장 잘 사는 층과 가장 취약한 층이 포함된다. 그러므로 사회복지는 어려운 사람들을 돕기 위해 이용될 수 있지만, 부유한 사람들과 힘이 있는 사람들을 돕기 위해 이용될 수도 있다(Mohan, 1988).

2) 티트머스의 3중 복지체계의 대상

티트머스의 3중 복지체계(사회복지, 재정복지, 직업복지) 모델 덕분에, 복지국가를 더 넓은 관점에서 볼 수 있고, 또한 복지 혜택을 보고 있는 사람이 누구인지에 대해 더 넓은 관점에서 볼 수 있게 되었다(Abramovitz, 2001). 그리고 이에 따라서 사람들은 정부 지출에서 가장 혜택을 보고 있는 사람이 누구인지에 대해 그간 가지고 있던 생각을 바꾸게 되었다.

티트머스의 경우, 세 가지 복지체계 모두는 중산층과 상류층에게 유리하게 작용한다고 결론내린 바 있다. 사회복지정책을 분석하는 기타 학자들도 이와 비슷하게 인식하고 있다.

예를 들어 거의 모든 사람이 복지의 혜택을 보고 있지만, 빈곤층을 위한 프로그램과 일하는 저소득층을 위한 프로그램이 더 두드러지게 눈에 띤다. 그러나 실제로 세 가지 복지체계는 빈곤층이 아닌 사람들과 주요 기업들에게 '숨겨진 복지국가(shadow welfare state)'로서의 역할을 한다.

빈곤층을 위한 프로그램은 오명이 따라 붙고 부정적으로 인식되고 예산이 삭감되는 경우가 많다. 그러나 숨겨진 복지국가는 눈에 띄지 않기 때문에, 중산층과 상류층을 위한 사회복지 프로그램과 모든 재정복지 프로그램은 오명이 따라 붙지도 않고 부정적으로 인식되지도 않고 예산이 삭감되지도 않는 경향이 있다(Abramovitz, 2001).

[정리] 사회복지정책의 대상

- 전통적으로 사회복지정책의 대상은 빈곤층이거나 취약층이어 왔다. 그러나 현대에 들어 사회복지가 보편주의 원칙을 지지하는 방향으로 나감에 따라 많은 이익집단의 욕구도 충족시킨다.
- 복지체계는 중산층과 상류층에게 유리하게 작용하는 경향이 있다.

3 사회복지정책의 기능

1) 일반적 기능

사회복지정책은 여러 가지 기능을 수행하고 있다. 사실, 이런 기능들의 많은 부분은 사회복지정책의 목적 속에 이미 제시되어 있다. 사회복지정책이 수행하는 주요한 기능을 몇 가지 살펴보면 다음과 같다(Mohan, 1988; Deacon, 2002; Spicker, 2010; 노병일, 2009).

① 사회복지정책은 빈곤을 감소하거나 빈곤을 퇴치하는 기능을 한다. 전통적으로 볼 때, 사회복지정책이 수행하는 분명한 기능은 어려운 사람을 돕는 것이다. 이것은 사회보장정책의 경우에 특히 그렇다.

② 사회복지정책은 자원을 재분배하는 기능을 한다. 사실, 이런 재분배

기능은 사회복지정책의 중요한 기능에 속한다. 특히 티트머스(Titmuss)는 복지에서 재분배 측면을 강조한 바 있다. 그리고 사회복지정책의 재분배 기능은 사회복지정책의 빈곤 감소 기능과 직접적으로 관련된다.

③ 사회복지정책은 사회를 통합하는 기능을 한다. 티트머스의 경우, 복지의 중요한 특징은 통합체계에 주목하는 데 있다고 보았다. 이런 점은 사회복지정책에서 사회통합의 기능이 중요하다는 점을 보여준다.

④ 사회복지정책은 사회를 안정시키는 기능을 한다. 왜냐하면 사회복지정책은 사회문제 탓으로 생기는 사회적 갈등을 줄이는 역할을 하기 때문이다. 그리고 더 나아가, 사회복지정책은 정치를 안정시키는 기능을 한다. 즉, 사회복지정책이 사회구성원의 다수에게 혜택을 주는 방향으로 실시되면, 사회구성원은 정치체제나 정치 지도자를 더 지지하게 된다. 그리고 그 결과로, 정치적으로 안정된 상황이 나타나게 된다.

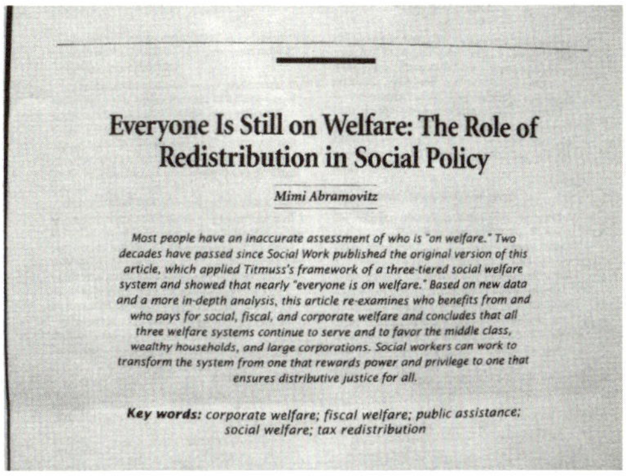
Everyone Is Still on Welfare: The Role of Redistribution in Social Policy

Mimi Abramovitz

Most people have an inaccurate assessment of who is "on welfare." Two decades have passed since Social Work published the original version of this article, which applied Titmuss's framework of a three-tiered social welfare system and showed that nearly "everyone is on welfare." Based on new data and a more in-depth analysis, this article re-examines who benefits from and who pays for social, fiscal, and corporate welfare and concludes that all three welfare systems continue to serve and to favor the middle class, wealthy households, and large corporations. Social workers can work to transform the system from one that rewards power and privilege to one that ensures distributive justice for all.

Key words: *corporate welfare; fiscal welfare; public assistance; social welfare; tax redistribution*

사회의 모든 사람은 사회(복지)정책의 재분배 기능에서 혜택을 보고 있다는 점을 제시한 논문 (Abramovitz, 2001)의 제목 부분

수평적 재분배와 수직적 재분배 기능

재분배의 형태에는 여러 가지가 있다. 가장 단순하게 볼 경우, 재분배를 수평적 재분배(horizontal redistribution)와 수직적 재분배(vertical redistribution)로 구분할 수 있다(Alcock, Erskine & May, 1999). 수평적 재분배는 비슷한 자원을 가지고 있으나 욕구는 서로 다른 개인들 사이에 자원을 재분배하는 것을 가리킨다. 그리고 수직적 재분배는 더 부유한 집단이나 개인으로부터 덜 부유한 집단이나 개인에게 자원을 재분배하는 것을 가리킨다.

따라서 특정 사회복지정책은 수평적 재분배 기능을 수행할 수도 있고, 수직적 재분배 기능을 수행할 수도 있고, 수평적·수직적 재분배 기능을 모두 수행할 수도 있다.

정리하건대, 사회복지정책은 여러 가지 기능을 수행한다. 물론, 위에 제시한 기능들 이외에도, 사회복지정책은 다양한 기능을 수행하고 있다. 예를 들어 사회복지정책은 자립성을 증진하는 기능을 한다(박병현, 2007).

그러나 사회복지정책의 이런 기능들이 모두 다 긍정적인 방향으로만 작용하는 것은 아니다. 어느 경우에는, 사회복지정책의 기능은 부정적인 방향으로 작용할 수도 있다.

사회복지정책(특히 사회보장정책)은 계층 간 갈등을 줄임으로써 사회안정을 가져온다: 배에서 사는 저소득층과 주위의 고급 아파트(홍콩에서 저자 찍음)

2) 사회복지정책의 주체에 따른 기능

길버트와 테렐(Gilbert & Terrell, 2005)은 제도적 접근 방식을 논의하면서, 사회제도가 수행하는 주요한 일반적 기능과 사회복지와 관련된 기능을 제시하고 있다. 이것은 사회복지정책의 주체에 따라 일반적 기능과 사회복지 기능을 살펴본 것이라고 볼 수 있다.

여기에 대한 자세한 내용은 〈표 2-1〉에 제시되어 있다.

〈표 2-1〉 사회복지정책의 주체에 따른 기능

사회제도	주요 기능	사회복지 기능
혈족	생식, 사회화, 보호, 친밀, 정서적 지지	부양보호, 가족 간 재정적 원조
종교	영적 발달	신앙중심 건강·교육·사회서비스
사업장	물품·서비스의 생산	근로자 급여
시장	물품·서비스를 화폐와 교환	상업적 사회복지 물품·서비스
상호부조	상호원조, 자선, 박애	자조(自助), 자원봉사, 비영리 사회서비스
정부	공동 목적을 위해 자원을 확보하고 분배	빈곤퇴치, 경제적 보장, 건강, 교육, 사회서비스

* 출처: Gilbert & Terrell(2005: 3)

[정리] 사회복지정책의 기능

- 사회복지정책이 수행하는 주요한 기능으로 빈곤 감소·퇴치 기능, 재분배 기능, 사회통합 기능, 사회안정 기능이 있다. 이외에도 사회복지정책은 다양한 기능을 수행하고 있다.

4 사회복지정책의 주요 모델

사회복지정책의 모델에 관해서 여러 가지로 논의되어 왔다. 그리고 사회복지정책의 모델은 복지국가의 유형을 분류하거나 이데올로기를 분류하는데 적용된 경우도 적지 않다(Esping-Andersen, 1990).

사회복지정책과 관련된 대표적인 모델을 몇 가지 살펴보면 다음과 같다.

1) 윌렌스키와 르보의 모델

(1) 모델의 구분

윌렌스키와 르보(Wilensky & Lebeaux, 1965)의 경우, 사회복지와 관련해 두 가지 관점이 주류를 이루고 있다고 본다. 여기서 두 가지 관점은 잔여적(residual) 사회복지 관점과 제도적(institutional) 사회복지 관점을 말한다. 그러므로 이에 근거해서 사회복지정책의 모델을 잔여적 복지 모델과 제도적 복지 모델로 나눌 수 있다. 잔여적 복지 모델과 제도적 복지 모델은 사회복지정책의 주체와 대상 및 기능을 간단하게 잘 보여주는 모델이다.

잔여적 복지 모델과 제도적 복지 모델은 복지서비스를 더 제공할지 또는 덜 제공할지 여부를 결정하는 것과 관련된 모델들이다. 각 모델에 관해 살펴보면 다음과 같다(Wilensky & Lebeaux, 1965; Karger & Stoesz, 2006; Dolgoff & Feldstein, 2000; Spicker, 2010).

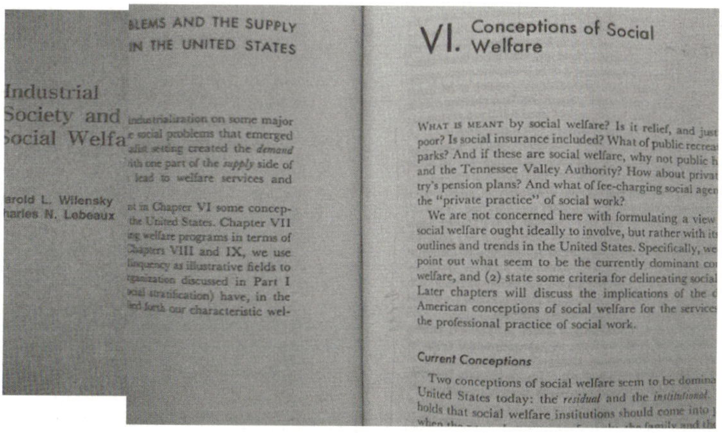

윌렌스키와 르보는 사회복지의 관점을 잔여적 관점과 제도적 관점으로 구분한다: 해당 저서(Wilensky & Lebeaux, 1965)의 표지와 내용

(가) 잔여적 복지 모델

잔여적 복지 모델의 경우, 개인의 욕구가 적절하게 충족되는 두 가지 '자연스러운' 통로가 있다고 전제한다. 여기서 두 가지 통로는 가족과 시장을 말한다. 잔여적 복지 모델에서는, 이런 두 가지가 붕괴될 때에만 사회복지가 관여하여야 한다고 본다. 그러므로 잔여적 복지 모델에 따르면, 사회복지제도는 다음과 같은 특징을 지닌다.

① 사회복지제도는 위급할 때 수행하는 기능에 주로 주목한다.

② 정상적인 사회구조(즉, 가족과 시장)가 다시 적절하게 작동할 경우에는, 사회복지제도는 기능을 중단할 것으로 예상된다. 즉, 정부에서 제공하는 '안전망' 프로그램은 일시적인 원조만을 제공한다.

그러므로 잔여적 복지 모델의 경우, 사회복지는 가족과 시장이 실패한 사람들을 돕고자 하는 활동이라고 본다. 따라서 잔여적 복지 모델에 근거한 사회복지에서는, 취약한 사람들에게 우선적으로 관심을 가지고 있다. 그리고 잔여적 복지 모델에서는 사회복지가 잔여적인 성격을 지니기 때문에, 사회복지는 '구호품'이나 '자선'이라는 오명을 가지는 경우가 많다. 당연하게도, 잔여적 복지 모델은 사회복지를 좁게 보는 모델이다.

(나) 제도적 복지 모델

제도적 복지 모델의 경우, 시민의 기본적 욕구를 보장해주는 정부의 사회 프로그램은 경제에 중요하다고 본다. 이 경우, 기본적 욕구는 음식, 주택, 교육, 소득, 고용, 건강에 대한 욕구를 말한다. 그러므로 제도적 복지 모델에서는, 사회복지는 근대 산업사회에서 정상적으로 일차적으로 수행하여야 할 기능이라고 본다.

제도적 복지 모델의 경우, 사회복지는 개인과 집단이 만족할 만한 생활수준을 달성하는 것을 도와주려는 조직화된 사회서비스 체계라고 본다. 따라서 제도적 복지 모델은 다음과 같은 입장을 취하고 있다.

① 핵심적인 요소는 사회적 보호(또는 사회보장)이다.[6]

---

6) 사회적 보호와 사회보장에 대해서는 14장에서 자세히 설명한다.

② 복지서비스는 권리로서 제공된다. 따라서 정부에서 제공하는 사회보장 프로그램은 시민의 권리에 속한다.

그러므로 제도적 복지 모델에 근거한 사회복지에는 오명이 따라 붙지 않으며, 또한 사회복지는 위급한 경우에만 제공되지 않는다. 당연하게도, 제도적 복지 모델은 사회복지를 넓게 보는 모델이다.

(2) 평가와 유의점

잔여적 복지 모델과 제도적 복지 모델은 서로 대조가 되는 모델이다(Wilensky & Lebeaux, 1965). 이와 관련해 윌렌스키와 르보는 다음과 같이 진단한다.

① 제도적 복지 모델이나 잔여적 복지 모델 각각은 더 광범위한 문화적 여건과 사회적 여건을 반영하고 있다.

② 산업화가 더 진행됨에 따라서, 제도적 복지 모델이 주류를 이룰 것으로 보인다.

2) 티트머스의 사회정책 모델

(1) 모델의 내용

티트머스(Titmuss)는 사회정책과 관련해 세 가지의 모델을 제시하고 있다. 여기서 세 가지 모델은 잔여적 복지 모델(residual welfare model), 산업적 성취·업적 모델(industrial achievement-performance model), 제도적 재분배 모델(institutional redistributive model)을 말한다.

티트머스가 제시하는 세 가지 모델을 구체적으로 살펴보면 다음과 같다(Titmuss, [1974] 1979; Spicker, 2010).

티트머스는 사회정책과 관련해 세 가지 모델을 제시한다: 해당 저서(Titmuss, 1974)의 표지

(가) 잔여적 복지 모델

잔여적 복지 모델은, 개인의 욕구가 적절하게 충족되는 두 가지의 '자연적인' 주체가 있다고 전제하는 관점이다. 여기서 두 가지

주체는 가족과 시장을 가리킨다. 잔여적 복지 모델의 경우, 사회복지제도는 가족과 시장이 붕괴될 때에만 작동하여야 하고, 그것도 일시적으로만 작동하여야 한다고 본다.

티트머스의 잔여적 복지 모델은 윌렌스키와 르보가 제시한 잔여적 복지 모델과 같은 내용을 담고 있다.

(나) 산업적 성취·업적 모델

산업적 성취·업적 모델은, 사회복지제도는 경제 영역의 보조물로서 중요한 역할을 수행한다고 보는 관점이다. 따라서 산업적 성취·업적 모델에서는 공적, 근로 실적, 생산성에 근거를 두어서 사회적 욕구가 충족되어야 한다고 주장한다. 산업적 성취·업적 모델은 '시녀 모델(handmaiden model)'이라고도 불린다.

(다) 제도적 재분배 모델

제도적 재분배 모델은, 사회복지는 사회에 있는 주요한 통합된 제도라고 보는 관점이다. 제도적 재분배 모델의 경우, 사회복지는 욕구의 원칙에 근거해 시장 밖에서 보편적 서비스를 제공한다고 본다. 구체적으로, 제도적 재분배 모델은 포괄적인 사회급여의 원칙을 평등주의와 결합하고 있다.

(2) 평가와 유의점

사회정책의 세 가지 모델은 경제학자, 철학자, 정치학자, 사회학자들의 이론과 사상을 매우 광범위하게 접근시킨 것일 뿐이다. 따라서 더 복잡한 종류의 여러 형태가 나타날 수 있다. 그러나 이런 모델을 통해서, 사회정책의 수단과 목적에 대해 가지는 견해에서 크게 차이가 난다는 점을 알 수 있다. 이런 큰 차이는 가치 범위의 양끝을 보여준다. 예를 들어 스픽커(Spicker, 2010)의 경우, 티트머스가 제시한 제도적 재분배 모델은 현실을 반영하는 모델이라기보다는 이상적인 모델이라는 점을 지적하고 있다.

[정리] 사회복지정책의 주요 모델

- 윌렌스키와 르보는 잔여적 복지 모델과 제도적 복지 모델로 구분한다. 잔여적 복지 모델의 경우, 사회복지는 가족과 시장이 실패한 사람들을 돕고자 하는 활동이라고 본다. 제도적 복지 모델의 경우, 사회복지는 근대 산업사회에서 정상적으로 일차적으로 수행하여야 할 기능이라고 본다. 앞으로 산업화가 더 진행됨에 따라서, 제도적 복지 모델이 주류를 이룰 것으로 보인다.
- 티트머스는 사회정책의 모델을 잔여적 복지 모델, 산업적 성취·업적 모델, 제도적 재분배 모델로 구분한다. 잔여적 복지 모델의 경우, 사회복지제도는 가족과 시장이 붕괴될 때에만 일시적으로 작동하여야 한다고 본다. 산업적 성취·업적 모델의 경우, 공적, 근로 실적, 생산성에 근거를 두어서 사회적 욕구가 충족되어야 한다고 본다. 제도적 재분배 모델의 경우, 사회복지는 욕구의 원칙에 근거하여 시장 밖에서 보편적 서비스를 제공한다고 본다.

제 3 장

사회복지정책의 사회적 가치

1. 사회적 가치의 개념과 중요성
2. 주요한 사회적 가치들
3. 각 사회적 가치에 대한 논의
4. 사회적 가치와 관련된 유의점

1 사회적 가치의 개념과 중요성

일반적으로 가치(values)는 사람이 옳고 그른 것이나 좋고 나쁜 것에 대해 자기 나름대로 인식하는 바에 따라 결정하여야 하는 선택을 가리킨다. 그러나 이런 가치가 나오는 뿌리가 무엇이든지 간에, 가치는 개인의 취향에게만 관련되는 것은 아니다. 그러므로 가치를 옹호하기 위해 사회적으로 주장을 펼칠 수도 있고 도덕적으로 호소할 수도 있다(Furniss & Tilton, 1977).

사회적 가치(social values)는 사회복지정책에 영향을 미치고 있다. 이런 점을 구체적으로 살펴보면 다음과 같다.

① 사회적 가치는 사회복지정책이 추구하는 목적과 밀접하게 관련된다. 왜냐하면 사회복지정책의 목적은 특정한 사회적 가치에 토대를 두는 경우가 많기 때문이다. 예를 들어 어떤 사회복지정책은 평등이라는 사회적 가치를 추구하는 것을 목적으로 삼을 수 있다.

② 사회적 가치는 사회복지정책의 성과를 평가하는 데 영향을 미친다. 예를 들어 사회복지정책의 성과를 평가할 경우에, 특정한 사회적 가치(예컨대, 효율)를 기준으로 삼아 평가할 수 있다.

③ 사회적 가치들은 서로 대립될 수 있다. 이런 경우에, 사회복지정책이 어떤 가치에 비중을 더 두느냐에 따라서, 사회복지정책의 내용은 크게 달라질 수 있다.

[정리] 사회적 가치의 개념과 중요성

- 가치는 옳고 그른 것이나 좋고 나쁜 것에 대해 나름대로 인식하는 바에 따라 결정하여야 하는 선택을 말한다.
- 사회적 가치는 사회복지정책의 목적이나 평가 등에 영향을 미친다.

2 주요한 사회적 가치들

그간의 경우, 사회복지정책과 관련해 여러 가지 사회적 가치가 제시되어 왔다. 일부 학자들이 제시하는 사회적 가치들을 살펴보면 다음과 같다(Furniss & Tilton, 1977; Gilbert & Terrell, 2005; 송근원·김태성, [1995] 2003; 송근원, 2004).

① 퍼니스와 틸톤(Furniss & Tilton)의 경우, 복지국가의 기초가 되고 복지국가에 대해 호감을 가지게 하는 가치로 평등, 자유, 민주주의, 연대(solidarity), 안정(security), 경제적 효율을 제시하고 있다. 이런 각각의 가치에는, 개인적으로 인간은 위엄이 있고 존엄하다는 근본적인 가정이 깔려 있다.

② 길버트와 테렐(Gilbert & Terrell)의 경우, 사회적 가치로 평등, 공평(형평), 적절을 제시하고 있다. 길버트와 테렐은 이런 사회적 가치를 분배적 정의(distributive justice)와 특히 관련시켜 언급하고 있다.

③ 송근원과 김태성의 경우, 사회복지정책과 관련해 자주 언급되는 중

요한 가치로 평등, 효율, 자유, 욕구, 사회적 적절을 제시하고 있다.

④ 송근원의 경우, 사회복지정책에서 추구하는 가치들을 다음과 같이 두 가지 측면에서 제시하고 있다. ㉠ '가치 지향적 개념으로서의 복지에서 도출되는 가치'가 있다. 이런 가치로 인간의 존엄 및 가치, 자유, 민주성, 평등, 사회적 형평이 있다. ㉡ '수단 지향적 개념인 정책으로부터 도출되는 가치'가 있다. 이런 가치로 능률성(효율), 효과성(사회적 효과성), 산술적 평등과 비례적 평등이 있다.

그러나 위에서 제시한 가치들과 관련해서 다음과 같은 점에 유의하여야 한다.

① 위에서 제시한 가치들이 모든 가치를 나열한 것은 아니다. 예를 들어 복지국가는 사랑, 진실, 아름다움이라는 가치에 대해 반대하지 않는다. 다만, 위에 제시한 가치들은 복지국가와 기타 국가를 구분하는 주요한 정치적 측면을 나타내고자 하는 것이다.

② 위에서 제시한 가치들은 우선순위에 따라 제시된 것이 아니다. 가치들의 상대적 우선순위는 미리 정해져 있는 것이 아니다. 또한 가치와 관련된 정치적 목적들 중에서, 어떤 목적은 더 추구하고 어떤 목적은 덜 추구하는 식으로 미리 정해져 있는 것도 아니다.

정리하건대, 사회복지정책이나 복지국가와 관련된 사회적 가치로 여러 가지가 제시되고 있다. 이런 사회적 가치들 중에서, 많은 학자들이 공통적으로 제시하고 있는 사회적 가치로 평등, 공평, 자유, 효율(효율성), 적절(적절성)을 꼽을 수 있다.

자유와 평등은 사회복지정책에서 자주 거론되는 사회적 가치이다(어느 법원에서 저자 찍음)

[정리] 주요한 사회적 가치들

- 사회복지정책과 관련해 여러 가지 사회적 가치가 제시되어 왔다. 이 중에서 많은 학자들이 공통적으로 제시하고 있는 사회적 가치로 평등, 공평, 자유, 효율(효율성), 적절(적절성)이 있다.

3 각 사회적 가치에 대한 논의

1) 평등

(1) 평등의 개념과 중요성

평등(equality)은 모든 사람에게 차별이 없이 똑같은 것을 말한다. 그러나 평등 그 자체는 형식적인 가치이다. 따라서 평등의 경우에, 무엇의 평등인지를 따져보아야 한다. 즉, 어떤 점에서의 평등인지를 따져보아야 한다.

실제로 평등은 여러 가지 구체적인 영역을 포함하고 있다. 예를 들어 평등에는 법 앞에서의 평등, 개인적 존엄의 평등, 정치적 영향과 경제적 영향에서의 평등이 있다. 그러나 평등의 원칙에서 핵심이 되는 것은 완전하고 만족스러운 생활을 할 권리를 모든 사람이 동일하게 갖는다는 확신이다(Furniss & Tilton, 1977).

평등은 정의롭게 분배하는 것과 관련된 기본 가치의 하나이다: 티트머스가 서문을 쓴 토니(Tawney, 1931)의 저서 『평등』(표지의 일부)

평등의 가치는 사회복지정책에 영향을 미치고 있다. 특히, 평등의 가치는 자원과 기회를 평등하게 분배하는 식으로 급여를 할당하여야 한다는 점을 제시하고 있다(Gilbert & Terrell, 2005). 그러므로 평등은 정의롭게 분배하는 것과 관련된 기본적인 가치들 가운데 하나이다.

(2) 평등의 주요 형태

(가) 구분

평등은 여러 가지 형태로 분류되어 왔다. 평등의 형태를 분류하는 예를 살펴보면 다음과 같다(Gilbert & Terrell, 2005; Spicker, 2010; Mount, 2008; 송근원·김태성, 1995).

① 아리스토텔레스(Aristotle)의 경우, 평등을 수량적 평등(numerical equality)과 비례적 평등(proportional equality)으로 구분하고 있다.
② 스피커(Spicker)의 경우, 평등을 대우의 평등(equality of treatment), 기회의 평등(equal opportunity), 결과의 평등(equality of outcome)으로 구분하고 있다.
③ 마운트(Mount)의 경우, 평등의 형태를 정치적 평등(political equality), 결과의 평등, 기회의 평등, 대우의 평등, 소속의 평등으로 구분하고 있다.
④ 송근원과 김태성의 경우, 평등과 관련된 개념은 수량적 평등, 비례적 평등, 기회의 평등으로 크게 구분된다고 보고 있다.

요컨대, 일반적으로 사회복지정책에서는 평등을 수량적 평등, 비례적 평등, 기회의 평등으로 크게 구분하는 경향이 있다.

(나) 각 평등의 개념과 특징

평등의 각 개념에 관해 좀 더 살펴보면 다음과 같다.

(a) 수량적 평등

수량적 평등은 사람이 가진 욕구와 능력에 상관없이, 모든 사람에게 사회적 자원을 똑같이 나누어주는 것을 말한다. 그러므로 수량적 평등은 모든 사람을 동등하게 대우하는 것을 의미한다. 구체적으로 수량적 평등은 모든 사람에게 동등한 양을 주는 것을 말한다(Gilbert & Terrell, 2005; 송근원·김태성, 1995).

수량적 평등은 위에서 제시한 세 가지 평등 개념들(수량적 평등, 비례적 평등, 기회의 평등) 중에서 가장 적극적인 개념이다. 수량적 평등의 개념에 토대를 둔 정책에서는, 결과에서의 불리함을 제거하는 데 관심을 가지는 경우가 많다. 그러므로 수량적 평등을 '결과의 평등'이라고도 부른다(Gilbert & Terrell, 2005; Spicker, 2010; 송근원·김태성, 1995).

사회복지가 잘된 복지국가에서는 수량적 평등을 추구하는 경향이 있다. 왜냐하면 높은 수준의 복지국가에서 추구하는 평등의 개념은, 단순히 평등하게 시작하거나 평등한 조건으로 경쟁할 권리 이상의 것을 요구하기 때문이다.

구체적으로, 높은 수준의 복지국가에서 추구하는 평등의 개념을 실현하기 위해서는, 개인의 생애 초기에 계급 장벽이 없는 사회가 필요할 뿐만 아니라, 개인의 생애 전체에 걸쳐서도 계급 장벽이 없는 사회가 필요하다. 이러기 위해서는 수량적 평등을 추구할 필요가 있다.

그러나 높은 수준의 복지국가에서 수량적 평등을 추구하는 것과 관련해, 다음과 같은 점에 유의하여야 한다(Furniss & Tilton, 1977).

① 높은 수준의 복지국가에서 평등을 위와 같이 인식하는 것이, 개인적 차이를 없애자는 것을 의미하거나 옹호하는 것은 아니다.

② 높은 수준의 복지국가에서 추구하는 평등의 개념을 실현하기 위해서는, 사회의 모든 경제적 활동에 대해 동등하게 보상하여야 한다는 것은 아니다. 다만, 보상의 차이가 너무 커서 사회계급이 나타나지 않도록 하자는 것이다.

따라서 인류의 역사에 있어서, 수량적 평등이 완전하게 이루어진 적은 없다. 그리고 완전한 수량적 평등은 현실적으로도 이루어질 수 없다(송근원·김태성, 1995).

사회복지정책에서는 수량적 평등이 지닌 가치를 반영해서, 수량적 평등을 부분적으로나마 이루고자 하는 경우가 있다. 사회복지정책에서 수량적 평등을 목표로 추구하는 정책의 예로서, 빈곤층의 능력과 기여에 상관없이 빈곤층에게 사회적 자원을 할당하여 빈곤층과 부유층 사이의 소득 격차를 줄이려는 소득재분배 정책이 있다(Gilbert & Terrell, 2005; 송근원·김태성, 1995).

(b) 비례적 평등

비례적 평등은 공평(equity)이라고 불리는 경우가 많다.[1)]

(c) 기회의 평등

기회의 평등은 결과가 평등한지 여부에는 전혀 관심을 갖지 않고, 그 대신에 결과를 얻을 수 있는 과정에서 기회를 동등하게 해주는 것을 말한다. 즉, 기회의 평등 개념에서는, 과정에서 기회가 평등하게 주어진다면, 결과에서 불평등이 나타나는 것은 전혀 문제가 되지 않는다고 보고 있다(송근원·김태성, 1995).

1) 비례적 평등에 관해서는 뒤에서 별도로 자세히 설명한다.

그러므로 기회의 평등을 제공한다고 해서, 모든 사람에게 '결과'도 평등해지는 것은 아니다. 실제로 기회의 평등을 추구한 프로그램 들 중에는, 결과의 평등을 이루는 데는 성공하지 못한 프로그램이 많은 것으로 알려져 있다. 오히려 기회의 평등은 결과의 불평등이 많이 생기는 것을 정당화하는 측면이 있다. 따라서 기회의 평등은 위에 제시한 세 가지 평등 개념들(수량적 평등, 비례적 평등, 기회의 평등) 중에서 가장 소극적인 개념이다(Gilbert & Terrell, 2005; 송근원·김태성, 1995).

그리고 사회복지정책 중에는 기회의 평등을 강조하는 것이 많다. 이런 예로서, 1960년대에 미국에서 '빈곤과의 전쟁' 기간에 빈곤층을 대상으로 실시한 여러 가지 교육 프로그램과 훈련 프로그램이 있다(송근원·김태성, 1995).

(3) 평등(불평등)의 측정

어느 경우에는 한 사회나 사회집단이 얼마나 평등한지를 측정하고 비교할 필요가 있다. 사회가 평등(불평등)한 정도를 보여주는 것으로 로렌츠 곡선(Lorenz curve)과 지니계수(Gini coefficient)가 있다.

로렌츠 곡선은 각 인구층이 차지하는 소득의 비율을 나타내는 곡선을 말한다(Stiglitz, 1997; 박병현, 2007). 그리고 지니계수는 로렌츠 곡선을 토대로 해서 얻어진 소득불평등 수치이다. 지니계수는 0에서 1사이의 값을 가진다. 이 경우, 지니계수가 0인 사회는 완전히 평등한 사회이고, 지니계수가 1인 사회는 완전히 불평등한 사회이다. 그러므로 지니계수가 0에 가까울수록 평등한 사회이고, 반면에 지니계수가 1에 가까울수록 불평등한 사회이다.

2) 공평(형평)

공평(equity, 비례적 평등)은 개인의 공적이나 가치에 따라 차이가 나게 급여를 제공하는 것을 말한다. 구체적으로 공평은 사회적 자원을 개인이 가진 욕구, 노력, 능력, 기여에 따라 차이가 나게 분배하는 것을 말한다(Alcock, Erskine & May, 1999; Gilbert & Terrell, 2005; 송근원·김태성, 1995).

아리스토텔레스(Aristotle)에 따르면, 공평은 분배적 정의의 기여적 측면을 보여준다. 그러므로 공평은 공정하게 대우하는 것을 의미한다. 그러나 이 경우에, 공정한 대우라는 개념은 비례해서 대우하는 측면을 포함하고 있다. 따라서 공평의 가치에 따라 사람이 대우받는 정도는, 이 사람이 사회에 기여한 정도에 근거해서 정해진다.[2] 그러므로 공평의 가치는 '공정한 불평등'이라는 측면을 많이 포함하고 있다. 따라서 공평은 '유사한' 사람들을 동등하게 대우하는 것을 의미한다(Gilbert & Terrell, 2005).

수량적 평등이 사실상 현실적이지 못하기 때문에, 현재의 자본주의 사회에서는 공평의 개념을 실제로 가장 광범위하게 사용하고 있다. 그러므로 주위에서 공평의 가치를 보여주는 예를 많이 찾아볼 수 있다(Gilbert & Terrell, 2005; 송근원·김태성, 1995). 예를 들어 어떤 사람이 일을 50%만 하였을 때에 이 사람은 보수를 50%밖에 받을 수 없다는 인식은 공평의 개념을 보여준다. 그리고 사회복지정책의 경우, 수량적 평등이 지니는 가치뿐만 아니라 공평이 지니는 가치도 강조하고 있다.

공평은 공적 등에 따라 차이 나게 급여를 제공하는 것을 말한다: 공평과 관련해 퀴즈를 내고 있는 안내원(일본 아사히맥주 공장에서 저자 찍음)

공평을 보여주는 사회복지정책의 예로 다음과 같은 것이 있다(Gilbert & Terrell, 2005; 송근원·김태성, 1995).

① 사회보험(예컨대 연금)에서 기여금을 더 많이 납부한 사람이 더 많은 급여를 받는데, 이것은 공평의 가치를 보여준다.

② 공공부조의 경우, '열등 처우(less eligibility)'의 원칙을 적용함으로써, 공평의 가치를 강조하고 있다. 열등 처우의 원칙은 공공부조에서 제공하는 급여의 수준은 일해서 얻을 수 있는 최저 임금수준보다 높지 말아야 한다는 원칙을 말한다. 여기서 공평의 가치를 강조하는 것은 근로 동기를 유지하려는 것과 관련된다.

③ 퇴역 군인을 더 낫게 대우하는 정책에는 공평의 가치가 포함되어 있다.

2) 다만, 도저히 어쩔 수 없는 이유 때문에 사회에 기여할 수 없는 사람들에 대해서만 예외로 한다.

④ 이전 소득에 비례해서 급여를 제공하는 실업급여제도는 공평의 가치를 보여주고 있다.

그러나 공평의 개념에는, 불평등을 주장하기 위해서 평등이라는 용어를 사용하는 측면이 보인다.[3] 그리고 수량적 평등에 비해서, 공평에서는 불평등의 정도가 상대적으로 더 클 수 있다(Gilbert & Terrell, 2005; 송근원·김태성, 1995).

3) 자유

자유(freedom)는 자율적 선택을 의미한다. 구체적으로 자유는 각 개인이 자신의 생활 방식을 결정하는 데 있어 동등한 권리를 가지는 것을 말한다(Furniss & Tilton, 1977).

높은 수준의 복지국가에서 평등 다음으로 중요한 사회적 가치는 자유이다. 그리고 자유는 민주주의와 밀접하게 관련되어 있다. 왜냐하면 이런 복지국가에서의 자유에는 중요한 정치적·경제적 결정을 내리는 데 참여할 수 있는 권리도 포함되기 때문이다.[4]

일반적으로 일상 용어와 학문적 연구에서는 자유를 추상적이고 더 구분할 수 없는 특성을 지니는 것으로 보는 경향이 있으나, 자유는 추상적이고 더 구분할 수 없는 가치가 아니다. 오히려 자유에는 여러 가지의 개인적 자유가 포함되어 있다. 여기에는 의사 표현의 자유, 종교 선택의 자유, 신체적 이동의 자유, 경력 선택의 자유 등의 여러 가지 자유가 포함되어 있다. 물론 이런 자유 모두가 똑같이 중요한 것은 아니다(Furniss & Tilton, 1977).

그리고 이런 모든 자유가 다른 자유과 함께 존재할 수 있는 것은 아니다. 예를 들어 어느 가수가 어느 지역에서 연습할 수 있는 자유는, 그 이웃에 사는 사람들이 조용히 지내고자 하는 자유에 직접 부정적으로 영향을 미

3) 이런 맥락에서, 길버트와 테렐(Gilbert & Terrell, 2005)은 '평등'이 수량적 평등을 의미하는 식으로 취급하고 있다. 그리고 길버트와 테렐은 비례적 평등을 '공평'의 가치 속에 포함시키면서 공평의 가치를 평등의 가치와는 별도로 설명하고 있다.

4) 이런 맥락에서 퍼니스와 틸톤(Furniss & Tilton, 1977)은 민주주의도 복지국가의 중요한 가치의 하나로 포함시키고 있다. 그러나 본장에서는 이에 대해서는 자세히 설명하지 않는다.

친다. 이 경우에서 보는 것처럼, 자유의 문제는 누구를 위한 자유의 문제로 나가는 경우가 많다.

사회복지정책과 관련시켜 볼 경우, 자유에 대한 모델로 다음과 같은 것이 있다(Spicker, 2010).

① 개인적 모델이 있다. 개인적 모델의 경우, 사회복지를 제공하는 것과 국가가 개입하는 것은 개인의 자립에 부정적으로 영향을 미치는 것으로 본다. 따라서 개인적 모델에서는 사회복지와 국가개입은 자유에 부정적으로 영향을 미치는 것으로 본다.

② 사회적 모델이 있다. 사회적 모델의 경우, 사람이 행동하기 위해서는 사람은 사회에서 선택할 수 있는 힘을 가져야 한다고 본다. 그리고 사회적 모델에서는 빈곤과 사회복지에 대해 다음과 같이 인식하고 있다. ㉠ 빈곤은 자유를 부정한다. ㉡ 사회복지는 클라이언트에게 능력을 부여하여 클라이언트의 자유를 증진한다.

4) 효율

(1) 효율의 개념

일반적으로 효율(효율성, efficiency)은 ‘최소한의 자원을 투입하여 최대한의 결과(목표)를 얻는 것’을 가리킨다. 즉, 효율은 단위 당 최소 비용으로 사회복지 급여나 서비스를 제공하는 것을 말한다(Alcock, Erskine & May, 1999; CAPC, 2007; 송근원·김태성, 1995). 구체적으로 효율은 프로그램이나 사업을 경제적으로 실시하는 것을 가리킨다. 그러므로 효율은 결과가 효과적인지 여부와 관련되는 것이 아니라, 소비한 자원이나 절약한 자원과 관련된다.

(2) 경제적 효율

효율에는 여러 가지 측면이 있다. 우선, 사회복지정책은 경제적 측면의 효율과 관련된다. 사회복지정책을 통해서 사회안전망(사회보장)과 경제적 보장을 제공하는 것은 경제가 기능하는 것과 밀접하게 관련되어 있기 때문이다. 따라서 높은 수준의 복지국가에서는 '경제적 효율(economic efficiency)'을 크게 장려한다(Furniss & Tilton, 1977).[5)]

(3) 수단으로서의 효율

높은 수준의 복지국가에서는, 경제적 효율을 목적 그 자체로서 장려하는 것이 아니라 인간의 복리를 증진하기 위한 수단으로서 장려한다. 자원을 최소한 투입하여 결과를 최대로 얻는 의미를 가지는 효율은 특정한 큰 목표를 이루기 위한 수단이다. 따라서 이 경우의 효율은 수단으로서의 효율을 일컫는다(Furniss & Tilton, 1977; 송근원·김태성, 1995).

사회복지정책의 경우, 수단으로서의 효율이라는 개념은 중요하게 인식되고 있다. 이것은 사회복지정책에서 활용할 수 있는 자원이 상대적으로 적은 경우에 특히 그렇다. 수단으로서의 효율과 관련해, 사회복지정책에서 자주 언급되는 개념으로 다음과 같은 것이 있다(송근원·김태성, 1995).

① 목표(대상) 효율성(target efficiency)이 있다. 목표 효율성은 사회복지정책이 목표로 하는 대상에게 자원을 얼마나 집중적으로 할당하는지와 관련된다. 예를 들어 사회보험에 비해서 공공부조에서는 주어진 자원을 소득이 낮은 층에게 집중적으로 더 할당한다. 그러므로 공공부조는 사회보험보다 목표 효율성이 높다.

② 운영 효율성(administrative efficiency)이 있다. 운영 효율성은 사회복지정책을 운영하는데 비용을 얼마나 적게 사용하는지와 관련된다. 예를 들어 공공부조제도에서는 대상을 선정하고자 할 때 자산조사와 같은 것을 실시하는데, 자산조사를 실시하는 데에는 많은 비용이 든다. 그러므로 공공부조는 사회보험보다 운영 효율성이 낮다.

(4) 파레토 효율

이상적인 효율로 파레토 효율(Pareto efficiency)이 있다. 파레토 효율적인 배분은, 자원을 배분하는 형태를 어떻게 바꾸더라도 다른 사람의 복리

5) 그러나 일반적으로 사회복지정책에서는 '경제적' 효율을 주된 사회적 가치로 추구하지는 않는다.

를 감소시키지 않고서는 한 사람의 복리를 증가시킬 수 없을 경우의 자원 배분을 말한다.[6] 즉, 적어도 한 사람에게 이득이 되면 다른 어떤 사람은 더 나쁘게 되는 상황을 파레토 효율적인 상황이라고 부른다(Stiglitz, 1997; Maxwell, 2009). 파레토 효율은 배분적 효율이라고도 불린다.

수단으로서의 효율에서는 특정 목적을 달성하기 위해 자원을 가능한 적게 투입하여 효과를 최대로 얻는 측면에 주목한다. 그러나 파레토 효율에서는 사회의 자원을 바람직하게 배분하는 측면에 주목한다. 즉, 파레토 효율은 수단으로서의 효율보다 더 포괄적인 측면에 주목한다(송근원·김태성, 1995).

5) 적절

적절(적절성, adequacy)은 합당한 수준의 신체적 복리와 정신적 복리를 제공하는 것과 관련된다. 적절의 경우, 급여를 평등하게 할당하는지 여부나 급여를 공적에 따라 차이가 나게 할당하는지 여부는 따지지 않는다. 적절의 기준은 시대에 따라 변하고 또한 상황에 따라 변한다(Gilbert & Terrell, 2005).

오늘날의 경우, 공공부조 액수(즉, 빈곤선)는 적절과 크게 관련되어 있다. 물론 공공부조에서는 적절의 가치가 크게 나타나지 않고 있다고 볼 수도 있다. 즉, 공공부조의 경우, 적절의 가치를 실현하기보다는 실현하지 못하는 경우가 더 많다(Gilbert & Terrell, 2005). 하지만 공공부조 급여의 수준은 임의로 정하는 것이 아니라, 기본 욕구를 충족하는 데 드는 비용을 고려하여 정하고 있다. 따라서 이런 측면에 주목할 경우에는, 공공부조에 적절의 가치가 포함되어 있다는 점을 알 수 있다.

6) 파레토 효율은 파레토 최적(Pareto optimality)이라고도 불린다(Wikipedia, 2010).

〔정리〕 각 사회적 가치에 대한 논의

- 평등은 모든 사람에게 차별이 없이 똑같은 것을 말한다. 평등은 정의롭게 분배하는 것과 관련된 기본적인 가치들 중의 하나이다.
- 일반적으로 사회복지정책에서는 평등을 수량적 평등(결과의 평등), 비례적 평등, 기회의 평등으로 크게 구분하는 경향이 있다. 수량적 평등은 사람이 가진 욕구와 능력에 상관없이, 모든 사람에게 사회적 자원을 똑같이 나누어주는 것을 말한다. 수량적 평등은 가장 적극적인 평등 개념이다. 기회의 평등은 결과를 얻을 수 있는 과정상의 기회를 동등하게 해주는 것을 말한다. 기회의 평등은 가장 소극적인 평등 개념이다.
- 사회가 평등(불평등)한 정도를 보여주는 것으로 로렌츠 곡선과 지니계수가 있다.
- 공평(비례적 평등)은 개인의 공적이나 가치에 따라 차이가 나게 급여를 제공하는 것을 말한다 . 자본주의 사회에서는 공평의 개념을 실제로 가장 광범위하게 사용한다. 공공부조의 경우, 열등처우의 원칙을 적용함으로써, 공평의 가치를 강조한다.
- 자유는 자율적 선택을 의미한다.
- 효율은 최소한의 자원을 투입하여 최대한의 결과(목표)를 얻는 것을 가리킨다. 사회복지정책에서 수단으로서의 효율이라는 개념은 중요하게 인식되고 있는데, 대표적인 것으로 목표 효율성과 운영 효율성이 있다.
- 적절은 합당한 수준의 신체적·정신적 복리를 제공하는 것과 관련된다.

4 사회적 가치와 관련된 유의점

1) 사회적 가치들의 공존

이데올로기나 기타 관점에 따라서, 정책을 형성하는 데 있어 어떤 사회적 가치에 더 주목할 수 있다. 예를 들어 정책에서 성장을 중시하느냐 또는 분배를 중시하느냐를 따질 경우에, 효율과 공평의 가치는 중심적인 가치가 된다. 즉, 성장을 중요하게 보는 정책에서는 효율을 중심적인 가치로 삼는 경향이 있고, 분배를 중요하게 보는 정책에서는 공평을 중심적인 가치로 삼는 경향이 있다. 그러므로 사회복지정책이 추구하는 사회적 가치들 중에서 특정한 한 가지 사회적 가치만을 강조할 수는 있다.

그렇지만 분배적 정의를 추구하려는 과정에서, 나머지 사회적 가치들이 요구하는 바도 충족하여야 하기 때문에, 한 가지의 특정한 사회적 가치만을 강조하기 어려운 경우가 많다. 전반적으로 볼 때, 여러 사회적 가치들이 함께 존재할 가능성이 크다. 즉, 여러 사회적 가치들 사이에 갈등을 일으킬 가능성은 적은 편이다. 일반적으로 복지국가를 옹호하는 사람들은 사회적 가치들이 서로 긍정적으로 영향을 미친다고 보는 경향이 있다(Gilbert & Terrell, 2005; Furniss & Tilton, 1977).

2) 사회적 가치들 사이의 관계

여러 사회적 가치들 중에서, 일부 사회적 가치들 사이의 관계는 논쟁거리가 되어 왔다. 그리고 이런 점은 사회복지정책을 형성하고 실시하는 과정에 크게 영향을 미쳐 왔다.

단순하게 볼 때, 이런 사회적 가치들 사이의 관계는 대립되는 것으로 인식되는 경우가 많다. 그러나 좀 더 자세히 살펴보면, 이런 관계는 대립적인 관계가 아니라 서로 보완적인 관계일 수도 있다. 이런 측면과 관련되는 경우가 많은 사회적 가치는 평등이다. 이런 점을 일부 살펴보면 다음과 같다.

(1) 평등과 자유 사이의 관계

일반적으로 평등과 자유는 서로 대립되는 사회적 가치로 인식되는 경우가 많다. 그러나 평등은 자유를 확대하는 역할을 할 수 있다. 이 경우, 구체적으로 평등은 다음과 같은 과정을 통해서 자유를 증진한다(Furniss & Tilton, 1977).

① 평등은 권력층이 약자에게 강요할 수 있는 기회를 감소시킴으로써, 자유를 증진한다.

② 평등은 사회의 빈곤층에게 기회를 확대함으로써, 자유를 증진한다.

잘된 복지국가의 경우, 경제적 자원과 정치적 자원을 더 평등하게 분배함으로써, 시민들이 외부 환경으로부터 자유롭고, 계급적 제약으로부터 자유롭고, 경제적 불안정으로부터 자유롭게 해주고자 한다. 그러므로 평등을 요구하게 되면, 평등한 자유도 요구하게 된다.

따라서 평등과 자유는 항상 서로 배타적인 사회적 가치가 아니다. 즉, 복지국가를 주창하는 사람들의 입장에서 볼 경우, 평등과 자유는 서로 경쟁하는 사회적 가치라기보다는, 서로 보완하는 사회적 가치이다.

(2) 평등과 효율 사이의 관계

사회복지의 사회적 가치들 중에서, 평등과 효율 사이의 관계는 자주 논쟁거리가 되어 왔다. 무엇보다도, 평등은 효율을 이루는 데 방해가 된다는 주장이 꾸준히 제시되어 왔다. 특히, 일부 경제학자들은 이런 주장을 자주 되풀이해 왔다. 예를 들어 미국의 경제학자인 오쿤(Okun, 1975)은 평등과 효율 사이의 관계는 '커다란 교환 관계(big tradeoff)'라고 주장한 바 있다. 이것은 평등과 효율은 서로 어울리기 어렵다고 생각하는 것을 말한다. 즉, 평등이 증가하면 효율이 감소하고, 평등이 감소하면 효율이 증가한다는 것이다.

오쿤은 평등과 효율 사이의 관계는 '커다란 교환 관계'라고 주장한다: 해당 저서(Okun, 1975)의 표지(일부)

구체적으로 이것은 경제 영역에 평등을 더 많이 도입하려고 할 경우에는, 효율의 측면에서 손실을 크게 볼 수밖에 없다는 것을 의미한다. 따라서 '커다란 교환 관계'의 입장을 취하는 학자들의 경우, 위와 같은 상황에서 불평등을 줄이기 위해서 할 수 있는 것은 빈곤층에게 현금을 제공하는 프로그램을 적게 실시하는 것이라고 본다.

사실, 평등과 효율 사이의 관계가 '커다란 교환 관계'라고 보는 주장은, 복지국가를 보수적인 시각에서 보는 비판자들이 오랫동안 제시해 온 단골 메뉴이었다. 그러나 이런 주장에 대해 경험적인 근거는 거의 없다. 오쿤도 평등이 경제적 효율에 부정적으로 영향을 미친다는 주장을 뒷받침하는 증거를 사실상 제시하지 못하고 있다(Furniss & Tilton, 1977).

따라서 다른 학자들의 경우, 오쿤과 같은 학자들의 주장에 반대하는 입장을 취하고 있다. 즉, 평등을 증가시키는 조처가 경제에 부정적으로 영향을 미치는 것은 아니라는 것이다. 그 대신에 이런 학자들은, 평등을 증가시키는 조처는 경제를 더 좋게 만드는 방향으로 나가게 할 것이라고 본다. 즉, 평등은 경제적 효율을 가져오는 수단이라는 것이다(Blau, 2004; Furniss & Tilton, 1977).

이와 관련된 구체적인 예를 살펴보면 다음과 같다(Furniss & Tilton, 1977; Bowles, Gordon & Weisskopf, 1990).

① 스웨덴의 사회민주주의자들은, 사회에서 더 유리한 위치에 있는 사람들만이 자기의 자질을 개발하고 활용할 수 있게 하는 것은 매우 효율적이지 못하다는 주장을 오랫동안 펼쳐 왔다. 사회에서 불리한 위치에 있는 집단들은 자신의 능력을 사회의 공적 이익을 위해 기여할 수 없게 된다. 이렇게 되면, 사회정의를 이루지 못할 뿐만 아니라 경제적 효율도 이루지 못하게 된다. 그러므로 불평등 때문에 '인적 자본(human capital)'이 낭비된다.

② 피부색이나 성 때문에 차별을 받아서, 재능이 있는 사람이 승진할 가망이 없는 일자리나 자기 능력에 미치지 못하는 일자리를 가지게 될 수 있는데, 이것은 이런 사람들의 재능을 낭비하는 셈이다. 따라서 인종차별과 성차별을 없애게 되면, 이렇게 재능이 낭비되는 일이 없어져서 경제적 효율을 이룩하는 데 유리하게 작용한다.

정리하건대, 복지국가를 옹호하는 사람들의 입장에서 볼 경우, 평등은 경제적 효율을 증진한다. 그러므로 사회복지정책에 관여하는 사람들은 평등과 효율 사이에서 어느 한 가지를 우선적으로 선택하지 말아야 한다. 평등과 효율은 서로 반대되는 것이 아니라 서로 의존적인 탓에, 경제제도는 평등과 효율을 모두 확보할 수 있기 때문이다(Blau, 2004).

3) 자본주의 사회와 사회주의 사회의 사회적 가치

자본주의 사회와 사회주의 사회에서 강조하는 사회적 가치는 크게 다를 수 있다. 사회적 가치들을 자본주의와 사회주의의 측면에서 단순화시켜 논의하면 다음과 같다(Gilbert & Terrell, 2005).

① 자본주의 사회에서는 일반적으로 공평의 가치를 강조하고 있다. 즉, 자본주의 사회의 경우, 열심히 일하는 사람이 대우를 받을 자격이 있다는 점을 강조하는 경향이 있다. 이것은 근본적으로 자본가는 근

로자의 노동을 통해서 생긴 과실에서 이익을 얻는 사람들이기 때문에 그렇다. 그러므로 예를 들어, 자본주의 사회의 공공부조는 적절성과 평등보다는 공평을 더 강조하고 있다.

② 사회주의 사회에서는 평등의 가치를 더 강조하고 있다. 이것은 이론적으로 볼 경우에 특히 그렇다.

[정리] 사회적 가치와 관련된 유의점

- 여러 사회적 가치들은 함께 존재할 가능성이 크다.
- 일부 사회적 가치들 사이의 관계는 논쟁거리가 되어 왔다. 이런 예로 평등과 자유 사이의 관계와 평등과 효율 사이의 관계가 있다.
- 자본주의 사회에서는 공평의 가치를 더 강조하고, 사회주의 사회에서는 평등의 가치를 더 강조하는 경향이 있다.

제 4 장

사회복지정책의 이데올로기

1. 이데올로기의 개념과 의의
2. 사회복지정책과 이데올로기
3. 사회복지정책과 관련된 주요 이데올로기의 분류

1 이데올로기의 개념과 의의

1) 이데올로기의 개념

이데올로기(ideology)는 인간이 사는 공동체에서 노골적으로 또는 은밀하게 중요한 역할을 수행해 왔다. 사실, 인류의 역사에서 이데올로기는 지속적으로 존재해 왔고, 또한 이데올로기에 따른 갈등도 지속적으로 존재해 왔다.

이와 같이 중요한 의미를 가지는 이데올로기에 대해 정의한 바를 일부 살펴보면 다음과 같다(Encyclopædia Britannica, 2010; Alcock, Erskine & May, 1999; Abramovitz, 2004).

① 브리태니커(Britannica) 백과사전에 따르면, 이데올로기는 실천적 측면이 이론적 측면만큼이나 중요한 사회적·정치적 철학의 형태를 가리킨다.

② 올코크(Alcock) 등이 편찬한 사회정책 지침서에 따르면, 이데올로기는 다음의 두 가지 역할을 수행하는 일단의 공유된 가치나 현실 인식을 가리킨다. ㉠ 행동에 대한 토대로서의 역할을 한다. ㉡ 행동에 대한 결과를 정당화하는 수단으로서의 역할을 한다.

③ 아브라모비쯔(Abramovitz)에 따르면, 이데올로기는 개인과 사회집단이 인간성, 제도의 구조, 사회 과정과 관련해 가지는 비교적 일관된 사고 체계를 말한다. 구체적으로 이런 사고 체계는 믿음, 전통, 원칙, 신화에 반영되어 있다.

요컨대, 이데올로기는 행동의 지침이 되며 행동을 정당화시켜 주는 일관된 사고체계나 사회적 믿음 체계나 철학을 일컫는다고 볼 수 있다.

2) 이데올로기의 의의와 특성

일반적으로 이데올로기는 사람들이 사는 복잡한 사회를 이해하는 데 도움을 준다. 그러나 이데올로기는 가장 좋은 사회조직 형태와 관련해 정치적으로 생각하는 바를 보여주는 역할도 한다(MacKenzie, 1995).

그리고 이데올로기는 실천적 측면이 강한 믿음 체계의 특성을 가지는 탓에, 관점이 다른 집단들 사이에 이데올로기적 논쟁은 격렬해지고 있다. 무엇보다도 믿음을 통해서 개인이 깊숙이 간직하고 있는 신념이 드러나기 때문이다.

특히 위기의 시기와 혼란의 시기에는 이데올로기에 대한 열정이 더 커진다. 이런 시기는 혼란스러운 상황에 대처하기 위해 사람들에게 도움이 필요한 시기이다. 사실, 이데올로기는 혼란에 대처하는 것과 관련해 도움을 줄 수 있다. 왜냐하면 이데올로

대덕연구원 절반 "현생활 만족"

盧炳一 대전대교수 456명 조사

"항상 스트레스 받는다" 30%선

대덕연구단지 과학자들의 절반이상(54.5%)은 현 생활에 대해 만족하고 있다.

盧炳一 대전대교수는 최근 대덕연구단지 과학기술자 456명을 대상으로 생활전반에 대한 만족도를 조사한 결과 이같이 나타났다고 5일 밝혔다. 이 가운데 「매우 만족」은 7%, 「다소 만족」은 47.9%였

'대덕' 과학자 91% '스트레스'

4백56명 설문조사, 주거지엔 83% 만족

대덕연구단지에서 일하는 과학기술자 10명 중 9명이 연구 업무와 관련해 심한 스트레스에 시달리고 있다는 조사 결과가 나왔다.

이런 사실은 노병일 대전대 교수(사회복지학)가 최근 연구단지 안의 각 연구소 과학기술자 4백56명을 상대로 벌인 설문조사 결과를 바탕으로 작성한 '과학자의 연구활동과

응답자들은 각종 연구과제 수행에 지장을 주는 요소로 연구인력 부족(47.4%)을 가장 많이 꼽았고, 이어 △행정관리 및 지원체계 미흡(34.5%) △연구시설·장비 부족(28%) 따위를 함께 들었다.

현재 자신이 속한 직장에 대한 만족도를 두고서는 전체의 56%가 '만족스럽다'고 밝혔고, 불만을 나타낸

동일한 연구 결과를 동일한 날짜에 보도한 두 신문(경향신문과 한겨레신문): 제목에서 강조한 것은 서로 대조되는데, 이것은 신문의 이념(이데올로기)을 반영하는 경우가 많다.

기는 개인과 사회 사이의 관계를 해석해 주기 때문이다(Abramovitz, 2004).

한편, 일부 사람들은 이데올로기라는 용어에 대해서 고정적인 생각을 가지거나, 이데올로기를 매우 단순한 개념으로 생각하는 경향이 있다. 하지만 사회가 성장하고 발달함에 따라서, 사회에서 일반적으로 사용하는 이데올로기는 변하게 된다. 따라서 이데올로기를 좀 더 자세히 살펴볼 경우, 이데올로기는 유동적이고 논쟁적이고 복잡한 개념이라는 점을 알 수 있다. 이런 측면을 구체적으로 살펴보면 다음과 같다(Abramovitz, 2004).

① 이데올로기는 개인의 믿음 체계에 자리 잡고 있고, 또한 더 광범위한 사회적 가치 속에 자리 잡고 있다. 그런데 개인의 믿음 체계와 더 광범위한 사회적 가치는 서로 상호작용하고 있다. 즉, 개인의 믿음 체계는 사회적 가치에 영향을 미칠 뿐만 아니라, 사회적 가치도 개인의 믿음 체계에 영향을 미친다. 그러나 사람들은 개인적으로나 집합적으로 사회적 가치와 관련해 끊임없이 의견 차이를 보인다.

② 이데올로기는 한 가지 학파만을 가리키는 것이 아니다. 하나의 이데올로기는 어느 한 시기에 유행하는 경향이 있다. 이 경우에, 이런 이데올로기는 기존 질서를 지지하면서 진리로 간주되는 경향이 있다. 그러나 실제로는 다른 중요한 학파도 존재한다. 이런 학파들은 여러 사람들에게 자신의 이데올로기를 전파하고자 하고, 또한 영향을 미치고자 한다.

[정리] 이데올로기의 개념과 의의

- 이데올로기는 인간이 사는 공동체에서 중요한 역할을 수행해 왔다. 일반적으로 이데올로기는 행동의 지침이 되며 행동을 정당화시켜 주는 일관된 사고나 사회적 믿음 체계나 철학을 말한다.
- 관점이 다른 집단들 사이에 이데올로기적 논쟁은 격렬해지고 있다. 특히 위기의 시기와 혼란의 시기에는 이데올로기에 대한 열정이 더 커진다.

2 사회복지정책과 이데올로기

1) 이데올로기의 사회복지정책에의 영향

이데올로기는 사회복지정책과 관련된 사회적 가치를 반영하고 있다. 그러므로 사회복지정책에 대해 이데올로기 측면에서 갈등을 일으키는 것은, 사회복지정책과 관련된 중요한 쟁점에 대해 근본적으로 이데올로기마다 차이가 있음을 보여준다.

아브라모비쯔(Abramovitz, 2004)에 따르면, 사회복지정책과 관련된 중요한 쟁점에는 다음과 같은 것이 포함된다.

① 인간의 특성에 관한 쟁점이 있다.

② 개인과 사회 사이의 관계에 관한 쟁점이 있다.

③ 욕구를 결정하는 것에 관한 쟁점이 있다

④ 정부의 역할에 관한 쟁점이 있다.

⑤ 일의 의미에 관한 쟁점이 있다.

⑥ 가족의 성격에 관한 쟁점이 있다.

⑦ 인종적 불평등을 해석하는 것에 관한 쟁점이 있다.

이런 여러 쟁점 영역에서 이데올로기마다 차이가 있기 때문에, 각각의 이데올로기를 따르는 집단은 사회복지정책의 결과에 크게 영향을 미치기를 원하고 있다. 따라서 사회복지정책은 이데올로기의 영향으로부터 벗어나기 어렵다.

구체적으로 이데올로기는 다음과 같은 것에 영향을 미치고 있다(Day, 2009).

① 사회 구성원에게 무엇을 제공하여야 하는지와 관련해 영향이 미친다.

② 주류 사회에서 벗어나는 사람들을 어떻게 다루어야 하는지에 대해서 영향을 미친다.

③ 서비스를 제공하는 방식과 관련해 영향을 미친다.

그리고 이데올로기의 측면을 크게 가지는 정치적 선전을 사회정책이라는 이름으로 포장하는 경우가 많다(Titmuss, [1974] 1979).

2) 이데올로기 측면에서의 갈등

이데올로기의 측면에서 나타나는 갈등 때문에, 사회복지정책은 역동적인(dynamic) 특성을 지니게 된다. 즉, 사회문제의 원인과 이런 사회문제를 해결하는 전략에 대해서 이데올로기적으로 갈등을 겪기 때문에, 사회복지정책은 변하게 된다.

그리고 사회복지정책의 특성 때문에 이데올로기와 관련된 갈등은 격렬해진다. 이것은 사회복지정책과 관련된 이해관계가 크기 때문에 특히 그렇다. 사실, 사회복지정책을 결정하는 데 있어 승리할 경우에는, 여러 가지 혜택을 누리게 된다. 왜냐하면 사회복지정책에서 내려진 결정은 다음과 같은 특징을 지니기 때문이다(Abramovitz, 2004).

① 사회복지정책에서 결정한 바는 매우 많은 사람에게 영향을 미친다.

② 사회복지정책에서 결정한 바는 귀한 자원을 분배하는 데 영향을 미친다.

즉, 결국에 가서, 사회복지정책에서 결정된 바는 정부의 행동에 대한 비용을 누가 지불할 것인지에 영향을 미치며, 또한 정부의 행동에서 얻어진 혜택을 누가 보는지에 영향을 미친다. 그리고 사회복지정책을 결정하는 주체에 각각의 이데올로기를 지지하는 집단들이 동등하게 접근하는 경우는 드물기 때문에, 이데올로기적 갈등은 훨씬 더 복잡해진다.

3) 복지국가와 사회복지정책

당연하게도, 이데올로기는 복지국가와도 밀접한 관련이 있다. 무엇보다도, 복지국가의 형태를 분류해 각 형태의 특성을 제시할 경우에, 일반적으로 이데올로기는 중요한 변수가 된다.

실제로 학자들은 사회복지의 역사와 복지국가의 역사를, 시간에 걸쳐서 이데올로기가 변하는 측면에서 설명하는 경우가 많다. 특히 이데올로기가 변화하고 갈등하는 것을 복지국가의 목적 및 기능과 관련시켜 해석하는 경우가 많다.

사실, 사회복지 프로그램을 설계하는 것은 사회가 자원을 어떻게 사용할 것인가와 관련해 선택하는 것을 나타낸다. 그러므로 복지국가의 방향으로 나가면, 정부의 역할과 복지 급여의 수준에 관해서 격렬한 논쟁이 등장하는 경우가 많다(Abramovitz, 2004). 이 경우에 이데올로기가 개입하게 된다.

[정리] 사회복지정책과 이데올로기

- 이데올로기는 사회복지정책과 관련된 사회적 가치를 반영한다. 그러므로 사회복지정책과 관련된 중요한 쟁점에 대해 근본적으로 이데올로기마다 차이가 있다.
- 이데올로기의 측면에서 나타나는 갈등 때문에, 사회복지정책은 역동적인 특성을 지닌다. 사회복지정책에서 결정된 바는 정부 행동에 대한 비용을 누가 지불할 것인지와 정부 행동에서 얻어진 혜택을 누가 보는지에 영향을 미친다.
- 이데올로기는 복지국가와도 밀접한 관련이 있다. 복지국가를 유형화하여 특성을 제시할 때에 이데올로기가 중요한 변수가 되는 경우가 많다.

3 사회복지정책과 관련된 주요 이데올로기의 분류

그간의 경우, 사회문제의 쟁점과 관련해 여러 가지 의견이나 가치관이 존재해 왔다. 그러므로 그동안 여러 가지 이데올로기가 존재해 왔다. 그러나 사회복지정책과 관련된 이데올로기를 분류하는 방식은 학자마다 서로 차이가 난다. 그 결과, 다양한 형태의 이데올로기가 제시되어 왔다.

이중에서 조지와 윌딩(George & Wilding)이 제시한 분류는, 사회복지 영역에서 이데올로기를 구분할 경우에 널리 사용되고 있다. 따라서 조지와 윌딩의 분류를 중심으로 이데올로기의 종류를 살펴보면 다음과 같다.

1) 조지와 윌딩의 초기 분류

(1) 분류

조지와 윌딩은 초기에 간행한 저서에서 복지와 관련된 이데올로기를 ㉠ 반집합주의(anti-collectivism), ㉡ 소극적 집합주의(reluctant-collectivism), ㉢ 페이비언 사회주의(Fabian socialism), ㉣ 마르크스주의(Marxism)로 구분한 바 있다. 각 이데올로기에 관해서 좀 더 살펴보면 다음과 같다(남기민, [2004] 2007).

(가) 반집합주의

반집합주의는 자유방임주의를 바탕으로 한다. 따라서 반집합주의에서는 국가가 최소로 개입하여야 한다고 주장한다. 또한 반집합주의의 경우, 복지혜택은 소득이 최저 생계비보다 적은 빈곤층에게 정치적 안정을 유지하기 위해 최소로 제공되어야 한다고 본다.

반집합주의의 경우, 국가가 복지에 개입할 때에 제도적 측면보다는 개인적 측면에 주목한다. 그러므로 반집합주의는 잔여적 모델과 비슷하다. 반집합주의에 근거한 복지정책의 예로 영국에서 1834년에 제정된 신빈곤법을 들 수 있다.[1)]

(나) 소극적 집합주의

소극적 집합주의에서는, 자본주의의 기본 요소는 그대로 유지하면서 국가가 적절하게 개입하는 방식을 통해서 불평등을 퇴치하고, 기본 욕구를 충족하는 것과 관련된 사회문제를 해결하여야 한다고 본다. 소극적 집합주의의 경우, 국민 최저선을 보장하고 소극적 평등을 주장한다.

(다) 페이비언 사회주의

페이비언 사회주의는 사회민주주의 이념을 토대로 해서, 평등과 자유와 박애의 가치를 추구하고, 그 외에 민주주의와 인도주의를 추구한다. 따라서

---

1) 신빈곤법에 대해서는 사회복지정책의 역사를 다루는 장(6장)에서 자세히 설명한다.

페이비언 사회주의의 경우, 복지국가를 실현함으로써 빈곤을 퇴치하고 불평등을 줄이고 자본주의를 개선할 것을 강조한다.

페이비언 사회주의에서 지향하는 자유는 소극적 의미의 자유가 아니라 적극적 의미의 자유이다. 즉, 페이비언 사회주의는 사회적 권리로서 복지를 누릴 수 있는 적극적인 자유를 추구한다.

(라) 마르크스주의

마르크스주의는 복지국가를 통해서는 빈곤과 불평등을 없앨 수 없다고 본다. 이런 점에서 마르크스주의는 페이비언 사회주의와 차이가 난다. 마르크스주의의 경우, 사회주의 혁명을 통해서 빈곤과 불평등을 퇴치할 수 있다고 주장한다.

(2) 정리

위에서 제시된 네 가지 이데올로기들 중에서, 반집합주의로 갈수록 우파(보수주의)의 성격을 더 가지고, 마르크스주의로 갈수록 좌파(급진주의)의 성격을 더 가진다.

2) 조지와 윌딩의 후기 분류

조지와 윌딩은 복지 관련 이데올로기를 여섯 가지로 구분한 바 있다: 해당 저서(George & Wilding, 1994)의 표지

(1) 분류

그 후 1994년에 간행한 저서에서, 조지와 윌딩(George & Wilding, 1994)은 복지와 관련된 이데올로기를 ㉠ 신우파(new right), ㉡ 중도노선(middle way), ㉢ 민주적 사회주의(democratic socialism), ㉣ 마르크스주의(Marxism), ㉤ 페미니즘(여성주의)(feminism), ㉥ 녹색주의(greenism)의 여섯 가지로 구분하고 있다.

앞의 네 가지 이데올로기(신우파, 중도노선, 민주적 사회주의, 마르크스주의)는 이전에 제시한 네 가지 이데올로기(즉, 반집합주의, 소극적 집합주의, 페이비언 사회주의, 마르크스주의)와 유사한 이데올로기이고, 나머지 두 가지 이데올로기(페미니즘과

녹색주의)는 새롭게 추가된 이데올로기이다.

(2) 각 이데올로기의 특징

각각의 이데올로기는 국가가 복지 영역에서 수행하는 역할에 대해 서로 다른 입장을 취하고 있고, 또한 현재의 복지국가에 대해서 서로 다른 입장을 취하고 있다.

국가가 복지 영역에서 수행하는 역할에 대해서, 각 이데올로기가 인식하는 바를 살펴보면 다음과 같다(George & Wilding, 1994).

(가) 신우파

신우파는 복지국가를 부정적으로 보고 있다. 이것을 좀 더 나누어 살펴보면 다음과 같다.

경제적 측면에서, 신우파는 복지국가에 대해 매우 부정적인 입장을 취하고 있다. 신우파가 복지국가에 대해 매우 부정적인 입장을 취하는 이유는, 복지국가는 기업과 개인에게 세금 부담을 줌으로써 경제에 부정적으로 작용한다고 판단하기 때문이다. 기업과 개인에게 조세 부담을 주게 되면, 기업이 얻을 수 있는 대가가 줄어들기 때문에 기업은 활동을 꺼리게 된다는 것이다. 이렇게 되면 성장에 대한 전망이 어두워지므로, 복지국가는 인간의 복리가 증가할 가능성을 줄어들게 하고 또한 빈곤이 감소할 가능성을 줄어들게 한다는 것이다. 그러므로 신우파는 시장이 더 큰 역할을 하는 것을 좋아한다.

그리고 신우파의 경우, 복지국가는 사회적 측면에서도 부정적으로 영향을 미친다고 본다. 왜냐하면 복지국가는 다음과 같은 결과를 가져오기 때문이다.

① 의존 문화를 유발한다.

② 역사적으로 볼 때 성공한 것에 대해서는 보답하고 실패한 것에 대해서는 처벌하는 것이 사회적 안정을 가져왔는데, 복지국가는 이런 인식을 약화시킨다.

또한 정치적 측면에서 신우파는 복지국가에 대해 부정적인 입장을 취하고 있다. 신우파의 경우, 복지국가는 정부의 권위를 약화시킨다고 본다. 신우파는 그 이유로 다음과 같은 점을 들고 있다.

① 복지국가를 추구하기 때문에, 정부는 자기 능력 이상의 것을 다루려고 관련 영역을 확대하기 때문이다.

② 자신의 약속을 지키기 위해서, 정부는 권력 집단에 의존하게 되기 때문이다.

신우파에 따르면, 복지국가의 지출을 확대하면 불가피하게 재정적으로 위기를 맞게 된다. 신우파의 경우, 이런 재정적 위기는 영역을 확대하려는 강력한 세력이 복지국가의 구조 속으로 들어온 탓에 생긴 결과라고 본다.[2] 이런 예로, 전문가들과 관료들이 자기의 이익을 추구하기 위해 서비스를 확대하라고 압력을 넣는 것이 있다.

(나) 중도노선

중도노선은 신우파와는 대조적인 입장을 취한다. 즉, 중도노선의 경우, 복지국가는 사회를 발전시키고 사회를 안정시키는 강력한 힘이라고 본다. 이와 관련해, 구체적으로 중도노선은 복지국가가 다음과 같은 역할을 한다고 본다.

① 시장 체제의 좋지 않은 측면을 없앤다.

② 정부가 국민의 복리에 적극적으로 관심을 가진다는 점을 국민이 느끼게 한다.

③ 정부의 권위에 정당성을 준다.

중도노선의 경우, 정부가 경제를 관리하는 것은 다음과 같은 두 가지 측면에서 중요하다고 본다.

① 경제 활동에 매우 부정적으로 영향을 미칠 수 있는 사태를 완화하는 데 중요하다.

② 완전고용을 이룩하고 경제성장을 이룩하는 데 중요하다.

그리고 중도노선에서는, 공공 지출은 경제를 건전하게 운영하는 데 이바지한다는 점을 강조하고 있다. 공공 지출이 이렇게 기여하는 예로 사람에

2) 노벨경제학상을 받은 하이에크(Hayek)와 프리드먼(Friedman)은 신우파의 입장을 취하는 대표적인 경제학자들이다.

게 투자하는 것이 있다.

한편, 신우파는 경제정책을 항상 우선적으로 고려하고 있다. 그러나 중도노선은 경제 영역에 이와 같이 절대적으로 우선순위를 두지는 않는다. 그 대신에 중도노선은, 주어진 상황에 맞게 경제정책과 사회정책 사이에 균형을 맞출 필요가 있다는 점을 강조하고 있다.

(다) 민주적 사회주의

중도노선에서와 같이, 민주적 사회주의는 복지국가가 사회적 조화를 이루는 데 중요하다고 본다. 왜냐하면 복지국가는 다음과 같은 두 가지 측면 사이를 중요하게 중재하는 원동력이 되기 때문이다.

① 한 측면은, 민주주의 때문에 생긴 정치적 권리와 이런 권리에서 생기는 기대의 측면을 말한다.

② 또 다른 측면은, 사회에 있는 물품과 서비스를 분배하는 데 있어, 시장은 시장의 힘 이외의 것을 고려하기를 꺼려하는 측면을 말한다.

그리고 민주적 사회주의의 경우, 복지국가의 정책은 불평등을 감소시킬 수 있고, 이에 따라서 더 평등한 사회가 등장하는 방향으로 나가게 할 수 있다는 점을 강조한다.

그러나 민주적 사회주의에는 복지국가와 관련된 입장이 다소 모호한 측면이 있다. 왜냐하면 민주적 사회주의는 복지국가가 다음과 같은 두 가지 역할을 모두 수행한다고 보기 때문이다.

① 복지국가는 시장체제의 부정적인 측면을 완화해서, 사회가 안정되게 하는 역할을 한다.

② 이와 동시에 복지국가는 궁극적으로 사회주의 사회가 나타날 수 있는 토대를 기대하게 하는 역할을 한다.

(라) 마르크스주의

마르크스주의의 경우, 복지국가는 자본주의를 유지하는데 도움을 주는 도구라고 본다. 마르크스주의에 따르면, 복지국가는 '자본주의적(capitalist)' 복지국가이다. 그러므로 마르크스주의의 경우, 복지국가의 주요한 관심거리는 자본주의 경제체제를 유지하는 데 있다고 본다. 물론 때에 따라서, 자본주의 체제를 유지하기 위해서 복지국가는 자본주의 체제의 외부에서 중요한 양보를 할 수도 있다. 그러나 마르크스주의는 복지국가가 사회를 크게 변화시키는 주체라고 보지 않는다.

구체적으로 마르크스주의에서는, 구체적으로 마르크스주의에서는, 복지 욕구에 맞게 복지 재정을 충당하고 사회적 조화를 이루고 국가 정당성을 이루기 위해서, 복지국가는 자신이 제공할 수 있는 것보다 더 많은 것을 항상 지출하여야 할 것이라고 보고 있다. 이에 따라서 궁극적으로 복지국가에서 재정적으로 위기가 나타날 것이라고 마르크스주의는 예상하고 있다. 그러므로 마르크스주의의 경우, 복지국가는 계획대로 진전될 수 있다고 보지 않는다.

(마) 페미니즘

페미니즘의 경우, 복지국가를 다음과 같은 두 가지의 갈등적 측면에서 보고 있다.

① 페미니즘은 복지국가가 여성을 도와줄 수 있는 능력의 측면에서 복지국가의 잠재력을 판단하고 있다. 페미니즘의 경우, 노동시장에서 남성과 동등한 위치를 이루기 위해 여성이 필요로 하는 서비스를 복지국가가 제공할 수 있다고 본다. 남성과 여성이 시민권에서 실질적으로 평등을 이루기 위해서는 노동시장에서 남성과 여성이 평등하여야 하는데, 복지국가는 이런 측면에서 도움을 줄 수 있다는 것이다.

② 다른 한편으로 페미니즘은 복지국가가 남성이 지배하는 국가라는 점을 강조하고 있다. 즉, 복지국가에서 남성은 정책을 결정하는 사람들이고, 여성은 단지 정책을 받아들이는 사람들이라는 것이다. 구체적으로 페미니즘은 복지국가를 다음과 같이 인식하고 있다. ㉠ 복지국가에서는 남성의 가치가 지배한다. ㉡ 복지국가는 불평등적이고 억압적인 성 관계와 관련된 유형을 보존하려고 한다. 복지국가의 이런 기능은 일부러 의도하지 않은 상태에서 생길 수도 있다. 그리고 때에 따라서 복지국가는 이런 불평등적·억압적인 성 관계의 유형을

제거하는 데 도움이 되기도 한다. 하지만 어찌되었던 간에, 페미니즘은 복지국가가 불평등적·억압적인 성 관계 유형을 보존하려는 경향이 있다고 본다.

페미니즘은 복지국가의 미래에 대해 부정적으로 보는 경우도 있고, 긍정적으로 보는 경우도 있다. 우선, 페미니즘이 복지국가는 남성이 지배하는 국가라는 입장을 지닐 경우에, 페미니즘은 복지국가의 미래를 부정적으로 바라보게 된다.

그러나 페미니즘은 복지국가를 긍정적으로 보기도 한다. 페미니즘이 복지국가의 미래를 긍정적으로 바라보는 예로 다음과 같은 것이 있다.

① 일부 유럽 국가의 경우, 공공정책은 여성에게 기회를 더 제공할 가능성이 있다는 점을 경험적으로 보여준 바 있다.

② 페미니즘을 따르는 사람들 중에는, 여성의 입장을 증진시킬 수 있는 것은 국가 행동뿐이라고 보는 사람도 있다. 이런 사람들의 경우, 대부분의 여성이 해방되기 위해서는, 개인적 문제가 정치적 성격을 지닌다는 점을 인식할 필요가 있다고 본다.

그러므로 페미니즘은 다음의 두 가지를 합친 것이라고 볼 수 있다.

① 복지국가의 미래에 대해 비판적인 입장에서 부정적으로 본다.

② 복지국가와 관련해 확고한 미래가 오도록 투쟁한다.

(바) 녹색주의

녹색주의에서는 다음과 같은 상황 때문에 복지국가는 근본적으로 문제가 있다고 본다.

① 복지국가는 경제성장에 의존해 오고 있다.

② 이에 따라서 복지국가는 특정한 산업·경제체제에 의존하고 있다.

녹색주의의 경우, 이런 산업·경제체제는 단기적으로는 이득을 가져오지만, 장기적으로는 재앙을 가져온다고 보고 있다.

녹색주의를 제외한 모든 관점에서는, 경제성장은 복지를 증진시키는 방법이라고 보고 있다. 그러나 녹색주의는 경제성장이 복지에 크게 부정적으로 영향을 미친다고 보고 있다. 경제성장이 복지에 부정적으로 영향을 미치는 예로 다음과 같은 것이 있다.

① 경제가 성장할 경우, 오염이 증가한다.

② 경제가 성장할 경우, 정부는 인간성의 근본을 부정하는 가치에 주로 관심을 가진다.

그리고 녹색주의는 자유시장 체제는 개인과 사회에게 본질적으로 해로운 가치와 과정에 토대를 두고 있다고 보고 있다. 또한 녹색주의의 경우, 정부는 사회구성원과 사회의 복지를 증진하는 데 중요한 역할을 할 수 있다고 본다. 그렇지만 녹색주의는 다른 이데올로기 관점과는 완전히 다르게 인식하면서, 복지국가를 분석하고 있다.

(2) 정리

이상의 여섯 가지 이데올로기는 복지국가에 관한 모든 의견들을 제시하고 있다. 이상의 여섯 가지 이데올로기가 복지국가에 대해 지지하거나 반대하는 정도를 정리하면 다음과 같다(George & Wilding, 1994).

① 일반적으로 민주적 사회주의와 중도노선과 페미니즘은 복지국가를 지지하고 있다. 복지국가를 지지하는 정도의 경우, 열성적으로 지지하는 이데올로기도 있고 조심스럽게 지지하는 이데올로기도 있다. 민주적 사회주의는 복지국가를 열성적으로 지지하는 입장을 취하고 있다. 그리고 중도노선과 페미니즘은 복지국가를 조심스럽게 지지하는 입장을 취하고 있다.

② 일반적으로 신우파와 마르크스주의와 녹색주의는 복지국가를 반대하고 있다. 신우파는 복지국가를 반대하는 입장을 취하고 있다. 왜냐하면 신우파는 복지국가가 자유로운 시장과 사회 안정에 부정적으로 영향을 미칠 수 있다고 보기 때문이다. 또한 마르크스주의도 복지국가를 반대하는 입장을 취하고 있다. 그 이유는 다음과 같다. ㉠ 마르크스주의의 경우, 복지국가가 자본주의 사회에서 이룩할 수 있는 것이 크지 않다고 보기 때문이다. ㉡ 마르크스주의의 경우, 복지국가는 적어도 일시적으로 불공평한 체제를 지지하기 때문이다. 그리

고 녹색주의도 복지국가를 반대하는 입장을 취하고 있다. 왜냐하면 녹색주의는 복지국가가 경제성장을 추구하는 것에 의존한다고 보기 때문이다.

3) 아브라모비쯔의 분류[3)]

아브라모비쯔(Abramovitz, 2004)의 경우, 그간에는 이데올로기를 보수주의 관점, 자유주의 관점, 급진주의 관점으로 구분하는 사례가 많았고, 최근에는 여기에 페미니즘 관점이 추가되고 있다고 보고 있다.

그러면서 아브라모비쯔는 정부의 역할과 관련해 이데올로기를 다음과 같이 여섯 가지로 제시하고 있다.

① 사회적 보수주의(social conservatism)가 있다. 사회적 보수주의의 경우, 복지국가를 사회를 통제하는 수단으로 보고 있다.

② 자유방임적 보수주의(laissez-faire conservatism)가 있다. 자유방임적 보수주의의 경우, 자유방임의 원칙에서 벗어난 것을 비판하고 있다.

③ 실용적 자유주의(pragmatic liberalism)가 있다. 실용적 자유주의의 경우, 마지못해 실시하는 복지국가의 입장을 취하고 있다.

④ 인도적 자유주의(humanitarian liberalism)가 있다. 인도적 자유주의의 경우, 복지에 대한 사회권을 주장하고 있다.

⑤ 급진주의(radicalism)가 있다. 급진주의의 경우, 복지국가에서 복지사회로 나갈 것을 주장하고 있다.

⑥ 페미니즘이 있다. 페미니즘의 경우, 사회복지에서 정부가 수행하는 역할에 대해 또 다른 관점을 제시하고 있다.

3) 본 절에서는 아브라모비쯔가 분류하는 이데올로기의 내용에 관해서는 자세히 다루지 않는다.

[정리] 사회복지정책과 관련된 주요 이데올로기의 분류

- 그동안에 다양한 형태의 이데올로기가 제시되어 왔는데, 조지와 윌딩이 분류한 이데올로기 유형이 사회복지 영역에서 널리 사용된다.
- 조지와 윌딩은 초기 저서에서 이데올로기를 반집합주의, 소극적 집합주의, 페이비언 사회주의, 마르크스주의로 구분한다. 반집합주의의 경우, 국가는 최소로 개입하여야 하고 복지 혜택은 빈곤층에게 최소로 제공되어야 한다고 본다. 소극적 집합주의의 경우, 자본주의의 기본 요소는 유지하면서 국가가 적절하게 개입하는 방식을 통해 불평등을 퇴치하고, 기본 욕구를 충족하는 것과 관련된 사회문제를 해결하여야 한다고 본다. 페이비언 사회주의의 경우, 복지국가를 실현함으로써 빈곤을 퇴치하고 불평등을 줄이고 자본주의를 개선할 것을 강조한다. 마르크스주의의 경우, 사회주의 혁명을 통해서 빈곤과 불평등을 퇴치할 수 있다고 주장한다.
- 그 후의 저서에서, 조지와 윌딩은 복지와 관련된 이데올로기를 신우파, 중도노선, 민주적 사회주의, 마르크스주의, 페미니즘, 녹색주의로 구분한다. 앞의 네 가지 이데올로기는 이전에 제시한 네 가지 이데올로기와 유사하고, 나머지 두 가지 이데올로기는 새로 추가된 이데올로기이다. 민주적 사회주의는 복지국가를 열성적으로 지지하고, 중도노선과 페미니즘은 복지국가를 조심스럽게 지지한다. 그리고 신우파는 복지국가를 반대하고, 이와는 다른 이유에서 마르크스주의와 녹색주의도 복지국가를 반대한다.

4) 사회복지정책의 이데올로기 관련 정리 및 유의점

(1) 정리

사회복지정책과 관련된 이데올로기를 분류한 예는 여러 가지가 있다. 그러나 사회복지와 관련된 정치적 관점은 우파(right) 이데올로기와 좌파(left) 이데올로기로 단순화시켜 볼 수 있다. 실제로 궁극적으로 볼 경우, 사회복지정책의 이데올로기는 양끝이 극우와 극좌로 구성된 연속선이라고 볼 수 있다.

사회복지의 영역과 관련해, 우파 이데올로기와 좌파 이데올로기의 특징을 단순화시켜 살펴보면 다음과 같다(Spicker, 2010).

① 우파 이데올로기는 다음과 같은 특징을 지닌다. ㉠ 복지를 반대한다. ㉡ 공적으로 급여를 제공하는 것을 반대한다. ㉢ 개인주의적이다. ㉣ 잔여적 복지를 지지한다.

② 이와는 대조적으로, 좌파 이데올로기는 다음과 같은 특징을 지닌다.

㉠ 복지를 찬성한다. ㉡ 공적으로 급여를 제공하는 것을 찬성한다.

㉢ 집합주의적이다. ㉣ 제도적 복지를 지지한다.

위의 내용을 정리하면 〈표 4-1〉과 같다.

〈표 4-1〉 복지와 관련된 이데올로기의 단순 분류

정치적 관점	복지에 대한 견해	공적 급여에 대한 견해	집합주의적/개인주의적	제도적/잔여적 복지
우파 이데올로기	반대	반대	개인주의적	잔여적 복지
좌파 이데올로기	찬성	찬성	집합주의적	제도적 복지

(2) 유의점

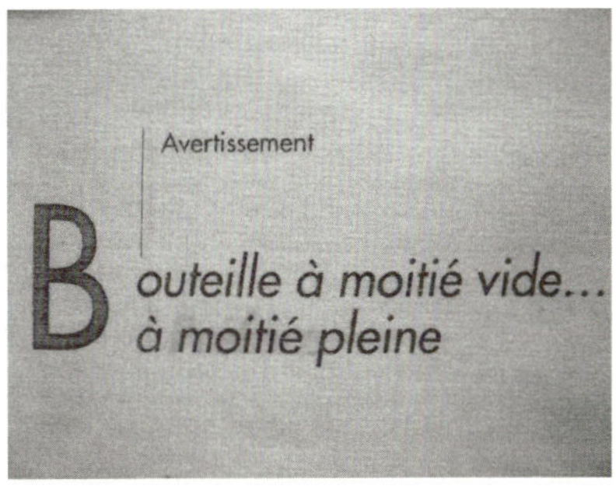

1/2이 있는 병을 반이 '빈' 병으로 볼 것인지, 아니면 반이 '찬' 병으로 볼 것인지를 거론한 프랑스 저서: 이것은 우파와 좌파의 기본적인 입장을 잘 보여준다. (뒤몽(Dumont, 1992)의 『유럽에서의 사회적 보호 제도』(프랑스어판)의 머리말 첫 부분)

그러나 이데올로기를 구분하는데 있어 다음과 같은 점에 유의하여야 한다(Abramovitz, 2004; Spicker, 2010; George & Wilding, 1994).

① 이데올로기들이 아주 다른 것처럼 보인다고 해서, 이데올로기들 사이의 구분이 항상 분명한 것은 아니다. 그러므로 이데올로기를 구분하는 것을 실제 생활을 절대적으로 보여주는 사실로 볼 것이 아니라, 사회적 쟁점을 이해하기 위한 틀과 지침으로 볼 필요가 있다.

② 사람들은 국가의 정당과 국가의 지도자들을 이데올로기와 관련시켜 보는 경향이 있다. 예를 들어 우리나라의 경우, 어느 당의 당원은 보수주의자이고 어느 당의 당원은 자유주의자나 진보주의자라고 보는 경향이 있다. 그럼에도 불구하고, 정당 지도자들과 정당의 말과 행동은 이들에게 따라다니는 이데올로기와는 크게 다른 경우가 많다는 점을 인식할 필요가 있다. 정치인은 일상 생활에서 유권자의 표를 얻을 필요가 있고, 자신의 선거와 관련된 기금을 확보할 필요가 있고, 기타 여러 가지의 관련된 활동을 할 필요가

있다. 그러므로 이와 같이 일상 생활에서 나타나는 정치적 제약 때문에, 선거를 통해 당선된 관리들이나 정치인들은 자신의 신념을 항상 그대로 따를 수는 없다. 그 결과, 이런 사람들이 분명한 이데올로기만 항상 가진다고 볼 수 없게 된다.

③ 인간의 개인적 사고에는 한 가지 이상의 관점이 포함될 수 있다. 따라서 인간은 두 가지 이상의 이데올로기를 가질 수도 있다는 점을 인정할 필요가 있다. 예를 들어 사회문제의 영역에 따라서, 한 영역에서는 보수적이지만, 다른 영역에서는 중도적이거나 진보적인 성향을 가질 수도 있다.

④ 이데올로기에 대해 유동적으로 인식할 필요가 있다. 왜냐하면 사람들이 이데올로기와 관련해 취하는 입장이 항상 간단한 것은 아니기 때문이다.

⑤ 어느 경우에는, 정치적 신념이나 믿음 체계가 관련되는 정도가 낮을 수 있다. 이런 점은 조지와 윌딩이 분류한 여섯 가지 이데올로기에서 잘 드러난다. 조지와 윌딩이 제시한 여섯 가지 이데올로기들 중에서, 네 가지 이데올로기(신우파, 중도노선, 민주적 사회주의, 마르크스주의)는 전통적인 좌파와 우파라는 정치적 연속성 위에서 쉽게 분류할 수 있다. 그러나 녹색주의와 페미니즘은 사정이 이와 다르다. 녹색주의와 페미니즘은 전통적인 정치적 쟁점에 대해서 명확한 태도를 가진 정당과 관련된 입장이라기보다는, 정치적 운동과 관련된 입장이라고 볼 수 있기 때문이다.

[정리] 사회복지정책과 관련된 주요 이데올로기의 분류

- 사회복지와 관련된 정치적 관점은 우파 이데올로기와 좌파 이데올로기로 단순화시킬 수 있다. 우파 이데올로기는 복지와 공적 급여를 반대하고, 개인주의적이고, 잔여적 복지를 지지한다. 그러나 좌파 이데올로기는 이와는 대조적인 입장을 취한다.

PART 02

복지국가의 진전과 발달 이론

제5장
복지국가

1. 복지국가의 개념
2. 복지국가의 목적과 역할 및 의의
3. 복지국가의 유형
4. 복지사회

1 복지국가의 개념

1) 복지국가 용어의 등장

20세기에 선진 산업국가들이 이룩한 주요한 업적들 가운데 하나는, 시민을 경제적으로 크게 보호하는 장치를 많은 시민에게 제공한 것이었다. 특히, 20세기의 말에 이룩한 커다란 업적은 복지에 관심을 가지는 국가를 만든 것이었다. 이것은 경제가 불안정한 것에 대해 사람들을 보호하고, 또한 자본주의에서 나타나는 부당함에 대해 사람들을 보호하기 위함이었다(Gilbert & Terrell, 2005; Anonymous, 2004). 이런 국가를 '복지국가(welfare state)'라고 부르는데, 이런 의미에서 20세기를 복지국가의 시대라고 부를 수 있다(Gough, 1979).

브릭스(Briggs)에 따르면, '복지국가'라는 영어 용어는 2차 세계대전 동안에 템플(Temple) 대주교가 처음으로 만들어낸 용어이다(Wikipedia, 2010). 이 때, 템플 대주교는 전쟁을 하는 당시의 영국을 나치(Nazi) 독일의 '전쟁국가(warfare state)'와 대비시켰다. 사실, 복지국가(또는 사회국가)라는 표현을 영어에서도 사용하려고 예전에 시도한 바가 있었다. 그러나 템플 대주교가 복지국가라는 용어를 널리 알리고 나서야, 복지국가라는 용어는 일반적으로 사용하는 용어가 되었다.

그리고 현대에 들어서 복지국가라는 용어를 널리 사용한 것은, 베버리지(Beveridge) 보고서를 근거로 해서 영국에서 1948년에 도입한 사회보험제도와 관련이 있다(Wikipedia, 2013; Encyclopædia Britannica, 2009).

하지만 2차 세계대전 이후에 복지국가라는 용어를 자주 사용하고 있으나, 복지국가가 무엇인지에 관해서는 의견이 서로 일치되지 않는 편이었다. 그리고 많은 사람들은 복지국가를 정의하는 것과 관련된 문제점을 지적해 왔다(Powell & Hewitt, 2002). 이런 예를 들면 다음과 같다.

① 브라운(Brown, 1995)의 경우, 복지국가라는 용어는 그 의미에 대해서 분명하게 합의되지 않은 상태에서 오랜 기간 동안 다양한 맥락에서 사용되어 온 용어라고 주장한 바 있다.

② 영(Young, 1989)의 경우, 복지국가라는 용어는 분명하게 정의되어 있지 않은 용어라고 지적한 바 있다.

2) 복지국가의 정의

그럼에도 불구하고 복지국가는 정의되어 왔다. 우선, 사전에서 복지국가에 관해 정의한 바를 살펴보면 다음과 같다.

① 웹스터(Webster) 사전의 경우, 복지국가를 "국가가 개인과 시민의 사회복지에 대해 주로 책임을 진다는 가정에 토대를 두고 있는 사회체제"라고 정의하고 있다.

② 브리태니커 백과사전(Encyclopædia Britannica, 2010)의 경우, 복지국가는 시민들의 경제적 복리와 사회적 복리를 보호하고 증진하는 데 있어 국가가 핵심적인 역할을 하는 정부를 가리킨다고 보고 있다.

따라서 사전적 정의에서는 시민의 복리에 국가가 책임진다는 식으로 복지국가를 단순하게 인식하고 있다.

이에 비해서 일부 학자들은 복지국가에 관해서 좀 더 구체적으로 정의하고 있다. 이런 정의를 살펴보면 다음과 같다(Mishra, 1984; Gilbert & Terrell, 2005; Giddens, 2006; Karger & Stoesz, 2006).

① 미쉬라(Mishra)의 경우, 복지국가는 시장경제에 여러 가지로 관여함으로써 시민의 복리에 대해 책임을 지는 자유국가(liberal state)라고 정의하고 있다. 이 경우에 시장경제에 관여하는 예로, 국가가 완전고용정책을 실시하고 사회복지 서비스를 제공하는 것이 있다. 미쉬라에 따르면, 복지국가라는 용어에는 다음의 두 가지가 모두 포함된다. ㉠ 국가가 복지에 대해 책임을 진다는 견해가 포함된다. ㉡ 위와 같은 견해를 실제로 실행하는 기관과 실천적 활동이 포함된다.

② 브릭스(Briggs)의 경우, 자기 힘으로는 생활할 수 없는 시민들의 복리를 개선하기 위해, 시장의 힘이 작동하는 것을 완화시키고자 하는 정부 활동에 복지국가의 본질이 있다고 본다. 이런 관점에서 볼 경우, 복지국가는 자기 힘으로는 생활할 수 없는 시민들의 복리를 개선하기 위해, 시장의 힘이 작동하는 것을 완화시키는 국가라고 볼 수 있다.

③ 기든스(Giddens)의 경우, 복지국가는 의료, 교육, 주택, 소득 등과 같은 인간의 기본적인 욕구를 충족시키기 위해, 복지제도를 통해 급여와 서비스를 제공하는 핵심적인 역할을 떠맡는 국가를 가리킨다.

④ 카저와 스토이즈(Karger & Stoesz)의 경우, 복지국가는 정부가 중요한 상품과 서비스와 기회를 국민에게 시민권으로서 보장하는 국가를 가리킨다.

전반적으로 볼 때, 브릭스의 정의는 복지국가가 가지는 여러 측면의 모습을 가장 포괄적으로 제시한다고 볼 수 있다. 따라서 이런 면에서 브릭스의 정의는 복지국가와 관련해 가장 유용한 정의라고 볼 수 있다(김태성·성경륭, 2007). 길버트와 테렐의 경우, 프로그램의 측면에서 가장 실질적인 정의는 브릭스가 제시한 정의라고 평가한 바 있다. 그러므로 요약하건대, 복지국가는 시장의 힘이 작동하는 것을 완화시켜서 시민의 복리를 증진하는 데 직접·간접적으로 관여하는 국가라고 볼 수 있다.

[정리] 복지국가의 개념

- 20세기에 선진 산업국가들이 이룩한 주요한 업적들 가운데 하나는 복지국가를 형성한 것이다.
- '복지국가'라는 영어 용어는 2차 세계대전 동안에 템플 대주교가 처음 만들었다.
- 현대에 복지국가라는 용어를 사용한 것은, 베버리지 보고서를 근거로 해서 영국에서 1948년에 도입한 사회보험제도와 관련이 있다.
- 복지국가가 무엇인지에 관해서는 의견이 일치되지 않는 편이다. 일반적으로 복지국가는 시장의 힘이 작동하는 것을 완화시켜 시민 복리를 증진하는 데 직접·간접으로 관여하는 국가를 말한다.

2 복지국가의 목적과 역할 및 의의

1) 복지국가의 목적과 관련 정책

브릭스(Briggs)는 복지국가의 세 가지 주요한 요소를 제시하고 있는데, 이것은 세 가지 형태의 주요한 복지국가 활동이라고도 볼 수 있다. 그러므로 브릭스의 경우, 복지국가의 활동에는 다음과 같은 세 가지 형태가 있다고 보고 있다(Spicker, 2010; The Canadian Encyclopedia, 2010).

① 최저 생활수준을 보장한다. 이것은 최저 소득을 제공하는 것을 말한다.

② 사회적 위험(예컨대 질병이나 실업)이 나타날 경우에, 사회적 보호를 제공한다. 이것은 사회적 위험 때문에 나타나는 경제적 불안정을 줄이기 위해 급여를 제공하는 것을 말한다.

③ 가능하면 가장 좋은 수준에서 서비스를 제공한다.

그리고 위의 세 가지 요소와도 관련되는 것으로서, 브릭스는 복지국가가 추구하는 세 가지의 특별한 목적을 제시하고 있고, 또한 이런 세 가지 목적에 맞는 정책의 형태를 제시하고 있다(Gilbert & Terrell, 2005). 복지국가의 세 가지 목적 및 이와 관련된 정책과 대상은 〈표 5-1〉에 정리되어 있다.

〈표 5-1〉 복지국가의 목적과 관련 정책 및 대상

복지국가의 목적	관련 정책	대상
경제적으로 보장해 주고자 함: 상실된 소득을 대체해 줌으로써, 일반적인 생활위험으로부터 시민들을 보호하고자 함	사회보험정책: 질병·실업·장애·퇴직 상태에 놓이거나 배우자가 사망하였을 경우에 대비하는 정책	노동시장에 참여하고 있는 집단, 퇴직자, 근로자와 퇴직자의 가족과 근로자·퇴직자가 보호하는 사람들
물질적으로 충분하게 해주고자 함: 기본적인 사회적 보호를 제공하고자 함	공공부조정책: 현금급여와 사회 서비스를 제공하는 정책	빈곤층과 취약층
기본 서비스를 제공하고자 함: 기본적으로 중요한 물품과 서비스를 이용할 수 있게 해주고자 함	교육정책, 의료정책, 주택정책, 식품정책	모든 시민

* 출처: Gilbert & Terrell(2005: 48)

2) 복지국가의 특징과 현대 산업국가

(1) 복지국가의 역할과 의의

복지국가의 중요한 측면은 공적으로 급여를 제공하고 공적으로 재정을 확보한다는 점이다. 그러므로 복지국가는 정부가 재정을 충당하는 프로그램을 통해서, 개인이 안정된 상태에서 생활하게 해주는 역할을 한다(Gilbert & Terrell, 2005; Kruschke & Jackson, 1987).

일반적으로 복지국가가 수행하는 중요한 역할은, 사회구성원이 자신의 생애 과정에서 겪게 되는 위험을 관리하는 데 있다. 이런 위험의 예로 질병, 장애, 실업, 노령이 있다. 따라서 복지국가는 사회구성원에게 이들이 태어나서부터 죽을 때까지 안정을 제공하는 온정주의(paternalism)의 측면을 지닌다고 볼 수 있다(Giddens, 2006; Kruschke & Jackson, 1987).

그러므로 복지국가의 정책에서는 사회구성원들의 욕구와 사회구성원들의 상황에 가장 주목하고 있다(Kruschke & Jackson, 1987). 따라서 복지국가의 핵심은, 모든 시민에 대해 사회적 권리로서 소득, 영양, 건강, 안전, 교육, 등과 관련해 국가가 최저 수준의 보호를 제공하는 데 있다(Wilensky et al., 1985). 그리고 위와 같은 점에 복지국가의 중요한 의의가 있다.

(2) 현대 산업국가와 복지국가

국가가 사회구성원을 보호하여야 한다고 보는 관점이 등장한 것은 19세기 동안에 정책이 크게 변하였음을 보여준다. 산업혁명과 그 이후의 공황과 전쟁 때문에 고난을 겪음에 따라서, 이런 어려움으로부터 고통을 겪을 가능성이 가장 큰 사람들을 보호해주기 위한 프로그램이 발달되어 왔다. 따라서 일반적으로 현대의 복지국가는 사회구성원들을 사회적으로 보호하는데 국가가 크게 책임진다는 관점을 실현하고 있다. 이런 의미에서 볼 경우, 현대의 모든 산업국가는 복지국가인 셈이다(Kruschke & Jackson, 1987; Gilbert & Terrell, 2005).

구체적으로, 운이 나쁘거나 경제적으로 어렵거나 사회적으로 취약하기 때문에 사회구성원의 생활기회가 매우 크게 불리한 상태에 놓이지 않게 하기 위해서, 현대의 산업국가는 공적으로 개입하고 있다. 이를 좀 더 자세히 살펴보면 다음과 같다.

현대의 산업국가는 사회복지 영역에 많이 지출하고 있는데, 스웨덴은 이와 관련해 대표적인 국가에 속한다: 스톡홀름 전경 (스웨덴 스톡홀름에서 저자 찍음)

① 현대의 산업국가는 불행에 따른 어려움을 완화하고, 기회를 더 늘이고, 일반적인 복리를 제공하고자 하는 프로그램을 가지고 있다.

② 현대의 산업국가는 사회복지 영역에 상당한 비용을 지출하고 있다. 실제로 현대의 산업국가는 어떤 단일 활동보다도 사회복지 영역에 더 많이 지출하고 있다. 그리고 현대의 산업국가에서는 많은 공무원들이 사회복지 프로그램을 계획하고 실시하는 데 관여하고 있다.

[정리] 복지국가의 목적과 역할 및 의의

- 브릭스에 따르면, 복지국가의 활동에는 최저 생활수준의 보장, 사회적 보호의 제공, 가장 좋은 수준의 서비스 제공이 있다.
- 복지국가의 주요한 목적은 경제적 보장(사회보험정책과 관련), 기본적인 사회적 보호(공공부조 정책과 관련), 기본 서비스 제공(교육·의료·주택정책 등과 관련)이다.
- 복지국가는 정부가 재정을 충당하는 프로그램을 통해, 개인이 안정된 생활을 하게 해주는 역할을 한다. 복지국가의 중요한 역할은 시민이 자신의 생애 과정에서 겪게 되는 위험을 관리하는 데 있다.
- 현대의 모든 산업국가는 복지국가라고 볼 수 있다.

3 복지국가의 유형

모든 복지국가들은 여러 가지 공통점을 가지고 있다. 그러나 이런 복지국가들은 여러 가지 본질적인 측면에서 크게 차이가 난다. 예를 들어 복지국가들은 다음과 같은 측면에서 서로 차이가 난다(Gilbert & Terrell, 2005).

① 규모에서 차이가 난다.

② 각 프로그램 영역을 상대적으로 강조하는 정도에서 차이가 난다.

③ 구조와 재정을 충당하는 방식에서 차이가 난다.

④ 바탕이 되는 철학적 관점에서 차이가 난다.

이에 따라 복지국가의 유형을 정하는 문제가 등장하고 있다. 복지국가를 유형화하기 위한 연구는 그간 많이 진행되어 왔다. 그간의 연구에서는 다양한 기준을 적용하여 복지국가를 유형화하려고 시도해 왔다. 김태성과 성경륭(2007)에 의하면, 그간의 연구에서 복지국가를 유형화한 방식은 다음과 같이 다섯 가지로 구분될 수 있다.

① 사회복지의 지출에 따라서 복지국가를 유형화하는 방식이 있다.

② 사회복지 프로그램을 도입한 시기에 따라서 복지국가를 유형화하는 방식이 있다.

③ 복지국가의 성격을 개념적으로 분석해 복지국가를 유형화하는 방식이 있다.

④ 복지국가의 정책을 결정하는 요인을 분석해 복지국가를 유형화하는 방식이 있다.

⑤ 복지국가 프로그램의 내용을 분석해 복지국가를 유형화하는 방식이 있다.

이중에서 가장 많이 인용되는 유형화 방식은, 복지국가의 성격을 개념적으로 분석해 복지국가를 유형화하는 방식이다. 이런 유형화 방식을 몇 가지 살펴보면 다음과 같다.

티트머스는 복지국가를 잔여적 복지국가와 제도적 복지국가로 구분한다: 티트머스의 모습
[출처: Wikipedia]

1) 티트머스의 분류

티트머스(Titmuss)는 복지국가를 잔여적(residual) 복지국가와 제도적(institutional) 복지국가로 구분하고 있다(Esping-Andersen, 1990).[1)]

(1) 잔여적 복지국가

잔여적 복지국가의 경우, 국가는 가족이나 시장이 실패할 때에만 책임을 진다. 즉, 잔여적 복지국가의 경우에, 국가는 취약한 집단이나 가치있는(deserving) 집단에게만 관여하려고 한다.

(2) 제도적 복지국가

제도적 복지국가는 다음과 같은 특징을 가지고 있다.

① 전체 인구층을 대상으로 한다.

② 보편주의적 성격을 지닌다.

③ 복지에 대해 제도적으로 관여한다.

원칙상으로 볼 경우, 제도적 복지국가는 사회복지와 관련해 중요한 모든 분배 영역에 관여한다.

1) 티트머스(Titmuss, [1974] 1979)는 사회정책과 관련해 잔여적 복지 모델, 산업적 성취·업적 모델, 제도적 재분배 모델이라는 세 가지 모델을 제시한 바 있다. 이것은 앞장에서 이미 다루었다.

2) 퍼니스와 틸톤의 분류

퍼니스와 틸톤은 복지국가의 유형으로 사회보장국가와 사회복지국가를 제시한다: 해당 저서(Furniss & Tilton, 1977)의 표지

(1) 국가의 분류

퍼니스와 틸톤(Furniss & Tilton, 1977)에 따르면, 개인이 경제적 안정을 확보하고 자립을 이루는 토대가 되는 것은 자율적인 시장과 사유 재산이다. 그런데 산업사회가 발달함에 따라서, 자율적인 시장과 사유 재산이라는 토대가 약해지고 있다. 이렇게 되는 구체적인 이유는 다음과 같다.

① 시장과 사유 재산이 원래 의도했던 바대로 기능하지 않고 있기 때문이다.

② 시장과 사유 재산이 '효과적으로' 작동함으로써 생기는 사회질서에 대해서, 많은 사람들이 비관적으로 전망하고 있기 때문이다.

이렇게 진전됨에 따라서, 개인에게 좋은 생활을 제공하고자 하는 모든 정치 영역에서 정부가 더 많이 활동하는 방향으로 나가게 되었다. 이에 따라서 퍼니스와 틸톤은 국가를 다음과 같이 분류할 수 있다고 본다.

① 적극적 국가(positive state)가 있다. 적극적 국가의 경우, 경제적 안정을 보장해주기 위해 정부가 개입하고, 또한 자산을 가진 사람들의 사적 이익을 보장해주기 위해 정부가 개입한다.

② 복지국가(welfare state)가 있다. 복지국가의 경우, 적극적 국가에서 정부가 하는 일에 추가해서, 경제적 안정과 자기 발전에 필요한 토대를 제대로 갖추지 못한 모든 사람에게 소득을 제공한다.

그리고 퍼니스와 틸톤은 복지국가의 유형으로 다음과 같은 두 가지를 제시하고 있다.

① 사회보장국가(social security state)가 있다. 사회보장국가의 경우, 국민의 최저수준을 보장하고자 한다.

② 사회복지국가(social welfare state)가 있다. 사회복지국가의 경우, 사회적 평등과 경제적 평등을 더 이룩하고자 하고, 또한 공공정책을

결정하는 데 있어 집합적 역할을 강조하고자 한다.

퍼니스와 틸톤은 각각의 국가 형태에 대해서 ㉠ 개입의 형태, ㉡ 개입으로부터 혜택을 받는 집단, ㉢ 공공정책을 실행하는 데 깔린 시각에 관해 살펴보고 있다. 그러나 퍼니스와 틸톤에 따르면, 위에서 제시한 세 가지의 국가 유형들(즉, 적극적 국가, 사회보장국가, 사회복지국가) 중에서, 어느 국가 유형도 역사적으로 불가피한 것은 아니다.

(2) 각 국가의 특징

(가) 적극적 국가

적극적 국가가 추구하는 주요한 목적은, 규제되지 않은 시장의 어려움으로부터 자산을 가진 사람들을 보호하고, 또한 재분배하라는 요구로부터 이런 사람들을 보호하는 데 있다. 그러므로 적극적 국가의 정책에서는 경제성장을 위해 정부와 기업이 협력하는 것을 지향한다. 이런 협력관계의 경우, 기업은 시장과 관련해 마음대로 결정할 수 있는 능력을 많이 포기하고, 그 대신에 국내에서는 정부로부터 재정적 지원을 받고 또한 해외에서는 정치적으로 지지를 받는다.

복지 영역의 경우, 적극적 국가에서는 경제적 효율성과 일치되지 않는 것은 하지 않으려는 경향이 있다. 일반적으로 적극적 국가에서 추구하는 활동은 티트머스의 잔여적 복지 모델에 나타난 내용에 해당된다. 즉, 적극적 국가에서의 복지정책은 사회를 통제하기 위한 수단으로 작용한다.

그러나 퍼니스와 틸톤의 관점에서 볼 경우, 적극적 국가는 복지국가가 아니다. 왜냐하면 적극적 국가는 복지국가의 기본적인 기능을 수행하고 있지 않기 때문이다.[2] 오히려 적극적 국가에서 혜택을 받는 사람들은, 자유방임의 여건에서 가장 쉽게 부유해질 것이라고 예상되는 사람들인 경향이 있다. 그리고 적극적 국가에서는 균형 있게 경제성장을 이루고 기업 이익을 보호하는 상황에서 개인주의를 철저하게 추구한다.

2) 여기서 복지국가의 기본적인 기능은 다음과 같다(Furniss & Tilton, 1977). ① 자산을 대신할 수 있는 소득을 모든 시민에게 제공한다. ② 자율적이고 독립적인 생활을 하는 것과 관련된 급여는, 경제적 여건이 좋은 사람들뿐만 아니라 여건이 좋지 않은 사람들에게도 제공한다.

(나) 사회보장국가

사회보장국가는 적극적 국가와는 다른 특징을 가지고 있다. 먼저 경제정책과 관련해, 사회보장국가는 다음과 같은 특징을 지닌다.

① 정부와 기업 사이에 협력하는 것을 더 활용한다.

② '최대한의 완전고용(maximalist full employment)' 정책을 추구한다. 이 경우에 공공 영역에서 고용하는 것을 최후의 수단으로 활용한다.

그리고 사회정책과 관련해, 사회보장국가는 다음과 같은 특징을 지닌다.

① 모든 사회구성원에게 자산을 대신할 수 있는 소득을 제공하는 복지국가의 이상을 실현하고자 한다.

② '국민 최저수준의 보장'이라는 중요한 목적을 추구한다. 국민 최저수준의 보장은 모든 사람에게 급여를 제공하는 것을 가리킨다.

사회보장국가에서 '국민 최저수준의 보장'을 도입한 배경은, 사회보험에 근거한 복지정책이 가지고 있는 문제점을 극복하는 데 있다. 왜냐하면 국민 최저수준을 보장하는 제도가 잘 갖추어져 있을 경우에는, 빈곤을 완전히 퇴치할 수 있다고 보기 때문이다.[3)]

한편, 사회보장국가의 지침이 되는 원칙은 결과의 평등이 아니라 기회의 평등이다.

(다) 사회복지국가

사회보장국가에 비해서 사회복지국가는 다음과 같은 특징은 지니고 있다.

① 공공 사업을 통해서 완전고용을 이루고자 하기보다는, 노동시장에서 정부와 노동계 사이에 협력함으로써 완전고용을 이루고자 한다.

② 두 가지의 새로운 정책이 완전고용정책만큼이나 중요하다. 여기서 두 가지의 새로운 정책은 환경정책(environmental planning)과[4)] 연대임금(solidaristic wages)정책을 말한다.[5)]

---

3) 이 경우, 빈곤은 기본적인 생계수단이 없는 것을 말한다.

4) 퍼니스와 틸톤은 '환경정책(environmental planning)'이라는 용어를 가장 포괄적인 의미에서 사용한다. 즉, 퍼니스와 틸톤에 따르면, 환경정책은 위락 시설을 보호하기 위해 자산을 규제하는 것, 많은 공해를 유발하는 활동을 금지하는 것, 도시를 계획하는 것, '뉴타운(신 도시)(new town)'을 개발하는 것을 말한다.

5) 연대임금정책의 경우, 노동조합이 임금 및 고용과 관련된 결정에 적극적으로 참여케 하고자 한

그리고 경제정책에서뿐만 아니라 사회정책에서도, 사회복지국가는 평등과 연대를 증진하고자 한다. 즉, 사회복지국가의 경우, 사회구성원들에게 최저수준을 보장하려고 할뿐만 아니라, 사회구성원들의 생활수준이 일반적으로 평등한 상태를 이루려고 한다.

사회복지국가의 경우, 평등을 이루기 위한 주요한 사회정책 도구는 사회보험과 공공부조를 공적 서비스(public services)로 대체하는 것이라고 본다. 이런 공적 서비스에서는 모든 사람에게 급여를 제공한다. 이 경우, 급여를 받는 사람이 비용을 지불할 수 있는지 여부를 따짐이 없이, 모든 사람에게 급여를 제공한다. 또는 급여를 받는 사람이 사회보험에 기여금을 납부했는지 여부를 따짐이 없이, 모든 사람에게 급여를 제공한다. 이렇게 함으로써, 공적 서비스는 사회생활의 중요한 영역이 시장의 영향으로부터 벗어나게 하는 기능을 한다.

3) 미쉬라의 분류

미쉬라(Mishra, 1984)는 복지국가를 분화적 복지국가(differentiated welfare state)와 통합적 복지국가(integrated welfare state)로 구분하고 있다. 분화적 복지국가와 통합적 복지국가의 특징을 일부 살펴보면 다음과 같다.

미쉬라는 복지국가를 분화적 복지국가와 통합적 복지국가로 구분한다: 해당 저서(Mishra, 1984)의 표지

(1) 분화적 복지국가

분화적 복지국가는 다원주의적 복지국가(pluralist welfare state)라고도 불린다. 분화적 복지국가의 특징은 다음과 같다.

① 사회복지 영역은 경제와는 별개의 영역으로서, 비교적 자율적인 영역으로 인식된다.

② 정치 영역은 여러 이익집단으로 구성되어 있다.

다. 그리고 이에 따라서 연대임금정책은 행정부서와 기업의 고위직뿐만 아니라 노동조합도 경제적으로 통제하는 힘을 가지게 하는 데 도움을 준다. 노동조합이 임금 및 고용과 관련된 결정에 적극적으로 참여케 하고자 하는 목적은 사회연대를 더 많이 가져오기 위함이다. 여기서 사회연대를 더 많이 가져온다는 것은 평등을 더 많이 가져오는 것을 말한다.

요컨대, 분화적 복지국가는 사회복지 영역이 경제 영역, 산업 영역, 공공 영역과 구분되고, 사회복지 영역은 이런 영역들과는 관련이 없다고 보는 복지국가를 말한다.

(2) 통합적 복지국가

통합적 복지국가는 조합주의적 복지국가(corporatist welfare state)라고도 불린다.[6] 통합적 복지국가의 특징은 다음과 같다.

① 사회복지 영역은 경제 및 경제정책으로부터 자유롭다고 보지 않는다.

② 정치 영역은 서로 협력하는 이익집단으로 구성되어 있다. 이와 관련된 점을 일부 살펴보면 다음과 같다. ㉠ 여러 가지 경제정책과 사회정책에 대해서, 중요한 경제적 이해관계를 가지는 상부 협회나 대표자들 사이에 협상이 이루어진다. ㉡ 의회주의적 정부 형태를 지닌다.

요컨대, 통합적 복지국가는 사회복지 영역이 경제 영역, 산업 영역, 공공 영역과 밀접하게 관련된다고 보는 복지국가를 말한다. 따라서 미쉬라에 따르면, 통합적 복지국가에서는 다음과 같은 특징이 나타난다.

① 사회복지 프로그램과 사회복지정책은 경제 영역 및 정치 영역과 관련해서 의미가 부여된다.

② 사회복지를 더 넓은 사회에 통합하고자 한다.

4) 에스핑 안데르센의 분류

복지국가의 분류와 관련해 가장 체계적이고 또한 가장 크게 영향을 미치고 있는 분류 방법들 가운데 하나는, 에스핑 안데르센(영어식 표현은 에스핑 앤더슨, Esping-Andersen, 1990)이 제시하는 복지국가 유형이다.

(1) 분류 기준

에스핑 안데르센은 복지국가와 관련된 주요한 기준으로 다음과 같은 세

6) 일반적으로 조합주의(corporatism, 코포라티즘)는 국가, 고용주의 주요 대표자, 노동조합의 주요 대표자가 서로 협상하고 타협해서 정치적·경제적으로 의사를 결정하는 방식을 말한다(Alcock, Erskine & May, 1999).

에스핑 안데르센의 모습

가지를 제시하고 있다. 이런 기준들은 복지국가를 비교할 경우에 주목할 필요가 있는 주요한 기준에 해당된다고 볼 수 있다.

① 사회권의 질이 있다. 사회권은 노동의 '탈상품화(decommodification)'와 관련된다. 탈상품화는 시장에 참여하는 것과는 독립적으로, 개인이나 가구가 사회적으로 만족스러운 생활수준을 누릴 수 있는 정도를 말한다.

② '계층화(stratification)'가 있다. 계층화는 복지국가가 사회 집단들 사이에 차이를 두는 정도를 가리킨다.[7]

③ 국가와 시장과 가족 사이의 관계가 있다.

(2) 복지국가의 분류

위와 같은 기준에 근거해서, 에스핑 안데르센은 세 가지 형태의 복지국가를 구분하고 있다. 여기서 세 가지 복지국가는 자유적(liberal) 복지국가, 보수적(conservative) 복지국가, 사회민주적(social democratic) 복지국가를 말한다. 에스핑 안데르센에 따르면, 대부분의 복지국가는 이런 세 가지의 복지국가에 포함될 수 있다. 각 형태에 관해서 좀 더 살펴보면 다음과 같다.

(가) 자유적 복지국가

가장 영향을 미친 복지국가 분류는 에스핑 안데르센이 제시한 분류이다: 해당 저서(Esping-Andersen, 1990)의 표지(일부)

자유적 복지국가의 경우, 자산조사식 급여가 주류를 이룬다. 따라서 급여의 대상은 국가에 의존하는 저소득 계층인 경우가 많다. 그리고 자유적 복지국가에서는, 전통적이고 자유주의적인 근로윤리 규범 때문에, 복지 영역은 크게 개혁되지 못하고 있다. 그러므로 자유적 복지국가에서는 다음과 같은 결과가 나타난다.

① 급여를 받을 수 있는 자격은 엄격하고, 또한 급여를 받는 것에는 오명이 가해지는 경우가 많다.

② 일반적으로 급여의 양은 많지 않다.

---

7) 이런 예로, 복지국가가 직업 상태에 근거해서 사회 집단들 사이에 차이를 두는 것이 있다(Cochrane, Clarke & Gewirtz, 2001).

그리고 이에 따라서 국가는 시장을 장려하는데, 이 경우에 다음과 같은 두 가지 방식들 가운데 하나를 선택할 수 있다.

① 국가는 소극적으로 시장을 장려한다. 이 경우에 국가는 최저수준만을 보장함으로써, 소극적으로 시장을 장려한다.

② 국가는 적극적으로 시장을 장려한다. 이 경우에 국가는 민간 복지제도에 보조금을 지원함으로써, 적극적으로 시장을 장려한다.

한편, 위와 같은 여건 때문에, 자유적 복지국가에서는 다음과 같은 상황이 나타난다.

① 탈상품화 정도가 가장 적다.

② 사회권의 영역이 확대되지 못한다.

③ 다음과 같은 특징을 지닌 계층화 유형이 나타난다. ㉠ 국가가 제공하는 급여를 받는 사람들은 빈곤 상태에 있는 경우가 많아서, 이런 사람들 사이에는 빈곤의 측면에서 서로 평등하다. ㉡ 하지만 빈곤층이 아닌 사람들은 시장에 따라 복지 혜택에서 차이가 난다. ㉢ 국가복지를 받는 사람들과 일반인 사이에는 계급과 관련된 정치적 측면에서 서로 다른 두 가지 층으로 분명하게 구분되어 있다.

자유적 복지국가에 속하는 대표적인 예로 미국, 캐나다, 호주가 있다.

(나) 보수적 복지국가

위에서 언급한 자유적 복지국가에서는 시장의 효율성과 상품화에 크게 관심을 가진다. 그러나 보수적 복지국가에서는 시장의 효율성과 상품화가 크게 부각되지 않는다. 이에 따라서 보수적 복지국가에서는, 사회권을 부여하는 문제가 심각하게 논쟁이 되는 쟁점이 된 적이 거의 없다.

보수적 복지국가에서 주류를 이루는 것은 지위의 차이를 유지하는 것이다. 그러므로 권리는 계급과 지위에서 나온다.

그리고 보수적 복지국가의 경우, 시장보다는 국가가 복지를 전달하는데 중요한 역할을 하는 경향이 있다. 그러나 그렇다고 해서 보수적 복지국가에서 국가가 재분배를 장려하거나 평등을 장려하는 방식으로 복지를 전달하는 것은 아니다. 국가가 지위를 유지하는 것을 강조한다는 것은, 국가가 재분배 등과 관련해 미치는 영향은 매우 적다는 것을 의미한다.

그리고 보수적 복지국가는 교회의 영향을 크게 받는 경우가 많다. 그러므로 보수적 복지국가는 전통적인 가족을 유지하는 데 크게 관여한다. 이에 따라서 다음과 같은 결과가 나타난다.

① 사회보험에서는 노동시장에 참여하지 않는 여성 배우자를 제외하는 경우가 많다. 그리고 가족 급여에서는 모성을 장려한다.[8)]

② 보육은 잘 발달되어 있지 않고, 또한 보육과 관련된 가족 서비스도 잘 발달되어 있지 않다. 왜냐하면 이런 국가에서는 보족성의 원리가 크게 영향을 미치기 때문이다.[9)]

보수적 복지국가에 속하는 대표적인 예로 오스트리아, 프랑스, 독일, 이탈리아가 있다.

(다) 사회민주적 복지국가

사회민주적 복지국가의 특징은 보편주의의 원칙과 평등의 원칙을 강조한다는 데 있다. 무엇보다도 사회민주적 복지국가에서는 계급 사이의 평등을 장려하는 경향이 있다. 그러므로 사회민주적 복지국가의 경우, 국가와 시장이 서로 크게 구분되는 것을 허용하려 하지 않고, 또한 노동자 계급과 중산층이 서로 크게 구분되는 것을 허용하려 하지 않는다. 사회민주적 복지국가 이외의 복지국가에서는, 최저 수준의 욕구를 평등하게 충족시켜 주고자 한다. 그러나 사회민주적 복지국가에서는, 최저 수준이 아니라 가장 높은 수준에서의 평등을 이루고자 한다.

이것은 다음과 같은 것을 의미한다.

① 서비스와 급여는 새로운 중산층이 가장 좋아하는 취향과도 어울리는 수준까지 올리고자 한다.

② 부유층이 누리는 질 높은 권리를 노동자도 누리게 보장함으로써, 평등을 이루고자 한다.

---

8) 즉, 보수적 복지국가의 경우, 결혼한 여성이 노동시장에 참여하는 것을 반대하고, 복지 급여는 엄마 역할을 하는 것을 강조하는 방식으로 제공되는 경향이 있다(Cochrane et al., 2001).

9) 보족성의 원리에서는, 가족이 가족 구성원에게 서비스를 제공하는 능력이 없어졌을 때에만 국가가 개입할 것이라는 점을 강조한다(Esping-Andersen, 1990).

이렇게 될 경우, 각각의 계층이 기대하는 바에 맞춰지면서도, 매우 탈상품화되고 보편적인 프로그램으로 이루어진 체계가 나타나게 된다. 그리고 이에 따라서 다음과 같은 결과가 나타난다.

① 생산직 근로자들도 일반 사무직 근로자들이나 공무원들이 누리는 권리와 똑같은 권리를 누릴 수 있다.

② 모든 계층은 단일의 보편적인 보험제도에 통합된다.

사회민주적 복지국가에서는 시장을 중심적 공간으로 고려하지 않는다. 그리고 그 결과로, 사회민주적 복지국가는 복지국가를 지향하면서 본질적으로 보편주의적인 연대를 갖추고자 한다. 따라서 사회민주적 복지국가의 특징을 다음과 같이 요약할 수 있다.

① 모든 사람은 급여를 받는다.

② 모든 사람은 서로 의존한다.

③ 대체로 모든 사람은 비용을 지불할 자세가 되어 있다.

그리고 사회민주적 복지국가에서 추진하는 정책에서는 시장과 전통적 가족 모두를 다룬다. 보수적 복지국가에서는 보족성을 강조한다. 그러나 보수적 복지국가와는 대조적으로, 사회민주적 복지국가의 원칙은 가족이 도움을 줄 수 있는 능력이 없어질 때까지 기다리는 것이 아니라, 가족을 유지하는 데 드는 비용을 미리 사회가 부담하게 하는 것이다. 그리고 사회민주적 복지국가에서 추구하는 이상은, 가족에게 가장 크게 의존하게 하는 것이 아니라, 개인이 독립할 수 있는 능력을 가장 크게 만들어 주는 것이다.

이런 의미에서 볼 때, 사회민주적 복지국가는 자유주의와 사회주의를 특별하게 합친 것이라고 볼 수 있다. 그 결과, 다음과 같은 일을 하는 복지국가가 나타나게 된다.

① 급여를 아동에게 직접 제공한다.

② 아동과 노인과 약자를 보살피는 데 있어 직접적으로 책임을 진다.

따라서 다음의 두 가지 모두를 하기 위해서, 사회민주적 복지국가는 사회 서비스와 관련된 업무에 크게 관여한다.

① 가족의 욕구를 충족시켜 주기 위해 서비스를 제공한다.

② 여성이 가사 일보다는 일을 선택하게 한다.

그리고 사회민주적 복지국가의 가장 두드러진 특징으로 복지와 일을 합쳤다는 점(fusion of welfare and work)을 들 수 있다. 즉, 사회민주적 복지국가는 다음과 같은 특징을 동시에 가지고 있다.

① 사회민주적 복지국가는 완전고용을 보장하는 데 크게 관여한다.

② 완전고용이 이루어지는 정도는 사회민주적 복지국가를 유지할 수 있는 정도에 매우 크게 영향을 미친다.

이런 점은 구체적으로 다음과 같은 것을 의미한다.

① 한편으로, 일할 수 있는 권리는 소득을 보호받을 수 있는 권리와 똑같이 중요하게 인식되고 있다.

② 다른 한편으로, 연대적이고 보편주의적이고 탈상품화하는 복지제도를 유지하는 데 드는 막대한 비용을 감당한다는 것은, 이런 제도에서 사회 프로그램을 최소화하고 수입으로 얻는 소득을 최대화하여야 한다는 것을 의미한다. 당연하게도 이것을 가장 잘 할 수 있는 경우는, 대부분의 사람들이 노동시장에 참여하고 또한 사회적 급여를 가지고 생활하는 사람의 수가 적은 경우이다.

사회민주적 복지국가에서는 탈상품화의 정도가 가장 높다. 사회민주적 복지국가에 속하는 대표적인 예로 스칸디나비아의 국가들이 있다.

(3) 유의점과 평가

(가) 유의점

에스핑 안데르센의 경우, 단일의 순수한 사례는 존재하지 않는다는 점을 지적하고 있다. 그 대신에, 특정한 복지국가는 세 가지 복지국가의 요소들을 부분적으로 모두 가지고 있을 수 있다(Cochrane, Clarke & Gewirtz, 2001). 이런 예를 구체적으로 살펴보면 다음과 같다.

> **사회민주적 복지국가에서 고용이 중요한 이유**
>
> 사회민주적 복지국가에서 완전고용은 중요한 관심거리가 된다. 이렇게 된 이유는 다음의 두 가지 모두 때문이다(Cochrane, Clarke & Gewirtz, 2001).
>
> ① 완전고용이 되면, 소득보장을 확보할 수 있게 되기 때문이다.
>
> ② 완전고용이 되면, 사회 구성원들이 복지 비용을 지불할 수 있게 되기 때문이다.

① 자유적 복지국가도 순수한 유형은 아니다. 이것을 미국의 경우를 예로 들면 다음과 같다. ㉠ 미국의 사회보장제도는 재분배적이고, 강제 방식이고, 민간보험 방식과는 거리가 멀다. ㉡ 적어도 미국에서 뉴딜을 처음에 계획했을 시기에는, 뉴딜(New Deal)은 사회민주적 특성을 지니고 있었다.[10)]

② 유럽의 보수적 복지국가도 자유적 측면과 사회민주적 측면을 모두 가지고 있다. 수십 년이 지나면서, 유럽의 보수적 복지국가는 덜 조합주의적이고 덜 권위적인 방향으로 나가고 있다.

③ 스칸디나비아에서는 사회민주적 복지국가가 주류를 이루고 있다고 볼 수 있다. 그러나 스칸디나비아 국가들도 중요한 자유주의적 요소를 가지고 있다.

그리고 일부 복지국가는, 에스핑 안데르센의 세 가지 복지국가 유형에서는 제시되지 않은 특별한 특징을 가지고 있을 수 있다. 따라서 특정 국가의 경우, 이런 세 가지 복지국가 형태의 하나에 속한다고 분류하기 어려울 수도 있다(Spicker, 2010; Cochrane, Clarke & Gewirtz, 2001).

(나) 평가

에스핑 안데르센의 분류는 다음과 같은 의의가 있다(Spicker, 2010; Cochrane, Clarke & Gewirtz, 2001).

① 주요한 급여 유형이 무엇인지를 이해하는 데 도움을 준다.

② 복지국가를 비교하는 데 유용하다. 에스핑 안데르센의 분류를 이용할 경우에, 사회복지정책을 분석하는 사람들은 복지국가에서 차이가 나는 점을 파악할 수 있게 되고, 또한 크게 변화할 방향을 파악할 수 있게 된다.

10) 뉴딜은 미국에서 1930년대에 실업문제와 빈곤문제를 해결하기 위해 실시한 정책이다(6장 참조).

[정리] 복지국가의 유형

- 복지국가 유형화와 관련해 가장 많이 인용되는 방식은, 복지국가의 성격을 개념적으로 분석해 복지국가를 유형화하는 방식이다.
- 티트머스는 복지국가를 잔여적 복지국가와 제도적 복지국가로 구분한다. 잔여적 복지국가의 경우, 국가는 가족이나 시장이 실패할 때에만 책임을 진다. 그리고 제도적 복지국가의 경우, 사회복지와 관련해 중요한 모든 분배 영역에 관여한다.
- 퍼니스와 틸톤은 국가를 적극적 국가와 복지국가로 분류하고, 복지국가의 유형으로 사회보장국가와 사회복지국가를 제시한다. 적극적 국가가 추구하는 주요 목적은, 규제되지 않은 시장의 어려움으로부터 자산을 가진 사람들을 보호하고, 또한 재분배하라는 요구로부터 이런 사람들을 보호하는 데 있다. 적극적 국가는 복지국가가 아니다. 그리고 사회보장국가는 국민 최저수준을 보장하려고 한다. 사회복지국가는 시민들에게 최저수준을 보장하려고 할뿐만 아니라, 생활수준이 일반적으로 평등한 상태를 이루려고 한다.
- 미쉬라는 복지국가를 분화적 복지국가와 통합적 복지국가로 구분한다. 분화적 복지국가에서는 사회복지 영역이 경제·산업·공공 영역과 관련이 없다고 본다. 그리고 통합적 복지국가에서는 사회복지 영역이 경제·산업·공공 영역과 밀접하게 관련된다고 본다.
- 복지국가의 분류와 관련해 가장 체계적인 유형화들 가운데 하나는 에스핑 안데르센이 제시하는 유형이다. 에스핑 안데르센은 복지국가와 관련된 주요한 원칙으로 탈상품화, 계층화, 국가와 시장과 가족 사이의 관계를 제시한다. 여기서 탈상품화는 시장에 참여하는 것과는 독립적으로, 개인이나 가구가 사회적으로 만족스러운 생활수준을 누릴 수 있는 정도이다. 그리고 계층화는 복지국가가 사회 집단들 사이에 차이를 두는 정도이다. 이에 근거해, 에스핑 안데르센은 자유적 복지국가, 보수적 복지국가, 사회민주적 복지국가로 구분한다.
- 에스핑 안데르센의 자유적 복지국가에서는 자산조사식 급여가 주류를 이루고, 전통적이고 자유주의적인 근로 윤리 규범을 강조하고, 시장을 장려한다. 보수적 복지국가에서는 지위의 차이를 유지하는 것이 주류를 이루고, 시장보다 국가가 복지를 전달하는 데 중요 역할을 하고, 전통적인 가족을 유지하는 데 크게 관여한다. 사회민주적 복지국가에서는 보편주의의 원칙과 평등의 원칙을 강조한다.

4 복지사회

1) 복지사회의 배경과 개념 및 형태

일부 학자들의 경우, 복지국가는 자본주의가 끝나고 그 대신에 더 나은 사회가 나타나는 것을 보여주는 것으로 인식해 왔다. 그리고 사람들은 이런 사회를 혼합경제(mixed economy), 후기 산업사회(post-industrial society), 복지사회(welfare society) 등으로 불러 왔다(Gough, 1979). 이중에서 근래에 들어서 복지사회라는 용어가 자주 사용되고 있다.

하지만 복지사회는 복지국가와 관련해 언급되는 경우가 많다(한국사회복지협의회, 1993). 일반적으로 복지사회라는 용어는 관심의 방향이 국가에서 사회로 변하고 있다는 것을 보여준다(Powell & Hewitt, 2002).

복지사회는 여러 가지 형태를 가질 수 있다. 일반적으로 복지사회와 관련해 주류를 이루는 모델은 복지 다원주의(welfare pluralism)나 복지의 혼합경제(mixed economy of welfare)에 토대를 둔 모델이다. 이런 모델의 경우, 국가가 아닌 영역에서도 복지를 제공하는 곳이 존재한다고 주장하고 있다(Powell & Hewitt, 2002).

하지만 복지사회를 복지 다원주의나 복지 혼합의 측면에서 보게 되면, 복지사회라는 용어는 정치적 우파(political right)와 관련되는 경우가 많다. 일반적으로 복지사회는 중앙정부의 역할이 감소하는 것과 관련되는 경우가 많다.

2) 롭슨의 복지사회와 복지국가론

복지사회에 관해 일찍부터 의견을 제시한 대표적인 학자로 롭슨(Robson, 1976)이 있다. 롭슨은 공공정책과 사회적 태도 사이에는 커다란 차이가 있는 경우가 많다고 보고 있다. 따라서 롭슨에 따르면, 사람들이 자

복지사회에 관해 의견을 제시한 대표 학자는 롭슨이다: 해당 저서(Robson, 1976)의 표지

신의 태도와 행동에 복지국가의 정책과 복지국가의 가정을 반영하는 경우가 많지 않을 때에는, 복지국가의 목적을 실현할 수 없다(Powell & Hewitt, 2002).

그러므로 롭슨(Robson, 1976)의 경우, 복지국가는 의회가 법령을 제정하고 정부가 이것을 실행하는 것이고, 복지사회는 일반 복지와 관련된 문제들에 대해 사람들이 행동하고 느끼고 생각하는 것이라고 주장하고 있다. 롭슨의 경우, 복지국가의 동반자로서 복지사회가 없이는 순수한 복지국가가 존재할 수 없다고 주장한다.

[정리] 복지사회

- 일반적으로 복지사회는 관심의 방향이 국가에서 사회로 변하고 있음을 보여준다. 복지사회와 관련해 주류를 이루는 모델은 복지 다원주의에 근거한 모델이다. 이런 모델의 경우, 비국가 영역에서도 복지를 제공하는 곳이 존재한다고 본다.
- 복지사회에 관해 일찍부터 의견을 제시한 대표적인 학자는 롭슨이다. 롭슨에 따르면, 복지국가의 동반자로서 복지사회가 없이는 순수한 복지국가가 존재할 수 없다.

제 6 장

사회복지정책의 역사

1. 발달사의 의의와 시기의 구분
2. 빈곤법의 시기
3. 자선조직협회와 인보관 운동의 시기
4. 복지국가의 시기
5. 복지국가의 발달 경향과 전망

1 발달사의 의의와 시기의 구분

사회복지정책은 논리적인 결과로 등장하기보다는 역사적인 산물로 등장한 경우가 많다. 즉, 사회복지정책은 어느 날 갑자기 등장한 것이 아니라, 과거부터 계속되어 온 정치적 환경과 사회적 환경과 경제적 환경이 서로 얽혀서 현재의 모습으로 나타난 경우가 많다. 따라서 현재의 사회복지정책이 형성된 바를 이해하기 위해서는, 사회복지정책이 역사적으로 어떻게 등장하였으며 그 후 어떻게 진전되었는지를 따져볼 필요가 있다(Ploug & Kvist, 1996).

사회복지정책의 역사를 살펴볼 경우에 등장하는 문제점들 가운데 하나는 시기(또는 단계)를 구분하는 작업이다. 하지만 사회복지정책이 발달한 역사적 시기는 학자들 사이에 의견이 일치되어 있지 않다. 그러므로 근대에 들어서 사회복지정책 또는 복지국가가 발달한 시기를 구분하는 방식은 학자마다 다소 차이가 있다.

일반적으로 사회복지정책이 발달한 시기를 단순화시켜서 빈곤법의 시기,[1] 사회보험의 시기, 복지국가의 시기로 구분하는 경우가 많다. 그러나 이 경우에, 복지국가의 핵심 프로그램이 사회보험이기 때문에, 사회보험의 시기와 복지국가의 시기를 구분하는 것은 모호한 측면이 있다. 그리고 어느 경우에는 빈곤법의 시기와 사회보험의 시기 사이에 자선조직협회와 인보관 운동의 시기를 추가하고 있다. 자선조직협회와 인보관 운동은 빈곤층의 원조에 대한 인식이나 사회복지의 기법과 관련해 중요한 역사적 의의를 지니기 때문이다.[2] 따라서 사회복지정책이 발달한 시기를 빈곤법의 시기, 자선조직협회와 인보관 운동의 시기, 복지국가의 시기로 구분할 수도 있다.[3]

[정리] 발달사의 의의와 시기의 구분

- 사회복지정책은 역사적 산물로 등장한 경우가 많다.
- 사회복지정책이 발달한 시기의 분류에 관해서는 의견이 일치되어 있지 않다. 사회복지정책이 발달한 시기를 구분하는 방식의 하나로 빈곤법의 시기, 자선조직협회와 인보관 운동의 시기, 복지국가의 시기로 구분하는 것이 있다.

2 빈곤법의 시기

1) 빈곤법 제정 이전의 상황

빈곤층을 돕기 위해 지역 주민에게 세금을 부과하는 조치는 여러 국가에서 수백 년 전부터 존재해 왔다. 그리고 복지국가가 등장한 19세기 말 이전의 시기에도, 오랫동안 모든 국가는 복지에 대해 어느 정도 공적으로 책임

1) 본장에서 사용하는 '빈곤법'에 대한 영어 용어는 'poor law'이다. 이 영어 용어는 그간 '구빈법', '빈곤법', '빈민 보호법', '빈민 통제법' 등으로 번역되었다. 본장에서는 '빈곤법'이라는 표현을 사용한다.

2) 여기에 관해서는 뒤에서 구체적으로 설명한다.

3) 본장에서는 이런 구분 방식을 취한다.

을 지고 있었다(Britannica, 2000; Gilbert & Terrell, 2005). 그러나 국가가 빈곤층을 원조하는 것과 관련해, 의미를 크게 지니는 역사적 사건은 영국에서 빈곤법을 제정한 일이다.

영국에서는 14세기부터 빈곤층과 관련된 법이 여러 차례 제정되었다. 그러므로 영국에서 빈곤법이 등장한 배경을 이해하기 위해서는, 빈곤법이 제정되기 이전의 상황을 먼저 살펴볼 필요가 있다.

영국의 경우, 헨리(Henry) 8세가 통치하던 시기에 이르러, 사회가 크게 불안해졌고, 노동문제가 발생하였고, 부랑인이 많이 나타났다. 1531년에 헨리 8세는 모든 걸인은 허가를 받으라고 요구하였다.

그런데 그 당시에 헨리 8세가 이혼하고자 하였으나, 교황은 헨리 8세의 이혼을 거부하였다. 이에 화가 난 헨리 8세는 1536년에 성공회를 설립하였고, 가톨릭교회와 남자 수도원이 가진 대부분의 자산을 몰수하였다. 그 결과로, 교회가 빈곤층을 보살필 때 사용하던 조직과 자원이 없어지게 되었다. 그래서 그 이후에 이르러, 국가가 빈곤 구제에 대해 주로 책임을 지게 되었다.

그리고 일할 능력이 있는 부랑인과 걸인을 처벌하는 법이 1536년에 제정되어서, 구걸을 하는 행위와 일시적으로 자선하는 행위를 금지하였다. 이 법을 어길 경우에는 엄하게 처벌하였다(Day, 2009). 그러다가 헨리 8세와 엘리자베스(Elizabeth) 1세가 통치하는 시기에 제정된 법령에 따라서, 국가는 자발적으로 기부금을 내도록 장려하는 방식에서 벗어나서, 재산과 소득에 근거해 세금을 부과하는 방식으로 방향을 바꾸었다.

2) 빈곤법의 변천

(1) 엘리자베스 빈곤법(1601년)

(가) 배경과 의의

엘리자베스 빈곤법(Elizabethan Poor Laws of 1601)은 유명한 법으로서, 거의 300년에 걸쳐서 강력하게 영향을 미쳐 왔다. 엘리자베스 빈곤법을 제정할 무렵에 영국의 상황은 다음과 같았다(Day, 2009).

① 1590년대의 경우, 대부분의 영국 도시에서 많은 사람들이 일자리를 구할 수 없었다. 따라서 이 당시에 굶어 죽거나 얼어 죽는 사람이 많았다.

② 영국의 일부 지역에서는 식량문제 때문에 폭동이 발생하였다.

이런 상황에서 사회를 안정시키기 위해서, 1597년에 빈곤과 관련된 법이 개정되었다. 그리고 1598년 이후에, 영국에서 교구는 지방세를 부과하는 의무를 지니게 되었다(Britannica, 2000). 또한 영국의 경우, 일할 수 없는 빈곤층을 구제해 주고 일할 수 있는 빈곤층에게 일자리를 제공하기 위해 '민생(民生)위원(overseers of the poor)'을 임명하였다.[4]

그러다가 1601년에 엘리자베스 빈곤법이 제정되었다. 엘리자베스 빈곤법은 큰 의의를 지니고 있다. 무엇보다도 엘리자베스 빈곤법으로부터 근대적 의미에서의 사회복지정책이 출발하였다고 볼 수 있기 때문이다. 구체적으로 엘리자베스 빈곤법은 다음과 같은 의의가 있다(Day, 2009; Walker, 2005).

① 엘리자베스 빈곤법은 영국에서 빈곤층에 대해 책임지는 것을 제도화시키는 역할을 하였다. 즉, 엘리자베스 빈곤법은 사회가 빈곤층에 대해 책임지는 것을 법으로 표현한 것이라고 볼 수 있다.

② 엘리자베스 빈곤법에서는 사회복지를 국가의 노동정책의 한 부분으로 인식하였다. 그간의 경우에는, 엘리자베스 빈곤법만큼이나 사회복지를 노동과 매우 분명하게 연계시킨 법령은 없었다.

③ 엘리자베스 빈곤법은 영국의 공공부조제도의 모델이 되었을 뿐만 아니라 미국의 공공부조제도의 모델이 되어 왔다.

엘리자베스 여왕
[출처: Wikipedia]

(나) 내용

엘리자베스 빈곤법에 따라서, 재산을 소유한 사람에게 빈곤세를 부과하였다. 그리고 나서 지역의 민생위원은 빈곤세를 통해서 걷은 자금을 빈곤층에게 나눠주었다(Walker, 2005).

그리고 엘리자베스 빈곤법에는 다음과 같은 것이 포함되어 있었다(Day, 2009).

4) 민생위원을 '빈민 감독관'으로 번역하기도 한다.

① 지역이 빈곤을 구제하는 사업을 파악하고 운영한다.

② 빈곤층을 도와주는 모든 프로그램에 일하는 측면을 포함시킨다.

③ 빈곤층을 일할 수 있는 빈곤층, 일할 수 없는 빈곤층, 보호가 필요한 아동으로 구분한다.

위에서 분류한 세 가지 집단에게 제공한 서비스를 구체적으로 살펴보면 다음과 같다(Walker, 2005; Day, 2009).

① 일할 수 있는 빈곤층은 생계를 유지하는 대가로 일하도록 되어 있었다. 구체적으로, 일할 능력이 있는 빈곤층은 노역원(workhouse)에서 일하도록 하였다.[5] 이에 따라 노역원은 노동정책의 주요한 요소로 작용하고 있었다. 그리고 노역원은 이후에 등장한 공장제도의 모델이 되었다. 노역원의 목적은 국가를 위해 이윤을 창출하는 데 있었다. 그러나 대부분의 노역원은 강제노동 수용소와 같았다. 노역원에 들어가기를 거부하는 사람에게는 도움을 주지 않았다.

② 일할 수 없는 빈곤층은 다음과 같은 사람을 말한다: ㉠ 자기 자신을 보살필 수 없는 사람이 있다. 이들은 노인, 아픈 사람, 장애인을 말한다. ㉡ 자녀를 양육하여야 하기 때문에 일하기 어려운 사람이 있다. ㉢ 어느 경우에는 임신한 여성도 포함된다. 이 경우, 자기 가정에 머무를 수 있는 사람들에게는 원외 구호(구제)(outdoor relief)를 일부 제공하였다.[6] 그러나 원외 구호를 제공하면 게을러지고 구걸하게 된다고 믿었기 때문에, 원외 구호는 항상 논쟁거리가 되었다. 그리고 일부 사람들에게는 민간 가정에서 살도록 배치하였다. 이런 주택의 주인에게는 주택을 유지하는 데 필요한 최저 비용을 지급하였다.

③ 보호가 필요한 아동은 미래의 노동력으로 인식되거나 또는 미래의 부양가족으로 인식되었다. 여기서 보호가 필요한 아동은 고아, 버려진 아동, 원하지 않는 아동, 부모로부터 격리된 아동을 말한다. 이

5) 우리나라에서는 workhouse을 '작업장' 등으로 번역하고 있으나, workhouse는 강제적 성격을 가지고 있고 또한 여건이 열악한 경우가 많았으므로 본장에서는 '노역원'으로 번역한다.

6) 원외 구호는 시설 밖에서 살고 있는 사람에게 현금급여를 제공하는 것을 말한다(Walker, 2005).

당시에는, 이런 아동을 보살피는 것에 대해서는 크게 관심을 기울이지 않았다. 따라서 이런 아동을 잔인하게 다루는 경우가 많았다. 하지만 정부가 이런 아동에 대해 책임짐에 따라서, 이런 아동에 대한 대우는 약간 나아졌다. 그리고 공장의 수가 많아짐에 따라서, 아동은 3~4세의 어린 나이에 섬유공장에서 일하게 되었다.

한편, 엘리자베스 빈곤법에서는 빈곤을 구제하는 것을 국가의 책임으로 보았지만, 엘리자베스 빈곤법은 사회통제적 성격을 지니고 있었다. 엘리자베스 빈곤법에서는 빈곤층이 사회를 불안하게 한다고 인식하였고, 이에 따라 빈곤층을 억압해 사회질서를 유지하고자 하였기 때문이다(박병현, 2007). 엘리자베스 빈곤법에서 빈곤층을 분류한 것도 이런 점과 관련이 있었다.

(2) 정주법(1662)

1600년대와 1700년대 동안에, 영국의 사회복지는 일하는 것을 엄하게 강요하고 빈곤층이 정착하게 하는 법령을 실행하는 분위기로 바뀌었다(Day, 2009; 박병현, 2007). 하지만 인구가 증가하고 산업이 발달함에 따라서 인구가 도시에 집중되었다. 이에 따라 빈곤층은 도움을 더 받기 위해서 자신들을 더 많이 도와주는 교구로 이동하는 경향이 나타났다.

이런 맥락에서 1662년에 정주법(Settlement Act)이 새로 제정되었다. 정주법은 다음과 같은 내용을 담고 있었다(Day, 2009).

① 노동자가 더 나은 일자리를 찾는 것을 금지한다.

② 중앙정부가 정한 임금보다 더 많은 임금을 고용주가 노동자에게 지급할 경우에는, 고용주와 노동자 모두에게 벌금을 부과할 수 있다.

그러므로 정주법은 부랑인을 연고가 있는 곳으로 되돌아가게 하고자 하였다.

(3) 노역원법(1696)

영국은 17세기 후반에 이르러 네덜란드와 무역에서 심하게 경쟁하고 있었다. 네덜란드의 경우, 구빈원(almshouses)에 수용된 사람들을 활용해 물품을 만들어 수출하는 제도를 실시하고 있었다. 영국의 경제학자들은 네덜란드의 이런 제도를 긍정적으로 평가하고 있었다. 따라서 영국은 네덜란드의 구빈원 제도를 모델로 삼아, 1696년에 노역원법(Workhouse Act of 1696)을 제정하였다(박병현, 2007).

그 후, 노역원법은 1722년에 노역원 테스트법(Workhouse Test Act of 1722)으로 변경되었다. 노역원 테스트법에서는, 빈곤과 관련해 원조를 받기 원하는 사람은 노역원에 들어가서 정해진 양의 일을 하도록 되어 있었다. 이것은 교구에 빈곤과 관련해 도움을 무책임하게 요청하는 것을 방지하는 데 있었다. 노역원 테스트법 때문에 수백 개의 노역원이 설치되었다(Wikipedia, 2010). 그러나 원내 구호의 형태인 노역원은 비용이 많이 들었다.

(4) 길버트법(1782)

일할 능력이 있는 사람이 빈곤과 관련해 도움을 받기 위해서는 노역원이 들어가 일하여만 하였다. 그러나 노역원이 인간적이지 못하고 위생적이지 못함에 따라서, 이를 개선하여야 한다는 움직임이 나타났다. 그리고 노역원에서는 비용이 많이 필요하였다. 이에 따라 시간이 흐르면서, 원외 구호가 점점 중요해져 갔다(Walker, 2005; Wikipedia, 2010; 박병현, 2007).

특히 사회개혁가인 길버트(Gilbert)는 노역원에 대해 크게 반대하였다(Day, 2009; 박병현, 2007). 길버트의 경우, 노역원에서 하는 노동이 인간적이지 못하기 때문에, 시설이 아닌 곳을 활용하는 구호가 더 좋은 방식의 구호이라고 보았다. 즉, 길버트는 원외 구호를 주장하였다.

1782년에 길버트는 민생위원이 다음과 같은 역할을 하도록 하는 법령을 제정하였는데, 이것이 바로 길버트법(Gilbert's Act)이다.

① 빈곤층이 지역사회에 거주하면서 일하도록 일자리를 찾아준다.

② 빈곤층이 빈곤 구제를 통해 살도록 해준다.

이에 따라서 원외 구호가 다시 등장하기 시작하였다. 그리고 자기 가정에서 빈곤 구제를 받을 수 있는 권리를 빈곤층에게 줌에 따라서, 1795년에 원외 구호는 국가정책이 되었다.

(5) 스핀햄랜드법(1795)

영국에서 인구가 증가하고 전쟁 때문에 어려움이 커짐에 따라서, 빈곤법 체계의 문제점이 드러나게 되었다. 무엇보다도 1795년에 노동자들의 식량인 빵의 가격이 가장 비싼 상황에 이르렀다. 이에 따라 1795년에 스핀햄랜드(Speenhamland)의 치안판사들이 모여서 이 문제에 대해 회의를 하였다. 이 회의에서 치안판사들은 빵의 가격에 비례하는 만큼 가족에게 원외 구호를 주기로 결정하였다(Cannon, 2002). 그 결과로 등장한 것이 스핀햄랜드법(Speenhamland Act of 1795)이었다.

그러므로 스핀햄랜드법에 근거한 스핀햄랜드 제도는 소득 보조금 제도이었다(Barker, 2003; Day, 2009). 그리고 스핀햄랜드 제도는 생활비에 근거해서 임금을 보충해주는 성격을 가지는 프로그램이었다. 즉, 빵 가격의 상승에 따라 보조금을 제공함으로써, 스핀햄랜드 제도를 통해서 정부는 낮은 임금에 대해 보조금을 제공하는 셈이었다.

그 후에, 여러 곳에서 스핀햄랜드 제도를 본받아 도입하였다(Barker, 2003; Cannon, 2002). 그러나 스핀햄랜드 제도에 대해 여러 가지 비판이 점점 커졌다. 이런 비판들 중에는, 스핀햄랜드 제도가 비용이 너무 많이 든다는 비판도 포함되어 있었다.

3) 신빈곤법(개정 빈곤법)(1834)

(1) 배경

중상주의 때문에 봉건주의는 붕괴되었다.[7] 그러다가 중상주의 사회는 자본주의 사회로 변하였다. 자본주의 사회를 이끄는 주요한 동력은 이윤이었다. 영국과 유럽 대륙의 경우, 1800년대에 들어서 농업제품과 산업제품이 많아짐에 따라서, 유럽의 사회적 토대와 경제적 토대는 매우 크게 변하였다.

---

7) 중상주의는 상공업을 중요하게 보고 국가가 보호하면서 국산품의 수출을 권장해 국가의 부(富)를 증대하려는 경제 사상을 말하고, 봉건주의는 토지 소유에 근거해 영주(토지의 주인)와 농민 사이에 나타나는 지배관계를 말한다(파란사전, 2012; 21세기 정치학대사전, 2010).

우선, 사람들의 가정 영역과 고용 영역이 매우 변하게 되었다. 사람들은 일자리를 구하기 위해서 도시로 갔다. 그러나 이제는 한 대의 기계가 여러 명의 노동자가 할 일을 더 낮은 비용으로 할 수 있게 되었다. 이에 따라서 노동력을 절약하는 기술을 사용하기 위해서, 새로운 공장이 수백 개 건설되었다. 그리고 그 결과, 매우 많은 노동자들은 일자리를 잃게 되었다.

이에 대해서 많은 도시에서는 노동자들이 수많은 기계와 공장을 파괴하고 불태웠다. 경찰이 동원되어 이런 운동을 진압하였고, 그 결과로 경찰력은 고용주의 이익을 보호하는 역할을 하였다. 영국 정부의 경우, 미국과 프랑스에서 발생한 폭동에 자극을 받아 영국에서도 혁명이 발생할까 두려워하였고, 이에 따라 노동자를 억압하는 법령을 제정하였다(Day, 2009).

또한 산업혁명이 진행됨에 따라서, 가내 공업이 없어지는 방향으로 나갔다. 그리고 이에 따라, 가족은 통합된 경제 단위로서의 역할을 하지 않게 되었다. 이제는 소득을 얻는 사람(남성이든 여성이든 아동이든 간에)은, 자신의 집에서 지리적으로 떨어진 공장에서 일하기 위해 자신의 집을 벗어나야만 하였다. 가정이 아닌 다른 사업장에서 계약하는 상태에서 일하기 때문에, 노동자들은 자기의 음식과 필수품을 생산하지 못하게 되었다. 그리고 노동자들은 기계의 부품처럼 되어 갔다.

그러다가 1830년에 이르러, 폭동이 여러 곳에서 발생함에 따라서 다음과 같은 상황에 놓이게 되었다(Day, 2009).

① 한편으로는, 더 억압적인 빈곤법이 새롭게 필요하였다.

② 다른 한편으로는, 빈곤층을 위해 사회를 개혁할 필요가 있었다.

이 당시에, 중간 계급에 속하는 전문가와 장인들은 서로를 돕기 위한 공제조합을 조직하기 시작하였다. 그러나 이 당시에, 빈곤한 노동자들은 자신을 보호할 수 있는 장치가 거의 없었다.

그 후, 1832년에 영국의 왕립 빈곤구제 위원회(Royal Commission on Poor Relief)는 영국의 모든 군(郡)에 대해 조사하였다. 이 조사 때문에 1834년에 신빈곤법(New Poor Law)을 제정하였다.

(2) 내용

신빈곤법은 다음과 같은 내용을 담고 있었다(Day, 2009).

① 정부는 일자리를 제공하는 것과 관련해 더 이상 책임을 지지 않는다.

② 일할 능력이 없는 빈곤층과 어린 자녀가 있는 과부를 제외하고는, 원외 구호를 더 이상 제공하지 않는다.

요컨대, 신빈곤법은 빈곤에 대해 엄격한 관점을 취하였고, 이에 따라 빈곤층은 노역원에 들어가서 현물 형태의 원조만을 받게 되었다. 그러므로 신빈곤법의 경우, 국가가 빈곤을 구제하는 활동을 제한하였고, 빈곤을 구제하는 데 드는 비용을 억제하고자 하였다(Britannica, 2000; 원석조, 2006).

결국, 신빈곤법 때문에 다음과 같은 조처가 취해졌다(Day, 2009).

① 빈곤한 가족을 수용하기 위해서 수백 개의 새로운 노역원을 건설하였다. 이런 노역원의 경우, 여건을 일부러 매우 열악하게 만들었다. 따라서 빈곤한 가족들은 굶어죽을 수밖에 없는 상황에 있을 경우에만 노역원에 들어갔다.

② 각 군(郡)은 왕이 임명한 중앙 위원회의 지휘를 받는 몇 개의 빈곤 구제 지역으로 구분되었다. 그리고 빈곤층을 도와주는 데 있어 '열등 처우(less eligibility)'의 원칙을 적용하였다. 열등 처우의 원칙은 공적으로 보호가 필요한 사람에게는 임금이 가장 적은 노동자가 받는 임금보다 더 많이 원조할 수 없다는 원칙을 말한다.

[정리] 빈곤법의 시기

- 국가가 빈곤층을 원조하는 것과 관련해 처음으로 크게 의미 있는 역사적 사건은 영국에서 빈곤법을 제정한 일이다.
- 엘리자베스 빈곤법(1601)으로부터 근대적 의미의 사회복지정책이 출발하였다. 엘리자베스 빈곤법에 따라, 재산을 소유한 사람에게 빈곤세를 부과하였고 민생위원은 여기서 걷은 수입을 빈곤층에게 나눠주었다. 엘리자베스 빈곤법에서는 빈곤층을 일할 수 있는 빈곤층, 일할 수 없는 빈곤층, 보호가 필요한 아동으로 구분하였다. 엘리자베스 빈곤법의 경우, 빈곤 구제를 국가의 책임으로 보았다.
- 빈곤층이 도움을 더 받기 위해 빈곤층을 더 많이 도와주는 교구로 이동하는 경향이 나타났는데, 정주법(1662)은 부랑인을 연고가 있는 곳으로 되돌아가게 하기 위해 제정되었다.
- 영국은 네덜란드의 구빈원 제도를 모델로 삼아 노역원법(1696)을 제정하였는데, 이법은 그 후에 노역원 테스트법(1722)으로 변경되었다. 노역원 테스트법에 따르면, 빈곤 원조를 받기 원하는 사람은 노역원에 들어가서 정해진 양의 일을 하여야 했다.
- 노역원에 대한 문제점이 제기되면서 길버트법(1782)이 제정되었고, 이에 따라 원외 구호가 다시 등장하기 시작하였다.
- 스핀햄랜드법(1795)에 근거한 스핀햄랜드 제도는 소득 보조금 제도이었는데, 생활비에 근거해 임금을 보충해주는 성격을 지녔다.
- 자본주의 사회로 변함에 따라 많은 노동자들은 일자리를 잃게 되고, 산업혁명이 진행됨에 따라 가내 공업이 없어져 노동자들은 기계의 부품처럼 되어 갔다. 이에 폭동이 여러 곳에서 발생하였고, 왕립 빈곤구제 위원회는 모든 군에 대해 조사하였고, 그 결과로 신빈곤법(1834)이 제정되었다. 신빈곤법은 빈곤에 대해 엄격한 관점을 취하였다. 신빈곤법에서는 열등 처우의 원칙을 적용하였다.

3 자선조직협회와 인보관 운동의 시기

1) 자선조직협회

(1) 배경

영국의 경우, 19세기 말에 이르러 여러 개인과 기관들은 여러 가지 방법을 사용하여 빈곤층을 도와주는 데 관여하고 있었다. 그러나 이것은 다음과 같은 문제점이 있었다(박병현, 2007).

① 이런 사람들과 기관들은 빈곤층에게 도움을 주는 데에만 관심을 가지고 있었다. 그 반면에, 이들은 빈곤을 유발하는 사회적 요인에는 관심을 가지지 않았고, 또한 이들은 빈곤을 구제하는 체계적이고 합리적인 방법에 관해서도 관심을 가지지 않았다.

② 관련 기관들 사이에 정보를 교환하거나 의사소통하는 작업이 이루어지지 않았다. 이에 따라서 자원을 제공하는 데 있어 낭비적인 측면과 중복되는 측면이 많이 나타났다.

이런 상황에서 빈곤 구제와 관련된 서비스를 더 효과적으로 제공하기 위해, 빈곤에 관심을 가져오던 사람들이 1869년에 런던 자선조직협회(charity organization societies, COS)를 설립하였다.

그리고 미국의 경우, 1873년의 경제 불황 때문에 실업문제가 심각해졌다. 그러나 그 당시에 있던 기관·프로그램·자원을 가지고는 실업문제를 해결하기가 어렵다는 점이 분명해졌다. 그 결과, 영국에서 만들어진 자선조직협회가 이 당시에 미국의 많은 지역사회에서 주목을 받게 되었다.

그러다가 미국에서 최초의 자선조직협회는 1877년에 뉴욕 주의 버펄로(Buffalo)에 설립되었다. 그러고 나서 이와 비슷한 자선조직협회가 미국의 여러 도시로 빠르게 퍼져 나갔다(Dolgoff & Feldstein, 2000; Answers Encyclopedia, 2010).

(2) 역할과 평가

영국의 자선조직협회의 경우, 도움이 필요한 사람들을 개별적으로 조사하여, 그 결과를 카드에 기록하였다. 그리고 자선조직협회는 클라이언트와의 인간관계를 중요하다고 보면서, 클라이언트를 도덕적으로 감동시켜서 생활태도를 바꾸고자 하였다(박병현, 2007).

그리고 미국의 자선조직협회의 경우, 다음과 같은 것을 이루고자 하였다(Brieland, 1995).

① 빈곤 때문에 생기는 나쁜 것으로부터 도시를 보호한다.

② 자선에 드는 비용을 줄인다.

③ 계급 갈등을 해결한다.

또한 미국의 경우, 자선조직협회의 목적은 빈곤 구제를 체계화하는 데 있었다. 이를 위해서 자선조직협회는 도움을 청하는 사람들 각각의 상황을 조사하고 이들에게 좋은 생활을 하도록 조언하기 위해 자원봉사자를 파견하였다(Answers Encyclopedia, 2010).

그리고 미국의 경우, 자선조직협회는 다음과 같은 두 가지의 서로 다른 역할을 수행하고자 하였다(Dolgoff & Feldstein, 2000).

① 개인과 가족에게 직접적으로 서비스를 제공한다.

② 기획과 조정을 한다.

한편, 영국의 자선조직협회는 성악설의 관점을 취하였다. 그러므로 영국의 자선조직협회는 개인의 성격에 결함이 있기 때문에 빈곤이 발생한다고 보았다. 따라서 자선조직협회 운동은 사회복지정책이 발달하는 데 긍정적으로 작용하지 못하였다(박병현, 2007).

마찬가지로 미국의 경우, 자선조직협회 운동에서는 빈곤층에게 도움을 주는 데 있어 빈곤층의 개인적 문제에 주목하였다. 그리고 이와 관련되는 것으로서, 초기의 경우에 미국의 자선조직협회는 도덕적 측면을 강조하였다. 이에 따라 가치 있는(자격 있는) 클라이언트에게만 물질적으로 도움을 주는 방식으로 나갔다. 그 결과, 자선조직협회는 일할 능력이 있는 걸인, 알코올 중독자, 매춘부 등에게는 물질적으로 도움을 주지 않았다(Brieland, 1995; Wikipedia, 2010).

2) 인보관 운동

(1) 배경

영국의 경우, 1880년대에 이르러 자선조직협회와는 이념 측면에서 차이가 나는 인보관(settlement house) 운동이 등장하였다. 영국에서 인보관을 설립하는 데 크게 영향을 미친 사람은 바네트(Barnett)이었다. 바네트는 대학생들을 빈민가로 데리고 와서 빈곤층에게 서비스를 제공하게 하였다.

토인비 홀(1902년경)
[출처: Wikipedia]

바네트의 이런 학생들 중의 한 사람이 토인비(Toynbee)이었다. 그러나 사회개혁가인 토인비는 31살의 어린 나이에 사망하였다. 이에 따라 토인비의 친구들은 토인비를 기리기 위해, 런던의 빈민가인 이스트 엔드(East End)에 토인비 홀(Toynbee Hall)을 세웠다. 세계에서 최초로 설립된 인보관인 토인비 홀은 토인비의 이름을 딴 것이다. 토인비 홀을 인보관이라고 부른 이유는, 토인비 홀을 운영하는 사람들이 실제로 그 지역에 정착하여 주민들과 함께 살았기 때문이었다(Day, 2009; Spartacus Educational, 2010; Answers Encyclopedia, 2010).[8]

헐 하우스에서의 생활을 그린 애덤스의 저서(표지)

그리고 1888년에 미국 사람인 애덤스(Addams)는 영국의 토인비 홀을 방문하였다. 애덤스는 토인비 홀에서 자신이 본 것에 대해 매우 감명을 받았다. 1889년에 애덤스와 친구인 스타(Starr)는 미국의 시카고(Chicago)로 돌아왔는데, 이들은 시카고에서 영국의 토인비 홀과 비슷한 사업을 시작하기로 결정하였다. 이 사업을 통해서 1889년에 시카고에 설립한 것이 헐 하우스(Hull House)이다. 헐 하우스는 미국에서 최초로 등장한 인보관이다. 헐 하우스는 미국의 인보관 운동에 영향을 미쳤다(Spartacus Educational, 2007; Dolgoff & Feldstein, 2000; Answers Encyclopedia, 2010).

헐 하우스는 미국에서 최초로 등장한 인보관이다: 헐 하우스의 모습
[출처: Wikipedia]

그 후 인보관 운동은 영국, 미국, 기타 국가에서 빠르게 확대되어 갔다.

(2) 내용

인보관에서는 여러 가지 프로그램을 제공하였다. 그리고 미국의 경우, 인보관은 도시에서 중요한 역할을 하였다. 이것은 이민자가 많은 지역사회의

8) 인보관의 경우, 직원은 해당 지역사회에서 거주하거나 또는 해당 지역사회의 한 부분을 이루도록 되어 있다. 따라서 이런 배경 때문에 인보관이라는 이름이 나왔다(Brieland, 1995).

경우에 특히 그렇다.

미국의 인보관에서는 다음과 같은 측면에 주목하였다(Dolgoff & Feldstein, 2000).

① 주택, 건강, 일반적인 생활 상태를 개선한다.

② 영어, 직업 기술, 위생 지식을 가르친다.

③ 서로 협력해서 주위 환경을 바꾸도록 한다.

한편, 인보관은 해당 지역의 빈곤층을 위한 복지관의 역할을 수행하였다. 예를 들어 초기의 경우, 헐 하우스는 지역의 빈곤층을 위한 지역복지관의 역할을 하였다.

그리고 인보관은 사회 개혁의 중심지로서의 역할을 수행하였다. 예를 들어 나중에 이르러, 헐 하우스는 사회를 개혁하기 위한 활동의 중심지가 되었다. 미국에서 개혁의 시기에 제정된 핵심적인 법령들 중에는, 인보관의 활동을 통해서 처음으로 등장한 법령이 많았다(Answers Encyclopedia, 2010; Dolgoff & Feldstein, 2000).

(3) 자선조직협회와 인보관의 차이점과 유의점

자선조직협회와 인보관 모두는 빈곤층을 돕고자 하였다. 그리고 자선조직협회와 인보관 모두는 사회사업실천이 발달하는 데 기여하였다(Brieland, 1995).

그러나 자선조직협회와 인보관은 다음과 같은 점에서 차이가 있었다(Dolgoff & Feldstein, 2000; Wikipedia, 2010).

① 자선조직협회와 인보관은 강조한 측면에서 차이가 있었다. 자선조직협회에서는 개인적 문제를 강조하였다. 그러나 인보관 운동에서는 개인적 문제보다는 사회 개혁을 강조하였다.

② 자선조직협회와 인보관은 사용하거나 개발한 기법에서 차이가 있었다. 예를 들어 미국의 경우, 자선조직협회에서는 개인을 상대로 하는 개별지도(casework) 기법을 사용하기 시작하였다. 이에 비해서, 인보관에서 활동하는 사업가들은 집단사업, 지역사회 조직, 사회행

동을 개발하였다.

③ 자선조직협회와 인보관은 접근 방식에서 차이가 있었다. 자선조직협회의 방문자들은 빈곤 지역 밖에서 왔고 방문한 후에는 방문자의 출신 지역으로 되돌아갔다. 그러나 인보관의 경우, 활동가들은 빈곤 지역 속에 이주해서 빈곤한 사람들 속에서 생활함으로써, 빈곤 지역에 거주하는 사람들과 운명을 함께 나누었다.

그렇지만 자선조직협회와 인보관은 서로를 보완하였다. 따라서 인보관과 자선조직협회는 별도의 기관으로는 완전하게 할 수 없는 것을, 서로 함께 수행하였다고 볼 수 있다(Dolgoff & Feldstein, 2000).

[정리] 자선조직협회와 인보관 운동의 시기

- 영국에서 빈곤 구제와 관련된 서비스를 더 효과적으로 제공하기 위해, 빈곤에 관심을 가져오던 사람들이 1869년에 런던 자선조직협회를 설립하였다. 그리고 미국에서도 자선조직협회가 1877년에 버펄로에 설립되었다.
- 영국의 자선조직협회는 클라이언트를 도덕적으로 감동시켜서 생활 태도를 바꾸고자 하였고, 미국의 자선조직협회는 빈곤 구제를 체계화하고자 하였다. 그러나 영국과 미국의 자선조직협회는 개인의 성격이나 개인적 문제에 주목하였다.
- 영국에서 인보관 운동이 등장하였고, 세계 최초의 인보관인 토인비 홀을 설립하였다. 그리고 미국에서도 시카고에 헐 하우스를 설립하였다.
- 인보관은 여러 프로그램을 제공하였다. 인보관은 지역의 빈곤층을 위한 복지관의 역할과 사회개혁의 중심지의 역할을 하였다.
- 자선조직협회와 인보관은 강조한 측면, 사용하거나 개발한 기법, 접근 방식에서 차이가 있었다. 그렇지만 자선조직협회와 인보관은 서로를 보완하였다.

4 복지국가의 시기

많은 국가의 경우, 잔여적 개념의 사회복지에서 제도적 개념의 사회복지의 방향으로 나갔다. 그러나 국가에 따라서 복지국가로 진행된 길은 서로 차이가 났다. 하지만 각 국가마다 복지국가로 나간 길에서 차이가 어떻게 나든 간에, 일반적으로 모든 복지국가는 일련의 공통된 역사적 단계를 거쳐 왔다.

이런 맥락에서 길버트와 테렐(Gilbert & Terrell, 2005)은 복지국가가 발달한 단계를 네 단계로 구분한 바 있다. 이것은 태동(inception) 단계, 성장(growth) 단계, 성숙(maturation) 단계, 축소(retrenchment) 단계를 말한다. 이런 네 단계에 따라 복지국가가 진전된 바를, 유럽과 미국을 중심으로 중요한 부분을 살펴보면 다음과 같다.

1) 태동 단계

(1) 진전

복지국가가 발달한 역사에서 첫 번째 단계는 태동 단계이다. 현대의 복지국가는 19세기 말에 서유럽에서부터 시작되었다. 그러므로 태동 단계는 1880년대부터 1930년대까지의 시기를 말한다(Gilbert & Terrell, 2005; Pierson, 2005).

태동 단계의 경우, 처음에는 가족, 교회, 자선기관이 일시적이고 체계가 없이 부분적으로 복지를 제공하였다. 그러다가 시간이 지나면서 근대 국가에서 체계적으로 보편적인 복지를 제공하는 방향으로 나가게 되었다. 이렇게 변하는 데는 오랜 기간이 걸렸다. 그러나 이런 변화가 역사적으로 어느 날 갑자기 나타난 것은 아니었다.

복지국가가 처음으로 등장한 시기는 산업이 변화하고 사회적·정치적으로 크게 혼란스러운 시기이었다. 민주주의와 물질적 번영이라는 두 가지 현상 때문에, 다른 방법이 아니라 복지국가라는 방법을 통해서 국가가 공적으로 개입하게 되었다.

태동 단계에서 진전된 바를 구체적으로 살펴보면 다음과 같다(Gilbert & Terrell, 2005; Abramovitz, 2004).

① 정치 영역에서 다음과 같은 진전이 있었다: ㉠ 민주주의가 성장하였다. ㉡ 성인에게 보통 선거권을 도입하였다. ㉢ 노동조합 운동이 활발해졌다. ㉣ 사회민주주의가 등장하였다. ㉤ 근대적 자유주의가 등장하였다. 특히, 투표를 통한 민주주의는 복지국가가 형성되는 데

크게 영향을 미쳤다. 보통 선거권이 없었더라면, 지배적인 정치세력은 정부의 주요한 목적이 사회구성원들의 욕구를 충족하는 데 있다는 점을 받아들이지 않았을 것이다.

② 경제 영역에서 다음과 같은 진전이 있었다: ㉠ 자본주의가 제한을 받지 않고 성장하였다. 즉, 자원을 확보할 수 있는 능력이 커졌다. 이렇게 해서 얻어진 물질적 번영은 복지국가를 수립하는 데 크게 영향을 미쳤다. ㉡ 산업화 때문에 경제가 혼란해졌다.

③ '어려운 사람들'을 도와야 한다는 점을 인식하게 되었다.

(2) 주요 정책적 특징과 국가의 역할

사회복지정책과 관련해, 태동 단계의 주요한 특징은다음과 같다(Gilbert & Terrell, 2005).

① 빈곤법 대신에 연금, 실업, 의료와 관련해 새로운 사회보장제도가 등장하였다.

② 공공 지출이 국내 총생산의 5%를 차지하였다.

그리고 태동 단계에서 국가가 수행한 역할은 다음과 같다(Gilbert & Terrell, 2005).

① 중앙정부가 복지에 더 관여하기 시작하였다.

② 민간기관과 지방정부의 역할이 감소하였다.

태동 단계에서 국가가 관여한 대표적인 사회복지 프로그램은 사회보험이다.[9] 그렇지만 사회보험 이외의 영역에서도 국가는 크게 관여하였다. 이런 것을 몇 가지 살펴보면 다음과 같다.

① 1890년대~1910년대의 경우, 대부분의 국가는 국가가 지원하는 공공의료제도와 공중위생제도를 갖추고 있었다.

② 1차 세계대전이 발생한 시기에 이르러, 공공 교육을 광범위하게 실시하고 있었다.

③ 사업장의 안전을 위한 법령과 공공 주택이 널리 퍼졌다.

---

9) 사회보험의 도입에 관해서는 아래에서 자세히 설명한다.

④ 유럽에서는 1차 세계대전과 2차 세계대전 사이에, 아동수당 프로그램을 실시하였다.

⑤ 국가의 책임이 빠르게 확대됨에 따라 많은 자금이 필요하게 되었다. 이런 자금을 확보하기 위해서, 새로 등장한 모든 복지국가는 조세제도를 확장하였다.

⑥ 복지국가가 발달함에 따라서, 빈민을 구제하는 것과 관련된 많은 옛 제도와 원리가 가다듬어졌다.

(3) 주요 사건

태동 단계에 유럽과 미국에서 발생한 주요한 사건은 다음과 같다 (Gilbert & Terrell, 2005; Pierson, 2007).

① 1883년에 독일은 의료보험(질병보험)을 도입하였다. 그리고 뒤를 이어 여러 나라에서 사회보험을 도입하였다.

② 1911년에 영국은 국민보험법을 제정하였다.

③ 1921년에 오스트리아는 가족수당을 세계에서 처음으로 도입하였다. 그리고 뒤를 이어 뉴질랜드(1926년)와 벨기에(1930년)도 가족수당을 도입하였다.

④ 1913년에 미국은 전국 수준에서 누진소득세 제도를 실시하였다.

⑤ 1935년에 미국은 사회보장법을 제정하였다.

이중에서도, 독일에서 사회보험을 세계에서 처음으로 도입한 것과 미국에서 사회보장과 관련된 법을 제정한 것은 사회복지정책이 발달한 역사에서 큰 의의를 지닌다. 여기에 관해 좀 더 살펴보면 다음과 같다.

(가) 사회보험제도의 도입

사회보험의 기원은 공제조합에서 찾을 수 있다. 공제조합은 국가가 노동자의 복지 영역에 개입하기 이전의 시기에, 노동자가 겪는 사회적 위험을 노동자들끼리 서로 도와 해결하려는 자조(自助)조직이라고 볼 수 있다. 이 경우에, 여기에 필요한 비용은 조합원들이 납부한 돈으로 충당한다. 그러나 산업화가 이루어지면서 규모가 커진 사회적 위험(예컨대 대량 실업과 산업재해)에 공제조합은 잘 대처할 수 없었다. 이에 따라 국가가 주도하는 사회보험이 등장하였다(원석조, 2006).

사회보험의 등장은 복지국가와도 밀접한 관련이 있다. 왜냐하면 전 세계에 걸쳐서, 강제적인 공공 프로그램인 사회보험을 제정한 시기부터 복지국가가 처음으로 등장하였기 때문이다. 사회보험은 당시에 여러 국가가 겪은 공통된 상황에 대한 대응으로 등장하였다. 사회보험이 처음 등장할 당시의 상황으로 다음과 같은 것이 있다(Gilbert & Terrell, 2005).

① 농업이 쇠퇴하였다.

② 농민이 산업 근로자로 바뀌었다.

③ 경제가 좋고 나쁨이 반복됨에 따라서 가족의 생계가 어려워졌고, 그 결과로 점점 많은 가족이 위험한 상태에 놓이게 되었다.

요컨대, 자본주의 사회에서는 자신의 노동을 파는 노동자 계급이 등장하였고 실업이라는 새로운 사회문제가 등장하였다. 따라서 빈곤은 큰 사회문제가 되고 있었다. 사람이 더 이상 일할 수 없을 때에는 빈곤 상태에 수년간 놓이게 되기 때문이다. 이 당시에 이런 사람의 수가 증가하고 있었다. 이에 따라 이 당시의 정부 지도자들은 산업사회에서 겪는 위험으로부터 가족을 보호하는 방법에 관해 논의하였고, 이에 대한 해답을 사회보험에서 찾았다.

그리고 정치적 측면에서 볼 경우, 사회보험은 다음과 같은 점과 관련되어 있었다(Gilbert & Terrell, 2005).

① 사회보험은 정치에서 노동자 계급의 세력이 커지는 것을 의미하였다.

② 사회보험은 사회체제와 정치체제를 안정시키는 데 기여하였다.

산업화가 진행된 지 100년이 지난 1883년에, 독일의 비스마르크(Bismarck) 정권은 세계 최초로 사회보험제도(질병보험)를 도입하였다. 사회보험제도의 목적은 아픈 생산직 근로자에게 현금급여를 제공하는 데 있었다. 그러다가 1884년에는 산업재해보상보험 프로그램을 도입하였고, 1889년에는 연금 프로그램을 도입하였다. 복지국가의 '탄생'을 독일이 질병보험을 처음으로 실시한 것에서 찾는 경우가 많다(Midgley, 1996; Gordon, [1988] 1994; Gilbert & Terrell, 2005).

그리고 나서 대부분의 서유럽 국가들도 독일의 길을 따랐다. 즉, 대부분의 서유럽 국가들은 1차 세계대전 이전에 의료 프로그램, 산업재해 프로그램, 노령연금 프로그램, 실업 프로그램을 도입하였다.

일반적으로 사회보험은 다음과 같은 의의를 가지고 있다(Gilbert & Terrell, 2005).[10)]

① 사회보험이 도입됨에 따라서, 정부는 사회보험 프로그램을 지원하고 규제하고 재원을 제공하였다. 그 결과, 사회복지는 그 영역과 목적에서 전통적인 빈곤법에 근거한 복지와는 아주 다르게 되었다.

② 사회보험은 급여를 법적으로 요구할 수 있는 권리를 포함하고 있었다. 따라서 급여를 요구하는 권리는 현대의 정치 생활에서 본질적인 권리가 되었다.

주요한 사회보험 프로그램을 일찍 도입한 국가들은 〈표 6-1〉와 같다. 피어슨(Pierson, 2007)은 이런 국가들을 복지국가의 선도자(welfare state innovators)라고 부르고 있다.

〈표 6-1〉 사회보험을 일찍 도입한 국가들

종류	1위	2위	3위
산업재해보험	스위스(1881)	독일(1884)	오스트리아(1887)
의료보험	독일(1883)	이탈리아(1886)	오스트리아(1888)
연금	독일(1889)	덴마크(1891)	프랑스(1895)
실업보험	프랑스(1905)	노르웨이(1906)	덴마크(1907)

* 출처: Pierson(2007: 111) (단, 독일의 경우에 내용을 일부 수정하였음)

그리고 선진국에서 사회보험을 도입한 시기는 〈표 6-2〉와 같다.

10) 사회보장과 사회보험에 관해서는 14장에서 별도로 자세히 설명한다.

〈표 6-2〉 사회보험을 도입한 시기(OECD 국가)

	산업재해보상보험	의료보험	연금	실업보험
벨기에	1903	1894	1900	1920
네덜란드	1901	1929	1913	1916
프랑스	1898	1898	1895	1905
이탈리아	1898	1886	1898	1919
독일	1884	1883	1889	1927
아일랜드	1897	1911	1908	1911
영국	1897	1911	1908	1911
덴마크	1898	1892	1891	1907
노르웨이	1894	1909	1936	1906
스웨덴	1901	1891	1913	1934
핀란드	1895	1963	1937	1917
오스트리아	1887	1888	1927	1920
스위스	1881	1911	1946	1924
호주	1902	1945	1909	1945
뉴질랜드	1900	1938	1898	1938
캐나다	1930	1971	1927	1940
미국	1930	2010	1935	1935

* 출처: Pierson(2007: 110) (단, 독일과 미국의 경우에는 내용을 일부 수정하였음)

(나) 대공황과 사회보장법의 제정(미국)

1930년대에 세계를 휩쓴 대공황(Great Depression)은 사회복지정책이 발달하는 데 크게 영향을 미쳤다. 무엇보다도 복지에 대한 인식이 잔여적 복지의 관점에서 제도적 복지의 관점으로 변하는 방향으로 나간 이유를, 1920년대와 1930년대의 대공황에서 찾는 경우가 많다.

대공황 이전 시기의 경우, 미국에서는 잔여적 복지의 관점이 주류를 이루었다. 잔여적 복지의 관점은 개인의 책임을 강조하고 자기 힘으로 성공하는 것을 강조하는 전통적인 미국 이데올로기와 매우 잘 어울렸다(Wilensky & Lebeaux, 1965). 그렇지만 대공황 당시에는 실업이 너무 널리 퍼져 있어서, 실업 상태에 놓인 이유를 근로자 개인의 잘못으로 돌릴 수 없었다(Bryson, 1992; Tracy, 1994). 이에 따라 미국에서는 집합적으로 보호하는 제도에 관심을 가지게 되었다.

미국의 경우, 대공황이 한창 진행 중이던 시기인 1932년에 루스벨트(Roosevelt)가 대통령으로 취임하였다. 루스벨트는 실업 문제와 빈곤문제를 해결하기 위해 뉴딜(New Deal)정책이라는 새로운 접근 방식을 취하였다. 그리고 대공황 때문에, 미국에서는 국가가 개입해 소득 상실에 대비해 줄 필요가 커졌고, 이에 따라 1935년에 사회보장법이 제정되었다. 사회보장법은 미국이 복지국가로 나가는데 토대가 되었다(Pampel, 1992; Tice & Perkins, 2002).

피어슨은 사회보험을 일찍 도입한 국가들을 복지국가의 선도자라고 부르고 있다: 해당 저서(Pierson, 2007)의 표지

2) 성장 단계

(1) 진전

복지국가가 발달한 역사에서 두 번째 단계는 성장 단계이다. 성장 단계는 1940년대부터 1950년대까지의 시기를 말한다(Gilbert & Terrell, 2005).

1940년대와 1950년대는 사회복지 활동의 영역이 크게 확대된 시기이었다. 적어도 공적 지출의 측면에서 볼 경우, 사회복지 활동이 이렇게 성장한 중요한 이유는 이전 시기에 도입한 사회보험제도를 마무리하였기 때문이었다.

특히 2차 세계대전 이후에 모든 선진 자본주의 국가에서, 정부는 건강, 교육, 사회보장의 영역에서 공적으로 더 책임지는 방향으로 나가고 있었다. 이 당시에 국민총생산(GNP)에서 사회 서비스가 차지하는 비율이 증가한 데에서, 이런 경향을 알 수 있다(Gough, 1979).

성장 단계에서 진전된 바를 구체적으로 살펴보면 다음과 같다(Gilbert & Terrell, 2005; Taylor-Gooby, 2004).

① 정치 영역에서 다음과 같은 진전이 있었다: ㉠ 복지 지출을 늘리는

것이 긍정적 기능을 한다는 점을 정치권에서 널리 인정하였다. ㉡ 다음과 같은 특성을 지니는 정치 체계가 있었다: ⓐ 노동자 계급과 중간 계급이 연합해서, 자신들의 욕구를 충족하기 위해 급여와 서비스를 자신들에게 제공하라고 효과적으로 압박할 수 있었다. ⓑ 이런 급여와 서비스를 제공하기 위해서, 세금을 합당하게 거둘 수 있었다.

② 경제 영역에서는 비교적 지속적으로 성장한 '황금기'를 맞이하고 있었다. 구체적으로 경제 영역에서 다음과 같은 진전이 있었다: ㉠ 대공황 이후에 케인즈(Keynes) 경제학이 주도권을 잡았다. ㉡ 2차 세계대전 이후에 경제가 크게 성장하였다. ㉢ 실업률이 낮았다. 이 시기에는 대규모의 안정된 제조업 영역이 존재하였다. 이 때문에 많은 인구층은 높은 수준의 임금을 얻을 수 있었다.

③ 안정된 핵가족 구조를 유지하고 있었다. 이런 핵가족 구조는 어린 아동, 약한 노인, 돌봄이 필요한 기타 집단을 보살펴 주는 역할을 하였다.

(2) 주요 정책적 특징과 국가의 역할

성장 단계의 주요한 특징으로 연금, 의료, 공공부조, 가족수당의 적용 범위가 확대되었다는 점을 꼽을 수 있다(Gilbert & Terrell, 2005). 따라서 성장 단계의 주요한 사회복지정책은 소득보장정책이라고 볼 수 있다.

그리고 성장 단계에서 국가가 수행한 역할은 다음과 같다(Gilbert & Terrell, 2005).

① 중앙정부가 사회적 지출에 대한 재정을 더 담당하였다.

② 중앙정부가 더 규제하는 방향으로 나갔다.

③ 더 많은 국민이 복지국가의 대상이 되는 경향이 있었다.

(3) 주요 사건

성장 단계에 유럽과 미국에서 발생한 주요한 사건은 다음과 같다(Gilbert & Terrell, 2005).

① 1941년에 영국의 템플(Temple) 대주교는 '복지국가'라는 용어를 만들었다.

② 1942년에 베버리지 보고서를 통해서, 베버리지(Beveridge)는 2차 세계대전 이후의 영국 사회의 복지에 관한 계획을 제시하였다.

③ 1953년에 미국은 연방정부에 보건·교육·복지부를 설치하였다.

이중에서도, 복지국가라는 용어가 등장한 것과 베버리지 보고서가 간행된 것은 사회복지정책이 발달한 역사에서 큰 의의를 지닌다. 여기에 관해 좀 더 살펴보면 다음과 같다.

(가) 복지국가 용어의 등장

영어의 경우, 복지국가라는 용어는 영국 요크(York)의 대주교인 템플이 1941년에 간행한 저서에서 처음으로 사용하였다(Canadian Encyclopedia, 2010).[11)]

(나) 베버리지 보고서의 간행

2차 세계대전 이후에 더 좋은 사회보장제도를 이루기 위한 계획으로 여러 국가는 위원회를 구성하였다. 이중에서 가장 큰 영향을 미친 위원회는 '사회보험과 관련 서비스 위원회(Committee on Social Insurance and Allied Services)'이었다. 영국에서 1906~1914년에 자유당이 정권을 잡고 있던 시기에, 베버리지는 노령연금 및 국민보험과 관련해 자문을 맡게 되었다. 1941년에 자유당 정부는 2차 세계대전이 끝난 후에 영국을 어떻게 재건하여야 하는가에 관한 보고서를 작성하고자 하였다. 이 때 베버리지가 여기에 적절한 인물로 인정되어, 베버리지는 보고서를 간행하는 책임을 맡았다. 이리하여 베버리지는 '사회보험과 관련 서비스 위원회'의 위원장이 되었다. 그 후 1942년 11월에 베버리지 보고서가 간행되었고, 이 보고서에 나타난 제안들은 널리 논의되었다. 베버리지 보고서에서는 국민이 태어나서 죽을 때까지 경제적으로 보호하고 사회적으로 보호해주는 방안을 제안하였다(Gordon, [1988] 1994; Barker, 2003; BBC, 2008).

---

11) '복지국가'라는 용어에 관해서는 복지국가를 다루는 장(5장)에서 자세히 설명하였기에, 여기에서는 자세히 다루지 않는다.

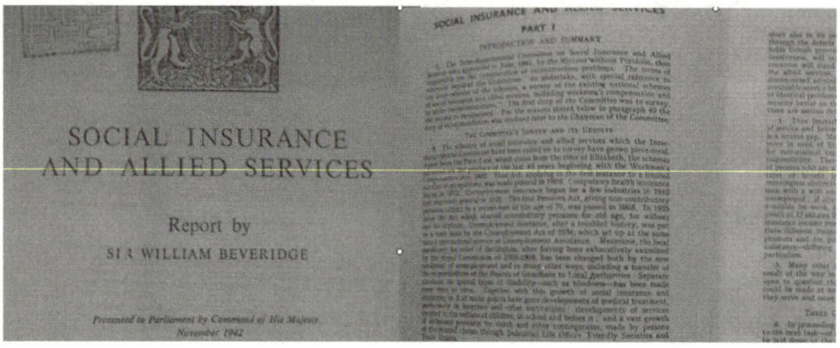

베버리지 보고서(Beveridge, 1942)의 표지와 내용

베버리지는 '5대 악'으로 빈곤(궁핍), 질병, 더러움(불결), 무지, 게으름(나태)을 꼽았다. 이에 따라 오늘날의 빈곤을 말하는 궁핍(want)에 대비하기 위해 포괄적인 사회보장제도가 도입되었다(Beveridge, [1942] 1958; Keithley, 1989; Evans & Piachaud, 1996).

베버리지가 제시하는 '5대 악'과 이를 해결하기 위한 정책 방안은 〈표 6-3〉과 같다(노병일, 2002).[12]

〈표 6-3〉 베버리지가 제시하는 '5대 악'과 관련 정책

악의 형태	관련 정책
빈곤(궁핍)	소득보장정책
질병	의료서비스정책
더러움(불결)	주택정책
무지	교육정책
게으름(나태)	완전고용정책

* 출처: 노병일(2002: 70)

영국의 경우, 1945년에 실시된 총선거에서 노동당의 애틀리(Attlee)가 보수당의 처칠(Churchill)을 꺾고 승리하였다. 애틀리는 베버리지 보고서에서 제시된 복지국가를 영국에 도입하겠다고 발표하였다(BBC, 2008).

한편, 베버리지 보고서는 다음과 같은 의의가 있다(Barker, 2003; BBC, 2008).

① 베버리지 보고서는 영국의 사회보장제도와 의료제도의 토대가 되고 있다. 그러므로 영국의 복지국가는 베버리지 보고서의 결과로 등장하였다고 볼 수 있다. 따라서 베버리지 보고서는 영국이 복지국가로 나가는 계기를 만들었다.

12) 이 부분은 2장에서 이미 설명한 바 있다.

② 영국 이외의 많은 국가들은 베버리지 보고서를 복지제도의 모델로 삼아오고 있다. 이런 경향은 이전에 영국의 식민지이었던 국가에서 특히 그렇다.

베버리지의 5대 악을 표지에 담은 저서 (Hills, Ditch & Glennerster, 1994)의 표지

3) 성숙 단계

(1) 진전

복지국가가 발달한 역사에서 세 번째 단계는 성숙 단계이다. 성숙 단계는 1960년대부터 1970년대 중반까지의 시기를 말한다(Gilbert & Terrell, 2005). 복지국가의 발달을 공적 지출의 양이 커지는 것에서 찾을 경우, 1960년대와 1970년대 초에 복지국가는 매우 크게 발달하였다.

성숙 단계에서 진전된 바를 구체적으로 살펴보면 다음과 같다(Gilbert & Terrell, 2005).

① 정치 영역에서 다음과 같은 진전이 있었다: ㉠ 새로운 정치 세력이 형성되어 소수민족, 여성, 장애인, 기타 취약층에게 공민권과 사회권을 더 제공할 것을 주장하였다. ㉡ 유럽의 경우, 경제가 성장하고 물질적으로 발달함에 따라 사회적으로 관대해져서, 다음과 같은 방향으로 나갔다: ⓐ 사회가 공평하지 않음에 대해 훨씬 더 민감해졌다. ⓑ 시민권을 증진하고 경제적 기회를 제공하고자 하는 프로그램을 훨씬 더 지지하는 분위기가 나타났다.

② 경제 영역에서는 1970년대 중반까지 지속적으로 번영하였고 생활 수준이 개선되었다.

(2) 주요 정책적 특징 국가의 역할

사회복지정책과 관련해, 성숙 단계의 주요한 특징은 다음과 같다(Gilbert & Terrell, 2005).

① 소득, 의료, 사회 서비스 프로그램의 범위가 확대되었다.

② 1970년대 중반에 이르러 공공 지출이 국내총생산에서 차지하는 비율이, 유럽에서는 25%에 이르렀고 미국에서는 20%에 이르렀다.

그리고 성숙 단계에서 국가가 수행한 역할은 다음과 같다(Gilbert & Terrell, 2005).

① 새로운 프로그램에서 소수민족, 배제된 집단, 도시빈곤층의 사회적·경제적 권리를 강조하였다.

② 공공 부문에서 고용이 크게 증가하였다. 구체적으로, 많은 복지국가의 정부는 그 자체가 고용기관이 되었다.

(3) 주요 사건

성숙 단계에 유럽과 미국에서 발생한 주요한 사건은 다음과 같다(Gilbert & Terrell, 2005; Deacon, 2002).

① 1964년에 미국의 존슨(Johnson) 대통령은 '빈곤과의 전쟁(War on Poverty)'을 시작하였다. 빈곤과의 전쟁은 '위대한 사회(Great Society)'를 구축하려는 프로그램들 가운데 하나이었다.

② 1965년에 미국은 메디케어(Medicare, 노인을 위한 의료보험)와 메디케이드(Medicaid, 빈곤층의 위한 의료보호)를 실시하였다.

③ 1966년에 영국은 사회보장부(Department of Social Security)를 설치하였다.

④ 1966년에 영국은 더 관대한 보조급여를 제공하였다.

⑤ 1971년에 영국은 만성적으로 아픈 사람들을 돕기 위한 새로운 급여제도를 실시하였다.

이중에서도, 미국에서 '위대한 사회'와 '빈곤과의 전쟁'을 실시한 것은 사회복지정책이 발달한 역사에서 큰 의의를 지닌다. 위대한 사회는 존슨 대통령의 국내정책을 가리키는 용어이다. 존슨 대통령은 의회에서 실시한 연설에서 다음과 같은 것을 요구하였다(Columbia Electronic Encyclopedia, 2007; Deacon, 2002).

① 위대한 사회를 만들 것을 요구하였다. 위대한 사회는 인종과 관련된 문제를 해결한 잘 사는 국가를 말한다.

② 빈곤과의 전쟁을 요구하였다. 빈곤과의 전쟁은 공공부조 프로그램, 일자리 만들기 프로그램, 교육훈련 프로그램을 확대하는 것을 말한다.

이런 목적을 달성하기 위해, 존슨 대통령은 국내정책에서 연방정부가 더 많은 역할을 할 것을 제안하였다.

위대한 사회의 프로그램은 직업훈련, 푸드 스탬프, 메디케어와 메디케이드, 정신건강, 사회 서비스와 관련된 프로그램들이었다. 위대한 사회의 프로그램은 시민권을 보호하고 사회복지 프로그램을 확대하는 데 크게 기여하였다. 따라서 위대한 사회의 이런 프로그램들은 미국에서 복지국가가 발달하는 데 크게 영향을 미쳤다(Gilbert & Terrell, 2005; Columbia Electronic Encyclopedia, 2007).

4) 축소 단계

(1) 진전

복지국가가 발달한 역사에서 네 번째 단계는 축소 단계이다. 축소 단계는 1970년대 중반 이후의 시기를 말한다(Gilbert & Terrell, 2005).

1973년에 석유 생산자들의 모임인 석유수출국기구(Organization of Petroleum Exporting Countries, OPEC)는 세계의 석유 가격을 2배가 넘게 인상하였다. 이에 따라서 전 세계적으로 석유파동(oil shock)이 발생하였다. 이런 석유파동 때문에, 2차 세계대전 이후에 유지되어 온 복지국가의 황금기가 막을 내렸다. 그 대신에, 다음과 같은 특징을 지니는 '현대적' 시기가 시작되었다(Gilbert & Terrell, 2005).

① 경제가 느리게 성장한다.

② 사회의 진보가 불확실하다.

③ 사회복지정책이 유용한 지 여부와 사회복지정책을 실현할 수 있는 지 여부에 대해 의문을 더 가진다.

축소 단계에서 진전된 바를 구체적으로 살펴보면 다음과 같다(Gilbert & Terrell, 2005).

① 정치 영역에서 다음과 같은 진전이 있었다: ㉠ 보수적 분위기가 다시 등장하였다. ㉡ 세금에 대한 저항이 나타났다. ㉢ 노동조합과 사회민주주의 정당의 영향력이 약해졌다. ㉣ 복지국가에 대한 정당성이 감소하였다.

② 경제 영역에서 다음과 같은 진전이 있었다: ㉠ 경제성장이 더디어졌다. ㉡ 개인 소득이 감소하였다. ㉢ 불평등이 증가하였다. ㉣ 유럽에서 실업이 증가하였다. ㉤ 노인층이 사회보장을 강력하게 요구하였다.

(2) 주요 정책적 특징과 국가의 역할

사회복지정책과 관련해, 축소 단계의 주요한 특징은 다음과 같다(Gilbert & Terrell, 2005).

① 새로운 프로그램을 거의 실시하지 않았다.

② 공공부조를 통한 사회안전망이 일부 약화되었다.

③ 사회보장 프로그램을 다소 축소하였다.

④ 복지 영역에서 지출 수준은 증가하지 않았다.

그리고 축소 단계에서 국가가 수행한 역할은 다음과 같다(Gilbert & Terrell, 20050).

① 영국의 대처(Thatcher) 정부와 미국의 레이건(Reagan) 정부는 복지국가의 규모와 범위를 줄이고자 하였다.

② 분권화 경향이 나타났다.[13)]

13) 분권화는 권력이나 권리가 분산되는 것을 말한다. 일반적으로 분권화는 권력을 지방정부로 넘기는 것과 관련되는 경우가 많다.

③ 민영화 경향이 나타났다.

(3) 주요 사건

축소 단계에 유럽과 미국에서 발생한 주요한 사건은 다음과 같다(Gilbert & Terrell, 2005).

① 1979년에 대처가 영국의 수상이 되어, 공공주택을 민영화하고 연금 급여를 삭감하였다.

② 1980년에 미국에서 레이건(Reagan)이 대통령으로 당선되었다.

③ 1994년에 미국의 공화당은 하원에서 다수당이 되었다.

④ 1996년에 미국은 공공부조제도를 개혁하였다.

⑤ 1997년에 영국에서는 노동당이 집권하였고 '제3의 길(third way)'이라는 접근 방식을 도입하였다.

이중에서도, 영국에서 대처가 수상이 되고 미국에서 레이건이 대통령으로 당선된 것, 미국에서 공공부조 프로그램을 개혁한 것, 영국에서 제3의 길을 추구한 것은 사회복지정책이 발달한 역사에서 큰 의의를 지닌다. 그러므로 여기에 관해 좀 더 살펴보면 다음과 같다.

(가) 대처와 레이건의 당선

1970년대에 석유파동이 전 세계를 휩쓸었고, 이에 따라 세계 경제는 침체되었다. 1970년대의 경기 침체는, 복지 영역에서의 욕구와 이 욕구를 충족하는 데 필요한 재정을 어떻게 조화시킬 것인가에 대해 논쟁을 불러일으키는 계기가 되었다.

사실 2차 세계대전 이후의 경우, 추구하는 이데올로기가 무엇이든 간에, 보편적인 복지국가가 수행하는 긍정적인 역할에 대해 모두가 동의하고 있었다. 그러나 1970년대에 나타난 세계적인 경기 침체는 이런 동의에 찬물을 끼얹는 모양새가 되었다.

이런 상황에서 1979년에 영국에서는 대처가 이끄는 보수당이 승리하였고, 1980년에 미국에서는 공화당의 레이건이 대통령으로 당선되었다(Gilbert & Terrell, 2005). 그 결과, 전 세계에서 신자유주의는 주류 이데올로기로

자리를 잡았다. 대처주의(Thatcherism)는 이런 신자유주의를 정치적으로 가장 분명하게 보여주는 이데올로기이었다(원석조, 2006).

영국의 대처 수상과 미국의 레이건 대통령과 신우파 노선의 자유방임주의자들은, 그간 수년간 복지 영역에 점점 더 많이 지출한 것 때문에 다음과 같은 현상이 나타났다고 보았다(Gilbert & Terrell, 2005).

① 경제가 쇠퇴하였다.

② 지역사회와 가족이 쇠퇴하였다.

그러므로 대처 수상과 레이건 대통령은 사회복지정책의 방향을 크게 변경하였다. 그 결과, 영국과 미국은 복지국가에 대해 명백하게 반대하는 보수주의적인 입장을 취하였다.

(나) 미국의 공공부조 개혁

1996년까지의 경우, '요보호아동이 있는 가족에게의 원조(Aid to Families with Dependent Children, AFDC)' 프로그램은 미국의 대표적인 공공부조 프로그램이었다. 그러다가 미국에서는 1996년에 공공부조제도를 개혁하였다. 이것을 '복지(공공부조) 개혁(welfare reform)'이라고 부른다. 구체적으로 미국의 경우, 1996년 8월에 개인책임 및 근로기회조정법(Personal Responsibility and Work Opportunity Reconciliation Act)이 제정됨에 따라서, AFDC는 폐지되었다. 그리고 그 대신에 '빈곤가족에게의 일시 부조(Temporary Assistance for Needy Families, TANF)' 프로그램이 등장하였다(Child Trends Data Bank, 2005).

TANF의 목적은 다음과 같다(Child Trends Data Bank, 2005).

① 빈곤한 가족의 아동을 자신의 집이나 친척의 집에서 보살필 수 있게 하기 위해서, 빈곤한 가족에게 원조를 제공한다.

② 공공부조 수급자가 직장을 구할 준비를 더 하게 하고, 일할 준비를 더 하게 하고, 결혼할 준비를 더 하게 함으로써, 공공부조에 더 이상 의존하지 않게 한다.

③ 공공부조 수급자가 결혼하지 않은 상태에서 임신하지 않게 한다.

④ 공공부조 수급자가 부모 모두가 있는 가족을 꾸리는 것을 장려하고,

이런 가족 형태를 계속해서 유지하게 한다.

그리고 TANF의 경우, 공공부조를 받을 수 있는 기간과 관련해 다음과 같은 조건을 새로 만들었다(Duncan & Brooks-Gunn, 2000).

① 공공부조를 받고 나서 24개월이 지난 후에는, 공공부조 수급자는 '적절한 근로 활동'에 참여하여야 한다. 공공부조 수급자가 이 조건을 이행하지 않을 경우에는, 해당 수급자는 제재를 받거나 처벌을 받는다.

② 공공부조 수급자의 경우, 일자리를 구하려고 노력하던 안하던 간에, 공공부조를 받을 수 있는 전체 기간은 60개월로 제한된다.

(다) 제3의 길과 사회투자국가

복지국가 초기의 경우, 시장경제가 생산을 많이 하게 되면 복지에 필요한 비용을 확보하기 위해 세금을 부과할 수 있을 것이라고 일반적으로 생각하고 있었다. 이렇게 인식한 이유는 복지 영역에 지출하는 것은 다음과 같은 것이라고 가정하였기 때문이었다(Sherraden, 2003).

① 복지 영역에 지출하는 것은 생산 영역에서 자본을 끌어다가 비생산적인 영역에 사용하는 것이다.

② 복지 영역에 지출하는 것은 경제가 성장하는 데 걸림돌이 된다.

따라서 예전에는 사회복지 영역이 커지는 것과 경제 영역이 커지는 것은 서로 경쟁하는 관계라고 인식해 왔다. 그러나 오늘날에 이르러 이런 인식은 바뀌고 있다. 이런 상황을 잘 보여주는 것이 '제3의 길'이다.

1997년에 실시된 영국의 총선거에서는, 블레어(Blair)가 이끄는 노동당이 크게 승리하였다. 블레어는 제3의 길을 기본적인 정치 노선으로 정하였다.[14] 그리고 미국의 클린턴(Clinton) 대통령과 독일의 슈뢰더(Schroder) 총리도 제3의 길을 지지하는 방향으로 나갔다(Dickson, 1999).

영국 노동당의 새 로고[출처: 노동당 홈페이지]

제3의 길을 주장하는 사람들은 사회민주주의 정당이 다시 지지를 얻기 위해서는 당의 이념을 다시 짜야 한다고 본다. 따라서 이들은 제3의 길은 신자유주의가 세력을 보이고 있는 현실에서 좌파가 추구할 수 있는 유일한

14) 제3의 길에 관해서는 뒤에서 자세히 설명한다.

제3의 길에 관해 이론적 근거를 제시한 사람은 기든스이다: 기든스의 저서(『제3의 길』(Giddens, 1998)과 2년 후 발간된 『제3의 길과 비판자들』(Giddens, 2000))

대안이라고 주장한다(원석조, 2006).

제3의 길에 관해 이론적 근거를 제시한 사람은 기든스(Giddens, 1998a; 1998b)이다. 제3의 길은 ㉠ 복지 혜택을 많이 주고 부담을 많이 하지만 효율은 낮은(이른바, 고복지-고부담-저효율) 사회민주적 복지국가의 길(제1의 길)과 ㉡ 효율은 높지만 복지 혜택은 적고 불평등 정도가 심한(이른바, 고효율-저부담-불평등) 신자유주의적 시장경제의 길(제2의 길)을 따르지 않은 새로운 정책 노선을 말한다(원석조, 2006).

그러므로 제3의 길은 다음과 같은 특징을 지닌다(Giddens, 1998a).

① 자본가가 자신의 이익만을 추구하는 방향으로 완전히 나가지도 않고, 집합주의적 측면만을 추구하는 방향으로 완전히 나가지도 않는다.

② 불평등을 추구하는 방향으로 완전히 나가지도 않고, 평등주의를 추구하는 방향으로 완전히 나가지도 않는다.

③ 정부가 가장 적게 개입하는 방향으로 완전히 나가지도 않고, 태어나서 죽을 때 정부가 개입하는 방향으로 완전히 나가지도 않는다.

한편, 제3의 길에서는 소극적 복지 대신에 적극적 복지(positive welfare)를 추구하고 있다. 그러므로 기든스(Giddens, 1998b)는 적극적인 복지에 대해 논의하여야 한다고 주장한다. 기든스는 경제적 급여를 주거나 경제적으로 혜택을 주는 것만 가지고는, 복리를 충분하게 제공할 수 없다고 본다. 따라서 기든스의 경우, 경제적 측면에서 급여를 직접 제공하기보다는, 가능하다면 인적 자본에 투자할 것을 권장하고 있다. 그러므로 기든스는 복지국가 대신에 사회투자국가(social investment state)의 방향으로 나가야 한다고 주장한다. 사회투자국가는 경제적 급여를 직접 제공하기보다는, 가능하다면 인적 자원에 투자하는 것이 중심이 되는 국가를 말한다. 사회투자국가는 적극적인 복지사회(positive welfare society)와 통한다(Giddens, 1998b; Featherstone, 2006).

1999년에 영국의 블레어 총리는 한 중요한 연설에서 '일할 수 있는 사람에게는 일자리를 제공하고, 일할 수 없는 사람에게는 사회보장을 제공하는 방식'으로 복지제도를 다시 설계할 것을 주장하였다(Featherstone, 2006). 이 연설의 경우, 아동에게 투자하려는 목표 이외에도, 지식 경제를 발달시키려는 목표와 일할 수 있는 모든 사람이 유급 노동시장에 참여하는 것을 권장하는 목표도 제시하였다. 이런 목표들과 더불어, 이 연설은 사회투자국가에 관심을 가지는 계기가 되었다. 실제로, 사회투자국가라는 개념은 영국의 노동당 정부가 복지 영역을 개혁하기 위해 실시한 정책을 이해하는 데 있어 중요한 개념이 되었다.

[정리] 복지국가의 시기

- 일반적으로 모든 복지국가는 일련의 공통된 역사적 단계를 거쳐 왔다. 길버트와 테렐은 복지국가가 발달한 단계를 태동 단계, 성장 단계, 성숙 단계, 축소 단계로 구분한다.
- 태동 단계는 1880년대부터 1930년대까지의 시기이다. 민주주의와 물질적 번영이라는 두 가지의 현상 때문에, 복지국가라는 방법을 통해 공적으로 개입하였다. 태동 단계에 이르러, 독일은 사회보험을 세계에서 처음으로 도입하였고, 미국은 사회보장법을 제정하였다.
- 성장 단계는 1940년대부터 1950년대까지의 시기이다. 성장 단계는 사회복지 활동의 영역이 크게 확대된 시기이었다. 성장 단계에 이르러, 복지국가라는 용어가 등장하였고, 베버리지 보고서가 간행되었다.
- 성숙 단계는 1960년대부터 1970년대 중반까지의 시기이다. 성숙 단계는 복지국가가 매우 크게 발달한 시기이었다. 성숙 단계에 이르러, 미국은 위대한 사회와 빈곤과의 전쟁을 실시하였다.
- 축소 단계는 1970년대 중반 이후의 시기이다. 축소 단계는 복지국가의 황금기가 막을 내린 시기이다. 축소 단계에 이르러, 대처와 레이건의 등장으로 신자유주의가 주류 이데올로기로 자리 잡았고, 미국은 공공부조를 개혁하였고, 영국은 제3의 길을 추구하였다.

5 복지국가의 발달 경향과 전망

1) 현대 복지국가의 경향

현대에 들어 '새로운' 사회적 위험이 등장하고 있다: 새로운 사회적 위험을 다룬 저서(Taylor-Gooby, 2004)의 표지

현재의 경우, 한편으로 인구 구조와 가족 구조와 노동시장이 변화하고 있고, 다른 한편으로 복지제도는 비용이 많이 드는 방향으로 나가고 있다. 이에 따라서 현재의 복지체제는 어려움을 크게 겪고 있다. 특히 현대에 들어서 과거와는 다른 형태의 사회적 위험이 등장하고 있는데, 이것은 복지국가에 부담을 주고 있다. 이렇게 등장하는 사회적 위험을 '새로운 사회적 위험(신사회위험)(new social risks)'이라고 부른다.

새로운 사회적 위험은 사람들이 살면서 현재 부닥치는 새로운 위험을 말한다. 새로운 사회적 위험은 후기 산업사회로 진전되면서 경제적·사회적으로 변화하기 때문에 나타난다(Taylor-Gooby, 2004).

테일러 구비(Taylor-Gooby, 2004)에 따르면, 새로운 사회적 위험과 관련해 다음과 같은 네 가지 경향이 중요하다.

① 많은 여성이 유급 노동시장에 참여하고 있다.

② 노인의 수가 절대적·상대적으로 증가하고 있다. 이런 경향은 전통적인 복지국가의 연금 및 의료 서비스의 비용과 관련해 의미를 가질 뿐만 아니라, 노인을 사회적으로 돌보는 것(social care)과 관련해서도 의미를 가진다.

③ 노동시장이 변화하기 때문에, 교육은 고용과 더 밀접하게 관련되는 방향으로 나가고 있다.

④ 민간 서비스가 확대되고 있다. 이렇게 되는 주요한 이유는 복지국가에 가해지는 부담을 줄이기 위해서, 국가의 지출을 억제하려고 하기 때문이다.

노인을 돌보는 것은 새로운 사회적 위험의 하나로 떠오르고 있다: 일본 동경의 노인시설에서 프로그램에 참여하고 있는 노인들(동경에서 저자 찍음)

2) 복지국가에 대한 전망

일부 학자들은 복지국가나 사회복지가 나갈 방향을 전망한 바 있다. 이 중의 몇 가지를 간단히 살펴보면 다음과 같다.

(1) 로마니쉰의 전망

로마니쉰(Romanyshyn)은 사회복지가 변천하는 바를 낙관적으로 인식하고 있다. 로마니쉰(Romanyshyn, 1971)에 따르면, 근래의 경우에 복지는 자선적 역할을 수행한다고 보는 관점에서 벗어나, 더 현대적이고 더 적극적인 역할을 수행한다고 보는 관점으로 바뀌는 경향을 보이고 있다. 이런 경향은, 복지를 잔여적으로 보는 관점에서 벗어나 복지를 제도적으로 보는 관점으로 서서히 변화하는 것이라고 볼 수 있다.

로마니쉰에 의하면, 구체적으로 이런 경향은 다음과 같이 진전되는 것을 의미한다.

① 복지를 무상으로 제공하고 동정적 차원에서 제공하는 것이라고 보는 개념에서 벗어나, 복지를 시민권으로 보는 개념으로 바뀐다.

② 빈곤층을 위한 사회 프로그램에 관심을 가지는 것에서 벗어나, 모든 사람의 보편적 욕구를 충족하는 것에 관심을 가지는 방향으로 바뀐다.

③ 급여와 서비스를 최소로 제공하는 것에서 벗어나, 급여와 서비스를 가장 알맞게 제공하는 방향으로 바뀐다.

④ 개인을 개혁하는 데 주목하는 것에서 벗어나, 사회를 개혁하는 데 주목하는 방향으로 바뀐다.

⑤ 민간기관이 주선하는 것에서 벗어나, 공공기관이 주선하는 방향으로 바뀐다.

⑥ 빈곤층을 위한 복지라는 개념에서 벗어나, 복지사회의 개념으로 바뀐다.

(2) 길버트와 테렐의 전망

길버트와 테렐(Gilbert & Terrell, 2005)의 경우, 전통적인 복지국가는

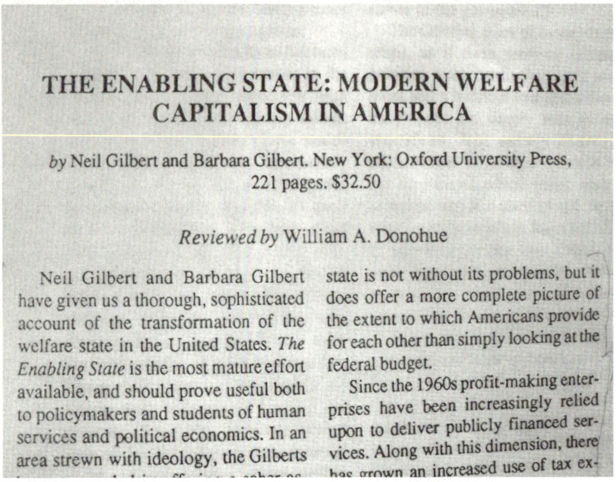

THE ENABLING STATE: MODERN WELFARE CAPITALISM IN AMERICA

by Neil Gilbert and Barbara Gilbert. New York: Oxford University Press, 221 pages. $32.50

Reviewed by William A. Donohue

Neil Gilbert and Barbara Gilbert have given us a thorough, sophisticated account of the transformation of the welfare state in the United States. *The Enabling State* is the most mature effort available, and should prove useful both to policymakers and students of human services and political economics. In an area strewn with ideology, the Gilberts

state is not without its problems, but it does offer a more complete picture of the extent to which Americans provide for each other than simply looking at the federal budget.

Since the 1960s profit-making enterprises have been increasingly relied upon to deliver publicly financed services. Along with this dimension, there has grown an increased use of tax ex-

길버트는 조력국가로 나가는 경향을 살펴보고 있다: 관련 저서에 대해서 『Society』에 실린 서평(Donohue, 1990)

물러나고 그 대신에 조력국가(enabling state)로 나가는 경향이 있다고 전망하고 있다. 따라서 길버트와 테렐은 이런 경향이 사회복지정책에서 의미하는 바를 살펴볼 필요가 있다고 본다.

복지국가의 황금기에는 사회복지가 확대되었다. 복지국가의 황금기에 사회적 급여가 발달하게 된 것은 사회권과 시민권을 강조한 탓이었다. 이에 비해서 조력국가는 다음과 같은 특징을 지니고 있고, 이에 따라 조력국가는 기존의 복지국가와 대조되는 측면을 많이 가지고 있다.

① 조력국가의 정책 틀에서는, 권리를 개인의 의무와 균형 맞추는 것을 강조하고 있다. 이런 의무는 일할 의무와 지역사회에 기여할 의무를 말한다.

② 조력국가의 정책 틀에서는, 다음과 같은 방법을 사용하여 비용을 제한하고자 한다: ㉠ 욕구를 가지고 있는 사람을 더 좁게 해석해서, 이런 사람을 대상으로 급여를 제공한다. ㉡ 복지급여를 전달하기 위해서 민간 영역을 활용한다.

복지국가에서 조력국가로 변화하는 경향을 요약하면 〈표 6-4〉와 같다.

〈표 6-4〉 복지국가에서 조력국가로의 변화 경향

	복지국가		조력국가
1	노동 보호		근로 증진
	사회적 지지	→	사회적 포함
	노동의 탈상품화	→	노동의 재상품화
	조건없는 급여	→	동기와 제재의 사용
2	보편주의적 자격부여		선별주의적 표적화
	오명의 회피	→	사회적 형평의 회복
3	공적 제공		민영화
	공공기관을 통한 전달	→	민간기관을 통한 전달
	서비스 형태로 제공	→	현금이나 바우처 형태로 제공
	직접 지출에 주목	→	간접 지출의 증대
4	사회권으로서의 급여		의무와 연계된 급여
	공유된 권리의 연대	→	공유된 가치와 시민의무의 통합

* 출처: Gilbert & Terrell(2005: 282)을 약간 변경.

[정리] 복지국가의 발달 경향과 전망

- 현대에 들어서 새로운 사회적 위험이 등장하고 있다. 이것은 여성의 노동시장 참여의 증대, 노인의 증가, 노동시장의 변화, 민간 서비스의 확대와 관련이 있다.
- 로마니쉰은 복지가 잔여적 관점에서 벗어나 제도적 관점으로 서서히 변화한다고 전망한다. 그리고 길버트와 테렐은 전통적인 복지국가에서 벗어나 조력국가로 나가는 경향이 있다고 전망한다.

제7장

사회복지정책 발달의 이론

1. 사회복지정책 발달 이론의 분류
2. 사회복지정책 발달의 주요 이론들
3. 사회복지정책 발달과 관련된 기타 이론 및 정리

1 사회복지정책 발달 이론의 분류

사회복지정책의 발달에 관한 이론은 복지가 발달한 내용을 다루는 경우가 많다. 따라서 사회복지정책의 발달에 관한 이론은 복지국가가 발달한 이론을 가리키는 경우가 많다.[1)]

사회복지정책(복지국가)이 발달한 이론을 제시하는 방식은 학자에 따라 차이가 있다. 우선 일부 학자들의 경우, 사회복지정책(또는 복지국가)의 발달과 관련된 이론을 크게 몇 가지 관점으로 구분하고 있다. 이런 예를 들면 다음과 같다.

① 파월과 헤위트(Powell & Hewitt, 2002)의 경우, 복지국가가 발달한 이론을 여러 가지 관점에서 구분하여 설명하고 있다. 예를 들어 파월과 헤위트는 복지국가 발달의 이론을 정치적 측면에 주목하는 관

1) 실제로 많은 저서에서는 사회복지정책 발달의 이론 대신에 복지국가 발달의 이론을 다루고 있다. 따라서 본장의 주요한 내용은 복지국가 발달의 이론에 관한 내용이라고 보아도 무리가 없다.

점, 경제적 측면에 주목하는 관점, 사회적 측면에 주목하는 관점, 조직적 측면에 주목하는 관점 등으로 구분하면서 복지국가를 자세히 설명하고 있다.

② 길버트와 테렐(Gilbert & Terrell, 2005)의 경우, 복지가 성장한 이론을 분명하게 구분하지는 않고 있다. 하지만 암묵적으로 길버트와 테렐은 정치적 차원에 주목하는 관점, 경제적 차원에 주목하는 관점, 마르크스주의 관점으로 구분하는 방식을 취하고 있다.

③ 김태성과 성경륭(2000)의 경우, 복지국가의 발달을 설명하는 이론을 다음과 같이 크게 다섯 가지 형태로 구분할 수 있다고 보고 있다. ㉠ 산업화 때문에 사회복지 욕구가 증가하였고, 이에 대한 대응으로 복지국가가 발달하게 되었다는 이론이 있다. ㉡ 독점자본의 기능적인 필요성 때문에, 복지국가가 발달하게 되었다는 이론이 있다. ㉢ 노동자 계급의 힘이 커졌기 때문에, 복지국가가 발달하게 되었다는 이론이 있다. ㉣ 이익집단들이 정치적으로 요구하게 되었고, 이에 대한 대응으로 복지국가가 발달하게 되었다는 이론이 있다. ㉤ 국가 구조상의 특성 때문에, 복지국가가 발달하게 되었다는 이론이 있다.

그리고 일부 학자들의 경우, 사회복지정책(복지국가) 발달의 이론을 크게 유형화하지 않고 그 대신에 여러 이론을 그대로 나열하는 방식을 취하고 있다.[2)]

위에서 본 바와 같이, 사회복지정책이나 복지국가가 발달한 것과 관련된 이론을 분류하는 체계는 학자들 사이에 합의가 잘 되어 있지 않은 편이다. 그러나 많은 학자들의 경우, 사회복지정책(복지국가) 발달의 이론으로 일부 이론을 공통적으로 제시하고 있다.

2) 우리나라에서 발간된 많은 저서는 이런 방식을 취하고 있다. 본장에서도 이런 방식을 취한다.

[정리] 사회복지정책 발달 이론의 분류

- 사회복지정책의 발달에 관한 이론은 복지국가가 발달한 이론을 가리키는 경우가 많다.
- 사회복지정책(복지국가)이 발달한 것과 관련된 이론을 분류하는 체계는 학자들 사이에 합의가 잘 되어 있지 않다. 그러나 대부분의 학자들은 사회복지정책(복지국가) 발달의 이론으로 일부 이론을 공통적으로 제시한다.

2 사회복지정책 발달의 주요 이론들

1) 사회양심 이론

(1) 내용

사회양심 이론(social conscience thesis)은 시간이 지나면서 모든 시민 사회는 사회구성원을 도와줄 의무를 가진다고 인식하는 방향으로 나갈 것이라고 보는 이론을 가리킨다. 이 경우, 인도주의적 욕구 때문에 이런 방향으로 나갈 것이라고 본다.

따라서 사회양심 이론은 '도덕적 결정론(moral determinism)'이라고 볼 수 있다. 도덕적 결정론의 경우, 보편적이고 도덕적인 힘이 사회행동에 깔려 있고, 이런 보편적·도덕적 힘이 사회문제를 올바르게 해결한다는 전제에 근거하고 있다(Powell & Hewitt, 2002).

그러므로 사회양심 이론에서는, 사회복지정책은 개인이 서로에 대해 가지는 사랑을 국가를 통해 구체화시킨다고 본다. 즉, 사회양심 이론에 따르면, 사회복지정책은 자선적이고, 사회복지정책은 급여를 받는 사람들과 공동체 전체를 위해서 실시된다.

한편, 사회양심 이론의 경우, 다음과 같은 두 가지 요인 때문에 사회복지정책은 변한다고 보고 있다(Powell & Hewitt, 2002).

① 사회적 의무감이 더 넓어지고 더 깊어지기 때문에, 사회복지정책은 변한다.

② 인간이 욕구에 대해 더 많이 알게 되기 때문에, 사회복지정책은 변한다.

사회양심 이론에 따르면, 사회복지정책은 누적적으로 변화한다. 그리고 사회복지정책은 더 관대하고 범위가 더 넓은 방향으로 지속적으로 발달하게 된다.

사회양심 이론의 경우, 사회복지정책이 개선되면 이것은 다시 되돌릴 수 없다고 본다. 그리고 사회양심 이론에 따르면, 현재 제공하는 서비스는 역사적으로 그 당시에 가장 좋은 형태의 서비스이다(Powell & Hewitt, 2002).

(2) 평가

사회양심 이론은 복지국가를 전통적으로 설명하는 이론이었다. 그리고 사회양심 이론은 사회복지정책의 발달을 낙관적이고 이상주의적인 관점에서 보는 이론에 속한다.

그러나 최근에 공공정책들이 실패하는 사례가 증가하고 사회문제가 다시 나타남에 따라서, 사회양심 이론이 사회복지정책의 발달을 설명하는 힘은 크게 줄어들고 있다. 따라서 사회양심 이론은 지난 수십 년에 걸쳐서 그 영향력을 빠르게 상실하고 있다(Powell & Hewitt, 2002; 원석조, 2006; 황선영·노병일·김세원, 2009).

2) 산업화 이론

(1) 내용

산업화 이론(logic of industrialism, industrialization theories)은 경제가 상당한 수준으로 발전하면 사회복지는 서로 비슷한 형태가 된다고 보는 이론을 가리킨다. 따라서 산업화 이론을 수렴 이론(convergency theory)이라고도 부른다. 산업화 이론의 경우, 선진 자본주의 국가들 사이에 사회복지가 서로 유사하게 될 뿐만 아니라, 선진 자본주의 국가와 선진 사회주의 국가들 사이의 사회복지도 서로 유사하게 된다고 본다(원석조, 2006).

1960년대에 산업화되고 도시화된 모든 사회에서 복지국가가 나타났다

(Powell & Hewitt, 2002). 이런 점이 산업화 이론이 등장한 주요한 배경이 된다.

산업화 이론을 주장한 가장 대표적인 학자는 윌렌스키(Wilesnsky)이다.[3] 윌렌스키에 따르면, 복지국가가 처음 등장하고 복지국가가 일반적으로 발달하는 것을 설명하는 데 있어, 사회주의 경제나 자본주의 경제의 관점에서 따지거나, '집합주의적' 이데올로기나 '개인주의적' 이데올로기의 관점에서 따지는 것은 거의 도움이 되지 않는다. 심지어 윌렌스키는 복지국가의 등장과 발달을 '민주주의적' 정치제도나 '전체주의적' 정치제도의 관점에서 따지는 것도 거의 도움이 되지 않는다고 주장한다.

윌렌스키의 경우, 복지국가가 일반적으로 나타나게 된 근본적인 원인은 경제성장과 이에 따른 인구적·관료적 결과라고 주장한다. 즉, 윌렌스키에 따르면, 자본주의 사회에서 산업화 탓으로 나타난 사회문제 때문에, 사회복지가 필요하게 되었다. 그리고 윌렌스키는 장기적으로 볼 경우에 복지국가가 발달하게 되는 근본적인 원인은 경제 수준이라고 주장하고 있다(Powell & Hewitt, 2002).

따라서 산업화 이론의 경우, 산업화 때문에 경제가 성장하지만, 경제성장과 동시에 새로운 사회적 욕구가 나타난다고 본다. 산업화 이론에 따르면, 경제성장은 복지를 확대하는 데 필요한 자원을 제공하는 역할을 하고, 새로운 사회적 욕구 때문에 새로운 복지 프로그램이 나타난다(원석조, 2006).

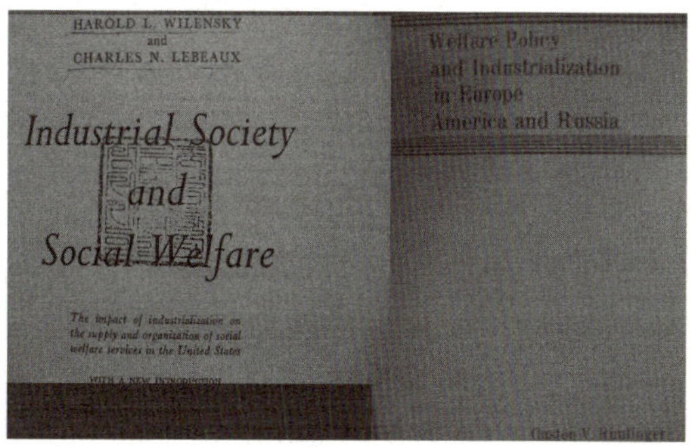

산업화 이론을 주장하는 저서: 윌렌스키와 르보(Wilesnsky & Lebeaux, 1965)의 저서와 림링거(Rimlinger, 1971)의 저서(표지)

그러므로 산업화 이론의 특징을 정리하면 다음과 같다(Powell & Hewitt, 2002).

① 산업화 이론은 분명히 기능주의적 성격을 지닌다. 왜냐하면 산업화 이론은 산업사회에서는 국가가 대응해야 하는 새로운 욕구가 새로 등장한다고 보기 때

3) 예를 들어 윌렌스키와 르보(Wilensky & Lebeaux, 1965)의 연구는 산업화 이론에 토대를 둔 연구이다. 윌렌스키와 르보가 간행한 서적인 『산업사회와 사회복지(Industrial Society and Social Welfare)』의 부제(副題)가 '미국에서 산업화가 사회복지 서비스의 공급과 조직에 미친 영향'인 점에서도 이런 사실이 분명하게 드러난다.

문이다.

② 산업화 이론의 경우, 산업사회가 가진 문제들이 점점 유사해짐에 따라서, 이런 문제에 대한 해결 방법도 유사해진다고 본다. 예를 들어 산업화 이론에서는 서로 대조적인 문화적 전통과 정치적 전통을 가진 국가들도 경제성장 때문에 복지국가의 전략이 서로 더 비슷해진다고 본다.

③ 산업화 이론은 이데올로기의 종말(end of ideology)과 잘 어울린다. 왜냐하면 산업화 이론에서는 이데올로기는 복지국가의 발달을 설명하는 데 큰 변수가 되지 않는다고 보기 때문이다.

(2) 평가

산업화 이론은 다음과 같은 장점이 있다.

① 선진 자본주의 국가들 뿐만 아니라 사회주의 국가들도 다루고 있다.

② 거시적이고 포괄적인 배경을 파악할 수 있는 틀을 제시하고 있다.

그러나 산업화 이론은 한계를 많이 가지고 있다. 무엇보다도, 산업화 이론은 결정론적 측면을 많이 가지고 있고 너무 일반적이라는 비판을 받고 있다.[4] 예를 들어 미쉬라(Mishra)는 산업화 이론은 결정론적 이론이고, 복지국가의 발달을 너무 일반적인 수준에서 설명한다고 비판한 바 있다(Powell & Hewitt, 2002; 원석조, 2006; 황선영·노병일·김세원, 2009).

3) 시민권 이론

(1) 내용

시민권(citizenship) 이론은 사회복지정책(복지국가)이 발달하는 것은 시민권이 증진되기 때문이라고 보는 이론을 가리킨다. 시민권 이론을 주장한 학자는 마셜(Marshall)이다. 사실, 복지국가의 정치적 측면을 설명하는 것으로 가장 잘 알려진 이론들 가운데 하나는 마셜의 시민권 이론이다. 마셜은 시민

4) 산업화 이론의 경우, 사회복지제도가 서로 유사하게 되는데 중요하게 작용하는 요인으로 기술의 발달을 꼽고 있다. 따라서 산업화 이론은 '기술결정 이론'이라고도 불리고 있다.

권 이론을 개념적으로 잘 정리하고 있고, 또한 마셜은 사회복지정책이 등장하는 것을 시민권 개념으로 설명하고 있다. 마셜의 경우, 복지가 증가하는 것을 시민권의 의미가 역사적으로 진전하는 측면에서 설명하고 있다(Gilbert & Terrell, 2005; 원석조, 2006).

마셜에 따르면, 시민권은 공민권(civil rights), 정치권(political rights), 사회권(social rights)이라는 세 가지 요소로 구성되어 있다. 여기서 공민권은 개인의 자유에 필요한 권리를 말한다. 공민권의 예로 판사를 통해 재판을 받는 권리, 표현과 사상과 믿음의 자유와 관련된 권리, 사유 재산을 가질 권리, 정당한 계약의 권리가 있다. 그리고 정치권은 정치적 권력을 발휘하는 데 참여할 수 있는 권리를 말한다. 정치권의 예로 정치적 권위가 있는 기구의 구성원을 뽑는 투표에 참여할 권리가 있다. 따라서 정치권은 투표권과 가장 관련이 있다. 그리고 사회권은 교육을 받을 권리와 복지 혜택을 누릴 권리를 말한다.

마셜은 공민권과 정치권과 사회권은 진보적 과정을 통해 발달한다고 본다(Gilbert & Terrell, 2005; Pierson, 2007). 마셜에 따르면, 처음에는 공민권이 발달하고, 그러고 나서 정치권이 발달한다. 이렇게 발달된 공민권과 정치권은 사회권이 발달하기 위한 토대가 된다. 마셜의 경우, 공민권은 18세기에, 정치권은 19세기에, 사회권은 20세기에 발달하였다고 주장한다. 이상의 내용을 정리하면 〈표 7-1〉과 같다.

〈표 7-1〉 권리의 변천

	공민권	정치권	사회권
주요 시기	18세기	19세기	20세기
주요 원리	개인 자유	정치적 자유	사회복지
주요 조치	표현·사상·믿음의 자유, 법적 계약의 자유	선거권, 의회 개혁	무상교육, 연금, 의료(복지국가)
	--------〉 누적적 --------〉		

* 출처: Pierson(2007) [원출처: Marshall(1963)]

(2) 평가

마셜의 시민권 이론은 다음과 같은 의의가 있다(Gilbert & Terrell, 2005; 황선영·노병일·김세원, 2009).

① 마셜은 시민권이 불평등을 꼭 퇴치한다고 보지는 않는다. 실제로 마셜의 경우, 시민권은 사회체제를 더 안정되게 유지하기 위해 발달한 경우가 많았다고 주장하고 있다. 따라서 마셜의 시민권 이론은 자본주의 국가에서 불평등한 계급 구조와 평등주의적인 시민권이 서로 함께 존재할 수 있다는 점을 보여주고 있다.

② 마셜은 사회복지를 시민의 기본적 권리의 하나로 보고 있다. 따라서 마셜의 시민권 이론은 잔여적 복지가 아닌 제도적 복지의 틀을 제공하고 있다.

그러나 마셜의 시민권 이론은 다음과 같은 문제점이 있다.

① 영국과 역사적 배경이 다른 제3세계나 사회주의 국가에 적용하기 어려울 수 있다.

② 집단들 사이의 복잡한 관계나 행동과 같은 정치적 측면을 자세히 설명하기 어려울 수 있다.

4) 확산 이론

(1) 내용

확산 이론(전파 이론, diffusion theory)은 한 국가의 사회복지정책이 다른 국가의 사회복지정책에 영향을 미치는 측면에 주목하는 이론을 가리킨다. 확산 이론의 경우, 발달된 복지국가의 경험은 다른 국가가 사회복지정책을 도입하는 방향으로 나가도록 이끄는 주요한 요인이 된다고 본다. 이런 맥락에서 볼 경우, 사회복지정책이 확대되는 과정은 세계적으로 모방하는 과정이라고 볼 수 있다(원석조, 2006).

확산 이론을 보여주는 예로 다음과 같은 것이 있다(Goodman & Peng,

1996; Gilardi, Fuglister & Luyet, 2009; 원석조, 2006).

① 영국에서 1911년에 도입한 국민보험은 독일의 비스마르크 정권이 도입한 사회보험을 많이 모방한 것이다.

② 굿먼과 펭(Goodman & Peng)은 동(東)아시아 복지국가를 분석하면서, 복지와 관련하여 우리나라와 일본과 타이완이 공통적으로 가지고 있는 특징을 잘 설명하고 있다. 굿먼과 펭에 따르면, 일본이 우리나라와 타이완을 지배하면서 동화정책을 추진한 탓에, 세 나라의 여러 조직과 기관은 서로 닮은 점이 많다. 따라서 우리나라와 타이완은 일본을 모델로 본뜨는 사례가 많다. 그러므로 우리나라의 복지제도는 일본의 복지제도를 모방한 경우가 많다고 볼 수 있다.

③ 선진국을 대상으로 근래의 의료정책을 조사한 결과, 한 국가의 정책결정자들은 다른 국가들이 경험한 것에서 교훈을 배운다는 사실이 드러난 바 있다.

(2) 평가

기존의 이론은 사회복지정책의 발달을 국가 내부와 외부의 요인으로 설명하고 있다. 이에 비해서 확산 이론은 국가들 사이의 상호관계와 국제 환경을 중요하게 다루고 있다. 특히 현대와 같이 정보통신기술이 발달한 상황에서는, 확산 이론이 설득력을 더 가진다고 볼 수 있다.

그러나 확산 이론은 여러 가지로 비판을 받고 있다. 예를 들어 확산 이론에 따르면, 사회보장은 선진 국가로부터 후진 국가로 확대되어 간다. 하지만 실제로 그렇지 않은 경우도 적지 않게 나타난 바 있다. 또한 사회복지제도가 도입되는 경우에, 인접한 국가보다는 국내의 상황이 더 영향을 미치는 사례도 적지 않다(원석조, 2006; 황선영·노병일·김세원, 2009).

5) 음모 이론[5)]

(1) 내용

음모 이론(conspiracy theory)은, 사회복지를 확대하는 것은 취약층이 생활 여건이 나빠지고 빈곤 상태에 놓이는 것과 관련해 대항·투쟁하는 것에 대해서 지배 계급이 대응하는 것이라고 보는 이론을 가리킨다(원석조, 2006).

일반 사람들은 사회복지의 목적이 도움을 주는 데 있다는 점에 대해서는 쉽게 동의한다. 그러나 일반 사람들은 사회복지가 사회를 통제하는 기능을 수행한다는 점을 잘 모르는 경우가 많다.

사회를 유지하기 위해서는 사회를 일부 통제할 필요가 있다. 그러나 모든 사회통제가 긍정적으로 작용하는 것은 아니다. 이것은 사회통제의 대상이 사회에서 가장 취약한 사람일 경우에 특히 그렇다.

사회통제를 비판하는 사람들은, 복지국가는 빈곤층과 취약층의 행동을 규제하기 위한 도구일 뿐이라고 주장한다. 즉, 복지국가는 사람들을 제자리에 있게 하려는 억압적인 기제라는 것이다. 구체적으로, 복지국가를 비판하는 사람들은 결국에 가서 복지국가는 정의롭지 못한 사회체제에 빈곤층·취약층이 고분고분 따르게 하는 역할을 한다고 주장한다(Day, 2009; Gilbert & Terrell, 2005).

이와 같은 맥락에서 등장한 것이 음모 이론이다. 자주 인용되는 음모 이론은 클로워드(Cloward)와 피븐(Piven)이 『빈곤층 규제하기(Regulating the Poor)』라는 저서에서 제시하였다(Piven & Cloward, 1972). 한 마디로, 클로워드와 피븐은 비교적·역사적 관점에서 사회정책의 개념을 사회통제(social control)의 수단으로 살펴보고 있다(Higgins, 1984). 클로워드와 피븐의 경우, 지배 계급은 빈곤층을 약화시키기 위해서 복지(공공부조)를 활용한다고 주장하고 있다. 클로워드와 피븐에 따르면, 경제적 어려움 때문에 나

---

5) 음모 이론은 마르크스주의 이론의 측면을 포함하고 있다. 그러므로 길버트와 테렐(Gilbert & Terrell, 2005)은 클라우드와 피븐의 주장 내용을 마르크스주의 관점에 포함시키고 있다.

타나는 정치적 위기 상황에서 정치 지도자들이 원조 프로그램을 확대하는 이유는, 불만을 가진 층을 정치적으로 '다시 통합하기(reintegration)' 위해서이다. 즉, 클라워드와 피븐에 따르면, 심각한 사회문제(예컨대, 대량실업) 때문에 사회질서가 위협을 받을 경우에 정부는 공적 복지제도를 확대한다. 그러나 사회가 안정될 경우에, 정부는 공적 복지를 감소한다. 다시 말하면, 부유층은 빈곤층에게 사회안전망을 제공함으로써, 부유층은 빈곤층이 반란을 일으킬 가능성을 없앤다는 것이다. 실제로 미국에서 대공황 시기에 전국적인 수준의 공적 복지제도를 도입한 목적도 이와 같다고 클로워드와 피븐은 주장하고 있다(Piven & Cloward, 1972; DiscoverTheNetwork, 2010; 원석조, 2006).

클로워드와 피븐은 지배계급이 빈곤층 약화를 위해 복지를 활용한다고 주장한다: 저자들과 해당 저서(Piven & Cloward, 1972)의 표지

그러므로 음모 이론에서는, 사회복지로부터 진짜 이익을 보는 층은 지배 계급이라고 본다. 따라서 음모 이론의 경우, 사회복지는 인도주의에 근거한다는 인식을 강력히 부정하고 있다.

(2) 평가

음모 이론은 이론적으로 그리고 현실적으로 타당하다. 특히, 사회에 갈등이 존재하는 시기의 사회복지정책이나 정권이 교체되는 시기의 사회복지정책에서 음모 이론의 측면을 더욱 찾아볼 수 있다.

그러나 음모 이론은 몇 가지 문제점을 가지고 있는데, 이런 문제점에는 다음과 같은 것이 포함된다(원석조, 2006).

① 음모 이론은 사회복지정책을 결정하는 사람의 의도보다는 사회복지정책의 결과에 의존하고 있다.

② 음모 이론은 자본의 논리나 자본의 본질적 속성을 자본가나 지배층의 음모로 인식하고 있다. 따라서 음모 이론은 자본주의 체제의 더 거시적인 측면을 무시하고 있다.

6) 국가중심 이론

(1) 내용

국가중심 이론(state-centered theories or statist approach)은 독립된 주체인 국가가 스스로 문제를 인식하고 해결하려는 노력의 결과로 나타난 것이 사회복지정책이라고 보는 이론을 가리킨다(원석조, 2006). 국가중심 이론의 경우, 문제를 발견하고 이에 대한 해결방안을 찾아내고 이런 방안을 실행하는 정부 관료조직이 수행하는 역할을 가장 중요하게 보고 있다. 구체적으로 국가중심 이론에서는, 정치인과 이익집단이 수행하는 역할은 덜 중요해지고 있고, 이에 비해서 관료와 전문가가 수행하는 역할은 더 중요해지고 있다고 본다.

국가중심 이론을 주장하는 대표적인 학자로 스카치폴(Skocpol)이 있다. 스카치폴에 따르면, 국가와 정당은 독자적이고 다양한 구조를 가지고 있다. 따라서 스카치폴은 지배 계급의 이해관계나 계급투쟁과 같은 측면만이 국가 구조와 정당 조직을 형성하는 데 영향을 미치는 것은 아니라고 본다. 스카치폴의 경우, 국가의 구조는 해당 시간과 공간 안에서 계급과 관련된 이해관계와 계급 갈등이 정치로 조직화되는 방식을 결정한다고 본다(원석조, 2006).

(2) 평가

국가중심 이론에서는 국가를 적극적으로 복지를 제공하는 주체로 보고 있다. 이에 따라서 국가중심 이론은 사회복지정책의 발달과 관련된 이론의 범위를 확대하고 있다는 데 그 의의가 있다. 그러나 국가중심 이론은 각각의 국가에서 사회복지정책이 발달하는 것을 일반적으로 설명하는 틀로 적용하기 어려울 수 있다는 단점이 있다(황선영·노병일·김세원, 2009).

7) 마르크스주의 이론

(1) 내용

마르크스주의 이론은 마르크스가 주장한 것을 근거로 삼는다: 마르크스의 동상(모스크바에서 저자 찍음)

마르크스주의 이론(Marxist theories)은 마르크스가 주장한 바에 근거를 두어 사회복지정책의 발달을 설명하는 이론을 가리킨다. 근래의 경우, 급진적 성향을 가지는 학자들은 복지국가와 사회복지정책을 마르크스주의 이론에 근거해 분석하고 있다.

마르크스주의 이론 자체는 여러 가지 측면을 가지고 있고 복잡하다. 이와 마찬가지로, 복지국가의 발달을 설명하는 마르크스주의 이론도 여러 측면을 가지고 있고 복잡하다. 그러므로 마르크스주의 이론에 토대를 둔 관점은 다양하게 적용되고 있다. 예를 들어 마르크스주의 이론은 복지국가를 계급, 문화, 억압의 관점에서 살펴보고 있다(Gilbert & Terrell, 2005; Powell & Hewitt, 2002; 원석조, 2006).

일반적으로 마르크스주의 이론에서 핵심이 되는 것은, 자본주의 사회에서의 복지국가를 어떻게 볼 것이냐의 문제이다. 대부분의 마르크스주의자들은 '복지국가'라는 용어보다는 '복지 자본주의(welfare capitalism)'라는 용어를 사용하는 것을 더 좋아하는 경향이 있다(Powell & Hewitt, 2002).

자본주의 사회에서의 복지국가(사회복지정책)와 관련해, 마르크스주의 이론을 따르는 주요 학자들이 제시한 견해는 다음과 같다.

(가) 자본논리의 관점과 계급투쟁의 관점

우선, 마르크스주의 이론이 지니는 주요한 입장을 자본논리(laws of capital)의 관점과 계급투쟁(class struggle)의 관점으로 크게 구분할 수 있다(원석조, 2006). 각각에 관해 좀 더 살펴보면 다음과 같다.

① 자본논리의 관점은 사회복지정책은 자본주의가 발달하는 데 필요한

노동력을 재생산하고, 이에 따라 자본주의 국가의 사회복지정책은 자본을 축적하는 데 기여한다고 보는 관점을 말한다. 즉, 자본논리 관점의 경우, 사회복지정책은 자본을 쉽게 축적하는 데 걸림돌이 되는 요소를 없애기 위한 장기적인 전략이라고 본다.

계급투쟁 관점에서는 의회에 노동자를 지지하는 정당이 집권하면 복지가 발달한다고 본다: 스웨덴의 의회(스톡홀름에서 저자 찍음)

② 계급투쟁의 관점은 자본주의 국가의 사회복지정책은 노동자 계급이 정치적으로 투쟁해서 얻어진 성과라고 보는 관점을 말한다. 일반적으로 계급투쟁의 관점에서는, 노동자 세력이나 친노동자 세력(예컨대, 좌파 정당)이 압력을 가해서 복지국가가 등장하였다고 본다.[6)]

거프(Gough)는 자본논리의 관점과 계급투쟁의 관점을 잘 제시하고 있다. 구체적으로 거프의 경우, 복지국가를 정치경제학적 입장에서 다음과 같이 설명한 바 있다(Gough, 1979; 원석조, 2006).

① 복지국가는 자본주의가 발전하는 데 필요하다. 구체적으로 이것은 자본주의 국가가 자본주의 방식의 사회적 관계를 장기적으로 유지하기 위한 정책들을 결정하고 실행하는 능력을 일컫는다. 이런 주장은 자본논리의 관점과 관련된다.

② 복지국가는 조직화된 노동자 계급이 정치적 갈등에서 승리한 결과로 등장하였다. 구체적으로 이것은 노동자 계급이 노동조합과 노동자 정당을 통해서 자본주의에 서서히 통합되는 것을 말한다. 이런 주장은 계급투쟁의 관점과 관련된다.

거프는 복지국가를 정치경제학적 입장에서 설명하고 있다: 해당 저서(Gough, 1979)의 표지(일부)

위와 같은 측면과 관련해, 거프(Gough, 1979)는 마르크스주의 이론에서는 복지국가가 자본가의 사기(capitalist fraud)로 등장한 것인지, 또는 노동자 계급의 승리(working class victory)로 등장한 것인지에 관해 관심을 가진다고 언급한 바 있다.

6) 이런 것을 사회민주주의 이론이라고 부른다.

(나) 복지국가 모순의 관점

마르크스주의 이론에 근거한 또 하나의 관점으로 복지국가 모순의 관점이 있다. 복지국가 모순의 관점을 주장한 사람은 오코너(O'Connor)이다. 복지국가 모순의 관점은, 자본주의의 자본축척 기능과 정당화 기능 사이에 모순이 존재하고 이에 따라 복지국가의 위기가 온다고 보는 관점을 말한다(Powell & Hewitt, 2002).

오코너에 따르면, 자본축척의 기능과 정당화의 기능은 다음과 같은 것을 가리킨다(Powell & Hewitt, 2002; 원석조, 2006).

① 자본축적의 기능은 자본을 성공적으로 축적하기 위한 조건을 국가가 안정되게 유지해주는 기능을 일컫는다. 따라서 자본축적의 기능에서는, 산업에서 이윤을 얻고 적절하게 투자하고 경제성장을 이루는 데 관심을 가진다.

② 정당화의 기능은 자본주의에서 발생하는 부정적인 결과를 부드럽게 해서 체제의 정당성을 유지하려는 기능을 일컫는다. 따라서 정당화의 기능에서는, 자본주의 사회질서가 노동자에게 가장 유리하다는 인식을 심어줌으로써 사회의 화합을 유지하는 데 관심을 가진다. 정당화 기능을 가장 잘 보여주는 예로 사회복지제도가 있다. 사회복지제도는 사회체제에 불만이 많을 수 있는 층(예컨대, 실업자층)을 규제함으로써, 사회적 평화를 유지하고자 하기 때문이다.

복지국가 모순의 관점에 따르면, 자본축적의 기능과 정당화의 기능은 서로 모순이 되는 관계에 놓인다. 이런 점을 예로 들면 다음과 같다.

① 국가가 자본가에게 지원을 많이 하면, 일반 대중은 국가에 충성을 덜 하게 된다. 즉, 국가가 자본축척 기능을 더 수행하면, 국가의 정당성 기능은 약화된다.

② 이와 반대로, 국가가 정당성을 더 얻기 위해서 복지비를 더 지출하면, 자본을 원활하게 축척하는 데 필요한 재원이 감소하고 이에 따라 국가의 자본축적 기능은 약화된다.

오코너에 따르면, 자본주의가 위와 같은 모순을 지니기 때문에 궁극적으로 나타나는 구체적인 현상은 자본주의 국가의 재정적 위기이다.

(2) 평가

자본주의 경제에서 복지가 커다란 한계를 가진다는 점을 지적하고자 할 경우에, 마르크스주의 이론은 유용하다. 일반적으로 볼 때, 마르크스주의 이론은 전체 체계를 분석하는 데 유용하다. 그렇지만 마르크스주의 이론은 전체 체계의 부분들을 살펴보는 데에는 덜 유용하다.

구체적으로, 마르크스주의 이론은 경제학과 계급적 이해관계에 주로 주목하고 있다. 그러므로 마르크스주의 이론은 사회복지 프로그램이 발달하는 데 있어 가치, 이데올로기, 정치제도가 독자적으로 미친 영향을 무시하는 경향이 있다.

요컨대, 사회복지가 발달하는 것을 마르크스주의 이론에 근거해서 설명하는 관점에 대해서는 많은 비판이 따르고 있다. 이런 비판의 형태는 매우 다양하다. 예를 들어 마르크스주의 이론에 어느 정도 동조하면서 비판하는 것도 있고, 또한 마르크스주의 이론을 부정하면서 심하게 비판하는 것도 있다(Gilbert & Terrell, 2005; Powell & Hewitt, 2002).

[정리] 사회복지정책 발달의 주요 이론들

- 사회양심 이론은 시간이 지나면서 모든 시민 사회는 사회구성원을 도와줄 의무를 가진다고 인식하는 방향으로 나갈 것이라고 본다. 사회양심 이론은 사회복지정책의 발달을 낙관적·이상적 관점에서 본다.
- 산업화 이론(수렴 이론)은 경제가 상당한 수준으로 발전하면 사회복지는 서로 비슷한 형태가 된다고 본다. 산업화 이론은 이데올로기의 종말과 잘 어울린다.
- 시민권 이론은 사회복지정책이 발달하는 것은 시민권이 증진되기 때문이라고 본다. 시민권 이론을 주장한 마셜은 공민권과 정치권과 사회권은 진보적 과정을 통해 발달한다고 본다.
- 확산 이론(전파 이론)은 한 국가의 사회복지정책이 다른 국가의 사회복지정책에 영향을 미치는 측면에 주목한다.
- 음모 이론은 사회복지를 확대하는 것은 취약층이 생활 여건이 나빠지고 빈곤 상태에 놓이는 것과 관련해 대항하는 것에 대해서 지배계급이 대응하는 것이라고 본다. 그러므로 음모 이론은 사회복지로부터 진짜 이익을 보는 층은 지배 계급이라고 본다.
- 국가중심 이론은 독립된 주체인 국가가 스스로 문제를 인식하고 해결하려는 노력의 결과로 나타난 것이 사회복지정책이라고 본다. 따라서 국가중심 이론에서는 국가를 적극적으로 복지를 제공하는 주체로 인식한다.
- 마르크스주의 이론은 마르크스의 주장에 근거해 사회복지의 발달을 설명한다. 마르크스주의 이론이 지니는 주요 입장으로 자본논리의 관점과 계급투쟁의 관점이 있다. 자본논리의 관점은 자본주의의 사회복지정책은 자본을 축적하는 데 기여한다고 보고, 계급투쟁의 관점은 자본주의 국가에서의 사회복지정책은 노동자 계급이 정치적으로 투쟁해서 얻어진 성과라고 본다. 마르크스주의 이론에 근거한 또 하나의 관점은 복지국가 모순의 관점인데, 이것은 자본축적 기능과 정당화 기능 사이에 모순이 존재하고 이에 따라 복지국가의 위기가 온다고 본다.

3 사회복지정책 발달과 관련된 기타 이론 및 정리

1) 기타 이론

위에서 사회복지정책(복지국가)의 발달을 설명하는 주요 이론들을 제시하였다. 사회복지정책의 발달을 설명하는 이론에는, 이외에도 여러 가지가 더 있다. 이런 이론의 예로 다음과 같은 것이 있다(원석조, 2009).

① 이익집단 이론(interest group theory)이 있다. 이익집단 이론은 사회복지정책은 이익집단들 사이의 갈등과 타협의 결과로 나타난다고 보는 이론을 가리킨다.[7)]

② 여성주의 이론(페미니즘 이론, theory of feminism)이 있다. 여성주의 이론은 복지국가의 주요한 목표와 역할은 남성이 여성을 더 지배하는 데 있다고 보는 이론을 말한다.

2) 정리

지금까지 제시한 각각의 이론은 사회복지정책(복지국가)의 발달을 설명하고 있다. 각각의 이론은 나름대로 의의가 있고, 또한 나름대로 장점과 단점을 가지고 있다.

그리고 각각의 이론은 사회복지정책(복지국가)이 발달한 바를 특정 차원(측면)에 초점을 두어 설명하고 있다. 예를 들어 사회양심 이론은 사회복지정책(복지국가)의 발달을 사회적 차원에 초점을 두어 설명하는 이론이다. 그리고 산업화 이론과 마르크스주의 이론은 사회복지정책(복지국가)의 발달을 경제적 차원에 초점을 두어 설명하는 이론이다. 또한 시민권 이론과 국가중심 이론은 사회복지정책(복지국가)의 발달을 정치적 차원에 초점을 두어 설명하는 이론이다.

7) 이익집단 이론은 다원주의 이론과 크게 관련된다. 다원주의 이론은 정책결정 과정을 다루는 장에서 자세히 설명한다.

[정리] 사회복지정책 발달과 관련된 기타 이론 및 정리

- 사회복지정책의 발달을 설명하는 이론에는 위에 제시한 이론 이외에도 여러 가지가 더 있다. 예를 들어 이익집단 이론에서는 사회복지정책은 이익집단들 사이의 갈등·타협의 결과로 나타난다고 본다. 그리고 여성주의(페미니즘) 이론에서는 복지국가의 주요한 목표·역할은 남성이 여성을 더 지배하는 데 있다고 본다.
- 사회복지정책과 관련된 각 이론은 나름대로 장·단점과 의의가 있다. 그리고 각 이론은 사회복지정책(복지국가)이 발달한 바를 특정 차원에 초점을 두어 설명한다.

PART 03

사회복지정책의 분석

제 8 장
사회복지정책 분석의 틀과 분석 유형

1. 정책 분석의 개념
2. 사회복지정책 분석의 틀
3. 사회복지정책 분석의 형태

1 정책 분석의 개념

정책 분석(policy analysis)은 문자 그대로 정책을 분석하는 활동을 말한다. 예를 들어 사회복지정책 분석은 사회복지정책을 분석하는 활동을 가리킨다. 그러나 정책 분석은 좁은 의미로 볼 수도 있고 넓은 의미로 볼 수도 있다.

1) 좁은 의미와 넓은 의미의 정책 분석

정책 분석을 좁은 의미에서 볼 경우, 정책 분석은 다음과 같은 것을 가리킨다(송근원, 2004).

① 최선의 정책 대안을 얻기 위해서 여러 가지 정책 대안들을 검토하여 비교하는 지적 활동을 가리킨다.

② 또는 이를 위한 분석 기술이나 지식 자체를 가리킨다.

따라서 정책 분석을 좁은 의미로 볼 때에는, 정책 분석은 '정책 결정을 위해 대안을 개발하고 각 대안의 효과 및 비용을 분석하기 위해 발달한 정책 이론의 한 분야'를 뜻하는 경우가 많다. 구체적으로, 정책 분석을 좁은 의미로 볼 경우에, 정책 분석은 분석 방법들로 이루어진 정책학의 한 분야라는 의미를 지닌다. 그러므로 정책 분석을 좁은 의미로 사용할 경우에, 정책 분석은 '정책 분석 방법론'을 줄인 말이라고 볼 수 있다.

그러나 정책 분석을 넓은 의미에서 볼 경우, 정책 분석은 사회적 쟁점을 더 잘 이해하고 더 나은 해결방안을 찾기 위한 응용 연구의 한 형태이다. 구체적으로, 정책 분석을 넓은 의미로 볼 경우에, 정책 분석은 좁은 의미의 정책 분석뿐만 아니라, 전체적인 정책 과정에 걸쳐서 실시되는 분석을 가리킨다(Quade, 1984; 송근원, 2004).

2) 시간 차원에 따른 특징

정책 분석은 시간의 측면과도 관련된다. 시간 차원을 고려할 경우, 좁은 의미의 정책 분석과 넓은 의미의 정책 분석의 특징을 다음과 같이 제시할 수 있다(송근원, 2004).

① 좁은 의미의 정책 분석은, 정책을 결정하기 이전에 정책 결정자를 위해서 사전에 실시되는 예비적·탐색적 성격의 연구 활동을 뜻한다.

② 넓은 의미의 정책 분석은, 정책을 결정하기 이전뿐만 아니라 정책을 결정한 이후에 정책의 실시와 정책의 영향까지도 살펴보는 연구 활동을 뜻한다.

[정리] 정책 분석의 개념

- 정책 분석은 정책을 분석하는 활동을 말한다.
- 정책 분석을 좁은 의미로 볼 경우, 정책 분석은 분석 방법들로 이루어진 정책학의 한 분야이다. 그리고 정책 분석을 넓은 의미로 볼 경우, 정책 분석은 좁은 의미의 정책 분석뿐만 아니라, 정책 과정의 전반에 걸쳐서 실시되는 분석을 가리킨다.

2 사회복지정책 분석의 틀

1) 카저와 스토이즈의 사회복지정책분석 모델

카저와 스토이즈의 해당 저서 (Karger & Stoesz, 2006)의 표지(일부)

카저와 스토이즈(Karger & Stoesz, 2006)의 경우, 사회복지정책을 분석하기 위한 모델을 다음과 같은 네 가지 영역으로 구분할 수 있다고 본다.

① 정책의 역사적 배경에 관해 설명하는 영역이 있다.

② 해당 정책을 유발한 문제를 설명하는 영역이 있다.

③ 정책에 관해 설명하는 영역이 있다.

④ 정책을 평가하는 영역이 있다.

카저와 스토이즈의 경우, 위의 각 영역과 관련해 정책분석가들은 구체적으로 질문하여야 한다고 보고 있다. 각 영역에 대해서, 이런 구체적인 질문을 살펴보면 다음과 같다.[1)]

(1) 정책의 역사적 배경과 관련된 영역

정책의 역사적 배경과 관련해, 구체적으로 따져보아야 할 질문으로 다음과 같은 것이 있다.

① 역사적 문제의 내용을 살펴보아야 한다. 즉, 해당 정책을 처음으로 실시하게끔 만든 과거의 문제는 무엇인지를 살펴보아야 한다.

② 역사적 문제의 중요성을 살펴보아야 한다. 즉, 이런 과거의 문제들이 역사적으로 얼마나 중요해왔는지를 살펴보아야 한다.

③ 이전의 방안을 살펴보아야 한다. 즉, 이전에는 이런 문제를 어떻게 다루었는지를 살펴보아야 한다.

1) 카저와 스토이즈가 원래 제시한 구체적 질문들의 내용에는 중복되는 부분이 일부 있다. 따라서 본장에서는 원래의 내용을 일부 취합하여 제시한다.

④ 정책의 기원을 살펴보아야 한다. 즉, 해당 정책은 언제 처음으로 등장하였는지를 살펴보아야 한다.

⑤ 정책의 변천을 살펴보아야 한다. 즉, 원래의 정책은 시간이 지나면서 어떻게 변해왔는지를 살펴보아야 한다.

⑥ 정책의 법적 변천을 살펴보아야 한다. 즉, 해당 정책은 법적으로 어떻게 변해왔는지를 살펴보아야 한다.

(2) 해당 정책을 유발한 문제와 관련된 영역

해당 정책을 유발한 문제에 관한 설명과 관련해, 구체적으로 따져보아야 할 질문으로 다음과 같은 것이 있다.

① 문제의 성격을 살펴보아야 한다. 즉, 해당 문제의 성격은 무엇인지를 살펴보아야 한다.

② 문제의 발생 정도를 살펴보아야 한다. 즉, 해당 문제가 얼마나 널리 퍼져있는지를 살펴보아야 한다.

③ 문제의 영향 범위를 살펴보아야 한다. 즉, 해당 문제가 영향을 미치는 사람의 수는 얼마나 되는지를 살펴보아야 한다.

④ 문제의 영향 기제를 살펴보아야 한다. 즉, 해당 문제가 영향을 미치는 사람은 누구이며, 해당 문제는 어떻게 영향을 미치는지를 살펴보아야 한다.

⑤ 문제 발생의 원인을 살펴보아야 한다. 즉, 해당 문제가 발생하게 된 원인은 무엇인지를 살펴보아야 한다.

(3) 정책과 관련된 영역[2)]

정책에 관한 설명과 관련해, 구체적으로 따져보아야 할 질문으로 다음과 같은 것이 있다.

① 제공되는 자원이나 기회를 살펴보아야 한다. 즉, 해당 정책은 어떤

---

2) 정책에 관한 영역에서의 질문들은 산출분석과 많이 관련된다. 실제로 위의 질문들 속에는, 길버트와 테렐이 제시한 분석틀(산출분석의 틀)의 네 가지 차원인 할당, 급여, 전달, 재원의 차원이 모두 포함되어 있다. 산출분석에 관해서는 9장에서 자세히 설명한다.

자원이나 어떤 기회를 제공할 것으로 예상되는지를 살펴보아야 한다.

② 대상을 살펴보아야 한다. 즉, 해당 정책의 대상은 누구이며, 대상은 어떻게 선정할 것인지를 살펴보아야 한다.

③ 실행을 살펴보아야 한다. 즉, 해당 정책을 어떻게 실행할 것인지를 살펴보아야 한다.

④ 목표를 살펴보아야 한다. 즉, 해당 정책이 추구하는 단기적·장기적 목표와 그 결과는 무엇인지를 살펴보아야 한다.

⑤ 담당 기관을 살펴보아야 한다. 즉, 해당 정책을 담당할 행정 기관은 어디인지를 살펴보아야 한다.

⑥ 재원을 살펴보아야 한다. 즉, 해당 정책에 필요한 재원을 어떻게 충당할 것인지를 살펴보아야 한다.

⑦ 감독 기관을 살펴보아야 한다. 즉, 해당 정책을 감독하고 평가하고 조정하는 업무를 담당할 기관이나 조직은 어디인지를 살펴보아야 한다.

⑧ 효과성 판단 기준을 살펴보아야 한다. 즉, 해당 정책이 얼마나 효과적인지를 판단하기 위해 사용할 공식적 잣대와 비공식적 잣대는 무엇인지를 살펴보아야 한다.

⑨ 지속 기간을 살펴보아야 한다. 즉, 해당 정책이 지속될 것으로 예상되는 기간은 얼마나 되는지를 살펴보아야 한다.

(4) 정책 평가와 관련된 영역

정책에 대한 평가와 관련해, 구체적으로 따져보아야 할 질문으로 다음과 같은 것이 있다.

① 목표의 합법성을 살펴보아야 한다. 즉, 해당 정책이 추구하는 목표가 합법적인지를 살펴보아야 한다.

② 목표의 정당성과 민주성을 살펴보아야 한다. 즉, 해당 정책이 추구하는 목표가 올바르고 민주적인지를 살펴보아야 한다.

③ 사회적 평등에의 기여를 살펴보아야 한다. 즉, 해당 정책이 추구하는 목표가 사회적 평등을 증진하는 데 기여하는지를 살펴보아야 한다.

④ 재분배에의 기여를 살펴보아야 한다. 즉, 해당 정책이 추구하는 목표가 소득, 자원, 권리, 보상, 기회, 지위를 재분배하는 데 긍정적으로 영향을 미치는지를 살펴보아야 한다.

⑤ 사회적 유대를 살펴보아야 한다. 즉, 해당 정책은 대상 집단과 전체 사회 사이의 관계가 더 나은 방향으로 나가도록 해주는지를 살펴보아야 한다.

⑥ 사회사업 가치와의 적합성을 살펴보아야 한다. 즉, 해당 정책이 추구하는 목표가 전문적인 사회사업의 가치와 잘 어울리는지를 살펴보아야 한다.

2) 송근원의 사회복지정책분석 틀[3)]

송근원(2004)의 경우, 사회복지정책을 분석하는 데 필요한 요소들을 다음과 같이 구분하고 있다.

① 정책 문제 및 정책 목표와 관련된 요소가 있다.

② 정책 문제의 사회적 배경 및 역사적 배경과 관련된 요소가 있다.

③ 정책의 내용과 관련된 요소가 있다.

④ 정책을 집행하는 것과 관련된 요소가 있다.

⑤ 정책에 미치는 정치적 영향과 관련된 요소가 있다.

⑥ 정책에 대한 제약 요인 및 촉진 요인과 관련된 요소가 있다.

⑦ 정책의 평가와 관련된 요소가 있다.

각 요소의 내용을 구체적으로 살펴보면 다음과 같다.

(1) 정책 문제 및 정책 목표와 관련된 요소

정책 문제 및 정책 목표와 관련된 요소는 다음과 같이 다시 두 가지로 나눌 수 있다.

① 사회복지정책에 규정된 문제에 관해 분석하는 것이 있다. 여기에서

---

3) 송근원은 '정책 프로그램'이라는 용어를 사용하고 있다. 그러나 본 장에서는 '정책'이라는 용어로 대체하여 사용한다.

는 ㉠ 정책 문제의 규정, ㉡ 정책 문제의 단위, ㉢ 정책 대상의 특성, ㉣ 정책 문제의 규모 또는 정책 대상의 범위, ㉤ 정책 대상의 해결 범위에 관해 살펴본다.

② 사회복지정책의 목표에 관해 분석하는 것이 있다. 여기에서는 ㉠ 정책의 공식적 목표와 비공식적 목표, ㉡ 정책의 장기적 목표와 단기적 목표, ㉢ 정책의 바람직한 목표, ㉣ 정책이 의도하는 목표의 내용, ㉤ 정책 목표의 개입 수준에 관해 살펴본다.

(2) 정책 문제의 사회적 배경 및 역사적 배경과 관련된 요소

정책 문제의 사회적 배경 및 역사적 배경과 관련된 요소에서는 ① 문제의 등장 배경, ② 문제의 발생 요인, ③ 문제의 중요성, ④ 문제의 해결 방법에 관해 살펴본다.

(3) 정책의 내용과 관련된 요소

정책의 내용과 관련된 요소에서는 ① 정책을 실행하는 주체, ② 복지서비스의 범위, ③ 재정 계획, ④ 자금 및 자금원, ⑤ 시설의 사용 계획에 관해 살펴본다.

(4) 정책을 집행하는 것과 관련된 요소

정책을 집행하는 것과 관련된 요소는 다음과 같이 다시 네 가지로 나눌 수 있다.

① 정책의 수행에 필요한 인적 자원에 관해 분석하는 것이 있다. 여기에서는 ㉠ 인적 자원의 양, ㉡ 인적 자원의 종류, ㉢ 인적 자원의 활용 방법에 관해 살펴본다.

② 정책의 수행에 필요한 재정 자원에 관해 분석하는 것이 있다. 여기에서는 ㉠ 자금의 비중, ㉡ 자금의 조건, ㉢ 자금 유형의 대안, ㉣ 중앙의 지원 여부, ㉤ 자금의 변동, ㉥ 다른 기관과의 관계에 관해 살펴본다.

③ 현존 기관이나 시설 또는 이익집단 등 외부 관계에 관해 분석하는 것이 있다. 여기에서는 ㉠ 지원 기관의 존재, ㉡ 의존 기관의 존재, ㉢ 적대 기관의 존재, ㉣ 끌어안기(co-optation)를 시도하는 것에 관해 살펴본다.

④ 정책에서 제공하는 사회복지 서비스에 관해 분석하는 것이 있다. 여기에서는 ㉠ 사회복지 서비스의 클라이언트와 내용, ㉡ 제공된 사회복지 서비스와 규정된 사회복지 서비스 사이의 차이, ㉢ 사회복지 서비스의 적절성, ㉣ 사회복지사가 사회복지 서비스와 관련된 사례를 부담하는 비율, ㉤ 사회복지 서비스 전달의 이론적 근거에 관해 살펴본다.

(5) 정책에 미치는 정치적 영향과 관련된 요소

정책에 미치는 정치적 영향과 관련된 요소는 다음과 같이 다시 두 가지로 나눌 수 있다.

① 정책에 영향을 미치는 정책 과정 참여자에 관해 분석하는 것이 있다. 여기에서는 ㉠ 정치적 영향을 미치는 집단과 ㉡ 중앙정부와 지방정부의 태도에 관해 살펴본다.

② 정책의 효과성에 작용하는 정치적 영향력의 내용에 관해 분석하는 것이 있다. 여기에서는 ㉠ 정치적 영향력을 행사하는 방식, ㉡ 정치적 영향력을 행사하는 시기, ㉢ 정치적 영향력의 내용, ㉣ 정치적 영향력에 대한 반응에 관해 살펴본다.

(6) 정책에 대한 제약 요인 및 촉진 요인과 관련된 요소

정책에 대한 제약 요인 및 촉진 요인과 관련된 요소에서는 ① 제약 요인의 내용, ② 제약 요인에 대한 대응 방법, ③ 촉진 요인에 관해 살펴본다.

(7) 정책의 평가와 관련된 요소

정책의 평가와 관련된 요소에서는 ① 평가의 주체, ② 평가의 내용, ③

평가의 기준, ④ 평가의 시기, ⑤ 평가의 기법에 관해 살펴본다.

3) 정리

위에서 제시한 정책분석 틀은 넓은 의미에서 사회복지정책을 분석하기 위한 모델들이다. 위에서 제시한 정책분석 틀(정책분석 모델) 이외에도, 몇 가지의 정책분석 틀이 더 제시되고 있다. 전반적으로 볼 때, 정책분석 틀의 내용에는 사회복지정책이 등장한 배경과 과정, 사회복지정책을 통해서 얻어진 산출물(결과물), 사회복지정책에 대한 평가의 측면이 모두 포함되어 있다.

[정리] 사회복지정책 분석의 틀

- 카저와 스토이즈의 경우, 사회복지정책 분석 모델을 ① 정책의 역사적 배경 영역, ② 해당 정책을 유발한 문제에 관한 영역, ③ 정책에 관한 영역, ④ 정책에 대한 평가 영역으로 구분한다.
- 송근원의 경우, 사회복지정책 분석에 필요한 요소를 ① 정책 문제·목표와 관련된 요소, ② 정책 문제의 사회적·역사적 배경과 관련된 요소, ③ 정책 프로그램의 내용과 관련된 요소, ④ 정책 프로그램을 집행하는 것과 관련된 요소, ⑤ 정책 프로그램에 미치는 정치적 영향과 관련된 요소, ⑥ 정책 프로그램에 대한 제약·촉진 요인과 관련된 요소, ⑦ 정책 프로그램의 평가와 관련된 요소로 구분한다.
- 전반적으로, 정책분석 틀의 내용에는 사회복지정책이 등장한 배경과 과정, 사회복지정책을 통해서 얻어진 산출물(결과물), 사회복지정책에 대한 평가의 측면이 모두 포함된다.

3 사회복지정책 분석의 형태

길버트와 테렐(Gilbert & Terrell, 2005)은 사회복지정책을 분석하는 접근 방식(analytical perspectives)을 논의한 바 있다. 길버트와 테렐에 따르면, 사회복지정책을 분석하는 사람들은 사회복지정책의 영역을 몇 가지의 서로 관련된 방식으로 접근하는 경향이 있다.

길버트와 테렐의 경우, 사회복지정책을 분석하는 주요한 접근 방식을 세 가지 P(three Ps)의 관점에서 설명할 수 있다고 본다. 여기서 세 가지 P는 과정(process), 산출(product), 성과(performance)를 말한다. 따라서 사회복지정책정책을 분석하는 형태를 과정분석, 산출(산물)분석, 성과(평가)분석으로 구분할 수 있다.

(1) 각 분석의 특징

길버트와 테렐에 따르면, 사회복지정책을 분석하는 주요 접근방식을 세 가지 관점에서 설명할 수 있다: 해당 저서(Gilbert & Terrell, 2005)의 표지

각 분석의 특징을 살펴보면 다음과 같다.

① 과정분석에서는 사회복지정책을 결정하는 역동적인 측면에 초점을 둔다. 과정분석에서 가장 관심을 가지는 은, 사회에 있는 정치집단, 정부집단, 이익집단들 사이에 나타나는 관계와 상호작용이 사회복지정책을 결정하는 데 어떻게 영향을 미치는지를 이해하는 것이다. 과정분석의 경우, 과정분석이 다루는 시간 차원과 분석 차원에서 차이가 날 수 있다. 예를 들어 전체 사회복지제도의 발달에 관한 장기적 연구가 있을 수 있고, 또는 특정한 사회복지 프로그램의 발달에 관한 연구가 있을 수 있다.

② 산출분석은 사회복지정책의 산출물(결과물)과 관련된다. 정책과정을 거치고 나면, 사회복지정책과 관련해 선택한 바가 나타나게 된다. 이런 선택들은 프로그램 제안서, 법령, 궁극적인 프로그램으로 나타날 수 있다. 산출분석에서는 사회복지정책과 관련해 선택한 이런 결과물에 주목한다.

③ 성과분석의 경우, 사회복지정책에서 얻어진 사회복지 프로그램의 결과를 기술하고 평가하는 것에 관심을 가진다.

(2) 사용 현황

각각의 분석 형태는 사회복지정책과 관련된 문제들을 조사한다. 사회복지정책과 관련된 활동에 관여하고 있는 전문가들의 경우, 사회복지정책의 과정, 산출, 성과에 관한 문제들을 조사하는 데 있어 전문가 자신이 가진 자원과 에너지의 대부분을 사용하고 있다.

이것을 실제 사회복지기관의 상황과 관련해 살펴보면 다음과 같다.

① 사회복지기관에서는 동일한 사회복지사가 이런 세 가지 형태의 분석

을 모두 수행할 수 있다.

② 그러나 대부분의 대규모 사회복지기관과 대규모 사회복지 프로그램에서는 기획, 행정, 조사 업무가 전문화되고, 실천가들은 특정한 분석 형태와 관련된 지식에 관심을 더 가지는 경향이 있다.

(3) 세 분석 형태의 관련성과 구분 필요성

길버트와 테렐에 따르면, 세 가지 분석 형태는 중복되고 서로 관련된다. 따라서 정책분석가들은 자신들의 연구에서 두 가지 이상의 분석 형태를 혼합하여 적용할 수 있다.

그러나 관행이 어찌되었던 간에, 세 가지 분석 형태를 각각 구분하는 것은 이론적으로 유용한데, 그 이유는 다음과 같다.

① 각 분석 형태는 서로 다른 측면을 다루고 있기 때문이다.

② 각 분석 형태에서 나타난 지식은 사회복지정책과 관련된 주요한 실천 역할에 서로 다르게 적용될 수 있기 때문이다.

[정리] 사회복지정책 분석의 형태

- 길버트와 테렐은 사회복지정책 분석의 형태를 과정분석, 산출(산물)분석, 성과(평가)분석으로 구분한다. 과정분석에서는 사회복지정책을 결정하는 역동적 측면에 주목한다. 산출분석에서는 사회복지정책과 관련해 선택한 결과물에 주목한다. 성과분석에서는 사회복지정책에서 얻어진 프로그램의 결과를 기술·평가하는 것에 주목한다.
- 세 가지 분석 형태는 중복되고 서로 관련되나, 세 가지 분석 형태를 각각 구분하는 것이 이론적으로 유용하다.

제 9 장

사회복지정책의 산출분석

1. 산출분석의 틀
2. 사회복지 급여의 할당(대상)
3. 사회복지 급여의 형태
4. 사회복지 급여의 전달체계
5. 사회복지 급여의 재정

1 산출분석의 틀

사회복지정책과 관련해 많이 사용하는 분석방법들 가운데 하나는 산출분석(study of product)이다. 정책에 관한 연구에서 산출물은 예전부터 주목을 받아 왔다. 예를 들어 퍼니스와 틸톤(Furniss & Tilton, 1977)의 경우, 정책 연구는 적어도 정치제도의 '산출물'에 대해 관심을 가지는 것이라고 언급한 바 있다.

산출분석을 위한 틀을 제시한 대표적인 학자는 길버트와 테렐(Gilbert & Terrell, 2005)이다. 길버트와 테렐의 산출분석에 따르면, 급여를 할당하는 틀에서 볼 경우, 사회복지정책은 다음과 같은 것을 결정하는 원칙들 사이에서 선택하는 것이다.

① '어떤' 급여를 제공할 것인가를 결정한다.

② 이런 급여를 '누구에게' 제공할 것인가를 결정한다.

③ 이런 급여를 어떻게 전달할 것인가를 결정한다.

④ 이런 급여에 필요한 재정을 어떻게 확보할 것인가를 결정한다.

산출분석을 위한 틀을 제시한 대표적인 학자는 길버트·테렐(초기는 길버트·스펙트)이다: 해당 저서(표지)

따라서 길버트와 테렐이 고안한 산출분석의 경우, 주요한 차원들을 다음과 같은 네 가지 질문의 형태로 제시하고 있다.

① 사회적 할당(allocations)의 근거는 무엇인가? 이것은 할당 차원을 말한다.[1]

② 할당되는 사회적 급여의 형태는 무엇인가? 이것은 급여 차원을 말한다.

③ 이런 급여를 전달하기 위한 전략은 무엇인가? 이것은 전달 차원을 말한다.

④ 이런 급여에 필요한 재정을 확보하는 방법은 무엇인가? 이것은 재정 차원을 말한다.

이런 네 가지의 선택 차원들은 사회복지정책을 설계하는 데 있어 근본적인 쟁점을 포함하고 있다. 그리고 이런 네 가지 차원들은 단일 프로그램 영역에만 적용되는 것이 아니라, 사회복지정책의 모든 영역에 걸쳐서 적용될 수 있다(Gilbert & Terrell, 2005).

[정리] 산출분석의 틀

- 산출분석은 사회복지정책에서 많이 사용하는 분석방법의 하나이다.
- 산출분석의 틀을 제시한 대표적인 학자는 길버트와 테렐이다. 길버트와 테렐의 산출분석에서는 주요 차원으로 할당 차원, 급여 차원, 전달 차원, 재정 차원을 제시한다. 네 차원들은 사회복지정책의 모든 영역에 적용될 수 있다.

1) '할당'을 '배분'이라고 번역하기도 한다.

2 사회복지 급여의 할당(대상)

사회복지정책에서는 대상을 정하는 방식을 항상 포함하고 있다. 이 경우에 대상은 정책을 시행함으로써 복지가 증진되는 사람을 말한다. 이렇게 대상을 정하는 것은 길버트와 테렐의 분석틀에서 할당 차원에 해당된다. 즉, 산출분석에서 할당 차원은 급여를 받기 위한 자격 조건과 관련된다. 실제로 사회복지정책의 쟁점들 중에서, 누가 급여를 받을 것인지에 관한 쟁점과 급여를 받는 자격을 결정하는 방식(entitlement)에 관한 쟁점은 가장 격렬한 논쟁거리가 되고 있다(Gilbert & Terrell, 2005).

사회복지 영역의 경우, 급여를 누가 받을 자격이 있는지를 결정하기 위해서 여러 가지 자격 조건(기준)을 사용하고 있다.[2] 즉, 사회복지가 발달한 국가들의 경우, 구체적인 사회복지정책의 종류나 수는 매우 많고, 또한 각 사회복지정책의 대상을 정하는 자격 조건도 매우 다양한 편이다(송근원·김태성, 1995). 예를 들어 일부 사회복지정책에서는 자격 조건이 비교적 단순하기 때문에, 한 가지의 자격 조건만 충족시키면 사회복지 급여를 받을 수 있다. 그러나 일부 사회복지정책의 경우에는, 여러 가지 자격 조건을 동시에 충족시켜야 사회복지 급여를 받을 수 있다.

사회복지 급여를 할당하는 것과 관련해 먼저 등장하는 문제는, 자격 조건을 구체적으로 정하는 것이다. 따라서 산출분석의 할당 차원에서는 자격 조건을 정하는 데 도움이 되는 일반적 원칙에 관심을 가진다(Gilbert & Terrell, 2005).

일반적으로 자격 조건은 다음과 같은 두 가지 측면과 관련시켜 살펴볼 수 있다.

① 급여를 보편주의적 입장에서 제공할 것인지, 아니면 선택주의적 입장에서 제공할 것인지와 관련시켜 살펴볼 수 있다.

2) 이런 기준에는 결혼 상태, 고용 상태, 거주 상태, 가족 규모, 지능지수, 건강, 연령, 교육, 군대 복무 기간, 인종, 성, 종교, 소득이 포함된다.

② 급여를 제공하는 특정한 기준과 관련시켜 살펴볼 수 있다.

1) 보편주의와 선택주의

사회복지 급여를 받을 수 있는 자격과 관련된 원칙을 보편주의(universalism)와 선택주의(선별주의)(selectivism)의 원칙에서 찾는 경우가 많다. 따라서 사회복지 프로그램은 보편적(universal) 프로그램과 선택적(선별적)(selective) 프로그램의 두 가지 형태로 구분할 수 있다.

하지만 사회복지정책의 영역에서는, 보편주의를 지지하는 사람들과 선택주의를 지지하는 사람들 사이에 지속적으로 논쟁이 있어 왔다. 왜냐하면 보편적 프로그램과 선택적 프로그램은 정부가 제공하는 서비스의 가치에 관한 철학이 서로 다르고, 또한 누가 정부의 도움을 받을만한 가치가 있는지에 관한 철학도 서로 다르기 때문이다. 이에 따라서 보편적 프로그램과 선택적 프로그램의 경우에, ① 급여를 받을 수 있는 자격을 결정하는 과정, ② 제공되는 급여의 형태, ③ 운영 기관, ④ 대상에서 매우 크게 차이가 난다(Abramovitz, 2004; Gilbert & Terrell, 2005).

(1) 보편주의

보편주의는 기본 권리로서 모든 사람이 급여를 받을 수 있게 하는 것을 말한다. 그러므로 보편적 급여는 모든 사람이 권리로서 이용할 수 있는 급여이거나, 또는 적어도 모든 범주의 사람들(예컨대 노인이나 아동)이 이용할 수 있는 급여이다. 보편주의에 근거한 급여와 관련된 제도의 경우, 개별적으로 소득조사나 욕구조사를 실시할 필요가 없다(Gilbert & Terrell, 2005; Barker, 2003; Spicker, 2010).

보편주의자들의 입장을 살펴보면 다음과 같다(Abramovitz, 2004; Gilbert & Terrell, 2005).

① 보편주의자들의 경우, 정부는 사회적 위험을 다루기 위해 적절한 역할을 수행하여야 한다고 본다.

② 보편주의자들의 경우, 사회복지정책은 해당 사회의 모든 구성원들이

겪는 일상적인 문제에 대해 사회가 적절하게 대응하는 것이라고 본다. 즉, 보편주의적 입장의 사회복지정책에서는, 빈곤층이나 장애인이나 특별한 어려움을 가진 층이 겪는 일상적 문제에 관심을 가질 뿐만 아니라, 사회의 모든 구성원들이 겪는 일상적 문제에도 관심을 가진다. 왜냐하면 모든 사람은 사는 동안에 여러 가지의 공통적인 사회적 어려움을 겪게 되고, 이런 의미에서 모든 사회 구성원들은 위험 상태에 놓인다고 보기 때문이다. 그 결과, 어느 시점에서 모든 사람은 여러 가지의 공통적인 사회적 욕구를 가지게 된다. 그러므로 보편주의자들의 경우, 사회에 있는 모든 사람들은 유사한 위험을 경험한다고 보고, 이에 따라서 모든 사람들에게 소득 수준에 상관없이 도와주어야 한다고 주장한다.

③ 보편주의자들은 사회적 효과성(social effectiveness)이라는 가치를 강조한다. 즉, 보편주의자들은 개인의 존엄성을 유지하고 사회적 유대를 유지할 필요가 있음을 강조한다.

④ 보편주의자들은 통합(inclusiveness)에 토대를 둔 사회 프로그램이 '정치적으로' 유리하다고 주장한다. 예를 들어 주변 인구층을 대상으로 하고 자산조사를 실시하는 선택적 프로그램에 비해서, 보편적 프로그램이 비용이 더 든다는 점은 분명하다. 그러나 보편주의자들은 보편적 프로그램이 자산조사를 실시하는 선택적 프로그램보다 훨씬 더 인기가 있다고 보고 있다.

그러므로 보편주의는 다음과 같은 두 가지 사상을 반영한다고 볼 수 있다(Alcock, Erskine & May, 1999).

① 인간은 복지 영역에서 보편적인 욕구를 가지고 있다.

② 사회는 복지 욕구들을 충족시켜 줄 보편적인 책임을 가지고 있다.

한편, 선택적 급여의 자격을 결정하는 것보다는, 보편적 급여의 자격을 결정하는 것이 훨씬 더 쉽다(Abramovitz, 2004). 일반적으로 보편적 프로그램을 신청하는 과정은 다음과 같은 특징을 가지고 있다.

① 과정이 짧고 간단한 경향이 있다.

② 필요한 욕구를 미리 가정하고 있다.

③ 개인의 존엄을 보존해 준다.

보편주의에 근거한 급여의 예로 사회보험에서 제공하는 급여가 있다 (Barker, 2003).

(2) 선택주의

선택주의는 개인적 욕구에 근거해서 급여를 받을 수 있게 하는 것을 말한다. 선택주의에서는, 급여를 받을 수 있는지 여부를 자산조사를 통해 결정하는 경우가 많다. 따라서 구체적으로 선택주의는 자산조사를 실시한 결과에 근거해, 급여를 특정한 개인이나 집단에게만 제공하는 것을 말한다. 그러므로 선택주의에 근거한 급여는 어려운 상태에 있는 사람들에게 제공된다(Gilbert & Terrell, 2005; Alcock, Erskine & May, 1999; Spicker, 2010).

> **보편적 급여의 예: 시민소득(Citizen's Income)**
>
> 보편주의에 근거한 급여의 예로 시민소득(Citizen's Income)이 있다. 시민소득은 국가가 시민권으로서 모든 성인과 아동에게 제공하는 소득을 말한다. 시민소득은 '기본소득(Basic Income)'이나 '보편적 급여(Universal Benefit)'라고 불리는 경우도 있다.
>
> 시민소득에 대한 재정은 소득에 부과하는 세금으로 충당될 수 있다. 그러나 시민소득의 재정을 충당하는 방법에는 이런 방법 이외의 방법도 있을 수 있다.
>
> 시민소득제도의 장점으로 다음과 같은 점을 들 수 있다(Citizen's Income Online, 2009). ① 적용하기가 쉽다. ② 경제적 효율성이 높다. ③ 빈곤을 방지하는데 도움이 된다. ④ 사회 통합을 가져온다.

선택주의자들의 입장은 보편주의자들의 입장과는 매우 다르다. 선택주의자들의 입장을 살펴보면 다음과 같다(Abramovitz, 2004; Gilbert & Terrell, 2005).

① 선택주의자들의 경우, 사회복지정책의 영역은 특정하게 선정된 대상자가 가진 문제와 관련되어 있다고 본다. 그러므로 선택주의자들의 경우, 자기 스스로 욕구를 충족할 능력이 있는 사람들에게는 세금을 통해 얻어진 공적 자금을 사용하지 말아야 한다고 주장한다. 따라서 선택주의자들은 보편적으로 이용할 수 있는 자격 조건에 대해서는 반대하며, 그 대신에 선택주의자들은 대상이 제약된 급여를 지지하고 있다. 구체적으로 선택주의자들은 공적 자금은 자신을 스스로 보호할 수 없는 집단에게만 사용하여야 한다고 주장하고 있다. 즉, 선택주의자들의 경우, 정부로부터 급여를 받을 필요가 있다는 증거를 보여줄 수 있는 특정한 사람들에게만 급여를 제공하여야 한다고 주

장한다. 이에 따라 선택주의자들은 욕구를 증명해주는 가족이나 개인에게 원조를 우선적으로 제공하여야 한다고 본다.

② 선택주의자들의 경우, 욕구를 가진지 여부에 따라 급여를 받을 수 있는 자격을 결정하면, 다음과 같은 장점이 있다고 본다. ㉠ 전반적인 복지 지출이 줄어든다. ㉡ 정치적으로 권력이 있는 중산층에게 복지 혜택을 주는 경향이 없어진다. ㉢ 이용할 수 있는 자원을 가장 어려운 상태에 놓여 있는 사람들에게 제공할 수 있다.

선택주의자들의 이런 주장은 일리가 있어 보인다(Gilbert & Terrell, 2005). 사회가 빈곤을 퇴치하기를 원한다면, 사회는 빈곤층에게 주목하여야 하기 때문이다. 즉, 사회가 효과적인 빈곤퇴치 정책에 관심을 가진다면, 욕구가 크지 않은 사람들이나 욕구가 없는 사람들에게 자금을 지출할 필요가 없기 때문이다.

일반적으로 선택주의의 바탕에 깔려있는 가치는 다음과 같다고 볼 수 있다(Gilbert & Terrell, 2005).

① 올바른 사회복지정책은 제한적인 사회복지정책이어야 한다. 이것은 재정적으로 긴축을 해야 하는 시기에 특히 그렇다.

② 자기 자신의 욕구를 스스로 충족할 능력이 있는 사람들은 정부가 제공하는 원조를 받지 말아야 한다.

③ 일반 국민은 자신을 스스로 합당하게 보호할 수 없는 주변 인구층에게만 원조를 제공하여야 한다.

> **선택적 급여의 문제점**
>
> 보편주의자들의 주장에 따르면, 급여를 받을 수 있는 자격을 경제적 잣대에 근거해 제공하는 프로그램은 사회 통합에 불리하게 작용한다. 특히 이런 프로그램은 사회를 분열시키는 기능을 한다. 왜냐하면 이런 프로그램은 빈곤한 층과 빈곤하지 않은 층 사이에 나타나는 경제적 차이뿐만 아니라 도덕적 차이도 부각시키기 때문이다. 이런 프로그램을 통해 급여를 받는 사람들은 '수치스럽다고' 느끼는 경우가 많다. 이것은 이런 사람들이 이런 급여를 받을 권리가 분명히 있는 경우에조차 그렇다(Gilbert & Terrell, 2005).

한편, 선택적 급여의 자격을 결정하는 것은 보편적 급여의 자격을 결정하는 것보다 훨씬 더 어렵다. 이렇게 되는 이유로 다음과 같은 점을 들 수 있다(Abramovitz, 2004).

① 빈곤을 정의하여야 하기 때문이다.

② 빈곤층과 빈곤하지 않은 층을 구분하기 위해서, 자산조사와 같은 방법을 고안하여야 하기 때문이다.

선택적 급여를 신청하는 양식에는 소득, 자산, 가족 환경, 기타 여러 사항에 관한 정보를 기재하여야 한다. 따라서 선택적 급여를 신청하는 과정은 길고 지루하고 품위를 떨어뜨린다.

선택주의에 근거한 급여의 예로 공공부조에서 제공하는 급여가 있다(Barker, 2003).

(3) 보편주의자·선택주의자의 상대방 관련 입장

보편주의자들과 선택주의자들은 상대방이 주장하는 가치의 일부를 적어도 인정하고 있다(Gilbert & Terrell, 2005).

우선, 보편주의자들도 비용 효과성(cost effectiveness)을 강조한다. 예를 들어 보편주의자들은 보편적으로 급여를 할당하는 것이 선택적으로 급여를 할당하는 것보다 관리하는 데 비용이 더 적게 든다고 본다. 왜냐하면 보편적으로 급여를 할당하는 방식은, 원조 수준이 적절한지 여부를 확인하기 위해서 지속적으로 심사하고 점검하고 급여를 조정할 필요가 없기 때문이다.

그리고 선택주의자들도 자신들이 제시하는 정책이 사회적 효과성(social effectiveness)이 있다고 주장하고 있다. 왜냐하면 사회가 더 평등한 방향으로 나가려고 한다면, 빈곤층에게만 급여를 제공하는 것이 모든 사람에게 급여를 제공하는 것보다 사회적으로 더 효과적일 수밖에 없기 때문이다.

2) 구체적 원칙(기준)

(1) 새로운 기준

보편주의와 선택주의로 구분하는 이분법은 급여를 받을 수 있는 자격을 쉽게 파악하는 데 유용하지만, 사회복지 급여를 할당하는 토대는 이보다 더 복잡하다(Gilbert & Terrell, 2005). 그러므로 급여의 대상을 선정하는 자격 조건과 관련해 다른 원칙을 적용할 필요가 있다.

이와 관련해, 급여를 받기 위한 구체적인 자격 조건을 몇 가지로 나누어 볼 수 있다. 이런 예를 들면 다음과 같다.

① 송근원과 김태성(1995)의 경우, 급여를 받기 위한 자격 조건을 ㉠ 거주 여건, ㉡ 인구학적 조건, ㉢ 기여, ㉣ 일할 수 있는 능력, ㉤ 소득조사자산조사, ㉥ 전문적·행정적 판단의[3] 여섯 가지로 분류하고 있다.

② 길버트와 테렐(2005)의 경우, 할당에 대한 기준을 네 가지의 원칙에 따라서 분류할 수 있다고 본다. 이 네 가지의 할당 원칙은 ㉠ 귀속적 욕구(attributed need), ㉡ 보상(compensation), ㉢ 진단적 구분(diagnostic differentiation), ㉣ 자산조사식 욕구(means-tested need)를 말한다.

(2) 길버트와 테렐이 제시하는 자격 조건

여기서 길버트와 테렐이 제시하는 자격 조건을 좀 더 구체적으로 살펴보면 다음과 같다.

① 귀속적 욕구에 토대를 둔 자격 조건은, 기존의 사회제도나 경제제도가 충족하지 못하는 공통적 욕구를 가진 집단에 소속되는지 여부에 따라서 급여를 제공하는 것을 말한다. 귀속적 욕구에 토대를 둔 자격 조건을 사용하는 예로 성(남성·여성)이나 나이에 근거해 급여를 제공하는 것을 들 수 있다.

② 보상에 토대를 둔 자격 조건은, 다음과 같은 집단에 속하는지 여부에 따라서 급여를 제공하는 것을 말한다. ㉠ 특별하게 사회적·경제적으로 기여한 사람들이 있다. 이런 사람들의 예로 퇴역 군인들이나 사회보험에 기여금을 납부한 사람들이 있다. ㉡

여기에서는 키에 따라 입장료를 면제·할인해주는데, 이것은 할당 차원에서 귀속적 욕구를 기준으로 사용함을 보여준다.(중국 운대산에서 저자 찍음)

3) 전문적·행정적 판단은 사회복지 급여를 받기 위해서는 자산조사와 같은 것을 충족하여야 할뿐만 아니라, 전문가(예컨대, 사회복지사나 의사)나 행정 관리의 판단도 필요한 것을 말한다.

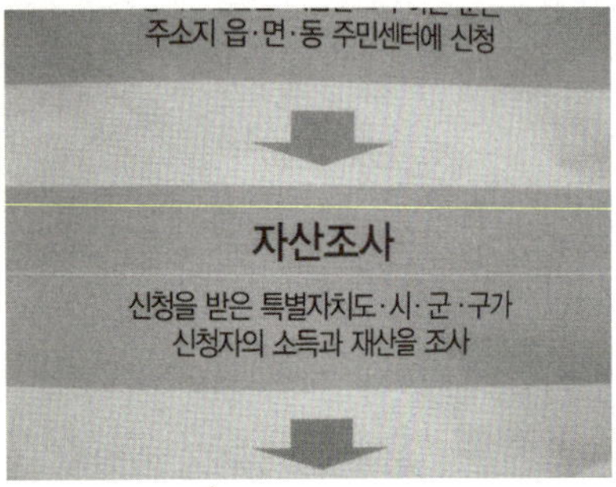

자산조사에서는 재화나 서비스를 구입할 능력이 있는지 여부에 주목한다: 자산조사를 안내하는 정부 자료(일부)

사회로부터 불공평하게 해를 입은 사람들이 있다. 이런 사람들의 예로 인종차별 때문에 피해를 본 사람들이나 성차별 때문에 피해를 본 사람들이 있다. 보상에 근거한 자격 조건을 사용하는 대표적인 프로그램은 사회보상 프로그램이다(노병일, 2009).[4)]

③ 진단적 구분에 토대를 둔 자격 조건은, 특별한 재화나 서비스가 필요할 수 있는 개별 사례에 대해 전문적으로 판단해 급여를 제공하는 것을 말한다. 이런 사례의 예로 신체 장애인이나 정신 장애인이 놓인 상황을 들 수 있다.

④ 자산조사식 욕구에 토대를 둔 자격 조건은, 개인이 재화나 서비스를 구입할 능력이 없다는 증거에 근거해 급여를 제공하는 것을 말한다. 자산조사식 욕구에 근거하는 자격 조건을 사용하는 대표적인 프로그램은 공공부조 프로그램이다(노병일, 2009).[5)]

3) 제도적·잔여적 사회복지 관점과 할당 원칙

위에서 이미 언급한 바와 같이, 보편주의는 제도적 사회복지의 개념과 밀접하게 관련되고, 선택주의는 잔여적 사회복지의 개념과 밀접하게 관련된다. 따라서 위에서 제시한 네 가지의 할당 원칙(자격 조건)들 중에서, 귀속적 욕구는 제도적 사회복지의 개념에 가장 가깝고, 자산조사식 욕구는 잔여적 사회복지의 개념에 가장 가깝다.

네 가지의 할당 원칙과 제도적·잔여적 사회복지 관점 사이의 관계를 정리하면 〈그림 9-1〉과 같다.

4) 사회보상에 대해서는 14장에서 자세히 다룬다.
5) 공공부조에 대해서는 15장에서 자세히 다룬다.

〈그림 9-1〉 할당 원칙과 사회복지 관점

[귀속적 욕구]	[보상]	[진단적 구분]	[자산조사식 욕구]
제도적 사회복지 관점 ◀·····▶			잔여적 사회복지 관점

* 출처: Gilbert & Terrell(2005: 119)

4) 수급 자격 대 접근성

현재까지의 경우, 사회복지정책을 설계할 때에 크게 관심을 가져온 쟁점에 주목해 왔다. 이 쟁점은 '누가 급여를 받을 자격이 있느냐'를 말한다 그러나 이 쟁점 이외에, 사회복지정책을 결정하는 사람들이 자주 무시하거나 자주 잘못 해석하는 경우가 많은 쟁점이 또 있다. 이 쟁점은 '누가 실제로 급여를 받느냐?'를 말한다(Gilbert & Terrell, 2005). 이런 쟁점을 좀 더 자세히 살펴보면 다음과 같다.

할당 차원에서는, 급여를 받을 자격이 있으면 급여를 제공받는다는 가정에 근거하는 경우가 많다. 그러나 이런 가정이 실제로 들어맞지 않는 경우도 적지 않은데, 그 이유는 다음과 같다.

① 급여를 받을 자격이 있는 사람들이 자신이 이런 자격이 있다는 사실을 '모를 수' 있기 때문이다.

② 급여를 받을 자격이 있는 사람들이 급여를 받지 '못할 수' 있기 때문이다.

③ 급여를 받을 자격이 있는 사람들이 급여를 받는 것에 대해 '관심이 없을 수' 있기 때문이다.

따라서 단순한 수급 자격의 측면뿐만 아니라 위와 같은 측면도 고려할 필요가 있다.

[정리] 사회복지 급여의 할당(대상)

- 할당 차원은 급여를 받기 위한 자격 조건과 관련된다. 자격 조건은 급여를 보편주의적·선택주의 입장에서 제공할 것인지와 관련시켜 볼 수도 있고, 또한 특정 기준과 관련시켜 볼 수도 있다.
- 보편주의는 기본 권리로서 모든 사람이 급여를 받을 수 있게 하는 것인데, 보편주의에 근거한 프로그램의 예로 사회보험이 있다. 선택주의는 개인적 욕구에 근거해 급여를 받을 수 있게 하는 것인데, 선택주의에 근거한 프로그램의 예로 공공부조가 있다.
- 보편주의·선택주의에 근거한 급여에 대한 쟁점은 제도적·잔여적 복지와 동일한 쟁점을 말한다고 볼 수 있다.
- 사회복지 급여를 할당하는 토대는 보편주의·선택주의보다 더 복잡하다. 이에 따라 여러 기준이 제시되어 왔다.
- 길버트와 테렐은 할당에 대한 기준을 귀속적 욕구, 보상, 진단적 구분, 자산조사식 욕구로 분류한다. 귀속적 욕구에 따를 경우, 기존의 사회·경제제도가 충족하지 못하는 공통 욕구를 가진 집단에 소속되는지 여부에 따라 급여를 제공한다. 보상에 따를 경우, 사회적·경제적 기여자나 불공평한 피해자인지 여부에 따라 급여를 제공한다. 진단적 구분에 따를 경우, 특별한 재화·서비스가 필요할 수 있는 개별 사례에 대해 전문적으로 판단해 급여를 제공한다. 자산조사식 욕구에 따를 경우, 재화·서비스를 구입할 능력이 없다는 증거에 근거해 급여를 제공한다.
- 네 가지의 할당 원칙들 중에서, 귀속적 욕구는 제도적 복지의 개념에 가장 가깝고, 자산조사식 욕구는 잔여적 복지의 개념에 가장 가깝다.
- 사회복지정책을 설계할 경우에, 누가 급여를 받을 자격이 있느냐의 측면 뿐만 아니라, 누가 실제로 급여를 받느냐의 측면도 고려할 필요가 있다.

3 사회복지 급여의 형태

1) 급여의 구분

산출분석의 급여 차원에서 다루는 급여는 전달되는 급여의 형태를 가리킨다. 급여의 형태를 선택하는 것은 사회복지정책을 분석하는 데 있어 반드시 해결해야 할 문제의 하나에 속한다.

(1) 급여의 구분

사회복지정책의 분석에서 급여와 관련해 전통적으로 관심을 가져온 것은, 현금급여를 선택할 것인지 아니면 현물급여를 선택할 것인지 여부이었다. 사회복지정책에서 논쟁이 되는 주요한 급여 형태와 관련된 예를 살펴보면 다음과 같다(Gilbert & Terrell, 2005).

① 어려운 가족의 경우, 이 가족에게 기본적인 욕구를 충족시켜 주기 위해 매월 현금을 제공해야 하는지, 아니면 이 가족에게 음식, 연료, 의류, 거주지를 제공하는 방식으로 도움을 주어야 하는지와 관련하여 논쟁이 생길 수 있다.

② 아동의 경우, 일반 공립학교에서 교육을 받을 수 있게 보장해 주어야 하는지, 아니면 이 아동의 가족에게 현금(또는 현금과 동등한 성격을 지니는 바우처(증서)를 주어서 아동이 교육시장에서 선택할 수 있게 해 주어야 하는지와 관련하여 논쟁이 일어날 수 있다.

그러나 급여를 현금급여과 현물급여라는 두 가지 형태의 관점에서만 고려하는 것은, 정책 결정자들이 실제로 부딪히는 현실을 너무 단순하게 보는 것이다. 따라서 급여를 더 자세하게 구분하는 것이 바람직하다(Gilbert & Terrell, 2005).

(2) 보편주의·선택주의와 급여 형태

보편적 프로그램과 선택적 프로그램에서 제공하는 급여의 형태는 서로 다르다(Abramovitz, 2004). 보편적 프로그램의 경우, 관련법에 분명하게 제시된 표준화된 급여를 제공한다. 이런 보편적 급여는 다음과 같은 특징을 지니고 있다. ① 국가마다 표준화되어 있다. ② 매우 관대하다. ③ 정당한 것으로 인식된다.

하지만 선택적 프로그램에서 제공하는 급여는 더 유동적이고 더 복잡하고 덜 표준화되어 있다. 그러므로 선택적 프로그램에서 제공하는 급여의 양을 계산하는 공식은 복잡하고, 급여의 양은 복지부서의 재량에 좌우되고, 급여의 양은 적은 경우가 많다.

2) 주요한 급여 형태

여러 프로그램들을 통해서, 사회복지 급여에는 여러 가지 형태가 있음을 알 수 있다. 따라서 급여의 구체적인 형태는 학자에 따라 여러 가지로 구분되고 있다. 이런 예를 살펴보면 다음과 같다.

① 길버트와 테렐(Gilbert & Terrell, 2005)의 경우, 주요한 급여의 형태로 현금급여(cash benefits)와 현물급여(in-kind benefits)를 제시하고 있다. 그러나 길버트와 테렐은 급여의 형태를 세밀하게 분류하면서, 급여의 형태로 기회(opportunities), 서비스(services), 재화(goods), 바우처와 세제혜택(vouchers and tax credits), 현금(cash), 권력(power)을 제시하고 있다.

② 아브라모비쯔Abramovitz, 2004)의 경우, 주요한 사회복지 급여의 형태로 현금급여, 현물급여, 서비스, 기회, 권력을 제시하고 있다.

③ 챔버즈와 웨델(Chambers & Wedel, 2009)의 경우, 주요한 급여의 형태로 물품과 상품(material goods/commodities), 현금(cash), 전문가 서비스(expert services), 긍정적 차별(positive discrimination), 바우처(credits/vouchers), 보조금(subsidies), 정부 보증(government guarantees), 보호적 규제(protective regulation), 의사결정권(power over decisions)을 제시하고 있다.

위에서 보듯이, 급여의 구체적인 형태는 여러 가지로 분류되고 있다. 그리고 급여의 형태에 대한 분류는 학자들 사이에 완전하게 일치하고 있지 않다.

일반적으로, 자주 언급되는 급여의 형태로 현금급여, 현물급여, 서비스(사회 서비스), 바우처, 기회, 권력을 꼽을 수 있다. 이런 급여를 좀 더 자세히 살펴보면 다음과 같다.

(1) 현금급여

현금급여는 현금의 형태로 제공되는 급여를 말한다. 구체적으로 현금급여는 다음과 같은 것을 가리킨다(Abramovitz, 2004; Gilbert & Terrell, 2005).

① 국가의 사회보험 프로그램과 공공부조 프로그램을 통해 개인과 가족에게 직접적으로 제공하는 자금이 있다. 그리고 사회보험과 공공부조 이외에 아동수당과 같은 사회수당제도에서 직접적으로 제공하는 자금이 있다.

② 간접적으로 제공하는 자금이 있다. 이런 급여의 예로 재정복지에 의한 급여가 있다.[6] 따라서 현금급여에는 개인과 가족이 소득을 더 많이 얻게 해주는 조세제도가 포함된다.

일반적으로 현금급여는 다음과 같은 장점이 있는 것으로 알려져 있다(Abramovitz, 2004; Gilbert & Terrell, 2005).

① 현금급여는 소비자 주권의 측면에서 유리하다. 현금급여로 제공할 경우에 급여를 받는 사람은 자신의 구매력을 크게 통제할 수 있기 때문이다. 이점은 현금급여의 장점으로 크게 강조되고 있다.

② 현금급여는 사용의 측면에서 유리하다. 현금은 사용하기가 편리하기 때문이다.

③ 위와 관련되는 것으로, 현금급여는 운영의 측면에서 효율적이다. 현물급여 대신에 현금급여를 제공할 경우에는, 행정과 관련된 비용을 크게 절약할 수 있기 때문이다. 구체적으로, 현물급여에 비해서 현금급여는 운영하는 비용이 적게 들기 때문이다.

④ 현금급여는 현물급여에 가해지는 오명(낙인, stigma)이 없거나 적다.

⑤ 현금급여는 소득이 부족한 탓으로 겪는 빈곤을 감소하기 위한 가장 '효율적인' 수단이 된다. 현금급여를 제공하는 프로그램에 비해서, 현금급여를 제공하는 프로그램은 급여를 받는 사람의 소득 수준을 직접적으로 증가시키기 때문이다.

그러나 현금급여는 다음과 같은 단점이 있다(Gilbert & Terrell, 2005).

① 현금급여는 원래의 목적이 아닌 용도로 사용될 수 있다. 이 경우에, 현금급여가 원래의 의도된 목적에 사용되지 않도록 규제할 방법이 없다.

6) 재정복지는 2장에서 이미 다룬 바 있다.

② 현금급여는 통제의 측면에서 불리하다. 즉, 현금급여는 현금을 소비하는 시점을 통제할 수 없다.

위에서 제시한 주요한 장점과 단점에서 보듯이, 현금급여는 자기 결정권을 강조한다. 따라서 현금급여에서는 개인적 선택을 크게 강조하고 있다(Abramovitz, 2004).

(2) 현물급여

현금이 모든 욕구를 충족할 수 있는 것은 아니다. 이에 따라서 현금이 아닌 형태의 급여가 등장하였다. 현금이 아닌 급여의 대표적인 예는 현물급여이다. 현물급여는 물건으로 제공되는 급여를 말한다.

현물급여는 다음과 같은 장점이 있는 것으로 알려져 있다(Gilbert & Terrell, 2005).

① 현물급여는 적은 비용으로 제공될 수 있다. 스웨덴의 경제학자인 알바 뮈르달(Alva Myrdal)은 규모의 경제(economies of scale) 때문에,[7] 현물급여는 현금급여보다 우수하다고 판단한 바 있다. 즉, 미르달의 경우, 공공기관은 대량으로 생산되는 재화와 서비스를 제작하고 배분하는 데 있어 효율적일 가능성이 있기 때문에, 공공기관은 신발이나 의류와 같은 제품을 더 낮은 비용에 제공할 수 있다고 보고 있다. 그러나 이런 장점을 부정하는 견해도 있다.

② 현물급여는 대상자에게 직접 전달될 수 있다.[8] 이런 맥락에서 볼 경우, 현물급여로 제공하는 것은 현금급여만 제공하는 것보다 대상자의 복지를 순수하게 더 증진하는 측면이 있다.

③ 위와도 관련되는 것이지만, 현물급여는 지역의 긴급한 복지 욕구를 충족하는 데 유리할 수 있다.

그러나 현물급여는 다음과 같은 단점이 있다(Abramovitz, 2004).

① 현물급여는 급여를 받는 사람이 선택할 수 있는 권리를 제약한다.

7) 규모의 경제는 2장에서 이미 설명한 바 있다.
8) 이런 의미에서, 현금급여에 비해서 현물급여는 목표 효율성이 높다. 목표 효율성은 3장에서 이미 다룬바 있다.

즉, 현물급여의 경우, 정부에서 제공하는 급여를 가지고 무엇을 소비할 것인가를 선택할 권리를 제약하고 있다.

② 현물급여에는 오명이 가해진다.

위에서 제시한 주요한 장점과 단점에서 보듯이, 현물급여에서는 사회를 통제하는 것을 강조한다.

(3) 사회 서비스

사회 서비스는 서비스로 제공되는 급여를 말한다. 사회 서비스에는 다음과 같은 것이 포함된다(Abramovitz, 2004).

① 상담 서비스가 있다.

② 지지해주는 서비스가 있다.

③ 정보를 제공하는 서비스와 의뢰하는 서비스가 있다.

④ 보육 서비스가 있다.

⑤ 사회화와 관련된 서비스가 있다.

⑥ 사람들이 사회에서 완전하게 기능할 수 있는 능력을 직접적·간접적으로 증가시켜 주는 고용 프로그램과 훈련 프로그램이 있다.

사회 서비스의 장점에는 다음과 같은 것이 포함된다(Abramovitz, 2004).

① 클라이언트의 욕구에 개별적으로 주목한다.

② 클라이언트 고유의 맥락에서, 그 개인에게 맞게 관여한다.

그러므로 사회 서비스에서는 개인의 재활과 성장과 발달을 크게 강조하고 있다.

(4) 바우처

바우처는 "공개된 시장에서 사회 서비스, 의료, 기타 욕구를 보조하는 방법"이다(Pieters, 1993). 바우처는 특정한 물품을 구입하는 데에만 사용될 수 있다. 많은 경우에 바우처는 쿠폰 형태로 빈곤층에게 주어진다.

정부가 제공하는 현금급여나 현물급여에 비해서, 바우처 형태로 제공하는 급여는 특별한 장점을 가지고 있다. 즉, 바우처는 한편으로는 소비자가

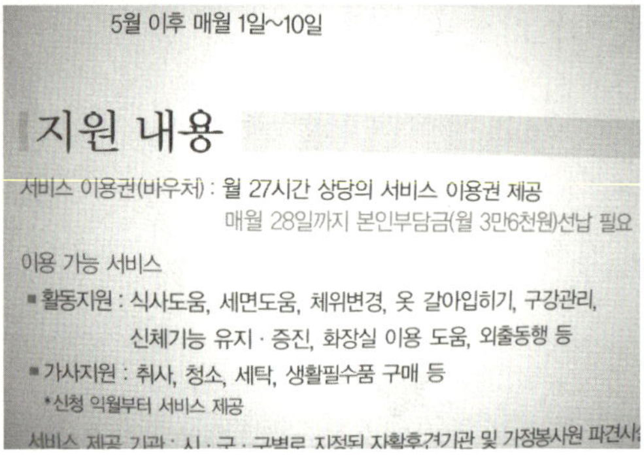

서비스 관련 바우처에 대한 안내(우리나라)

선택할 수 있는 길을 열어주면서, 다른 한편으로는 어느 정도의 사회 통제를 할 수 있도록 해준다. 따라서 바우처의 경우, 급여를 공적으로 정해진 목적에 사용하는 것이 보장된다.

최근 들어서 바우처를 사용하는 것에 대해 관심이 커지고 있다. 왜냐하면 위에 언급한 장점에서 알 수 있듯이, 바우처는 사회 통제와 소비자 선택 사이에 균형을 유지하고자 하기 때문이다(Gilbert & Terrell, 2005).

> **바우처의 예: 미국의 푸드 스탬프**
>
> 푸드 스탬프 프로그램은 1964년에 제정된 음식 원조 프로그램이다. 푸드 스탬프 프로그램의 목적은 저소득 가구가 음식을 구매할 수 있는 능력을 보완해 줌으로써, 소득이 낮은 가구의 영양 상태를 개선하는 데 있다.
>
> 푸드 스탬프 프로그램에서는 빈곤한 개인과 가족에게 쿠폰을 제공한다. 프로그램에 참여한 상점에서 대상자들은 대부분의 음식, 야채, 과일을 구입하는 데 푸드 스탬프를 현금처럼 사용한다. 그러나 푸드 스탬프는 알코올이나 담배를 구입하는 데는 사용할 수 없다(Barker, 2003).

푸드 스탬프(food stamp)는 미국에서 가장 규모가 크고 가장 잘 알려진 바우처다. 공공부조 수급자와 기타 저소득층은 정해진 화폐 가치가 있는 푸드 스탬프를 받을 수 있는 자격이 있다. 이들은 푸드 스탬프를 가지고 상점에서 음식물을 구입하는 데 사용할 수 있다(Gilbert & Terrell, 2005).

그리고 프리드먼(Friedman)은 최초의 교육 바우처제도의 하나를 제시한 바 있다. 교육 영역의 바우처와 관련되는 것으로서, 미국 플로리다 주(Florida)의 바우처 프로그램은 그 동안 많이 언급되어 왔다. 이에 대해 조사한 결과, 바우처 프로그램을 통해 장애아동을 사립학교에 보낸 대부분의 부모들은, 이 프로그램에 대해 긍정적으로 평가한 것으로 밝혀졌다(Goldstein, 2003).

(5) 기회

기회는 목적을 달성하기 위해서 사용하는 자극과 제재를 말한다(Gilbert & Terrell, 2005). 기회는 직접적으로 제공되는 급여들 중에서 가장 모호한 형태의 급여이다. 그럼에도 불구하고 기회는 중요하다. 실제로, 사회복지정책들 중에는 기회를 만들고 기회를 분배하는 데 관심을 가진 정책이 많다.

기회는 다음과 같은 특징을 지닌다(Gilbert & Terrell, 2005).

① 기회 급여에는 시민권을 제공하거나 '추가 기회'를 제공하는 것이 포함되는데, 이런 점에서 기회 급여는 현물급여나 서비스 급여와 차이가 난다.

② 기회를 가지게 되면, 궁극적으로 다른 급여를 얻을 수 있게 된다.

그러므로 정부의 프로그램은 기회를 창출하고 기회를 분배하기도 한다(Gilbert & Terrell, 2005; Abramovitz, 2004). 실제로, 미국에서는 '빈곤과의 전쟁(War on Poverty)'을 운영한 연방정부의 부서를 '경제기회국(Office of Economic Opportunity)'이라고 부른 바 있다.

정부는 여러 가지 방식으로 기회를 창출하는데, 여기에는 다음과 같은 방식이 포함된다(Abramovitz, 2004).

① 바라는 목적을 달성하도록 어떤 혜택을 준다.

② 차별하는 걸림돌을 없애거나 줄인다.

③ 새로운 기술을 배우도록 도와주고 계층의 위쪽으로 이동하도록 도와주는 교육훈련 프로그램에 보조금을 제공한다.

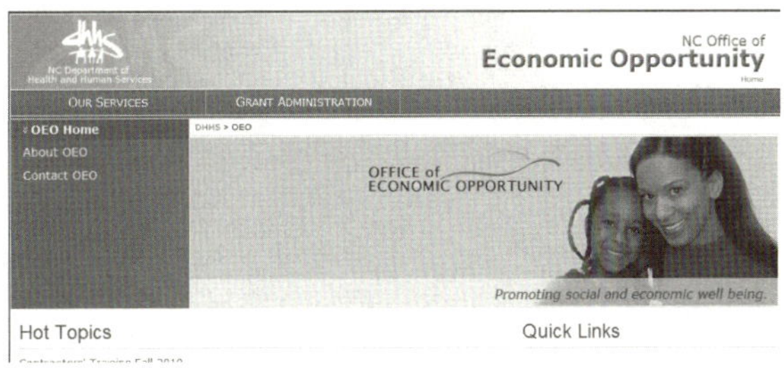

미국 북캐롤라이너 주의 '경제기회국' 홈페이지

(6) 권력

권력은 재화와 자원을 통제하는 것에 미치는 영향을 재분배하는 것을 말한다. 일부 사회복지정책에서는 급여를 받는 사람들의 정치적 권력을 증진시켜 준다. 예를 들어 정책을 결정하는 권한을 특별한 집단에게 주는 정책을 실시함으로써 권력을 줄 수 있다.

권력을 제공하는 것과 관련된 예로 다음과 같은 것이 있다(Gilbert & Terrell, 2005; Abramovitz, 2004).

① 1960년대와 1970년대의 경우, 미국의 빈곤퇴치정책에서는 지역사회 프로그램의 의사 결정 부서에 자금을 제공하는 조건을 '빈곤층이 가

능하면 많이 참여하는 것'으로 정한 바 있다.

② 미국에서 1960년대와 1970년대의 경우에, 사회복지 급여를 제공하는 기관의 위원회에 빈곤층의 대표, 클라이언트의 대표, 기타 취약층의 대표를 포함시키도록 요구한 바 있다.

[정리] 사회복지 급여의 형태

- 산출분석의 급여 차원에서 다루는 급여는 전달되는 급여의 형태를 말한다.
- 사회복지정책에서 전통적으로 관심을 가져온 것은 현금급여과 현물급여이지만, 현실은 이보다 더 복잡하다. 급여의 구체적 형태는 여러 가지로 분류되는데, 이중에서 자주 언급되는 급여는 현금급여, 현물급여, 바우처, 사회 서비스, 기회, 권력이다.
- 현금급여는 현금으로 제공되는 급여로서, 자기 결정권을 강조한다.
- 현물급여는 물건으로 제공되는 급여로서, 사회 통제를 강조한다.
- 사회 서비스는 서비스로 제공되는 급여이다.
- 바우처는 공개시장에서 사회 서비스, 의료 등의 욕구를 보조하는 방법으로서, 사회 통제와 소비자 선택 사이에 균형을 유지하고자 한다.
- 기회는 목적을 달성하기 위해 사용하는 자극·제재이다.
- 권력은 재화·자원을 통제하는 것에 미치는 영향을 재분배하는 것이다.

4 사회복지 급여의 전달체계

1) 전달체계의 개념과 의의

사회복지정책의 대상과 사회복지정책에서 제공하는 급여가 결정된 후에는, 선정된 급여를 이용자(소비자)에게 제공하는 체계를 갖추어야 한다. 이를 위해서 필요한 것이 전달체계이다. 따라서 산출분석의 전달체계는 급여(현금급여나 기타 형태의 급여)를 제공자에서 이용자에게 전달하는 조직 형태를 말한다.

전달체계를 설계할 때에는 급여 제공자에서 이용자에게 급여를 더 잘 전달하는 전략을 따져보는 경우가 많다. 그리고 전달체계를 설계하는 데 관련된 요소에는 서비스 체계의 전반적 구성, 서비스 기관들 사이의 관련성, 시설이나 기관의 위치, 담당 직원의 능력과 적절성, 공공기관이 감독할 것인지 민간기관에 맡길 것인지 여부가 포함된다(Gilbert & Terrell, 2005).

한편, 급여 제공자와 급여 이용자 사이를 연결하기 위해 전달체계를 설계되는 방식은, 할당 차원과 급여 차원에 매우 중요하다. 왜냐하면 급여를 받을 수 있는 자격과 급여의 성격과 관련된 정책 지침은 전달체계를 통해서 구체적으로 표현되기 때문이다.

2) 전달체계의 분류

사회복지 전달체계를 다음과 같이 크게 두 가지 방법으로 분류하는 경우가 많다(송근원·김태성, 1995).

① 미시적 측면을 강조하는 분류방법이 있다. 이것은 전달체계를 조직과 인력의 측면에서 분류하는 것을 말한다. 구체적으로 이것은 조직들 사이에 정책을 결정하는 권한의 배분, 업무 담당자, 전달체계 조직의 형태와 단위 등의 차원에 따라 전달체계를 분류하는 것을 말한다.

② 좀 더 거시적인 측면을 강조하는 분류방법이 있다. 이것은 급여를 전달하는 두 개의 큰 축(정부와 민간 부문) 사이에 역할을 분담하는 형태에 따라 분류하는 것을 말한다. 이런 차원의 경우, ㉠ 누가 부담하는가, ㉡ 급여는 누가 제공하는가, ㉢ 누가 조정하는가에 따라 여러 가지로 분류될 수 있다.

3) 미시적 측면에서의 전달체계 형태

미시적 측면에 초점을 둘 경우에, 전달체계를 설계하는 데 있어 선택할 수 있는 방법에는 여러 가지가 있다. 예를 들어 길버트와 테렐(Gilbert & Terrell, 2005)에 따르면, 다음과 같은 일곱 가지 방안을 고려할 수 있다. 물론 이런 방안들 이외에, 다른 방안이 더 있을 수 있다.

① 급여를 제공하는 측의 경우, 행정적으로 집중된 전달체계를 선택할

수도 있고, 또는 행정적으로 분산된 전달체계를 선택할 수도 있다.

② 급여를 제공하는 측의 경우, 여러 가지 서비스를 합쳐 제공하는 전달체계를 선택할 수도 있고, 또는 한 가지 서비스만을 제공하는 전달체계를 선택할 수도 있다.

③ 급여를 제공하는 측의 경우, 하나의 기관에 위치한 전달체계를 선택할 수도 있고, 또는 별도의 여러 시설을 갖춘 전달체계를 선택할 수도 있다.

④ 급여를 제공하는 측의 경우, 자신들의 활동을 서로 조정하는 전달체계를 선택할 수도 있고, 또는 서로 전혀 교류하지 않는 전달체계를 선택할 수도 있다.

⑤ 급여를 제공하는 측의 경우, 전문적인 직원만을 활용하는 전달체계를 선택할 수도 있고, 또는 클라이언트나 준전문가도 활용하는 전달체계를 선택할 수도 있다.

⑥ 급여를 제공하는 측의 경우, 권한을 서비스 이용자에게 위임하는 전달체계를 선택할 수도 있고, 또는 전문가만이 권한을 가지는 전달체계를 선택할 수도 있다.

⑦ 급여를 제공하는 측의 경우, 공적 운영자가 급여를 전달하는 체계를 선택할 수도 있고, 또는 민간 계약자가 급여를 전달하는 체계를 선택할 수도 있다.

현재의 경우, 위의 일곱 가지 방안들 중에서 ⑦에 관심을 더 가지는 방향으로 나가고 있다.

4) 거시적 측면에서의 전달체계 형태

송근원과 김태성(1995)은 거시적 측면에서의 전달체계에 관해서 자세히 논의하고 있다. 송근원과 김태성의 경우, 정부와 민간 부문 사이에 역할을 분담하는 차원에 초점을 두면서, 전달체계를 ① 완전 중앙정부, ② 완전 지방정부, ③ 중앙정부와 지방정부의 혼합체계, ④ 정부와 민간 부문의 혼합체계, ⑤ 순수 민간 부문으로 분류하고 있다. 각 형태에 관해서 좀 더 자세히 살펴보면 다음과 같다.

(1) 중앙정부

오늘날의 복지국가에서는 중앙정부가 가장 큰 역할을 하고 있다. 이런 국가에서는 급여를 받을 수 있는 자격, 급여액, 세부적인 전달체계, 재원 등에 관한 모든 사항을 중앙정부가 결정하는 경우가 많다.

사회복지의 전달체계에서 중앙정부의 역할이 중요한 이유를 다음과 같이 제시할 수 있다(송근원·김태성, 1995).

① 사회복지 급여들 중에서, 의료 서비스 및 교육 서비스와 같은 것은 공공재의 성격이 강하기 때문이다.[9] 모든 국민을 대상으로 하는 급여는 전체 사회에게 이득이 되는데, 이런 성격의 재화나 서비스는 현실적으로 중앙정부만이 제공할 수 있다.

② 어떤 재화나 서비스는 대상자의 수가 많을수록 유리하기 때문이다. 예를 들어 사회보험의 경우, 가입 대상자가 많을수록 여러 측면에서 유리하다. 그러므로 가장 큰 단위인 중앙정부에서 모든 국민을 대상으로 관리하는 것이 지방정부에서 관리하는 것보다 유리하다.

③ 사회복지정책에서 추구하는 가장 중요한 목표를 이룩하는 데는 중앙정부가 유리하기 때문이다. 사회복지정책에서 추구하는 가장 중요한 목표에는 평등(소득 재분배)과 사회적 적절성이라는 사회적 가치를 구현하는 것이 포함된다.

중앙정부를 통한 전달체계는 사회복지정책에서 추구하는 평등(소득 재분배)과 사회적 적절성을 이룩하는 데 유리하다: 정부청사(저자 찍음)

④ 중앙정부를 통한 사회복지정책은 다양한 사회복지 욕구를 체계화해서 다양한 프로그램을 통합·조정하는 데 유리하고, 또한 이런 프로그램을 지속적이고 안정적으로 유지하는 데 유리하기 때문이다.

그러나 중앙정부가 사회복지 급여를 독점적으로 제공하는 전달체계는 다음과 같은 문제점을 가지고 있다(송근원·김태성, 1995).

① 중앙정부에서 제공하는 급여는 공급량이나 형태와 관련해 이용자가

---

9) 공공재는 2장에서 이미 설명한 바 있다.

선택하는 바가 반영되기 어려운 경우가 많다. 따라서 중앙정부의 전달체계는 이용자에게 가장 쓸모가 있는 방향으로 나가게 하는 데에는 한계가 있다.

② 중앙정부에서 제공하는 급여는 공급자가 독점하고 있기 때문에, 중앙정부의 전달체계는 경쟁적인 전달체계에 비해서 급여의 가격과 질의 측면에서 이용자에게 불리할 수 있다.

③ 정부조직이 관료적이기 때문에, 중앙정부의 전달체계를 통해 제공되는 급여는 이용자의 욕구에 빠르게 대응하기 어렵고, 또한 지역의 특수한 욕구에 유동적으로 대응하지 못하는 경우가 많다.

(2) 지방정부

오늘날의 선진국에서 제공하는 사회복지 급여들 중에는, 지방정부가 재원까지 부담하면서 완전하게 단독으로 제공하는 급여는 적은 편이다. 그렇지만 국가나 급여의 형태에 따라서, 지방정부의 전달체계는 상대적으로 중요한 역할을 할 수 있다.

지방정부의 전달체계가 가지는 장점은 다음과 같다(송근원·김태성, 1995).

① 지방정부가 사회복지 급여를 제공할 경우에는, 지역주민의 욕구를 더 효율적으로 충족시킬 수 있다.

② 지방정부 단위로 사회복지 급여를 제공할 경우에는, 지방정부들 사이에 경쟁하게 된다. 이렇게 되면, 사회복지 급여의 가격과 질의 측면에서 더 유리해질 수 있다.

③ 지방정부의 전달체계는 중앙정부에 비해서 창의적이고 실험적인 사회복지 프로그램을 더 쉽게 개발할 수 있다. 그 결과, 급여를 받는 사람들의 변하는 욕구를 더 적극적으로 충족하는 방향으로 나갈 수 있다.

④ 지방정부의 전달체계에서는 급여를 받는 사람이 정책 결정에 참여할 기회가 더 많아진다. 이렇게 되면, 급여를 받는 사람의 의견이 정책에 반영될 가능성이 커진다.

그러나 지방정부 단독의 전달체계에는 여러 가지 문제점이 있다. 이런 문제점을 제시하면 다음과 같다(송근원·김태성, 1995).

지방정부의 전달체계는 나름의 장점과 단점을 가지고 있다: 대전광역시청(저자 찍음)

① 지방정부의 전달체계에서는 지역 사이에 불평등이 크게 나타나고, 이에 따라 지방정부의 전달체계는 사회 통합에 부정적으로 영향을 미친다.

② 중앙정부의 전달체계에 비해서 지방정부의 전달체계에서는, 규모의 경제가 가지는 효과가 적다.

③ 지방정부의 전달체계에서는 사회복지 프로그램이 단편적으로 발달할 가능성이 크다.

④ 지방정부의 전달체계는 프로그램을 안정되고 지속적으로 유지하는 데 불리하다. 사실, 이렇기 때문에 지방정부는 중앙정부로부터 재정적으로 지원을 받는다.

한편, 사회복지가 발달할수록, 중앙정부에 비해서 지방정부의 역할이 줄어드는 경향이 있다. 그러나 1970년대 중반 이후에 '복지국가 위기'의 시대를 맞이하였고, 이에 따라 중앙정부가 재정적으로 위기를 경험하는 상황에 이르렀다. 그 결과, '신연방주의(new federalism)'가 등장하였고, 이런 분위기에서 지방정부의 역할을 강조하고 있다. 이에 따라 근래에는 지방정부의 역할이 다시 커지는 방향으로 나가고 있다(송근원·김태성, 1995).

(3) 중앙정부와 지방정부의 혼합체계

중앙정부와 지방정부의 혼합체계에는 여러 가지의 형태가 있다. 이중에서 주요한 형태는 중앙정부가 지방정부를 재정적으로 일부 보조해주고, 그 대신에 중앙정부는 지방정부가 급여를 제공하는 방법에 대해 일정하게 규제하는 형태이다. 이런 형태는 ① 재정적 규제의 형태, ② 프로그램 규제의 형태, ③ 수급자 숫자나 욕구에 따른 규제의 형태, ④ 절차적 규제의 형태로 크게 나눌 수 있다(송근원·김태성, 1995).

그러나 분권화 정도가 커짐에 따라서, 중앙정부와 지방정부 사이의 상대적 비중이 바뀌고 있다. 예를 들어 미국의 경우에, 중앙정부와 지방정부가 사회 서비스와 관련해 책임지는 비중이 변하고 있다(Donohue, 1990).

(4) 정부(중앙정부 혹은 지방정부)와 민간 부문의 혼합체계

오늘날의 경우, 일부 사회복지 급여는 정부와 민간 부문의 혼합체계를 통해서 제공되고 있다. 특히 오늘날과 같은 '복지국가 위기'의 시대에서는, 정부와 민간 부문의 혼합체계는 '민영화(privatization)'의 분위기 속에서 특히 강조되는 방향으로 나가고 있다(송근원·김태성, 1995).

정부와 민간 부문의 혼합체계가 필요한 가장 중요한 기본적인 이유는 시장 원리를 활용할 수 있기 때문이다. 즉, 이런 혼합체계는 중앙정부와 지방정부의 혼합체계에 비해, 민간 부문에서 사용되는 시장 원리의 장점들을 더 잘 활용할 수 있기 때문이다. 민간 부문에서 사용되는 시장 원리의 장점으로 효율성, 경쟁성, 선택의 자유, 접근성, 대응성, 융통성 등이 있다.

그러나 정부와 민간 부문의 혼합체계에서는 민간 부문의 단점도 상대적으로 크게 등장할 수 있다. 이 경우, 민간 부문의 단점으로 공공재의 성격을 갖는 재화를 제공하기 어렵다는 점, 평등을 추구하기 어렵다는 점, 규모의 경제에서 불리하다는 점 등이 있다.

(5) 순수 민간 부문

오늘날의 복지국가에서 제공되는 사회복지 급여와 관련해, 운영과 재정 모두를 민간 부문에서 책임지고 제공하는 경우는 매우 드물다. 사회복지기관의 운영과 재정 모두를 민간 부문에 맡길 경우에는, 민간 부문의 단점들이 매우 크게 나타날 수 있다. 그러므로 복지국가에서는 어떤 형태로든 민간 부문에 개입하는 경향을 보이고 있다. 따라서 오늘날의 복지국가에서는, 순수 민간 부문에서 급여를 전달하는 체계가 수행하는 역할은 감소하고 있다(송근원·김태성, 1995).

그러나 1980년대 이후에 복지국가 위기론이 확대되면서 민영화 경향이 보이고 있다. 이에 따라 근래에 들어서 민간 부문의 역할이 강조되고 있다.

[정리] 사회복지 급여의 전달체계

- 산출분석의 전달체계는 급여를 제공자에서 이용자에게 전달하는 조직 형태이다.
- 사회복지 전달체계를 분류하는 방법에는 미시적 측면을 강조하는 방식과 거시적 측면을 강조하는 방식이 있다. 미시적 측면을 강조하는 방식에서는 전달체계를 조직과 인력의 측면에서 분류한다. 거시적 측면을 강조하는 방식에서는 급여를 전달하는 두 축(정부와 민간 부문) 사이에 역할을 분담하는 형태에 따라 분류한다.
- 미시적 측면에 초점을 두면서 전달체계를 설계할 경우에 선택할 수 있는 방법의 예로 행정적으로 집중된(또는 분산된) 전달체계, 여러 서비스를 합쳐(또는 한 서비스만을) 제공하는 전달체계, 한 기관에 위치한(또는 여러 시설을 갖춘) 전달체계, 활동을 조정하는(또는 교류하지 않는) 전달체계, 전문 직원만을(또는 클라이언트나 준전문가도) 활용하는 전달체계, 권한을 서비스 이용자에게 위임하는(또는 전문가만이 권한을 가지는) 전달체계, 공적 운영자(또는 민간 계약자)가 급여를 전달하는 체계가 있다.
- 거시적 측면에서의 전달체계로 중앙정부, 지방정부, 중앙정부와 지방정부의 혼합체계, 정부와 민간 부문의 혼합체계, 순수 민간 부문이 있다.

5 사회복지 급여의 재정

1) 재정의 개념과 내용

사회복지정책에서 재정은 급여를 제공하는 데 필요한 자금을 확보하는 것을 말한다. 산출분석의 재정 차원에서 선택하는 것은 다음과 관련된다(Gilbert & Terrell, 2005).

① 재원과 관련된다. 재원은 자금의 출처를 말한다.

② 자금이 출발 지점에서 클라이언트에게 제공되는 지점까지 흐르는 방식과 관련된다. 이것은 소득 재분배와 같은 것을 말한다.

구체적으로 산출분석의 재정 차원은 다음과 같은 측면과 관련되는 경우가 많다(Gilbert & Terrell, 2005).

① 자금을 공적 자금을 사용할 것인지, 민간 자금을 사용할 것인지, 공적 자금과 민간 자금을 섞어서 사용할 것인지와 관련된다.

② 관여하는 정부의 수준과 관련된다.

③ 부과되는 세금의 형태와 관련된다.

2) 재원의 분류와 경향

(1) 재원의 분류

사회(복지)정책의 재정 문제는 해결하기 어렵다: 이것('복지원(○)을 복지정사각형(□)으로 만들기'라고 표현함)을 다룬 저서(George & Miller, 1995)의 표지(일부)

사회복지 급여를 제공하기 위해서는 자금이 필요한데, 이런 자금을 획득하는 원천은 재원이다. 사회복지정책의 재원을 분류하는 방법에는 여러 가지가 있다. 예를 들어 재원에는 다음과 같은 것이 있다(Gilbert & Terrell, 2005).

① 급여를 받는 사람이 이용자 비용을 부담하게 하는 것이 있다.

② 일부 특별세가 있다.

③ 일반 세금이 있다. 이것은 정부의 일반 수입을 구성한다.

④ 사회보험을 통한 기여금이 있다.

⑤ 자발적 기부가 있다.

⑥ 위의 것의 몇 가지를 합친 형태가 있다.

길버트와 테렐(Gilbert & Terrell, 2005)은 사회복지 급여를 제공하기 위한 재원을 충당하는 기본적인 방식을 ① '조세'를 통한 방식(taxes), ② '자발적 기부'를 통한 방식(voluntary giving), ③ '이용자 비용'을 통한 방식(user fees)으로 구분하고 있다. 그리고 송근원과 김태성(1995)은 사회복지정책에서 사용하는 재원을 공공 부문의 재원과 민간 부문의 재원으로 크게 구분하고 있다.

이 경우, 길버트와 테렐이 제시하는 분류는 송근원과 김태성이 제시하는 분류의 한 부분에 속한다고 볼 수 있다. 그러므로 송근원과 김태성의 분류가 더 포괄적이다.

(2) 재원의 경향

실제적으로 복지국가에서는 길버트와 테렐이 구분한 세 가지 재원을 서로 혼합하는 경우가 매우 많다. 즉, 사회복지기관과 사회복지조직의 예산에서는 세금에서 나오는 수입, 자발적 기부에서 나오는 수입, 이용자 비용에서 나오는 수입을 모두 포함하는 경우가 많다. 이런 예를 들면 다음과 같다(Gilbert & Terrell, 2005).

① 공공기관은 세금으로 재정을 충당하는 경향이 있지만, 이런 기관은 이용자 비용이나 자발적 기부에 의존할 수도 있다. 예를 들어 공공교육기관의 경우, 이용자 비용의 예로 등록금이 있고, 자발적 기부의 예로 학부모회를 통해서 기금을 모금하는 것이 있다.

② 민간 비영리 기관도 세금을 통한 보조금에 의존하는 경우가 점점 많아지고 있다. 예를 들어 민간 비영리 기관은 민간 재원에서 얻어지는 수입을 정부와 계약해서 얻은 재원으로 보완하고 있다.

한편, 복지국가에서는 여러 곳에서 재원을 얻고 있다. 복지국가에서 다원적으로 재원을 확보하는 것을 '복지의 혼합경제(mixed economy of welfare)'라고 부르는 경우가 많다. 이것은 복지 다원주의와도 관련된다.[10]

3) 공공 부문의 재원

사회복지가 발달할수록, 사회복지정책에서 사용하는 재원들 중에서 공공 부문의 재원이 차지하는 비율이 커지는 경향이 있다(송근원·김태성, 1995). 일반적으로 공공 부문의 재원은 조세(세금)와 관련된 재원을 말한다. 조세는 강제성을 띄고, 조세는 정부 수준에서 부과된다. 대부분의 선진국에서 조세는 여러 가지 방식으로 부과되고 있다. 일반적으로 조세는 개인과 기업에게 공적으로 부과된다(Gilbert & Terrell, 2005).

공공 부문의 재원은 조세(세금)와 관련된다: 우리나라 국세청의 로고(저자 찍음)

10) 사실, '복지의 혼합경제'와 '복지 다원주의'는 동일한 의미로 사용되고 있다. 복지 다원주의에 관해서는 2장에서 설명한 바 있다.

(1) 조세의 의의와 조세제도의 유형

조세는 정부의 주요 수입원이다. 그러므로 조세는 정부를 계속 운영할 수 있게 해주는 자금의 역할을 한다.

사회복지 분야에서 사업을 실시하는 데 있어 조세는 중요한 자원이 된다. 특히 조세는 공적인 사회복지 활동을 하기 위한 일차적인 재원이 되고 있다(Blau, 2004; Gilbert & Terrell, 2005).

조세의 형태를 구분하는 한 가지 방식은, 조세가 미치는 영향을 재분배의 측면에서 살펴보는 것이다. 소득 재분배와 관련해 조세가 미치는 영향을 살펴볼 경우에 등장하는 개념이, 조세의 누진성과 역진성이다. 그러므로 소득 재분배의 차원에 따라서 조세제도를 다음과 같이 세 가지 유형으로 구분할 수 있다(Chambers & Wedel, 2009; Stiglitz, 1997).

① 역진적(regressive) 조세제도가 있다. 역진적 조세제도는, 소득이 적은 사람들이 소득이 많은 사람들에 비해서 소득의 많은 비중을 세금으로 납부하는 조세제도를 말한다. 따라서 역진적 조세제도의 경우, 소득 중에서 세금으로 납부하는 비율이 고소득층보다는 저소득층이 상대적으로 더 높다.

② 균일적(flat) 조세제도가 있다. 균일적 조세제도는, 모든 소득계층에게 동일한 세율이 적용되는 제도를 말한다.

③ 누진적(progressive) 조세제도가 있다. 누진적 조세제도는, 소득이 많은 사람들이 소득이 적은 사람들에 비해서 소득의 많은 비중을 세금으로 납부하는 조세제도를

재분배적 성격을 지니는 사회복지 프로그램

재분배적 성격을 가장 많이 지니는 사회복지 프로그램은 다음과 같은 프로그램이다(Gilbert & Terrell, 2005).

① 누진적 성격의 조세를 통해서 재정을 확보한다.
② 소득이 더 낮은 집단이 혜택을 받는 방식으로 급여를 제공한다.

조세의 전가와 귀착

조세와 관련해 조세의 전가(shifting)와 조세의 귀착(incidence)이라는 용어도 사용되고 있다. 조세의 전가는 조세가 어떤 주체에게 처음 부과된 것이 다른 주체에게 이전되는 것을 말한다. 그리고 조세의 귀착은 조세가 전가된 후에, 그 부담이 특정 주체에게 돌아가는 것을 말한다(국세청, 2006).

직접세와 간접세에서 조세의 전가나 조세의 귀착이 나타나는 경향은 다음과 같다.

① 직접세는 일반적으로 조세의 전가 현상이 발생하지 않는다. 따라서 직접세의 경우에는, 세금을 납부하는 주체와 세금을 부담하는 주체는 일치하는 것이 일반적이다.
② 대부분의 간접세는 정도의 차이는 있지만, 조세의 전가 현상이 발생한다.

말한다. 따라서 누진적 조세제도의 경우, 소득 중에서 세금으로 납부하는 비율이 저소득층보다는 고소득층이 상대적으로 더 높다.

(2) 공공 부문의 재원

공공 부문의 재원은 정부의 일반 수입(general revenue), 특별세,[11] 조세 지출(tax expenditures)의 세 가지로 구분할 수 있다. 사회복지 영역의 경우, 공공 부문의 재원을 확보하는 방식은 이런 재원으로 무엇을 할 수 있는지에 크게 영향을 미치고 있다(Gilbert & Terrell, 2005). 그러므로 공공 부문의 재원을 확보하는 방식은 사회복지정책에서 중요한 의미를 갖는다.

(가) 정부의 일반 수입

정부의 일반 수입은 정부가 여러 영역에 지출하기 위해 필요한 조세 수입을 말한다. 사회복지정책을 확대할 것을 지지하는 측에서는, 사회복지정책의 주요 재원을 정부의 일반 수입에서 확보하여야 한다고 주장하는 경우가 많다. 이런 이유로 다음과 같은 점이 제시되고 있다(송근원·김태성, 1995).

① 다른 재원에 비해서 정부의 일반 수입에서 얻어진 재원은, 사회복지정책에서 중요한 목표를 달성하는 데 유리하기 때문이다. 사회복지정책에서 중요하게 추구하는 목표의 예로 평등(소득 재분배)이나 사회적 적절성이 있다.

② 다른 재원에 비해서 정부의 일반 수입에서 얻어진 재원은, 사회복지정책의 대상을 확대하는 데 유리하고, 또한 보편적인 급여를 제공하는 데 유리하기 때문이다.

③ 다른 재원에 비해서 정부의 일반 수입에서 얻어진 재원은, 더 안정되어 있고 또한 더 지속적이기 때문이다.

한편, 조세는 사회에서 자원을 재분배하는 데 영향을 미치고 있다(Gilbert & Terrell, 2005). 그러므로 그간의 경우, 경제학자들은 조세제도가 소득 재분배에 미치는 영향에 관해서 의견을 다양하게 제시해 왔다. 송근원과 김태성(1995)에 따르면, 다른 재원을 사용하는 사회복지정책에 비해서, 정부의

11) 이것은 주로 사회보장과 관련된 세금을 말한다.

일반 수입에서 얻어진 재원을 사용하는 사회복지정책은 소득 재분배와 관련해 더 긍정적으로 작용하는 경향이 있다.

정부의 일반 수입과 관련된 조세를 소득세, 소비세, 부세로 분류할 수 있다. 각 조세의 특징을 살펴보면 다음과 같다(Blau, 2004; Gilbert & Terrell, 2005; Stiglitz, 1997; 송근원·김태성, 1995).

(a) 소득세

소득세는 소득에 대해 부과되는 세금을 가리킨다. 정부의 입장에서 많은 자금을 얻을 수 있는 방법은 소득세를 부과하는 것이다. 실제로 정부의 수입에서 소득세가 차지하는 비율은 높다. 따라서 소득세는 가장 중요한 조세라고 볼 수 있다.

소득세에는 다음과 같은 형태가 있다.

① 개인에게 부과되는 개인 소득세가 있다.

② 법인에게 부과되는 법인 소득세(법인세)가 있다. 법인 소득세는 법인의 순수한 이익이나 이윤에 부과되는 세금을 말한다.

소득세는 가장 누진적인 성격을 지닌다. 이것은 개인 소득세의 경우에 특히 그렇다.

따라서 개인 소득세는 소득을 재분배하는 효과가 크다. 개인 소득세가 소득 재분배 효과가 큰 이유로 다음과 같은 점을 제시할 수 있다.

① 기본적으로 개인 소득세는 부담할 수 있는 능력에 따라 세율이 다르게 정해지기 때문이다. 따라서 개인 소득세의 경우, 빈곤한 사람보다는 부유한 사람에게 더 높은 세율을 적용한다.

② 다른 조세에 비해서, 개인 소득세는 다음과 같은 방법을 사용하여 소득 재분배 효과를 높일 수 있기 때문이다. ㉠ 여러 방식으로 조세 제도를 이용해서, 소득이 적은 층에게 세금을 면제시켜 주거나 감면시켜 줄 수 있다. ㉡ 근로 소득과 자산 소득을 구분해서, 근로 소득에는 세금을 줄여주나 자산 소득에는 이런 혜택을 주지 않을 수 있다. 이렇게 하는 이유는, 자산 소득은 부유층에게서 주로 발생하기 때문이다.

③ 정부의 일반 수입과 관련된 조세들 중에서, 개인 소득세가 차지하는 비율이 가장 크기 때문이다. 어떤 조세가 누진적 성격을 아무리 많이 가진다 해도, 이 조세가 일반 수입에서 차지하는 비율이 낮을 경우에는 소득 재분배 효과가 적을 수밖에 없다.

(b) 소비세

소비세는 소비에 대해 부과되는 세금을 가리킨다. 소비세의 예로 판매세와 부가가치세가 있다. 판매세는 물품이나 서비스를 구입하는 것에 대해 부과되는 세금을 말한다. 그리고 부가가치세는 생산 과정과 유통 과정의 각 단계에서 발생하는 부가 가치에 대해 부과되는 세금을 말한다.

소비세는 소득 수준에 상관없이 모든 사람에게 동일한 세율로 부과된다. 이럴 경우에, 빈곤층은 부유층에 비해서 소득 중에서 더 많은 비율을 소비세로 납부하는 셈이 된다. 그러므로 소비세는 역진적 성격을 많이 지닌다. 특히 일부 소비물품은 필수품이기 때문에, 이런 물품을 구입할 수밖에 없는 빈곤층에게 소비세를 부과하는 것은 역진적 성격을 지닌다고 볼 수 있다.

따라서 사회복지 프로그램에 대한 재정을 소비세로 충당할 경우에, 이런 재원은 역진적이다. 그러므로 이런 프로그램이 어느 정도의 재분배 효과를 보여줄 수는 있겠지만, 이런 프로그램이 재분배 효과를 크게 가져올 가능성은 적다.

(c) 부세

부세는 부(富, wealth)에 대해 부과되는 세금을 가리킨다. 즉, 부세는 재산이나 유산이나 선물에 부과되는 세금을 말한다. 부세는 정부의 일반 수입 중에서 차지하는 비중이 가장 적다.

부세의 예로 재산세, 상속세, 증여세가 있다. 부세들 중에서 가장 중요한 조세는 재산세이다. 재산세는 재산의 가치에 근거해서 부과되는 세금을 말한다. 선진국에서는 재산세가 지방정부의 주요한 일반 수입이 되는 경우가 많다.

그리고 상속세와 증여세는 한 세대에서 다른 세대로 부가 이전되는 것에 대해 부과되는 세금을 말한다. 예를 들어 증여세는 증여받은 유산에 대해 부과된다. 재산세에 비해서, 상속세나 증여세에는 누진 세율이 적용된다. 하지만 실제적으로 볼 경우, 상속세나 증여세와 같은 세금을 납부하는 사람의 수는 매우 적고 또한 그 액수도 적은 편이다.

(나) 특별세(목적세)

(a) 특별세의 장단점

조세의 형태를 그 목적에 따라서 다음과 같이 두 가지로 구분할 수 있다(Gilbert & Terrell, 2005; 송근원·김태성, 1995).

① 일반적 목적을 위한 일반세(일반 수입)가 있다.

② 특정한 목적을 위한 특별세(earmarked tax)가 있다. 특별세는 특별한 목적을 위해 거둬들이는 조세이다. 구체적으로 특별세는 특정한 활동을 수행할 목적으로 부과되는 세금을 말한다. 미국의 경우, 사회보장세(사회보장성 조세)는 특별세의 대표적인 사례에 속한다.

특별세의 장점에는 다음과 같은 것이 포함된다(Gilbert & Terrell, 2005).

① 새로운 프로그램을 실시할 수 있다. 실제로, 새로운 프로그램의 재원으로 새로운 특별세를 사용하는 방법은 많이 활용되어 왔다. 왜냐하면 이런 방법을 사용할 경우에는 정부의 예산을 늘리지 않거나 지출 한도에 제약을 받지 않고서도, 프로그램을 새로 도입하거나 프로그램을 확대할 수 있기 때문이다.

② 특별세를 납부한 사람들은 자신이 납부한 세금이 사용되는 곳을 알 수 있다.[12]

그러나 특별세는 몇 가지 문제점을 가지고 있다. 특별세의 문제점에는 다음과 같은 것이 포함된다(Gilbert & Terrell, 2005).

① 지지를 확보하는 것과 관련된 문제점이 있다. 특별세를 특정한 사회복지 프로그램의 재정을 확보하는 데 사용하기 위해서는, 특별세를 납부하는 사람들에게서 이런 점에 대해 지지를 받아야 한다. 조세제도와 사회복지 프로그램을 매우 잘 연계시킬 경우에는, 세금을 납부하는 사람들의 저항이 크게 줄어들 수 있다. 하지만 세금을 납부하

12) 그러나 일반세의 경우에는, 자신이 납부한 세금이 구체적으로 사용되는 곳을 알 수 없다.

는 사람들이 혜택을 직접 받지 못하는 프로그램의 경우에는, 특별세를 부과하려는 방안은 일반인의 지지를 얻기가 어려울 수 있다.

② 통합적인 예산을 수립하는 것과 관련된 문제점이 있다. 특별세는 특정한 프로그램과 연관된다. 이에 따라서 특별세는 정책 결정자들이 우선순위가 높은 욕구를 충족하기 위해 정부의 수입을 융통성 있게 사용하는 데 걸림돌이 될 수 있다.

③ 취약층과 관련된 문제점이 있다. 특별세는 평판이 좋지 않거나 대의명분이 좋지 않은 취약층을 도와주는 데 사용되지 않을 가능성이 있다. 예를 들어 유권자들이 자신이 납부하는 세금을 빈곤층을 위한 용도로 사용하는 것을 좋아할 가능성은 크지 않다.

④ 욕구와 관련된 문제점이 있다. 특별세를 통해 재정을 충당하는 사회복지 프로그램의 규모와 성격은, 변화하는 욕구에 좌우되기보다는 특별세를 통해 얻은 자금의 양에 좌우될 수 있다.

(b) 사회보장성 조세

앞에서 언급한 것처럼, 사회복지 영역에서 대표적인 특별세는 사회보장성 조세이다. 사회보장성 조세는 사회보장과 관련해 부과되는 세금을 가리킨다.

사실, 복지국가에서 사회보장성 조세는 대표적이고 중요한 특별세에 속한다. 따라서 오늘날의 선진국에서, 정부의 일반 수입과 더불어 사회보장성 조세는 사회복지정책을 실행하기 위한 재원들 가운데 가장 중요한 재원에 속한다. 특히, 국제사회보장협회(ISSA, 2008)에 따르면, 근로자와 고용주가 납부하는 기여금(사회보장세)은 사회보장제도를 운영하기 위한 중요한 재원이다.

그러나 소득 재분배 효과의 측면에서 볼 때, 사회보장성 조세는 역진적인 경우가 많다. 정부의 일반 수입에 비해서, 사회보장성 조세를 통한 재원이 소득을 재분배하는 효과가 크지 않은 이유를 다음과 같이 제시할 수 있다(송근원·김태성, 1995).

① 대부분의 국가에서 사회보장성 조세는 모든 계층의 근로 소득에 대해서 동일한 비율로 부과되기 때문이다. 고소득층은 저소득층에 비해서 자산 소득이 많다. 그러므로 고소득층과 저소득층에게 동일한

세율을 적용하더라도, 총 소득에 대비해 따져볼 경우에 저소득층의 조세 부담률은 고소득층의 조세 부담률보다 상대적으로 높은 셈이 된다.

② 대부분의 국가에는 사회보장성 조세가 부과되는 소득 상한선(ceiling)이 있기 때문이다. 이렇게 되면, 상한선을 넘는 소득을 가진 층이 납부하는 조세는 저소득층에 비해 상대적으로 적어지게 되어, 소득 재분배에 부정적으로 작용하게 된다.

③ 대부분의 국가에서 사회보장성 조세는 가족의 수나 욕구를 고려하지 않고 모든 근로 소득에 부과되기 때문이다. 이렇게 되면 저소득층이 조세를 부담하는 비율은 상대적으로 높게 된다.[13]

(다) 조세 지출

(a) 조세 지출의 특징과 의의

조세 지출은 정부가 조세와 관련된 복지제도를 통해 제공하는 조세 비용을 가리킨다. 조세 지출은 개인이나 조직에 대해서 특별 수당, 세금 면제, 세금 철폐, 세금 감면, 유리한 세율의 형태로 제공된다. 조세 지출의 예로 아동이 있는 가족이 부담하는 세금을 그만큼 면제시켜 주는 것이 있다(Alcock, Erskine & May, 1999; 송근원·김태성, 1995).

조세 지출은 다음과 같은 특징을 가지고 있다(Abramovitz, 2001; Gilbert & Terrell, 2005).

① 조세 지출은 자원을 특별한 목적을 달성하는 데 사용하기 위해서 정부가 내리는 결정이라고 볼 수 있다. 이런 점에서 조세 지출은 정부가 정규적으로 지출하는 것과 유사하다. 그렇지만 조세 지출은 정부의 일반 지출보다 겉으로 두드러지는 정도가 훨씬 더 적다. 사실상, 조세 지출은 정부의 정기적인 예산으로 구분되지 않아서 정기적으로 검토되지 않는 경우가 많다.

② 조세 지출의 목적은 정부에게 재정을 충당시켜 주자는 데 있는 것이

13) 이에 비해서 개인 소득세에서는, 가족의 수나 욕구에 따라 여러 가지 조세 감면 제도를 실시하고 있어 저소득층의 조세 부담이 적어진다.

아니라, 급여를 특정한 방식으로 제공하자는 데 있다.

③ 조세 지출은 정부가 정상적으로 세금을 부과하여야 하는 액수를 세금으로 부과하지 않는 경우에 나타나거나, 부과하는 정도를 낮출 경우에 나타난다. 따라서 조세 지출은 정부가 거두어들이지 않기로 선택한 비용을 의미한다. 그러므로 기본적으로 볼 경우, 정부는 조세 지출만큼 세금을 줄이는 셈이 된다.

조세 지출을 통해 간접적으로 제공되는 급여는 공식적인 복지제도에 속한다. 그리고 세제 혜택을 주고 세금을 감면해 주는 것은, 소비자들이 시장에서 구매할 수 있는 능력을 추가로 제공하는 역할을 한다. 따라서 세제 혜택과 세금 감면도 자금을 제공하는 역할을 하고, 소비자는 이렇게 간접적으로 얻어진 자금을 시장에서 이용할 수 있게 된다.

(b) 조세 지출의 단점

조세 지출에는 다음과 같은 문제점이 있다. 그러므로 조세 지출이 좋은 것인지를 따져볼 필요가 있다(Abramovitz, 2001; Gilbert & Terrell, 2005; 송근원·김태성, 1995).

① 소득 재분배와 관련시켜 볼 때, 조세 지출은 대체로 역진적 성격을 지닌다. 실제로 경제학자들은 조세 지출은 역진적이라는 입장을 취하는 경우가 많다. 사실, 일부 조세 지출은 재분배적 성격을 지니지 않는다. 그리고 세금을 납부하는 사람만이 조세 지출 제도로부터 이득을 본다. 그러므로 개인의 수입이 세금을 부과하는 최저 수준의 아래에 있을 경우에, 이 사람은 조세 지출 제도에서 어떤 혜택도 볼 수 없다. 결국, 조세 지출의 혜택은 소득이 많은 층에게 돌아가는 경우가 많다. 이에 따라서 조세 지출과 같은 조세제도 때문에, 빈곤층은 이용할 수 없는 여러 가지 급여를 중산층과 상류층에게 제공하는 '호화로운' 복지국가(gilded welfare state)가 나타나고 있다.

② 조세 지출은 공적으로 지원하는 제도들 중에서 비교적 드러나지 않는 형태를 취하고 있다. 따라서 조세 지출은 감사를 받지 않는 경우가 많다.

③ 조세 지출은 거둘 수 있는 세금의 양에 영향을 미치고 있다. 이것은

다음과 같은 두 가지 측면에서 살펴볼 수 있다. ㉠ 조세 지출의 정의에서도 드러나듯이, 조세 지출은 공적 자금에서 자금을 가져가는 성격을 지닌다. 많은 경우에, 이것은 부유한 층이 납부하여야 했을 세금을 거두지 못하는 것을 의미한다. 이렇게 되면 세금을 통해 비용을 확보하는 프로그램은 어려움을 겪을 수 있다. ㉡ 세금을 부과할 소득의 양이 줄어들게 되면, 정부의 수입이 감소한다.

3) 민간 부문의 재원

(1) 현황과 의의

오늘날의 복지국가에서는, 사회복지정책의 재원들 중에서 공공 부문의 재원이 차지하는 비중은 매우 크다. 그러나 민간 부문의 재원은 사회복지정책에서 아직도 많이 사용되고 있는 편이다.

무엇보다도 최근에 정부의 재정이 압박을 받음에 따라서, 민영화를 강조하는 방향으로 나가고 있다. 이런 상황에서 민간 부문의 재정은 이전보다 더 중요한 역할을 수행하게 된다(노병일, 2009; 송근원·김태성, 1995).

(2) 형태

민간 부문의 재원은 이용자 비용(user fees), 자발적 기부(voluntary giving), 기업복지(occupational welfare), 가족 내 이전(intrafamily transfer) 또는 가족 간 이전(interfamily transfer)으로 크게 구분할 수 있다(송근원·김태성, 1995). 각각의 재원에 관해 좀 더 자세히 살펴보면 다음과 같다.

(가) 이용자 비용

(a) 현황과 배경

이용자 비용은 공개된 시장에서 사회복지 재화와 서비스를 이용하는 것에 대해 부과하는 비용을 말한다. 서비스 이용자에게 비용을 부과하는 것은 시장에서 물건을 사고파는 행위에 속한다고 볼 수 있다.

그러나 이용자에게 비용을 부담시키는 것은 민간 조직에서도 찾아볼 수 있다. 실제로, 현재의 복지국가에서 실시하는 일부 사회복지정책의 경우, 재화나 서비스를 받는 사람이 일정한 액수를 이용자 비용의 형태로 부담하도록 되어 있다. 일부의 경우에는, 공공기관도 이용자 비용을 부과하고 있다(Gilbert & Terrell, 2005; 송근원·김태성, 1995). 이용자 비용을 많이 활용하는 영역의 예로 보육 영역과 교육 영역을 들 수 있다. 사실상, 보육 서비스와 사립학교는 이용자가 내는 비용에 크게 의존하고 있다.

그러나 다른 영역에 비해서 사회 서비스 분야에서는, 이용자 비용 방식을 적게 활용하고 있는 편이다. 왜냐하면 사회 서비스 기관은 빈곤층에게 서비스를 제공하는 경우가 많은 탓에, 빈곤층에게 서비스 이용에 대한 비용을 부과하기가 어렵기 때문이다. 따라서 이런 서비스 기관의 경우, 서비스에 대한 재정을 기부금과 정부 도움에 주로 의지하여야 한다.

그럼에도 불구하고 취약층에게 서비스를 제공하는 기관에서조차도, 서비스 비용의 일부를 충당하기 위해 취약층에게 이용료를 부담시키는 경우가 있다. 이런 경우에, 서비스 이용자의 경제적 여건에 따라서 이용료에 차이가 나게 하는 방식으로 이용료를 정할 수 있다. 이용자 비용 방식의 경우, 서비스에 대한 모든 비용을 이용자에게 부담시키는 사례는 거의 없다.

그리고 공적 기여금 방식의 프로그램도 이용자 비용을 적용하는 경우가 많다(Gilbert & Terrell, 2005). 예를 들어 건강과 관련된 일부 제도의 경우, 가입자들이 병원·약국을 가거나 입원할 때마다 비용의 일부를 부담시킬 수 있다. 이 경우에 이런 제도를 이용하는 사람은 해당되는 비용을 부담하여야 한다.

복지국가에서 이용자 비용이 필요한 이유를 다음과 같이 제시할 수 있다(Pieters, 2006; Gilbert & Terrell, 2005; 송근원·김태성, 1995).

① 사회복지 서비스를 남용하는 것을 막을 수 있기 때문이다. 서비스를 제공하는 프로그램에 비용을 지불하게 하면, 대상자는 서비스를 과도하게 이용하지 않으려 한다. 그러므로 이용자 비용은 '도덕적 해이(moral hazard)' 문제를 해결할 수 있다.[14] 예를 들어 사람들이

14) 도덕적 해이에 대해서는 2장에서 이미 설명한 바 있다.

의사·치료사·약국을 방문할 때에 비용을 조금만 지불하게 하면, 사람들은 불필요한 서비스를 이용하기를 꺼려하거나 또는 서비스를 과도하게 이용하기를 꺼릴 가능성이 크다. 이용자 비용은 의료 서비스와 돌봄의 경우에 많이 해당된다.

② 일부 서비스에서 정부가 너무 많이 부담하는 문제를 해결할 수 있기 때문이다. 이와 관련된 대표적인 예가 주택 서비스이다. 정부가 많은 사람들에게 공공주택을 완전히 무료로 제공하려면 비용이 매우 많이 필요하다. 이런 문제를 해결하기 위해서는 이용자 비용이 필요하다.

③ 사회복지 서비스의 질을 높일 수 있기 때문이다. 사회복지 서비스를 완전히 무료로 제공하면, 서비스 제공자나 서비스 이용자 모두는 제공되는 서비스의 질에 대해 관심을 적게 가질 가능성이 크다. 이에 비해서, 일부라도 이용자 비용을 적용하면, 서비스 이용자는 제공되는 서비스에 대해 관심을 더 가지게 된다. 이렇게 되면, 서비스 제공자는 더 높은 질의 서비스를 제공하려고 노력하게 된다.

④ 오명(낙인감)이 줄어들고 자긍심이 커질 수 있기 때문이다. 급여를 받는 사람이 비용을 지불하는 경우에는, 해당자가 급여를 받는 것에 대해 오명이나 수치감을 느낄 가능성이 더 적다. 그리고 이렇게 되면, 대인 사회 서비스 영역에서는 급여를 받는 사람이 서비스를 더 적극적으로 이용하게 된다.[15] 그리고 그 결과, 급여를 받는 사람이 가진 문제가 더 쉽게 해결될 수 있다.

(b) 문제점

그러나 이용자 비용은 다음과 같은 문제점을 가지고 있다(송근원·김태성, 1995).

① 이용자 비용은 기본적으로 역진적 성격을 지닌다. 그러므로 이용자 비용에 대한 부담은 고소득층보다는 저소득층에게 상대적으로 더 크다. 이에 따라서 이용자 비용은 소득 재분배에 부정적으로 영향을 미칠 수 있다.

② 저소득층은 이용자 비용이 부담이 되기 때문에, 필요한 서비스를 이

15) 대인 사회 서비스에 대해서는 1장에서 이미 설명한 바 있다.

용하는 것을 꺼릴 수 있다. 이것은 이용자가 부담하는 액수가 크지 않을 경우에조차도 그럴 수 있다. 예를 들어 교육 서비스의 경우, 저소득층은 이용자 비용을 부담할 능력이 없어서 교육 서비스를 이용하기를 꺼려할 수 있다. 이렇기 때문에, 저소득층 대신에 중산층이 교육 서비스와 관련해 혜택을 가장 크게 보는 경향이 있다. 따라서 이용자 비용 방식이, 해당자가 급여를 과도하게 이용하는 것을 억제하는 방향으로 영향을 미치는 것인지, 아니면 해당자가 필요한 서비스를 받는 데 걸림돌로 작용하는 것인지 여부는 분명하지 않다는 주장도 있다.

(나) 자발적 기부

자발적 기부는 민간 영역에서 제공하는 기부금을 말한다. 즉, 자발적 기부는 강제성이 없는 기부금을 일컫는다.

자발적 기부는 민간 영역에서 제공하는 기부금을 말한다: 자발적 기부를 관리하는 사회복지공동모금회의 로고

자발적 기부에 의존하는 정도는 민간 기관의 조직에 따라서 서로 다르다. 그렇지만 자발적 기부는 민간 기관의 재정과 관련해 중요한 부분을 차지하고 있다. 그리고 국가에 따라서 또는 사회복지정책의 영역에 따라서, 자발적 기부는 아직도 중요한 역할을 하고 있다. 그러므로 자발적 기부를 통해서 재정을 확보하는 것은 완전히 민간 영역에만 해당되는 것은 아니다(Gilbert & Terrell, 2005; 송근원·김태성, 1995).

자발적 기부에 주로 의존하는 민간 기관은 다음과 같은 기능을 한다(Gilbert & Terrell, 2005).

① 민간 기관은 어려움을 줄여주고 특정 가치를 전파하는 기능을 한다. 구체적으로, 민간 기관은 정치적 영역과 사회생활에서 겪게 되는 많은 어려움을 완화하는 주요한 사회적 도구로 작용한다. 그리고 민간 기관이 특정한 가치를 수호하기 때문에, 민간 기관은 사회복지에서 특정한 가치를 표현할 수 있게 된다.

② 민간 기관은 특정 층의 욕구를 충족하는 기능을 한다. 민간 기관은 공공 기관보다 덜 영구적이고 더 유동적인 것으로 알려져 있다. 그러므로 공공 기관에 비해서, 민간 기관은 특정한 계급이나 특정한

사회적 집단이 가지는 욕구를 더 잘 충족시켜줄 수 있다.

③ 민간 기관은 새로운 사상을 실험하는 기능을 한다. 민간 기관에서 제공하는 서비스의 경우, 새롭지만 인기가 없을 수 있는 생각을 실행에 옮기는 데 있어 중요한 도구로 작용할 수 있다. 그리고 일부 민간 기관은 특히 유동적이고 변하는 특성을 가지고 있다. 이에 따라서 이런 민간 기관은 새로운 사상이나 생각을 실험하는 '선구자'의 기능을 잘 할 수 있게 된다.

④ 민간 기관은 공공 서비스를 개선하고 옹호하는 기능을 할 수 있다. 이런 기능을 자세히 살펴보면 다음과 같다. ㉠ 민간 기관은 개선하는 기능을 한다. 민간 기관은 공공 서비스를 비판할 수 있다. 이렇게 함으로써, 민간 기관은 공공 서비스의 질을 향상시키는 기능을 한다. ㉡ 민간 기관은 보완하는 기능을 한다. 즉, 민간 기관은 공공 서비스가 맡을 수 없는 욕구나 맡지 않으려 하는 욕구를 충족하는 프로그램을 지원할 수 있다.

⑤ 민간 기관은 빈곤층을 보호하는 기능을 한다. 특히 복지국가의 지출이 감소되는 시기에, 민간 기관은 빈곤층을 보호하는 역할을 한다.

자발적 기부는 개인, 재단(foundation), 기업, 유산을 통해 제공된다. 기업의 경우, '기업의 사회적 책임(corporate social responsibility)'을 실행하기 위해서 기업이 직접 나서거나 기업의 재단을 통해서 민간 기관에 자발적으로 기부하고 있다(노병일, 2007).

(다) 기업복지

일반적으로 기업복지는 기업이 주체가 되어 근로자와 그 가족에게 제공하는 복지를 말한다(노병일, 2007).[16] 티트머스(Titmuss, Johnson & Schwarz (1994)에서 재인용)의 경우, 기업복지는 고용되었기 때문에 제공받을 수 있는 급여와 서비스라고 정의한 바 있다. 한 마디로 말해서, 기업복지는 고용과 관련된 복지 체계를 가리킨다.

16) 현재 사회복지학과 교과과정에서는 '산업복지론' 과목에서 기업복지를 다루고 있다. 산업복지에 관해서는 노병일(2007)을 참조할 것.

오늘날의 경우, 기업복지는 기본적으로 공공 부문의 사회복지를 보충하는 역할을 한다. 따라서 공공 부문의 사회복지가 발달하면, 기업복지의 역할은 상대적으로 줄어든다고 볼 수 있다. 하지만 선진국에서는 기업복지를 아직도 중요하게 인식하고 있다. 이것은 최근의 '복지국가 위기의 시대'에 민간 부문의 역할을 중요하게 보는 분위기에서 특히 그렇다.

기업복지에 속할 수 있는 프로그램은 매우 다양하다. 그리고 기업복지의 경우, 주요한 사회복지정책 영역에 속하는 프로그램을 거의 모두 갖추고 있다(송근원·김태성, 1995; 노병일, 2007).

(라) 가족내·가족간 이전

가족 내 이전이나 가족 간 이전은 비공식 부문에서 제공하는 재원을 말한다. 비공식 부문에는 가족, 친척, 이웃이 포함된다. 핑커(Pinker, 1986)의 경우, 공식적인 사회정책은 복지의 한 요소일 뿐이므로 비공식적 영역도 사회복지에 포함시켜야 한다는 점을 지적한 바 있다. 이에 따라 핑커는 비공식적 맥락과 공식적 맥락에 모두 주목하여야 한다는 점을 강조하고 있다.

현재의 경우, 비공식 부문에서 얻어지는 재원은 예전에 비해 덜 중요해지고 있다. 하지만 오늘날의 국가들 중에는, 많은 사람들의 복지 욕구를 비공식 부문을 통해 충족하고 있는 국가가 많다(송근원·김태성, 1995). 특히 어떤 영역에서는, 공식 부문에서 뿐만 아니라 비공식 부문에서도 복지가 많이 제공되기도 한다. 예를 들어 노인의 복지와 관련된 비용을 성인 자녀가 부담하는 경우가 아직도 적지 않다.

[정리] 사회복지 급여의 재정

- 산출분석의 재정 차원은 급여를 제공하는 데 필요한 자금을 확보하는 것을 말한다.
- 사회복지정책의 재원을 분류하는 방법에는 여러 가지가 있는데, 포괄적으로 공공 부문의 재원과 민간 부문의 재원으로 구분할 수 있다.
- 복지국가에서는 여러 곳에서 재원을 얻고 있는데, 이것을 복지의 혼합경제라고 부르는 경우가 많다.
- 공공 부문의 재원은 조세와 관련된 재원이다. 조세는 정부의 주요한 수입원으로서, 사회복지 분야에서 사업을 실시하는 데 중요한 자원이 된다.
- 소득 재분배의 차원에 따라 조세제도를 역진적 제도와 누진적 제도로 크게 나눌 수 있다. 역진적 제도에서는 소득 중에서 세금으로 납부하는 비율이 고소득층보다는 저소득층이 상대적으로 더 높다. 이와 반대로, 누진적 제도에서는 소득 중에서 세금으로 납부하는 비율이 저소득층보다는 고소득층이 상대적으로 더 높다.
- 공공 부문의 재원으로 정부의 일반 수입, 특별세, 조세 지출이 있다.
- 정부의 일반 수입은 조세 수입을 말하는데, 이와 관련된 조세로 소득세, 소비세, 부세가 있다. 소득세는 소득에 대해 부과되는 세금인데, 가장 누진적인 성격을 지닌다. 소비세는 소비에 대해 부과되는 세금인데, 역진적 성격을 많이 지닌다. 부세는 부에 대해 부과되는 세금이다.
- 특별세는 특정한 활동을 수행할 목적으로 부과되는 세금이다. 사회복지 영역에서 대표적인 특별세는 사회보장성 조세인데, 역진적 성격을 지니는 경우가 많다.
- 조세 지출은 정부가 조세와 관련된 복지제도를 통해 제공하는 조세 비용인데, 대체로 역진적 성격을 지닌다.
- 공공 부문의 재원이 차지하는 비중은 매우 크나, 민간 부문의 재원도 많이 사용된다. 민간 부문의 재원으로 이용자 비용, 자발적 기부, 기업복지, 가족내·가족간 이전이 있다.
- 이용자 비용은 사회복지 재화와 서비스를 이용하는 것에 대해 부과하는 비용을 말하는데, 역진적 성격을 지닌다.
- 자발적 기부는 민간 영역에서 제공하는 기부금을 말한다.
- 기업복지는 기업이 주체가 되어 근로자와 그 가족에게 제공하는 복지를 말한다.
- 가족 내 이전이나 가족 간 이전은 비공식 부문에서 제공하는 재원을 말한다.

제10장

사회복지정책의 과정

1. 사회복지정책의 과정
2. 사회복지정책 결정의 단계
3. 정책 결정의 주요 모델들

1 사회복지정책의 과정[1)]

1) 정책 과정의 현실

정책 연구에서는 정책의 내용이나 정책의 원인이나 정책의 결과에 주목하기보다는, 정책이 어떻게 결정되는지에 주목하는 경우도 많다. 그리고 정책이 어떻게 결정되는지를 조사하는 연구에서는, 정치제도 내에서 나타나는 여러 활동을 살펴보는 경우가 많다. 이런 활동은 정책이 결정되는 '과정'을 말한다(Dye, 2008).

실제로 정책을 결정하는 활동은 여러 과정을 포함하고 있다. 그러므로 정책을 결정하는 것은 한 단계씩 연속적으로 이루어지는 과정이라고 볼 수 있다(DiNitto, 2007; Dye, 2008).

1) 정치학자들이 정책 결정을 이해하고 공공정책을 이해하기 위해서 사용하는 주요한 모델은 과정 모델(process model)이다(Kelly & Palumbo, 1986). 따라서 이 부분은 정책 결정 모델에 속하는 과정 모델을 설명한 부분과 크게 관련된다.

그러나 이런 과정들이 항상 분명한 것은 아니며, 또한 이런 과정들을 항상 서로 구분할 수 있는 것은 아니다. 일반적으로 실제 현실에서 정책 단계들은 다음과 같은 모양을 지닌다(Dye, 2008).

① 정책 과정의 단계들은 동시에 나타나는 경우가 많다. 즉, 실제 현실에서는, 정책 과정의 여러 단계들이 서로 중복되고 서로 연관되어 있다.

② 정책 과정의 경우, 서로 다른 정치적 행위자와 기관이 동시에 서로 다른 단계에 관여할 수 있다. 이것은 동일한 정책 영역에서조차 그렇다. 이 경우에 관련되는 정치적 행위자와 기관의 예로 정치인, 이익 집단, 로비스트, 입법의원, 행정부, 언론인, 두뇌집단이 있다.

요컨대, 실제 현실에서는 정책 과정이 단계적으로 깔끔하게 진행되는 경우가 거의 없다. 따라서 정책 과정이 단계적으로 이루어진다고 보는 관점은 비판을 받아 오고 있다.

그러나 정책 과정이 단계적으로 이루어진다고 보는 관점은, 실제 과정에 대한 설명이라기보다는 중요한 정책 결정이 이루어지는 여러 단계를 부각시키는 분석적 도구로서 의미가 있다. 즉, 정책을 분석하기 하기 위해서, 정책 과정을 몇 가지 단계로 구분하는 것이 유용한 경우가 많다. 정책과 관련된 모든 관점들과 마찬가지로, 정책 과정이 단계적으로 이루어진다고 보는 관점에서는 정책 결정에서 중요한 요인들을 지적하고 있다(DiNitto, 2007; Kelly & Palumbo, 1986).

2) 학자들의 견해

여러 학자들은 정책이 진행되는 과정에 관해 나름대로의 단계를 제시해 왔다. 일부 학자들이 정책 과정에 관해 제시한 것을 간단히 살펴보면 다음과 같다.

(1) 켈리와 팔룸보

켈리와 팔룸보(Kelly & Palumbo, 1986)의 경우, 정책 과정을 다음과 같은 여섯 단계로 구분하고 있다.

① 첫째 단계는 아젠다(agenda)를 설정하는 단계이다.[2)]

② 둘째 단계는 문제를 정의하는 단계이다.

③ 셋째 단계는 정책을 설정하는 단계이다.

④ 넷째 단계는 정책을 실행하는 단계이다.

⑤ 다섯째 단계는 정책을 평가하는 단계이다.

⑥ 여섯째 단계는 정책을 종료하는 단계이다.

(2) 피터슨

피터슨(Petersen, 2009)의 경우, 정책 과정을 순환 과정(life cycle)으로 이해하는 것이 중요하다고 보고 있다. 피터슨에 따르면, 이런 순환 과정은 다음과 같은 다섯 단계를 포함하고 있다.

① 정책 순환 과정의 첫째 단계는 정책에 대한 쟁점이 등장해서, 정책에 관해 논의하거나 논쟁하는 단계이다. 이 경우, 정책에 대한 쟁점이나 논의는 여러 가지 기제를 통해서 나타날 수 있다. 이런 것을 몇 가지 살펴보면 다음과 같다. ㉠ 사건 때문에, 정책과 관련된 논의나 논쟁이 등장하는 경우가 있다. 예를 들어 노숙인이 여러 명 사망한 사건 때문에, 사회복지정책 영역에서 이것이 쟁점이 되어 논의나 논쟁이 나타날 수 있다. ㉡ 어떤 특정한 관심거리 때문에, 정책과 관련된 논의나 논쟁이 등장하는 경우도 있다. 예를 들어 취약층의 개인 정보를 보호할 필요가 있기 때문에, 사회복지정책 영역에서 이것이 쟁점이 되어 논의나 논쟁이 나타날 수 있다. ㉢ 특별한 이해관계 때문에, 정책 영역에서 논의나 논쟁이 나타나는 경우가 있다. 예를 들어 병원협회가 환자 개인이 부담하는 의료비를 늘이기 위해

2) 일반적으로 아젠다는 논의되는 의제들을 모아놓은 것을 일컫는다(송근원·김태성, 1995). 아젠다에 대해서는 뒤에서 자세히 설명한다.

국회에 계속해서 로비하기 때문에, 사회복지정책 영역에서 이것이 쟁점이 되어 논의나 논쟁이 나타날 수 있다.

② 정책 순환 과정의 둘째 단계는 정치적으로 행동하는 단계이다. 이 단계의 경우, 정치적 행위자들은 변화를 가져오기 위해 자신이 가진 유리한 지위를 사용한다. 이 경우에 정치적 행위자들이 영향력을 행사하는 형태에는 여러 가지가 있는데, 그 예를 들면 다음과 같다. ㉠ 성명을 발표할 수 있다. ㉡ 정책적으로 쟁점이 되고 있는 것을 검토해 보겠다고 약속할 수 있다. ㉢ 정책적으로 쟁점이 되고 있는 것을 공식적으로 조사하기 시작할 수 있다.

③ 정책 순환 과정의 셋째 단계는 정책과 관련된 법령을 제안하는 단계이다. 위의 둘째 단계인 정치적 행동 단계에서 어려움을 겪게 될 경우에, 의회가 법적으로 대응 방안을 제안하는 방향으로 나갈 수 있다. 이와 관련된 의회의 행동에는 여러 가지가 있을 수 있다.

④ 정책 순환 과정의 넷째 단계는 법령과 규정을 제정하는 단계이다. 법안을 의회가 승인하고 대통령이 서명하고 나면, 해당 법안은 공식적인 법령이 된다. 일부 경우에는, 특정한 정부기관은 해당 법령을 어떻게 실행할 것인가와 관련된 규정을 정하여야 한다. 법령과 규정을 제정하는 단계는 중요할 수 있다. 왜냐하면 정책과 관련된 쟁점은 이와 같은 법령과 규정에 근거해 구체적으로 실행되는 경우가 많기 때문이다.

⑤ 정책 순환 과정의 다섯째 단계는 제정된 법령을 실행하는 단계이다. 법령이 효력을 발휘하고 규정과 관련된 세부 사항이 최종적으로 정해지면, 해당 기관은 관련된 조처를 실행에 옮겨야 한다. 새로운 법령이나 규정을 따르기 위해서는 여러 가지를 실행하여야 하는데, 여기에는 다음과 같은 것이 포함될 수 있다. ㉠ 문제가 되는 상황을 파악한다. ㉡ 새로운 프로그램을 실시하거나 새로운 서비스를 제공한다. ㉢ 해당 법령과 관련된 문제를 해결하고자 하는 정책이나 기타 조처를 취한다.

(3) 퀘이드

퀘이드(Quade, 1984)의 경우, 정책 과정을 다음과 같은 다섯 단계로 구분하고 있다.

① 첫째 단계에서는 정책을 설정한다.

② 둘째 단계에서는 정책과 관련된 대안들을 구상한다.

③ 셋째 단계에서는 미래를 예측해 본다.

④ 넷째 단계에서는 각 대안이 미치는 영향을 살펴본다.

⑤ 다섯째 단계에서는 대안들을 평가하고 비교하고 순위를 정한다.

(4) 정리

여러 학자들의 견해를 종합하면, 정책 과정은 문제를 파악하고, 이에 따른 의제들을 설정하고, 정책 대안을 형성하고, 정책을 정당화시키고, 정책을 실행하고, 정책을 평가하는 식으로 진행되는 경향을 보이고 있다.

[정리] 사회복지정책의 과정

- 정책 결정은 한 단계씩 연속적으로 이루어지는 과정이라고 볼 수 있다. 그러나 실제 현실에서의 정책 결정 과정은 단계적으로 깔끔하게 진행되는 경우가 거의 없다. 하지만 정책 과정이 단계적으로 이루어진다고 보는 관점은 중요한 정책 결정이 이루어지는 여러 단계를 부각시키는 분석적 도구로서 의미가 있다.
- 여러 학자들이 제시한 정책 과정은 전반적으로 큰 차이는 없다. 일반적으로 정책 과정은 문제를 파악하고, 이에 따른 의제들을 정하고, 정책 대안을 형성하고, 정책을 정당화시키고, 정책을 실행하고, 정책을 평가하는 식으로 진행된다.

2 사회복지정책 결정의 단계

위에서 제시한 정책 결정 단계를 정리하여 좀 더 구체적으로 살펴보면 다음과 같다.

1) 문제 파악의 단계

정책 결정의 첫째 단계는 정책 문제를 파악하는 단계이다. 문제를 파악하는 단계에서는, 개인과 집단이 정부에게 어떤 행동을 취하라고 요구하는 것을 보고서 정책과 관련된 문제를 파악하는 경우가 많다.

문제 파악 단계의 구체적인 활동 내용은 다음과 같다(Dye, 2008; DiNitto, 2007).

① 사회문제를 널리 알린다.

② 정부가 해당 사회문제에 대해 행동할 것을 요구한다.

문제 파악 단계의 경우, 언론, 이익집단, 시민단체, 일반 여론이 관여한다.

2) 아젠다 설정의 단계

정책 결정의 둘째 단계는 아젠다를 설정하는 단계이다.

(1) 아젠다의 개념과 형태

아젠다를 언급하고 있는 방송
[출처: BBC 화면 캡처]

사회복지와 관련된 어떤 문제를 정치 체제에서 해결하기로 결정하면, 정책과 관련된 행위자들은 이런 문제에 대한 해결 방법을 논의하게 된다. 이 경우에 논의되는 문제를 의제(議題)라 부르며, 이런 의제들을 모아놓은 것을 아젠다(agenda)라고 부른다(송근원·김태성, 1995).

그러므로 아젠다는 '공공정책으로 전환되기 위하여 정책 결정자들의 관심을 불러일으키고 논의될 수 있는 상태에 있는 문제의 목록'을 말한다. 구체적으로 아젠다는 관련 기관이나 언론이나 일반대중이 논의하고 있고, 어느 경우에는 행동으로 옮기고 있는 것들의 목록을 말한다(Birkland, 2001; 송근원, 2004).

아젠다는 모든 정부 수준에서 존재한다. 모든 사회와 모든 정부기관은 논의하고 정리할 쟁점들을 모아 놓은 것을 가지고 있기 때문이다. 실제로 아젠다는 매우 광범위하기 때문에, 아젠다의 수준을 여러 가지로 생각해 보는 것이 좋다. 아젠다의 수준을 다음과 같이 구분할 수 있다(Birkland, 2001; Cobb & Elder, 1983; 송근원, 2004).

① '아젠다 총체(agenda universe)'가 있다. 아젠다 총체는 어느 한 사회나 정치체제에 들어와서 논의될 수 있는 모든 생각을 포함하고 있다. 그러므로 아젠다 총체는 아젠다들 중에서 가장 광범위한 수준에 속한다.

② '체제 아젠다(systemic agenda)'가 있다. 체제 아젠다를 공공 아젠다(public agenda)라고도 부른다. 콥과 엘더(Cobb & Elder)에 따르면, 체제 아젠다는 정치체제의 구성원들이 다음과 같은 특성을 지닌다고 일반적으로 인식하는 모든 쟁점으로 구성되어 있다. ㉠ 일반의 관심을 끌만한 가치가 있다. ㉡ 현 정부의 법적 영역 내에 있는 문제를 포함하고 있다. 그러므로 체제 아젠다는 정책 과정에 참여한 측이 고려할 수 있는 쟁점이나 문제나 생각을 말한다.[3)]

③ '제도 아젠다(institutional agenda)'가 있다. 제도 아젠다를 정부 아젠다(governmental agenda)나 공식(형식) 아젠다(formal agenda)라고도 부른다. 콥과 엘더(Cobb & Elder)에 따르면, 제도 아젠다는 권위가 있는 의사결정자가 적극적이고 심각하게 고려하기 위해 분명하게 제시된 쟁점의 목록을 말한다. 그러므로 제도 아젠다는 정부기관이 현재 고려하고 있는 쟁점의 목록을 말한다. 일반적으로 문제나 생각이 체제 아젠다에서 성공적으로 주목을 받게 되면, 이런 문제나 생각은 제도 아젠다로 나가게 된다. 다만, 어떤 기관이나 사회가 이

3) 단, 이 경우에, 이런 생각은 주류적인 사회적·정치적·이념적·법적 규범에 어긋나지 말아야 한다.

용할 수 있는 시간이나 자원의 양은 제한되어 있으므로, 제한된 수의 쟁점만이 제도 아젠다에 포함될 가능성이 크다.

④ '결정 아젠다(decision agenda)'가 있다. 결정 아젠다는 정부조직이 실행하려고 하는 항목의 목록을 말한다. 그러므로 결정 아젠다는 정부기관이 조만간 실행하려고 하는 쟁점을 포함한다. 제도 아젠다에 올라간 쟁점들 중에서, 결정 아젠다에 포함되는 쟁점의 수는 훨씬 더 적은 경향이 있다.

(2) 아젠다 설정

무엇을 결정할 것인가를 정하는 것은 정책을 결정하는 과정에서 가장 중요하다. 이와 관련된 것을 '아젠더 설정(agenda setting)'이라고 부른다.[4] 일반적으로 아젠다 설정은 다음과 같은 것을 의미한다(Birkland, 2001).

① 어떤 문제들과 그에 따른 해결 방법들이 일반인과 엘리트의 주목을 받거나 받지 못하는 과정을 말한다.

② 관련 쟁점이 더 크게 주목을 받게 하거나 또는 관련 쟁점이 주목을 받지 못하게 하기 위해서, 여러 행위자와 집단들이 취하는 활동을 말한다.

그러므로 아젠다 설정은 정책을 결정하는 사람들의 주목을 끄는 것을 말한다(Dye, 2008; DiNitto, 2007; Birkland, 2001). 따라서 아젠다를 설정하는 단계에서는, 어떤 것을 결정할지를 정하기 위해서 여러 사람과 기관이 특정한 사회문제에 주목하게 한다. 아젠다 설정 단계의 경우, 엘리트 집단, 입법기관, 언론 등이 관여한다.[5] 그리고 클라이언트나 사회복지 전문가도 이런 단계에 관여할 수 있다. 그러므로 사회복지와 관련된 문제를 쟁점화 시키는 사람이나 기관에는 클라이언트, 사회복지 전문가, 언론, 정치인 등이 포함된다

언론은 사회복지 문제를 쟁점화시키는 데 있어 중요한 역할을 한다: 한겨레신문 본사와 지방 방송국(저자 찍음)

4) 콥과 엘더(Cobb & Elder, 1983)는 아젠다 설정을 아젠다 구축(agenda-building)이라고 부르고 있다.

5) 엘리트 집단에는 대통령도 포함된다.

(송근원·김태성, 1995).

한편, 아젠다 총체를 제외하고는, 아젠다와 각 아젠다 내의 수준은 제한되어 있다. 그리고 어떤 사회나 정치제도도 어느 시점에서 나타날 수 있는 모든 문제에 대한 모든 가능한 해결 방안을 다룰 수 없다. 왜냐하면 어떤 사회나 어떤 정치제도도 주어진 시간에 발생할 수 있는 모든 문제들을 해결할 수 있는 방법들을 찾아낼 수 있는 있는 능력을 갖고 있지 않기 때문이다. 따라서 아젠다를 설정하기 위해서 집단은 서로 크게 경쟁한다.

아젠다와 관련된 경쟁으로 다음과 같은 것이 있다(Birkland, 2001; Kelly & Palumbo, 1986).

① 아젠다에 올리기 위한 경쟁이 있다. 집단들은 다음과 같은 것을 이루기 위해 경쟁한다. ㉠ 아젠다에 놓일 공간은 제한되어 있으므로, 해당 집단과 관련된 쟁점이 아젠다에서 자리를 차지하기 위해, 집단들은 경쟁한다. ㉡ 해당 집단과 관련된 쟁점이 아젠다에서 더 급하게 다루어질 필요가 있을 가능성이 더 큰 시기에 대비하기 위해, 집단들은 경쟁한다. 요컨대, 아젠다는 제한이 있기 때문에, 이해집단은 자기의 쟁점과 자기가 선호하는 대안을 아젠다에 올리기 위해 서로 경쟁하여야 한다.

② 아젠다에서 배제하기 위한 경쟁이 있다. 집단들은 쟁점을 아젠다에 올려놓지 않게 하기 위해 경쟁한다. 즉, 이해집단은 자기가 가진 힘을 사용해서, 다른 집단의 쟁점이 아젠다에 올라가지 못하도록 서로 경쟁하여야 한다.

3) 정책 대안 형성의 단계

정책 결정의 셋째 단계는 정책 대안을 형성하는 단계이다. 정책 대안의 형성은 정책 방안을 고안하고 선택하는 것을 말한다. 사회복지정책의 목표가 정해지면, 사회복지문제를 해결하기 위한 정책 대안을 개발하여야 한다.

정책 대안 형성 단계의 경우, 두뇌집단, 대통령과 행정부, 입법부의 위원회, 이익집단이 관여한다. 예를 들어 정책을 기획하는 조직, 이익집단, 정부의 조직, 지방 의회, 대통령, 국회가 주도하는 정치적 통로를 통해서, 정책 대안이 설정될 수 있다(Dye, 2008; DiNitto, 2007; 송근원, 2004).

정책 대안을 개발하는 방법에는 다음과 같은 것이 포함된다(송근원, 2004).

① 과거의 정책을 참고해서 정책 대안을 개발할 수 있다.

② 외국의 정책 사례를 참고해서 정책 대안을 개발할 수 있다.

③ 사회복지학, 사회학, 심리학, 경제학, 정치학 등의 사회과학 지식에 근거해서 정책 대안을 개발할 수 있다.

④ 직관적 방법으로 정책 대안을 개발할 수 있다. 즉, 주관적으로 판단해서 정책 대안을 개발할 수 있다.

그리고 사회복지정책의 대안을 비교할 때 사용하는 기준으로 다음과 같은 것이 있다(송근원, 2004).

① 기술적 실현 가능성이 있다. 기술적 실현 가능성은 정책을 실시하는 기관이 해당 문제를 다룰 수 있는 능력과 크게 관련된다.

② 정치적 실현 가능성이 있다. 정치적 실현 가능성은 정책 대안이 정치적으로 받아들여질 수 있는지 여부와 관련된다.

③ 효율성(efficiency)이 있다. 효율성은 투입이 일정할 경우에 산출이 최대로 나오는 것이나, 산출이 일정할 경우에 투입이 최소로 들어가는 것을 말한다.

④ 효과성(effectiveness)이 있다. 효과성은 투입에 상관없이 산출이 최대한 나오게 하는 것을 말한다.

⑤ 사회적 형평이 있다. 사회적 형평은 사회 계층들 사이에 불평등이 줄어드는 정도와 관련된다.

4) 정책 정당화의 단계

정책 결정의 넷째 단계는 정책을 정당화하는 단계이다. 정책 정당화는 정치적 지지를 얻고, 입법부·행정부·사법부로부터 승인을 받는 것을 말한다. 이 경우에 정부 관리가 공적으로 발표하거나 행동함으로써 이런 정책을 정당화한다(DiNitto, 2007; Dye, 2008).[6)]

정책 정당화 단계의 활동 내용은 다음과 같다.

① 정책 대안을 선정한다.

② 선정된 정책 대안에 대해 정치적으로 지지한다.

③ 선정된 정책 대안을 법으로 제정한다.

④ 선정된 정책 대안을 법적으로 정당하게 만든다.

정책 정당화 단계의 경우, 이익 집단, 대통령, 의회, 법원이 관여한다.

5) 정책 실행의 단계

정책 결정의 다섯째 단계는 정책을 실행하는 단계이다. 정책 실행은 관련된 관료기구를 설치하고, 비용을 지출하고, 법을 집행하는 것을 말한다. 그러므로 정책을 실행하는 단계에서는, 정부의 관료기구, 공적 자금, 규제, 정부기관의 기타 활동을 통해서 정책을 실행에 옮긴다. 이 때, 다른 조직 및 기관과 협력하여 정책을 실행하는 경우가 많다(Dye, 2008; DiNitto, 2007).

정책 실행 단계의 활동 내용은 다음과 같다.

① 정책을 실행할 부서와 기관을 조직한다.

② 관련된 급여나 서비스를 제공한다.

③ 세금을 부과한다.

정책 실행 단계의 경우, 대통령, 대통령과 관련된 부서, 행정부의 부서와 기관이 관여한다. 일부 학자들은 대부분의 정책이 정책 실행 단계에서 이루어진다고 본다. 실제로 정책은 모호하고 일반적인 경우가 많고, 이에 따라서 정책은 실행 단계에 이르러서 정책의 실제적 의미가 부여되는 경우가 많다(Kelly & Palumbo, 1986; Dye, 2008). 이런 점에 정책 실행의 의의가 있다고 볼 수 있다.

행정부의 부서와 기관은 정책을 실행한다: 일선 행정기관의 건물 (저자 찍음)

6) 정책 평가의 단계

정책 결정의 여섯째 단계는 정책을 평가하는 단계이다. 정책 평가는 정

6) 여기서 정부 관리에는 선출직과 임명직을 모두 포함한다. 이런 정부 관리의 예로 대통령, 국회 의원, 지방 의원, 정부기관의 관리, 법원이 있다.

사회복지정책 결정에 영향을 미치는 요인

사회복지정책을 결정하는 데 영향을 미치는 요인에는 여러 가지가 있다. 이중에서 크게 영향을 미치는 것을 살펴보면 다음과 같다(송근원, 2004).

① 정책 결정자의 정책 의지는 사회복지정책의 결정에 영향을 미친다.

② 정책 대안이 존재하는지 여부는 사회복지정책의 결정에 영향을 미친다. 사회복지 실무를 담당하는 관료, 사회복지 전문가, 사회복지정책을 연구하는 학자들이 정책 대안을 제시하는 경우가 많다.

③ 다른 정책과의 관계는 사회복지정책의 결정에 영향을 미친다. 예를 들어 사회복지정책과 경쟁 관계에 있는 정책은 사회복지정책을 결정하는 데 영향을 미친다. 예컨대 국방 예산이 증가하면 사회복지 예산이 감소할 수 있다.

④ 정치적·경제적·사회적 상황은 사회복지정책의 결정에 영향을 미친다. 이 경우, 정치적 요인으로 사회의 지배적 이념이나 가치, 정치제도의 성격과 권력 구조, 정책 환경으로부터의 지지와 압력[7] 등이 있다. 그리고 경제적 요인으로 국민 소득, 실업률, 물가 지수 등이 있다. 그리고 사회적 요인으로 인구 구성비, 산업화 수준, 도시화 수준 등이 있다.

책이 효과가 있는지를 파악하고, 또한 정책이 대중의 인기를 얻고 있는지를 파악하는 것을 말한다. 그러므로 정책을 평가하는 단계에서는 정부 기관, 외부 자문기관, 이익집단, 언론, 일반 대중이 공식적으로 또는 비공식적으로 정책을 평가한다. 이런 정책이 얼마나 가치가 있는지 또는 쓸모가 있는지에 대해서, 이런 집단들은 서로 다른 결론을 내리는 경우가 많다(Dye, 2008; DiNitto, 2007).

정책 평가 단계의 활동 내용은 다음과 같다.

① 정부 프로그램의 결과를 공표한다.

② 정책이 대상 집단과 비대상 집단에게 미친 영향을 평가한다.

③ 변화할 점과 개혁할 점을 제안한다.

정책 평가 단계의 경우, 행정부의 부서와 기관, 의회의 위원회, 언론, 두뇌 집단이 관여한다. 이상적으로 볼 경우, 정책과 관련된 프로그램이 완전히 실행된 후에 평가를 실시한다. 그러나 정치적 압력 때문에, 평가가 항상 이런 방식으로 진행되는 것은 아니다(Kelly & Palumbo, 1986; Dye, 2008).

7) 클라이언트, 지역 주민, 이익집단, 언론 등의 활동이 정책 환경을 구성한다.

[정리] 사회복지정책 결정의 단계

- 정책 결정의 첫째 단계는 문제 파악 단계이다. 이 단계에서는, 개인과 집단이 정부에게 어떤 행동을 취하라고 요구하는 것을 보고서 문제를 파악하는 경우가 많다.
- 정책 결정의 둘째 단계는 아젠다 설정 단계이다. 아젠다는 공공정책으로 전환되기 위해 정책 결정자들의 관심을 불러일으키고 논의될 수 있는 상태에 있는 문제의 목록이다. 아젠다 설정은 정책 결정자들의 주목을 끄는 것을 일컫는다.
- 정책 결정의 셋째 단계는 정책 대안 형성 단계이다. 이 단계에서 정책 방안을 고안하고 선택한다.
- 정책 결정의 넷째 단계는 정책 정당화 단계이다. 이 단계에서 정치적 지지를 얻고, 입법부·행정부·사법부로부터 승인을 받는다.
- 정책 결정의 다섯째 단계는 정책 실행 단계이다. 이 단계에서 관련된 관료기구를 설치하고, 비용을 지출하고, 법을 집행한다.
- 정책 결정의 여섯째 단계는 정책 평가 단계이다. 이 단계에서 정책의 효과와 대중의 지지 정도를 파악한다.

3 정책 결정의 주요 모델들

1) 정책 결정 모델의 중요성과 기능

그간의 경우, 정책을 결정하는 것과 관련해 여러 가지 모델이 제시되어 왔다. 일반적으로 모델(model, 모형)은 실제 세계의 일부 측면을 단순화시켜 나타낸 것을 말한다(Dye, 2008).

정책을 결정하는 모델은 중요하다. 정책 결정 모델이 중요한 이유로 다음과 같은 점을 제시할 수 있다(Kelly & Palumbo, 1986).

① 정책을 정의하는 것에 영향을 미치기 때문이다.

② 정책의 장점과 적절성을 판단하는 데 사용할 수 있는 규범적이고 경험적인 기준이 되기 때문이다.

③ 정책 분석에서 다루어지는 문제들에 영향을 미치고, 또한 정책 분석에서 강조되는 가치에 영향을 미치기 때문이다.

그리고 정책 결정 모델은 정책에 관련된 사람들에게 다음과 같은 역할을 한다(Dye, 2008; Kelly & Palumbo, 1986).

① 정치와 공공정책에 대해 생각하는 바를 단순하고 분명하게 제시하는 데 도움을 준다. 예를 들어 정책 결정 모델은 관련 문제들을 간단하게 제시하고자 할 경우에 지침이 된다.

② 정책과 관련된 문제의 중요한 측면을 파악하는 데 도움을 준다.

③ 공공정책을 위한 아젠다를 설정하는 데 도움을 준다.

④ 관련자들 사이에 서로 의견을 나누는 데 도움을 준다.

⑤ 어느 것은 중요하고 어느 것은 중요하지 않은지를 알려줌으로써, 공공정책을 더 잘 이해하는 데 도움을 준다. 예를 들어 정책 결정 모델은 어떤 형태의 문제들이 다른 형태의 문제들보다 더 중요한지를 파악하는 데 도움을 준다.

⑥ 공공정책에 대해 설명하고 또한 공공정책의 결과를 예측하는 데 도움을 준다. 예를 들어 정책 결정 모델은 공공정책을 유발하는 원인의 일부와 공공정책 때문에 생기는 결과의 일부를 제시하는 데 도움을 준다.

2) 정책 결정 모델의 등장과 분류

(1) 정책 결정 모델의 등장

지난 수년에 걸쳐서, 정치학과 기타 학문 분야에서는 정치와 관련된 활동을 이해하기 위해 여러 가지 모델을 개발해 왔다. 그 결과로, 정책을 결정하는 것과 관련된 모델이 많이 제시되어 왔다. 각 모델은 정치학과 기타 학문 분야에서 찾아볼 수 있는 주요한 개념적 모델이다.

그리고 정책 결정 모델들 중에서 어느 것이 가장 좋은 모델이라고 판단할 수는 없다. 그러므로 정책 결정 모델들은 서로 경쟁적이지 않다. 각 모델은 정치와 관련된 활동에 나름대로 주목하고 있기 때문이다. 또한 각 모델은 공공정책에 관해 서로 다른 것을 이해하는 데 도움을 줄 수 있기 때문이다(Kelly & Palumbo, 1986; Dye, 2008).

(2) 정책 결정 모델의 분류

그간의 경우, 여러 학자들은 정책 결정 모델을 나름대로 분류해 왔다. 일부 학자들이 정책 결정 모델을 분류하는 예를 살펴보면 다음과 같다.

① 다이(Dye, 2008)의 경우, 제도 모델(institutional model), 과정 모델(process model), 합리 모델(rational model), 점증 모델(incremental model), 집단 모델(group model), 엘리트 모델(elite model), 공공 선택 모델(public choice model), 게임이론 모델(game theory model)의 관점에서 공공정책을 살펴보고 있다. 언뜻 보기에, 일부 정책은 한 가지의 특정 모델을 통해 설명할 수 있는 것처럼 보인다. 그렇지만 다이의 경우, 대부분의 정책은 합리적 기획, 점진적인 정책 개선, 이익집단의 활동, 엘리트의 선호하는 것, 게임 하기, 공적으로 선택하는 것, 정치적 과정, 제도가 미치는 영향이 합쳐져서 나타난다고 보고 있다.

② 힐(Hill, 1999)의 경우, 사회정책을 결정하기 위한 모델로 다원주의(pluralism), 엘리트 모델(elitism), 경제적 결정주의(economic determinism), 제도주의(institutionalism)를 제시하고 있다. 그러나 힐은 위에 제시한 모델 이외에, 몇 가지 모델을 더 제시하고 있다. 예를 들어 힐은 위에 제시한 모델 이외의 중요한 모델로 마르크스주의 모델, 여성주의 모델, 공공 선택 모델을 제시하고 있다.

③ 송근원(2004)의 경우, 사회복지정책을 결정하는 것과 관련된 이론적 모델로 합리 모델, 만족 모델, 점증 모델, 혼합 모델, 최적 모델, 쓰레기통 모델, 앨리슨 모델, 공공 선택 모델을 제시하고 있다.

요컨대, 사회복지정책을 결정하기 위한 실질적인 모델은 위에서 제시한 여러 가지 모델들을 합친 방식이 될 수 있다(Hill, 1999).

그러나 쉽게 이해하기 위해, 정책을 결정하는 모델을 다음과 같은 두 가지로 구분할 수 있다.

① 정책을 결정하는 주체에 초점을 두는 모델이 있다. 정책을 결정하는

주체에 초점을 두는 모델에서는 '누가' 정책을 결정하느냐에 더 주목한다. 정책 결정의 주체에 주목하는 주요한 모델로 다원주의, 엘리트 모델, 공공 선택 모델이 있다.

② 정책을 결정하는 과정에 초점을 두는 모델이 있다. 정책을 결정하는 과정에 초점을 두는 모델에서는 '어떻게' 정책을 결정하느냐에 더 주목한다. 정책 결정의 과정에 주목하는 모델에는 여러 가지가 있다. 이중에서 정책을 결정하는 과정과 관련해 공공정책에서 가장 자주 검토되는 모델로 합리 모델과 점증 모델을 꼽을 수 있다. 그러나 합리 모델과 점증 모델 이외의 모델들도 정책을 결정하는 과정을 설명하는 데 도움을 주고 있다. 이런 모델들은 합리 모델과 점증 모델과 관련된 이론 및 기타 이론에 토대를 두고 있다. 이런 모델들 가운데 대표적인 것의 하나가 쓰레기통 모델이다.

3) 정책 결정의 주체와 관련된 모델들

(1) 다원주의

(가) 특징

다원주의(pluralism)는 국가 내에서의 의사 결정은 이해관계를 가진 세력들 사이에 경쟁한 결과로 나타난다고 보는 모델을 말한다. 구체적으로 다원주의는 다음과 같은 입장을 취하는 이론을 말한다(Alcock, Erskine & May, 1999).

① 권력은 다양한 이익집단들 사이에 분산되어 있다.

② 의사 결정은 다양한 이익집단들 사이에 경쟁하고 협상한 결과로 나타난다.

가장 순수한 형태로 볼 경우, 다원주의는 몇 가지의 중요한 전제에 토대를 둔 주요한 권력 모델이다. 이런 전제는 구체적으로 다음과 같다(Blau, 2004).

① 정치 영역은 이익집단으로 구성되어 있다.

② 이익집단들은 대체로 동등한 권력을 가지고 있다.

③ 정부는 이익집단들의 여러 이해관계에 대해 사례별로 대응하는 기관이다. 따라서 정부는 근본적으로 중립적인 기관이다. 즉, 정부는 어느 때는 특정한 이해관계를 반영하는 쪽으로 기울고, 어느 때는 다른 특정한 이해관계를 반영하는 쪽으로 기운다.

그러므로 다원주의의 경우, 기업과 재정 분야의 권력 집단과 엘리트가 정부의 중요한 결정에 영향을 미칠 뿐만 아니라, 광범위한 시민조직, 옹호집단들, 정책 전문가들, 선출된 관리들, 개인 유권자들도 정부의 중요한 결정에 영향을 미친다고 보고 있다. 따라서 다원주의에서는 지배 계급이 결정적으로 영향을 미친다는 점을 부정한다. 즉, 다원주의의 경우, 복지국가는 지배 계급이 영향을 미쳐서 나타난 것이 아니라, 다양한 사회적·정치적·지적·경제적 세력이 영향을 미쳐서 나타난 것으로 본다(Gilbert & Terrell, 2005).

다원주의에 따르면, 경쟁이 구체적으로 나타날 수 있는 가장 간단한 방법은 유권자들이 의회의 정책 결정 과정에 영향을 미치게 하는 것이다: 투표를 권장하는 현수막(저자 찍음)

무엇보다도 다원주의에서는, 경쟁이 구체적으로 나타날 수 있는 가장 간단한 방법은 투표권을 가진 사람들이 의회의 정책 결정 과정에 영향을 미치도록 하는 것이라고 보고 있다(Hill, 1999).

구체적으로 다원주의에서는 다음과 같이 인식하고 있다(Blau, 2004).

① 다원주의자들의 경우, 이익집단은 사람들이 일상적으로 생활하면서 바라는 바를 공무원들에게 전달하는 수단이라고 보고 있다. 즉, 다원주의에서는 이익집단 체계가 민주적이라고 보고 있다. 왜냐하면 집단을 매우 쉽게 조직할 수 있기 때문이다. 그리고 집단이 조직되면, 이런 집단은 정부에 영향을 미치게 된다. 그러므로 다원주의자들의 경우, 이익집단은 자신의 견해를 일부 공무원에게 반영시킬 수 있다고 본다.

② 다원주의의 경우, 대규모의 조직화된 집단이 정부의 정책을 결정하는 주요한 세력이 되는 것을 반대한다.

(나) 평가

다원주의는 미국에서 지배적인 모델이다. 다원주의는 진짜 민주주의를 실현하는 것에 가장 가까운 방식이라고 볼 수 있다(Blau, 2004; Hill, 1999).

그러나 그간의 경우, 다원주의는 크게 비판을 받아 왔다. 이런 비판은 다원주의가 지니는 문제점이 될 수 있다. 다원주의를 비판하는 사람들의 주장을 일부 살펴보면 다음과 같다(Blau, 2004; Hill, 1999).

① 다원주의를 옹호하는 사람들은 다원주의가 민주적이라고 주장하지만, 실제로 다원주의는 이 정도로 민주적이지는 않다. 급진주의자들의 경우, 불평등 때문에 다원주의의 이상은 실현되기 어렵다고 본다. 이것을 좀 더 구체적으로 살펴보면 다음과 같다. ㉠ 인간은 평등한 상태에서 경쟁하는 것이 아니다. ㉡ 일부 이익집단은 다른 이익집단보다 훨씬 더 강력한 힘을 발휘한다.

② 다원주의는 정의로운 분배, 평등, 빈곤의 퇴치, 실업과 같은 측면을 강조하지 않는 경향이 있다. 왜냐하면 다원주의에서는 민간 영역이 발달하는 것을 추구하는 경향이 있기 때문이다.

③ 다원주의의 경우, 힘이 있는 이익집단이 제시하는 쟁점만을 논의 대상으로 삼고, 힘이 있는 이익집단이 무시하기로 한 쟁점은 논의 대상으로 삼지 않는 경향이 있다.

(2) 엘리트 모델

(가) 특징

엘리트 모델(elite model)은 정책은 엘리트가 선호하는 것이라고 보는 모델을 말한다(Dye, 2008).

그러므로 엘리트 모델에서는, 결국에 가서 공공정책은 엘리트가 선호하는 바를 나타낸다고 보고 있다. 즉, 엘리트 모델의 경우, 공무원들과 행정가들은 엘리트가 결정한 정책을 실행에 옮길 뿐이라고 보고 있다. 따라서 엘리트 모델에 따르면, 정책은 하향식으로 진행된다. 즉, 정책은 엘리트로부터 일반 대중에게 내려가는 식으로 진행된다.

엘리트 모델의 내용을 다음과 같이 간단히 정리할 수 있다(Dye, 2008).

① 사회는 권력을 가진 소수와 권력을 가지지 않은 다수로 나누어져 있다. 오직 소수의 사람만이 사회에서 가치가 있는 것을 결정한다. 일반 대중은 공공정책을 결정하지 않는다.

② 지배하는 소수는 지배를 받는 다수와는 출신 성분 등에서 차이가 난다. 엘리트는 사회의 상층부에 있는 사회경제적 계층에서 상대적으로 훨씬 더 많이 나타난다.

③ 엘리트가 아닌 사람이 엘리트가 되는 과정은 서서히 진행되어야 한다. 그리고 안정을 유지하고 혁명을 방지하기 위해서, 엘리트가 아닌 사람이 엘리트가 될 수 있는 길은 계속해서 열어두어야 한다. 엘리트가 아닌 사람들 중에서, 엘리트가 기본적으로 합의하는 바를 받아들이는 사람들만이 지배 집단에 들어갈 수 있다.

④ 엘리트는 사회 체제의 기본적인 가치와 사회 체제를 유지하는 것과 관련해 서로 의견을 같이 하고 있다. 미국의 경우, 엘리트가 기본적으로 합의하는 가치는 사유 재산은 신성하다는 점, 정부의 힘은 제약된다는 점, 개인의 자유가 있다는 점이다.

⑤ 공공정책은 일반 대중이 요구하는 바를 반영하지 않는다. 오히려 공공정책은 엘리트가 공유하는 가치를 반영한다. 공공정책은 혁명적으로 급격히 변하기보다는 점진적으로 변하는 경향이 있다.

⑥ 적극적인 엘리트는 무관심한 일반 대중으로부터 직접적인 영향을 거의 받지 않는다. 일반 대중이 엘리트에 영향을 미치는 것에 비해서, 엘리트는 일반 대중에게 영향을 훨씬 더 미친다.

그리고 정책 결정과 관련해, 엘리트 모델은 다음과 같은 특징을 가지고 있다(Dye, 2008).

① 엘리트 모델의 경우, 공공정책은 대중이 요구하는 것을 반영하는 것보다는 엘리트의 이해관계, 엘리트의 가치, 엘리트가 선호하는 것을 훨씬 더 많이 반영한다고 본다. 그러므로 엘리트가 자신의 가치를

다시 정의하기 때문에, 공공정책은 변화되고 개혁된다고 본다. 따라서 엘리트의 가치가 대중을 지향하는 방향으로 나갈 수도 있다. 그리고 엘리트가 의사를 결정하는 데 있어 일반 대중의 복지가 중요한 요소가 될 수도 있다. 요컨대, 엘리트 모델에서는 공공정책이 일반 대중의 복지에 대해 반드시 부정적이라고 보지는 않는다. 다만, 엘리트 모델에서는, 일반 대중의 복지는 일반 대중에게 달려 있는 것이 아니라 엘리트에게 달려 있다는 점을 강조한다.

② 일반 대중과 관련해 엘리트 모델에서는 다음과 같이 주장하고 있다. ㉠ 일반 대중은 대체로 수동적이고, 정책에 관심이 없고, 정책에 관한 정보를 제대로 갖고 있지 않다. ㉡ 일반 대중의 정서가 엘리트의 가치에 영향을 미치기보다는, 엘리트가 일반 대중의 정서를 조작하는 경우가 매우 많다. ㉢ 대부분의 경우, 엘리트와 일반 대중 사이의 의사소통은 엘리트에서 일반 대중에게로 가는 방식으로 진행된다. 그러므로 보통 선거와 정당의 경쟁은 일반 대중이 지배할 수 있는 길을 열어주는 역할을 하고 있지 않다. 요컨대, 엘리트 모델의 경우, 일반 대중은 엘리트가 의사를 결정하는 행동에 기껏해야 간접적으로만 영향을 미칠 뿐이라고 주장한다.

③ 사회제도의 규범과 게임의 법칙과 관련해, 엘리트 모델에서는 다음과 같이 주장하고 있다. ㉠ 엘리트는 사회제도의 바탕이 되는 기본적인 규범에 대해 동의하고 있다. ㉡ 엘리트는 사회제도 자체가 지속되는 것에 대해 동의하고 있고, 또한 사회제도를 운영하는 데 적용되는 기본 규칙에 동의하고 있다. 그러므로 사회제도가 안정을 유지하는지 여부는, 엘리트가 사회제도의 근본이 되는 가치에 대해 합의하는 바에 달려 있다. 심지어 사회제도가 존재하는지 여부도, 엘리트가 사회제도의 근본이 되는 가치에 대해 합의하는 바에 달려 있다. 그리고 엘리트는 엘리트가 동의하는 영역 속에 들어 있는 정책 대안들만을 고려할 것이다.

(나) 평가

엘리트 모델은 급진주의자들이 다원주의를 비판하면서 제시하는 정치 과정의 모습을 많이 포함하고 있다(Hill, 1999). 그리고 엘리트 모델은 현실을 반영하는 경우가 많다.

그러나 엘리트 모델은 문제가 있다. 이런 문제점에는 다음과 같은 것이 포함된다(Blau, 2004; Hill, 1999).

① 엘리트 모델은 단순하다. 우선, 엘리트 모델에서는 다음과 같이 주장한다. ㉠ 정치적 의사 결정 과정은 본질적으로 편향되어 있다. ㉡ 권력은 소수의 손에 집중되어 있다. 그러나 이런 식의 단순한 주장은 왜 그렇게 되는지에 관해서는 설명하지 못하고 있다.

② 엘리트 모델에서는 자본주의를 재생산하는 것이 모든 공공정책이 수행하는 주요한 기능이라고 본다. 그러므로 엘리트 모델에 따르면, 부유층에게 세금을 덜 부과할 경우에 자본주의는 재생산된다. 그러나 최저 임금을 더 많이 지급하고 빈곤층에게 더 나은 주택을 제공할 경우에도, 자본주의는 재생산된다. 왜냐하면 최저 임금을 더 많이 지급하고 빈곤층에게 더 나은 주택을 제공하면, 근로자의 생산성이 더 높아지는 방향으로 나갈 가능성이 있기 때문이다. 실제로 엘리트 모델의 경우, 점진적인 변화 때문에 나타날 수 있는 이득에 대해서는 매우 소홀히 다루고 있다.

(3) 공공 선택 모델

(가) 특징

공공 선택 모델(public choice model)은 정책은 이해관계가 있는 개인들이 집합적으로 의사 결정을 하는 것이라고 보는 모델을 말한다(Dye, 2008). 공공 선택 모델은 정치학자인 뷰캐넌(Buchanan)과 튤럭(Tullock)이 제시하였다. 다원주의에 대한 인기가 줄어듦에 따라서, 보수적 시각에서 등장한 이론이 공공 선택 모델이다(Blau, 2004).

공공 선택 모델은 시장 경제학의 이론을 정치 현상과 행정 현상에 적용한 것이라고 볼 수 있다. 그러므로 공공 선택 모델은 시장이 아닌 영역에서의 의사 절정을 경제적으로 연구하는 것과 관련된 모델이다. 공공 선택 모델의 경우, 모든 정치적 행위자는 시장에서뿐만 아니라 정치에서도 자신의 개인적 이득을 최대로 얻고자 한다고 가정한다. 여기서 정치적 행위자에는 유권자, 세금 납부자, 선거 출마자, 입법의원, 관료, 이익집단, 정당, 관료조직, 정부가 포함된다(Dye, 2008; 송근원, 2004).

공공 선택 이론과 관련해 뷰캐넌은 다음과 같이 주장한 바 있다(Dye, 2008).

① 사람들은 서로의 이득을 위해 시장에 참여한다. 이와 마찬가지로, 사람들은 서로의 이득을 위해 정치에 함께 참여한다.

② 시장에서 서로 거래함으로써, 사람들은 자신의 복리를 증가시킬 수 있다. 이와 마찬가지로, 사람들은 서로 합의함으로써(즉, 사회적 계약을 통해서), 자신의 복리를 증진시킬 수 있다.

요컨대, 공공 선택 모델의 경우, 사람들은 정치와 시장 모두에서 자신의 이해관계를 추구한다고 보고 있다. 그러나 공공 선택 모델에서는, 이와 같이 이기적인 동기를 가지는 경우에조차도 사람들은 집합적인 의사 결정을 통해서 서로에게 이익이 되는 방향으로 나갈 수 있다고 본다.

(나) 평가

공공 선택 모델은, 정당과 후보자가 선거운동에서 분명한 정책 대안을 제시하지 못하는 경우가 많은 이유를 설명하는 데 도움이 된다. 이것을 다음과 같이 설명할 수 있다. 정당과 후보자가 관심을 가지는 것은 어떤 원칙을 진전시키는 것이 아니라, 선거에서 이기는 것이다. 정당과 후보자는 선거에서 이기기 위해 정책을 형성한다. 즉, 정당과 후보자는 정책을 형성하기 위해 선거에서 이기고자 하는 것이 아니다. 그러므로 각 정당과 후보자는 가장 많은 유권자들의 지지를 얻을 수 있는 정책을 제시하려고 한다(Dye, 2008).

하지만 공공 선택 모델은 한쪽으로 기울어진 측면이 있다. 이런 측면 때문에, 공공 선택 모델은 몇 가지 비판을 받고 있다(Blau, 2004).

① 공공 선택 모델에서는 국가가 전체 국민을 나타낸다는 점을 인정하지 않지만, 사실상 국가는 존재한다고 볼 수 있다. 그리고 사람들은 국가와 정서적으로 관련되어 있다. 왜냐하면 사람들이 경제적 동기에 의해서만 행동하는 것은 아니기 때문이다. 예를 들어 일부 사람들의 경우, 공공기관에서 사회복지 업무를 보는 것이 봉급도 적고 환경도 편하지 않음에도 불구하고, 이런 업무를 맡아서 사회문제(예컨대, 빈곤아동 문제)를 해결하고자 노력하고 있다.

공공 선택 모델은 아동복지보다 노인복지에 관심을 더 가지는 이유를 설명하는 데 도움이 된다: 일본 노인시설의 노인들과 한국 아동시설의 아동들(저자 찍음[동경], 김은이님 제공[한국])

② 사회복지 프로그램에서 누가 이득을 보는지를 매우 분명하게 항상 파악할 수 있는 것은 아니다. 사회복지 급여를 받는 사람이 이득을 본다는 점은 분명하다. 그러나 이런 사람들이 받는 급여의 많은 부분은 다른 사람에게 곧 주어지는 경우가 많기 때문에, 처음에 사회복지 급여를 받는 사람을 유일한 급여 수급자라고 항상 말하기는 어렵다.

4) 정책 결정 과정과 관련된 모델들

(1) 합리 모델

(가) 특징

합리 모델(rational model)은 정책은 합리적으로 결정된다고 보는 모델을 말한다(DiNitto, 2007). 합리 모델의 경우, 인간은 이성과 합리성을 가진다는 점에 토대를 두고 정책 결정 과정을 제시하고 있다. 즉, 합리 모델은 다음과 같은 점을 전제로 삼고 있다(송근원, 2004).

① 정책 결정자는 매우 합리적이다.

② 정책 결정자는 목표를 이루기 위해서 가장 좋은 정책 방안을 찾을 수 있다.

합리 모델에 따르면, 합리적인 정책은 '사회적 이득을 가장 많이 얻고자' 하는 정책이다. 따라서 합리 모델을 따를 경우에, 정부는 다음과 같이 행동하여야 한다(Dye, 2008).

① 정부는 사용한 비용에 비해서 가장 많은 이득을 사회에 제공하는 정책을 선택하여야 한다.

② 정책을 실시하는 데 지출한 비용이 정책을 실시해 얻어진 이득보다 많을 경우에, 정부는 이런 정책을 실시하지 말아야 한다.

한편, 합리적으로 정책을 결정하기 위해서는 어떤 조건이 갖추어져야 한다. 이것은 합리적인 정책을 선택하기 위해서는, 정책 결정자는 다음과 같은 상황에 있어야 한다는 것을 의미한다(Dye, 2008).

① 정책 결정자들은 사회의 모든 가치를 알고 있어야 하고, 또한 이런 가치들의 비중을 따져보아야 한다.

② 정책 결정자들은 가능한 모든 정책 대안들을 파악하고 고려하여야 한다.

③ 정책 결정자들은 각 정책 대안이 미치는 영향을 다음과 같은 측면에서 완전하게 파악하여야 한다. ㉠ 비용(cost)과 편익(benefit)의 측면에서 파악하여야 한다. ㉡ 현재의 측면과 미래의 측면에서 파악하여야 한다. ㉢ 표적대상으로 삼는 집단과 사회 전체의 측면에서 파악하여야 한다.

④ 정책 결정자는 가장 효율적인 정책 대안을 선택하여야 한다. 즉, 정책 결정자들은 가장 적은 비용으로 가장 많은 편익을 가져오는 정책 대안을 선택하여야 한다.

그리고 합리 모델이 위에서 제시한 전제 조건을 충족하기 위해서는 다음과 같은 것이 필요하다(DiNitto, 2007; Dye, 2008).

① 여러 집단의 사회적 가치에 대한 정보가 필요하다. 합리 모델의 경우, 사회 전체의 가치들을 알 수 있고, 또한 이런 가치들이 상대적으로 차지하는 비중을 측정할 수 있다고 가정한다. 따라서 합리 모델에서는 일부 집단의 가치와 이런 가치들의 비중은 알고 있지만,

다른 집단의 가치와 그 상대적 비중을 알지 못해서는 안 된다고 본다. 즉, 합리적으로 정책을 결정하기 위해서는, 사회적 가치를 완전히 이해하고 있어야 한다.

② 정책 대안과 결과에 대한 정보가 필요하다. 즉, 합리적으로 정책을 결정하는 과정에서는 다음과 같은 것이 필요하다. ㉠ 정책 대안들에 관한 '정보'가 필요하다. ㉡ 정책 대안들의 결과를 정확하게 미리 볼 수 있는 '예측 능력'이 필요하다. ㉢ 비용과 편익의 상대적 비율을 정확하게 계산할 수 있는 '지적 능력(intelligence)'이 필요하다.

③ 정책 설정을 더 합리적으로 진행시켜 주는 '의사 결정 체계'가 필요하다.

(나) 평가

사회복지 영역에서뿐만 아니라 기타의 정책 영역에서, 합리 모델은 이상적인 정책 결정 모델에 속한다. 따라서 합리 모델은 공공정책을 연구하고 또한 공공정책을 수립하는 데 있어 '이상적인' 접근방식으로 제시되어 왔다. 실제로, 합리주의를 옹호하는 사람들은 합리 모델이 모든 종류의 문제에 적용할 수 있는 유일한 모델이라고 주장해 왔다.

물론 대부분의 정부정책은 완전히 합리적이지 않다. 그러나 설사 그럴지라도, 합리 모델은 분석적 목적을 위해 중요하다. 왜냐하면 합리 모델은 합리적으로 정책을 결정하는 데 놓여 있는 걸림돌을 파악하는 데 도움이 되기 때문이다. 따라서 합리 모델은 정책을 결정하는 과정이 왜 더 합리적인 과정이 되지 못하는 이유를 찾는 데 도움이 된다.

그러나 합리적으로 정책을 결정하는 데에는 여러 가지 걸림돌이 놓여 있다. 사실, 이런 걸림돌은 너무 많다. 그러므로 '실제의 현실 세계'에서 정책을 결정하는 과정은 합리적 과정이 아닌 경우가 많다. 즉, 현실 세계의 경우, 합리성을 크게 제약하는 정치적 환경에서 정책을 결정하고 있다. 따라서 합리 모델에 따라 정책을 결정하는 경우는 거의 없다(DiNitto, 2007; Dye, 2008).

일반적으로 합리 모델의 문제점으로 다음과 같은 점을 지적할 수 있다(DiNitto, 2007; Dye, 2008).

① 합리 모델에서는 사회적 가치가 일반적으로 합의되고 있다고 보지만, 사실은 일반적으로 합의되고 있는 사회적 가치는 거의 없다. 실제로는 특정한 집단과 특정한 개인의 사회적 가치만 있는 경우가 더 많다. 그리고 이런 가치들은 서로 갈등하는 상태에 있는 경우가 많다. 또한 많은 쟁점의 경우, 달성하고자 하는 목적에 대해서는 근본적으로 합의가 되어 있지 않다.

② 정책과 관련된 문제는 합리 모델에서 주장하는 것과 같은 특성을 지니지 않는 경우가 많다. 이것은 두 가지로 나누어 볼 수 있다. ㉠ 문제는 정의될 수 없다. 왜냐하면 사람들은 문제가 무엇인지에 관해서 합의하고 있지 않기 때문이다. ㉡ 한 집단에게 문제가 되는 것은 다른 집단에게는 혜택이 될 수 있다.

③ 서로 갈등적인 편익과 비용은 비교될 수 없거나 상대적 비중을 계산할 수 없는 경우가 많다. 예를 들어 개인의 존엄이라는 가치를 세금 증가에 대해 비교하거나 상대적 비중을 따질 수 없다.

④ 일반적으로 정책 결정자들은 다음과 같은 것을 정확하게 할 수 없다. ㉠ 여러 가지 정책 대안들이 미치는 결과를 정확하게 예측할 수 없다. ㉡ 대규모의 다양한 정치적·사회적·경제적·문화적 가치가 쟁점이 되는 경우에는, 가장 발달된 컴퓨터 기법을 사용할지라도 정책 결정자들은 비용과 편익을 정확하게 계산할 수 있는 지적 능력을 충분히 가지고 있지 않다

⑤ 정책 결정자들이 놓인 환경 때문에, 모든 사회적 가치를 파악하는 것은 사실상 불가능하다. 이것은 정부가 적극적으로 지지하지 않는 사회적 가치의 경우에 특히 그렇다.

⑥ 정책 결정자들의 경우, 반드시 사회적 가치에 근거해 결정을 내리는 것은 아니다. 그 대신에 정책 결정자들은 자기 자신에게 오는 보상을 가장 크게 하는 방향으로 의사 결정을 하려 한다.[8] 사실, 정책

8) 이 경우에 해당되는 보상에는 권력을 얻는 것, 지위를 얻는 것, 선거에서 다시 당선되는 것, 금전을 얻는 것이 포함된다.

결정자들은 자기 나름의 욕구와 야망을 가지고 있고, 또한 정책 결정자들은 나름의 단점을 가지고 있다. 이런 것들 때문에, 정책 결정자들은 매우 합리적인 방식으로 정책을 결정하지 못할 수 있다.

⑦ 정책 결정자들은 순수한 사회적 이득을 가장 크게 하려고 하지 않는다. 그 대신에 정책 결정자들은 개선하라는 요청을 들어주는 방향으로만 나가려 한다. 구체적으로, 정책 결정자들은 '가장 좋은 방법'을 찾을 때까지 계속해서 어떤 정책 대안을 찾아보지 않는다. 그 대신에 정책 결정자들의 경우, 효과가 있을 것으로 보이는 정책 대안을 찾게 되면, 더 좋은 정책 대안을 찾는 작업을 중단하는 경향이 있다.

⑧ 정책 결정자들은 현재의 프로그램과 정책에 많이 투자하였다. 따라서 매몰 비용(sunk costs)이 크게 든 셈이다.[9] 그러므로 정책 결정자들의 경우, 이전에 결정한 바를 쓸모없게 만들 수 있는 새로운 정책 대안을 다시 고려하지 않으려 한다.

⑨ 대규모의 관료조직에서는 정책 결정이 통합되어 있지 있다. 그러므로 이런 조직에서는, 의사를 결정하는 시점에 다양한 전문가들의 견해를 모두 반영하기 위해 의사 결정을 조정하기가 어렵다. 이렇게 되는 이유로 다음과 같은 것이 있다. ㉠ 정책을 결정하는 순간에, 관련된 모든 개인과 집단과 전문가를 함께 모으기 어렵기 때문이다. ㉡ 정부에서의 의사 결정은 체계적이지 않게 전개되는 경우가 많기 때문이다.

(2) 만족 모델

만족 모델(satisficing model)은[10] 만족스러운 정도의 정책 대안을 선택하는 방식을 통해서 정책이 결정된다고 보는 모델을 말한다(송근원, 2004). 만족 모델은 카네기(Carnegie) 학파가 제시한 모형이다. 만족 모델에서는, 정책 결정은 인간의 완전한 합리성을 전제로 하지 않는다고 보고 있다. 즉,

9) 매몰 비용은 일단 발생하고 나면 다시 회수할 수 없는 비용을 말한다(Stiglitz, 1997).
10) 'satisficing'은 'satisfying(만족스럽다)'와 'sufficing(충분하다)'을 합친 용어이다(송근원, 2004).

만족 모델의 경우, 정책 결정에는 주관적 요소가 개입하기 때문에, 정책 결정에는 비합리성이 존재한다고 본다. 하지만 만족 모델에서는, 정책 결정은 완전히 비합리적으로 이루어지는 것은 아니라고 보면서, 인간의 '제한된 합리성(bounded rationality)'을 인정하고 있다.

(3) 점증 모델

(가) 특징

점증 모델(incremental model 또는 incrementalism)은 공공정책은 정부가 과거에 한 활동을 조금만 변화시킨 것이라고 보는 모델을 말한다. 그러므로 점증 모델은 사회복지와 관련된 정책과 태도와 행동을 서서히 변화시키는 것과 관련이 있는 모델이다(Barker, 2003; Dye, 2008).

정치학자인 린드블롬(Lindblom)은 합리 모델을 비판하면서, 그 대안으로 점증 모델을 처음으로 제시하였다. 린드블롬의 경우, 정부에서 정책을 결정하는 사람들은 다음과 같은 특성을 지닌다고 본다(DiNitto, 2007).

① 정부의 정책 결정자들은 기존의 정책과 제안된 정책을 모두 검토하지 않는다.
② 정부의 정책 결정자들은 모든 사회적 목적을 파악하지 않는다.
③ 정부의 정책 결정자들은 이런 목적을 달성하기 위한 모든 정책 대안들의 편익과 비용을 조사하지 않는다.
④ 정부의 정책 결정자들은 순수한 편익을 가장 많이 제공하는 순서에 따라서, 각 정책 대안의 순위를 정하는 작업을 하지 않는다.
⑤ 정부의 정책 결정자들은 관련된 모든 정보에 근거하여 정책을 선정하지 않는다.

그러므로 점증 모델에 따르면, 일반적으로 정책 결정자들은 다음과 같은 특징을 지닌다(Dye, 2008).

① 정책 결정자들은 기존의 프로그램이 정당하다는 것을 받아들이고 있다.
② 이에 따라 정책 결정자들은 이전의 정책을 계속하는 것에 대해 암묵적으로 동의하고 있다.

즉, 점증 모델의 경우, 정책 결정자들은 기존의 정책과 프로그램의 정당성을 인정한다고 보고 있다. 따라서 점증 모델에 근거한 정책 결정에서는, 기존의 정책과 프로그램과 지출을 토대로 삼아서 정책을 결정한다. 요컨대, 점증 모델에 따르면, 현실은 합리 모델에서 제시된 것처럼 움직이지 않는다. 그러므로 점증 모델의 경우, 인간은 매우 크게 변화시키는 식으로 정책을 결정하기보다는, 조금씩 증가시켜서 정책을 결정한다고 주장한다(Birkland, 2001; DiNitto, 2007).

점증 모델의 경우, 위와 같이 되는 이유를 구체적으로 다음과 같이 제시하고 있다(Dye, 2008).

① 정책 결정자들은 모든 정책 대안을 조사하기 위한 시간이나 정보나 자금이나 지적 능력 등을 가지고 있지 않기 때문이다. 그러므로 합리적인 정책을 개발하는 데 시간과 비용이 매우 많이 들 경우에는, 완전히 합리적인 정책이 나올 수 없다.

② 정책 결정자들은 기존의 정책이 정당하다는 점을 받아들이고 있기 때문이다. 정책 결정자들은 완전히 새로운 정책이나 완전히 다른 정책의 결과가 어떻게 될 것인지에 대해 확신하지 못하고 있고, 이에 따라 기존 정책이 정당하다는 점을 받아들인다. 정책 결정자들의 입장에서는, 새로운 프로그램에 대한 결과를 예측할 수 없을 경우에는 기존의 프로그램을 밀고 나가는 것이 더 안전한 전략이다. 확실하지 않은 상황에서는, 과거의 정책이나 프로그램이 효과적으로 증명되었는지 여부에 상관없이, 정책 결정자들은 과거의 정책이나 프로그램을 계속 실시하는 경향이 있다.

③ 정책 결정자들이 기존의 프로그램에 크게 투자하였을 수 있기 때문이다. 정책 결정자들이 기존의 프로그램에 크게 투자하였을 경우, 정책 결정자들은 정책을 실제로 급격하게 변화시키지 않는다. 이런 투자의 형태로 금전, 건물, 심리적으로 고생한 것, 행정적 관행, 조직구조와 같은 것이 있을 수 있다. 그러므로 모든 정책 대안을 진지하게 고려할 수 있는 것은 아니다. 이 경우, 오히려 물리적·경제적·

조직적·행정적 변화를 적게 가져오는 정책 대안만을 진지하게 고려하게 된다.

④ 점증 모델은 정치적으로 편리하기 때문이다. 쟁점이 되는 내용이 예산을 증가하거나 감소하는 것이거나 기존의 프로그램을 다소 변경시키는 것일 경우에는, 정책을 결정하는 과정에서 합의가 더 쉽게 이루어진다. 그러나 정책을 결정하는 과정에서 정책을 매우 크게 변화시키는 것이 쟁점이 될 경우에는, 정책 결정에서 갈등이 커진다. 새로운 프로그램이나 정책을 매년 통과시키는 경우에는, 정치적 갈등이 매우 심각할 가능성이 있다. 이에 따라서 정치적 상황이 크게 변화하지 않았다면, 다음 해에도 이전의 정책은 계속되는 경향이 있다.

⑤ 정책 결정자들의 성격이 점증 모델에 어울리기 때문이다. 인간은 자신이 추구하는 여러 가치들을 모두 최대로 확보하려고 행동하는 경우는 매우 드물다. 오히려 인간은 특별한 욕구를 충족시키고자 행동하는 경우가 더 많다. 따라서 인간은 '효과가 있을 것으로 보이는 방법'을 찾는 경향이 있다. 그리고 '효과가 있을 것으로 보이는 방법'을 찾는 작업은 친숙한 방법부터 찾기 시작하는 경우가 많다. 즉, '효과가 있는 방법'을 찾는 작업은 현재의 정책과 가까운 정책 대안을 찾는 것으로 시작하는 경우가 많다.

⑥ 서로 합의된 사회적 목적이나 가치가 없는 상황에서는, 기존의 프로그램을 계속하는 것이 더 쉽기 때문이다. 즉, 이런 상황에서는, 특정한 사회적 목표를 달성하기 위해 전반적으로 정책을 기획하는 데 관여하기보다는, 기존의 프로그램을 계속하는 것이 더 쉽다.

(나) 평가

사회복지와 관련된 사람들은 점증 모델을 적용하는 경향이 있다(Barker, 2003). 왜냐하면 일반인들은 포괄적인 프로그램 모두를 한꺼번에 채택하는 것에 대해 거부감을 가지기 때문이다.

그리고 점증 모델은 다음과 같은 의의가 있다(Birkland, 2001).

① 점증 모델은 어떻게 의사 결정을 하는지에 관한 모델의 토대가 된다.

② 점증 모델은 서로 갈등적인 이해관계를 가진 사람이나 조직이 정책을 결정할 경우에 어떻게 행동할 것인지를 파악하는 데 도움을 준다.

한편, 위에서도 일부 언급된 바와 같이, 점증 모델에 근거해 정책을 결정하는 것은 정치적으로 유리한 측면이 있다. 점증 모델의 중요한 정치적 장점으로 다음과 같은 것이 있다(DiNitto, 2007).

① 정책 결정이 정책의 방향을 크게 변화시켜서 사회의 다양한 집단이 크게 이득을 얻거나 손실을 보는 상황을 포함할 경우에는, 갈등이 더 커지게 된다. 그러므로 점증 모델에 근거한 정책 결정에서는 갈등이 줄어든다. 즉, 다음과 같은 경우에는 갈등이 줄어든다. ㉠ 논쟁이 되고 있는 내용이 기존 예산을 늘리거나 줄이는 것일 뿐인 경우에는 갈등이 줄어든다. ㉡ 기존의 프로그램을 변형하는 것일 뿐인 경우에는 갈등이 줄어든다.

② 점증 모델의 경우, 정책 결정자들은 기존의 정책을 계속해서 실시할 수 있다. 왜냐하면 완전히 새로운 정책이나 이전과는 매우 다른 정책들은 그 결과를 확실할 수 없기 때문이다. 새로운 프로그램의 결과를 정확하게 예측할 수 없을 경우에는, 알려진 기존의 프로그램을 따르는 것이 더 안전하다.

그러나 점증 모델은 다음과 같은 문제점을 가지고 있다(Birkland, 2001; DiNitto, 2007).

① 어떤 문제를 해결하기 위해서는 과감하게 결정을 내려야 할 필요가 있을 수 있다. 이런 상황에서는 점증 모델을 적용하기 어렵다.

② 위와 관련되는 것으로서, 위기 상황에서는 점진적으로 대처하기 어렵다. 정책 결정자들이 기존의 정책 대신에 새롭고 시도되지 않은 정책을 고려하기 시작하는 때는 '위기' 상황에 놓여 있을 경우이다. 그러므로 공공정책을 점진적으로 변화시키는 것이 아니라 공공정책을 크게 변화시키고자 하는 집단과 개인은 '위기' 상황을 만들려고 시도하는 경우가 많다. 이런 상황에서는 점증 모델을 적용하기 어렵다.

③ 점차적으로 한 단계씩 나가는 방식으로 달성하기 어려운 목적을 추

구할 경우에는, 점증 모델을 적용하기 어렵다.

(4) 혼합 모델

(가) 특징

혼합 모델(mixed scanning model)은 합리 모델과 점증 모델의 내용을 합친 모델이라고 볼 수 있다. 혼합 모델을 주장한 사람은 에치오니(Etzioni)이다. 혼합 모델에서 주장하는 바는 다음과 같다(송근원, 2004).

① 큰 범위에서 이루어지는 기본적인 거시적 결정은 합리적으로 이루어진다.

② 세부적인 미시적 결정은 기본적 결정을 보완하고 수정하여 점증적으로 이루어진다.

그러므로 혼합 모델의 경우, 정책을 결정하는 과정을 기본적 결정 과정과 세부적 결정 과정으로 나눈다(송근원, 2004). 각 과정의 구체적 내용은 다음과 같다.

① 기본적 결정 과정은 기본적인 거시적 결정을 내리는 과정이다. 기본적 결정은 전체적이고 기본적인 방향을 정하기 위해서 중요한 대안을 탐색한 후에 이루어진다. 기본적 결정 과정에서는 개괄적으로 검토를 하고, 구체적인 것들은 따져보지 않는다.

② 세부적 결정 과정은 세부적인 미시적 결정을 내리는 과정이다. 세부적 결정 과정에서는 기본적 결정의 범위 내에서 점증적으로 구체화된다.

(나) 평가

합리 모델은 지나치게 이상적인 특성을 가진다는 단점이 있고, 점증 모델은 지나치게 보수적이라는 단점이 있다. 혼합 모델은 합리 모델과 점증 모델의 이런 단점을 극복할 수 있는 모델이다(송근원, 2004).

그러나 혼합 모델에 대해서는 다음과 같은 비판이 있다.

① 혼합 모델은 대립되는 두 가지 극단적인 모델을 혼합한 것에 지나지

않는다.

② 혼합 모델은 현실적으로 실현되기 어렵다.

(5) 쓰레기통 모델

(가) 특징

쓰레기통 모델(garbage can model)은 코헨(Cohen)과 마치(March)와 올슨(Olsen)이 제시한 모델이다. 코헨과 마치와 올슨의 경우, '조직된 무질서(organized anarchies)'에서 의사를 결정하는 것을 설명하기 위해서 쓰레기통 모델을 제시하였다(Birkland, 2001).

쓰레기통 모델의 경우, 합리성을 매우 크게 제약하는 세 가지 조건 아래에서, 정책을 결정하는 데 필요한 네 가지 흐름이 우연히 결합함으로써 정책이 결정된다고 본다.

여기서 세 가지 전제 조건은 다음과 같다(송근원, 2004).

① '문제성을 띠는 선호(problematic preference)'가 있다. 이것은 참여자 개인이 어떤 것을 선호하는지에 관해서도 모르면서 정책 결정에 참여하기 때문에 참여자들 사이에 바람직한 정책 대안을 선택하는 데 합의할 수 없고, 이에 따라 문제가 생기는 것과 관련된다.

② '불명확한 기술(unclear technology)'이 있다. 이것은 정책 결정의 목표와 수단 사이의 인과관계가[11] 분명하지 못한 것과 관련된다.

③ '부분적 참여자(part-time participants)'가 있다. 이것은 참여자 개인은 자신에게 중요한 문제를 해결하는 데에만 참여하고, 그렇지 않는 경우에는 참여하지 않는 것과 관련된다.

그리고 코헨과 마치와 올슨이 제시하는 네 가지 흐름은 다음과 같다(Birkland, 2001; Economic Geography Glossary, 2009; 송근원, 2004).

① 문제(problems)의 흐름이 있다. 문제는 주목할 필요가 있는 것을 말한다. 문제는 조직의 내부에서 처음 발생할 수도 있고, 조직의 외부에서 처음 발생할 수도 있다.

11) 이런 인과관계를 기술이라고 부른다(송근원, 2004).

② 해결 방안(solutions)의 흐름이 있다. 해결 방안은 문제에 대한 해답을 말한다. 즉, 해결 방안은 다소 적극적으로 문제를 탐구해 얻어낸 해답이다. 조직에 참여하는 사람들은 해결 방안에 대해서 대해 생각할 수 있다. 즉, 참여자들은 특정한 해결 방안에 이끌릴 수 있고, 이런 해결 방안을 옹호하기 위해서 자발적으로 나설 수 있다.

③ 선택 기회(choice opportunities)의 흐름이 있다. 선택 기회는 조직이 어떤 방안을 실행하리라고 예상하는 경우를 말한다. 구체적으로 선택 기회는 정책을 결정할 수 있는 기회를 말한다.

④ 참여자(participants)의 흐름이 있다. 참여자는 수시로 변한다. 참여자는 자신이 좋아하는 문제나 좋아하는 해결 방안을 가질 수 있다.

이런 각 흐름에 대해서 의사 결정과 관련된 여러 가지 요소가 떠돌아다닌다. 쓰레기통 모델에서는 다음과 같은 점이 가장 중요하다고 볼 수 있다(Birkland, 2001).

① 해결 방안을 찾는 문제가 있는 것만큼이나, 문제를 찾는 해결 방안이 있다.

② 참여자는 이와 같은 문제들과 해결 방안들을 함께 엮는 방법을 찾으면서, 여기저기를 떠돌아다닌다.

이렇게 의사를 결정하는 기회를, 이런 흐름들이 함께 섞여 있는 '쓰레기통'이라고 부른다. 쓰레기통 모델의 경우, 이 흐름이 쓰레기통에서 우연히 만나는 경우에 정책이 결정된다고 본다(송근원, 2004).

쓰레기통 모델은 문제가 파악되고, 그러고 나서 사람들이 이 문제에 대한 해결 방안을 개발해서 들여오는 식의 모델이 아니다. 오히려 쓰레기통 모델에서는 다음과 같이 가정한다(Birkland, 2001).

① 많은 해결 방안들은 이미 존재하고 있다.

② 참여자의 역할은 이런 해결 방안을 관련된 문제에 연결시켜 주는 데 있다.

킹돈(Kingdon)은 코헨과 마치와 올슨이 가정하는 것을 발전시켜서 나름의 쓰레기통 모델을 제시하여 정책 결정에 적용하고 있다(송근원, 2004).

구체적으로 킹돈에 따르면, '정치의 흐름(political stream)', '문제의 흐름(problems stream)', '정책(대안)의 흐름(policy stream)'이 각기 따로 존재하는데, 각 흐름마다 주요 참여자가 서로 다르다.[12] 킹돈은 이 세 가지 흐름이 우연히 만날 경우에 '정책의 창문'이 열린다고 본다. 그러므로 이때 정책을 결정하지 않으면, 정책의 창문은 닫히게 된다는 것이다.

(나) 평가

전통적인 의사 결정 이론에서는 문제와 해결 방안과 의사 결정자를 서로 연관시키고 있다. 그러나 이런 전통적인 의사 결정 이론과는 다르게, 쓰레기통 모델에서는 문제와 해결 방안과 의사 결정자를 서로 분리시키고 있다. 이런 점에서 쓰레기통 모델의 독특한 측면을 찾아볼 수 있다.

쓰레기통 모델의 경우, 문제로부터 해결 방안까지 정돈된 과정을 거쳐서 특정한 의사 결정이 이루어지는 것은 아니라고 본다. 즉, 쓰레기통 모델에서는 조직에 있는 여러 가지의 독립된 사건들이 진행되면서 특정한 의사 결정이 나타난다고 본다. 따라서 쓰레기통 모델은 과정을 지향하고 참여를 지향하는 정책 모델이다. 그러므로 쓰레기통 모델은 합리 모델에 대해 근본적으로 반대하는 입장을 취하고 있다(Economic Geography Glossary, 2009; Ansell, 2001; 송근원, 2004).

(6) 집단 모델

집단 모델(group model)은 정책은 집단들 사이의 평형을 나타낸 것이라고 보는 모델을 말한다. 집단 모델의 기본적인 입장은, 집단들 사이의 상호작용이 정치의 주요한 특징이라는 점이다. 집단 모델의 경우, 공통된 이해관계를 가진 사람들은 공식적·비공식적으로 함께 뭉쳐서, 자신들이 요구하는 바를 들어달라고 정부에 압력을 넣는다고 본다.

집단 모델에 따르면, 어느 시점에서의 공공정책은 여러 집단들이 경쟁하면서 이루어진 평형을 나타난다. 여러 이익집단들 사이의 상대적인 영향력

12) 정치의 흐름에는 정치인과 이익집단이 주로 참여하고, 문제의 흐름에는 언론과 클라이언트가 주로 참여하고, 정책(대안)의 흐름에는 관료와 연구자가 주로 참여한다.

에 따라서 이런 평형의 모습이 결정된다. 따라서 어느 이익집단의 상대적 영향력이 변하게 되면, 공공정책이 변할 가능성이 크다. 이 경우에 공공정책은 다음과 같은 방향으로 나갈 것이다(Dye, 2008).

① 상대적 영향력을 확보하는 집단이 바라는 방향으로 나간다.

② 상대적 영향력을 잃는 집단이 바라는 바와는 멀어지는 방향으로 나간다.

(7) 과정 모델

과정 모델(process model)은 정책은 정치적 활동이라고 보는 모델을 말한다. 2차 세계대전 이후부터 '행동주의' 정치학에서는 유권자, 이익집단, 입법의원, 대통령, 관료, 판사, 기타 정치적 행위자들의 활동에 관해 연구해 왔다. 이런 연구에서는 정치적 '과정'을 발견하는 것을 주요 목적의 하나로 추구해 왔다.

그리고 정책에 관심을 가지고 있는 정치학자들의 경우, 정책과 관련된 활동이 공공정책과 어떤 관계가 있는지를 기준으로 해서 여러 가지 활동들을 분류해 왔다. 이런 결과로 나타난 것이 일단의 '정치적 과정'이다. 그러므로 정책 과정은 일련의 정치적 활동으로 볼 수 있다. 여기서 일련의 정치적 활동은 ㉠ 문제를 파악하는 것, ㉡ 아젠다를 설정하는 것, ㉢ 정책을 설정하는 것, ㉣ 정책을 정당화하는 것, ㉤ 정책을 실행하는 것, ㉥ 정책을 평가하는 것을 말한다(Dye, 2008).

과정 모델은 정책을 결정하는 데 관여한 여러 활동들을 이해하는 데 유용하다.

(8) 제도 모델

제도 모델(institutional model)은 정책은 제도적 산물이라고 보는 모델을 말한다. 제도 모델의 경우, 공공정책과 정부기관은 매우 가까운 관계를 유지하고 있다고 본다.

제도 모델에 따르면, 공공정책과 관련해 볼 때 정부기관은 다음과 같은 세 가지의 분명한 특징을 지니고 있다(Dye, 2008).

① 정부는 정책에 '정당성'을 부여한다. 정부의 정책은 시민들이 법적으로 따라야 하는 의무로 인식되는 경우가 많다. 사람들은 정부 이외의 집단과 조직의 정책이 중요하다고 생각할 수 있다. 그리고 더 나아가, 사람들은 이런 정책이 구속력이 있다고까지 생각할 수 있다. 그러나 오직 정부의 정책만이 법적 의무를 부여할 수 있다.

② 정부는 정책에 '보편성'을 부여한다. 오직 정부의 정책만이 사회에서 모든 사람에게 확대되어 적용된다. 정부 이외의 집단이나 조직의 정책은 사회의 일부 대상에게만 적용되고 있다.

③ 정부는 사회에서 '강제성'을 독점한다. 따라서 오직 정부만이 정부의 정책을 위반하는 사람들을 합법적으로 제재할 수 있다.

그러므로 제도 모델의 경우, 엄밀하게 말해서 정책은 정부기관이 채택해 실행하고 나서야 '공공'정책이 된다고 본다.

5) 정리

위에서 제시한 다양한 모델들 이외에도, 정책을 결정하는 모델에는 여러 가지가 있다. 각 모델은 나름대로의 장점과 단점을 가지고 있다. 그리고 각 모델은 다른 모델에 비해서 상대적으로 더 잘 적용되는 정책 분야(예컨대 복지정책, 국방정책, 교육정책)가 있다.

일반적으로 정책 결정과 관련해서는 합리 모델과 점증 모델이 많이 언급되고 있다.

[정리] 정책 결정의 주요 모델들

- 정책 결정과 관련해 여러 모델이 제시되어 왔고, 학자에 따라서 이런 모델을 분류하는 방식에서 차이가 있다. 편의상, 정책 결정 모델을 정책 결정의 주체에 주목하는 모델과 정책 결정의 과정에 주목하는 모델로 구분할 수 있다.
- 정책 결정의 주체와 관련된 모델의 예로 다원주의, 엘리트 모델, 공공 선택 모델이 있다. 다원주의에서는 의사 결정은 이해관계를 가진 세력들 사이에 경쟁한 결과로 나타난다고 본다. 엘리트 모델에서는 정책은 엘리트가 선호하는 것이라고 본다. 공공 선택 모델에서는 정책은 이해관계가 있는 개인들이 집합적으로 의사 결정을 하는 것이라고 본다.
- 정책 결정 과정과 관련된 모델의 예로 합리 모델, 만족 모델, 점증 모델, 혼합 모델, 쓰레기통 모델, 집단 모델, 과정 모델, 제도 모델이 있다. 합리 모델에서는 정책은 합리적으로 결정된다고 본다. 만족 모델에서는 만족스러운 정도의 정책 대안을 선택하는 방식을 통해 정책이 결정된다고 본다. 점증 모델에서는 공공정책은 정부가 과거에 한 활동을 조금 변화시킨 것이라고 본다. 혼합 모델은 합리 모델과 점증 모델의 내용을 합친 모델이다. 쓰레기통 모델에서는 합리성을 매우 크게 제약하는 몇 가지 조건 아래에서, 정책 결정에 필요한 몇 가지 흐름이 우연히 결합함으로써 정책이 결정된다고 본다. 집단 모델에서는 정책은 집단들 사이의 평형을 나타낸 것이라고 본다. 과정 모델에서는 정책은 정치적 활동이라고 본다. 제도 모델에서는 정책은 제도적 산물이라고 본다.
- 정책 결정과 관련된 각 모델은 나름의 장단점이 있다. 정책 결정과 관련해서는 합리 모델과 점증 모델이 많이 언급된다.

제11장

사회복지정책의 평가

1. 정책 평가의 개념과 필요성
2. 정책 평가의 목적과 기능 및 역사
3. 정책 평가의 기준
4. 정책 평가의 형태와 방법
5. 정책 평가의 구체적 방법

1 정책 평가의 개념과 필요성

1) 정책 평가의 개념

정책 평가(policy evaluation)는 정책 활동에 대해서 평가하는 것을 가리킨다. 구체적으로 정책 평가는 정책의 설계, 실시, 결과를 평가하는 체계적인 과정을 말한다. 즉, 정책 평가는 정책 활동이 지니는 가치를 살펴보기 위해서 정책과 관련된 정보를 수집하고 분석하고 해석하는 활동을 말한다(Hall, 2010b; 송근원, 2004).

이 경우에 정책 평가를 좁게 볼 수도 있고 넓게 볼 수도 있다(DiNitto, 2007; Dye, 2008; 송근원, 2004). 정책 평가를 좁은 의미로 볼 경우에, 정책 평가는 정책을 실시한 결과에 대해 평가하는 것을 말한다. 즉, 좁은 의미의 정책 평가는, 해당되는 문제를 해결하는 데 정책이 얼마나 영향을 미쳤는지를 평가하는 것을 말한다. 이런 맥락에서, 디니토(DiNitto)는 정책 평가는 정책의 결과에 대해 파악하는 것이라고 언급한 바 있다.

그리고 정책 평가를 넓은 의미로 볼 경우에, 정책 평가는 정책 과정의 전체에 걸쳐서 평가하는 것을 말한다. 즉, 넓은 의미의 정책 평가는 정책을 결정하기 이전부터 정책을 실시한 이후까지의 모든 정책 과정에서 나타나는 활동을 평가하는 것을 말한다.

2) 정책 평가의 필요성

법이 제정되어 새로운 법에 따라 프로그램을 실시한다고 해서, 정책을 결정하는 과정이 끝나는 것은 아니다. 왜냐하면 프로그램을 실시한 후에는 다음과 같은 측면을 따져보아야 하기 때문이다(Hall, 2010b).

① 정책이 그 목적을 달성하였는지 여부를 따져본다.

② 정책의 효과는 무엇인지를 따져본다.

③ 정책을 변화시킬 필요가 있는지 여부를 따져본다.

그러므로 정책에 대한 평가가 필요하다. 좀 더 구체적으로, 정책 평가가 필요한 배경으로 다음과 같은 점을 제시할 수 있다(National School of Government, 2008).

① 정책이 추구하려는 목적을 어느 정도 달성하였는지를(또는 어느 정도 달성하고 있는지를) 파악하기 위해서, 정책 평가가 필요하다.

② 해당 정책을 실시할 경우에 혜택을 받도록 되어 있는 사람들이 실제로 혜택을 받고 있는지 여부를 파악하기 위해서, 정책 평가가 필요하다.

그리고 일반적으로 사회복지정책을 평가하는 것이 필요한 이유를 몇 가지 살펴보면 다음과 같다(송근원, 2004).

① 사회복지정책을 결정하는 데 필요한 정보를 얻기 위해서 정책 평가가 필요하다. 이것을 다시 두 가지로 나누어 볼 수 있다. ㉠ 문제를 해결하기 위한 정책을 결정하는 데 필요한 정보를 얻기 위해서 정책 평가가 필요할 수 있다. ㉡ 기존의 정책을 개선하기 위한 정보를 얻기

위해서 정책 평가가 필요할 수 있다.

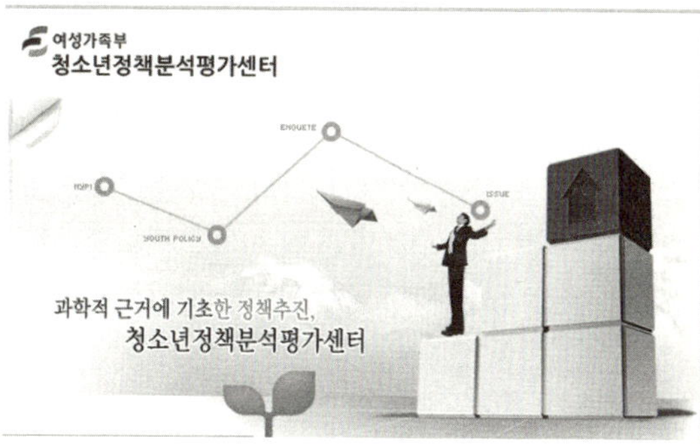

청소년정책을 분석하고 평가하는 기관(청소년정책분석평가센터)의 안내(출처: 홈페이지)

② 사회복지정책을 더 잘 실시하거나 또는 더 잘 관리하기 위해서 정책 평가가 필요하다. 예를 들어 정책 평가를 거쳐서 나타나는 정보를 토대로 해서 사회복지정책을 더 나은 방식으로 실시할 수 있다.

③ 사회복지정책의 활동에 대해 책임을 따져보는 근거를 얻거나 또는 사회복지정책이 정당한지를 따져보는 근거를 얻기 위해서 정책 평가가 필요하다.

④ 사회복지정책에 관한 이론을 형성하는 데 도움이 되기 위해서 정책 평가가 필요하다. 왜냐하면 정책 평가는 기존의 이론을 확고하게 받아들이게 하거나 수정하거나 부정함으로써, 관련 지식이 새롭게 얻어지고 지식이 발달하는 데 도움을 주기 때문이다.

이에 따라서 근래에 들어 정책 평가에 대해서 관심을 더 가지는 방향으로 나가고 있다.

한편, 정책 평가와 정부 및 의회와 관련된다. 이 점을 좀 더 살펴보면 다음과 같다(DiNitto, 2007).

① 정책 평가는 정부와 관련된다. 정책 평가와 관련해, 정부기관은 다음과 같은 것을 정기적으로 보고하고 있다. ㉠ 정부기관이 사용한 자금의 양이 있다. ㉡ 정부기관이 제공하는 여러 서비스를 이용한 사람의 수가 있다. ㉢ 이런 서비스의 비용이 있다.

정책 평가는 의회와도 관련된다: 대도시의 의회(저자 찍음)

② 정책 평가는 의회(국회나 지방의회)와 관련된다. 의회의 위원회는 여러 프로그램과 서비스가 얼마나 평판이 좋은지 또는 좋지 않은지에 관해서, 영향력이 있는 개인과 집단으로부터 의견을 들을 수 있다.

[정리] 정책 평가의 개념과 필요성

- 정책 평가는 정책 활동이 지니는 가치를 살펴보기 위해 정보를 수집·분석·해석하는 활동이다. 이중에서 좁은 의미의 정책 평가는 해당 문제를 해결하는데 정책이 얼마나 영향을 미쳤는가를 평가하는 것이고, 넓은 의미의 정책 평가는 정책 결정 이전부터 정책 실시 이후까지의 모든 정책 과정에서 나타나는 활동을 평가하는 것이다.
- 무엇보다도, 정책 목적을 달성하는 정도와 대상자가 혜택을 받는 정도를 파악하기 위해 정책 평가가 필요하다.

2 정책 평가의 목적과 기능 및 역사

1) 정책 평가의 목적과 기능

정책 평가를 하는 목적은 정책 평가의 개념이나 배경에 이미 포함되어 있다. 그러므로 정책 평가의 목적을 다음과 같이 제시할 수 있다(Government Social Research Unit, 2007).

① 정책적으로 개입하는 것과 정책을 실시하는 것이 효과적인지를 체계적으로 조사하고자 한다.

② 이런 정책적 개입들이 관련자들의 사회적·경제적 여건을 개선하는 데 가치가 있는지를 결정하고자 한다.

예를 들어 사회복지정책을 평가하는 목적은 사회복지 프로그램의 영향이나 효과를 측정하고자 하는 것이다. 그러므로 정책을 평가하는 주요한 목적은 정책 방안의 효과성을 살펴보고, 이런 방안이 해당 대상자들의 여건을 개선하는 데 어떤 장점이나 가치가 있는지를 살펴보는 데 있다(Gilbert & Terrell, 2005; National School of Government, 2008).

그리고 정책 평가는 다음과 같은 기능을 한다(Hall, 2010a; Hall, 2010b).

① 정책 평가는 관련자가 다음과 같은 것을 파악하는 데 도움을 줄 수 있다. ㉠ 해당 프로그램이 본래의 목적을 달성한 정도를 측정한다.

즉, 해당 프로그램이 얼마나 효과적인지를 파악한다. ⓒ 해당 프로그램이 얼마나 잘 실시되고 있는지를 파악한다.

② 정책 평가를 하면, 프로그램을 더 낫게 실시하거나 프로그램과 관련된 서비스를 더 잘 제공하는 데 도움이 될 수 있는 자료나 결과를 얻을 수 있다. 그리고 이에 따라서 책을 결정하는 과정에 참여한 모든 사람들(의회 의원, 정부 담당자, 기관의 직원 등)은 정책에 어떤 변화가 필요한 지를 파악할 수 있다.

③ 정책 평가는 성공적인 프로그램의 특성을 파악하는 데 도움을 줄 수 있다. 이 경우, 프로그램의 좋은 특성들을 파악해서 다른 여건에도 그대로 적용할 수 있다.

④ 정책 평가는 관련자가 다음과 같은 것을 파악하는 데 도움을 줄 수 있다. ㉠ 서비스를 더 잘 전달할 수 있는 영역을 파악한다. ⓒ 서비스를 더 효율적으로 전달할 수 있는 영역을 파악한다.

그리고 정책 평가는 과정분석이나 산출분석보다 더 유리할 수 있다. 왜냐하면 정책의 성과를 분석하는 작업에서는 프로그램의 경계가 더 분명히 정해지기 때문이다(Gilbert & Terrell, 2005).

한편, 정책 결정을 서로 구분되는 일련의 단계로 볼 경우, 정책 평가는 정책을 결정하는 과정에서 마지막 단계에 해당된다. 그러나 정책을 결정하는 과정은 지속적인 과정이다. 따라서 정책 평가 때문에 정책이 변화하는 경우가 많다. 이럴 경우에, 변화된 정책을 다시 실시하고 다시 평가하는 과정을 거치게 된다.

2) 정책 평가의 역사

1930년대부터 사회과학자들은 정부의 정책이 미치는 영향을 파악하기 위해서 경험적인 조사방법들을 활용할 것을 주장하였다. 그러다가 2차 세계대전 후에 정책 평가는 하나의 활동으로 자리를 잡기 시작하였다. 왜냐하면 2차 세계대전 후에 정부가 프로그램을 더 많이 실시함에 따라서 정책 평가가 더 필요하게 되었기 때문이다(Hall, 2010b).

미국의 경우, 현대에 들어서 평가 과정에 관여한 것은 1960년대에 이르러서이다. 즉, 미국에서 현대에 들어 정책을 처음으로 평가하는 계기가 된 것은, 1960년대에 존슨(Johnson) 대통령이 '위대한 사회(Great Society)' 프로그램을 실시한 것이었다.[1] 이 당시에, 정부의 정책결정자들은 새로운 프로그램이 미치는 영향이 무엇인지를 알고자 하였다. 특히 정부는 교육, 공중보건, 경제발전의 분야에서 새로운 프로그램이 미치는 영향이 무엇인지를 알고자 하였다(Hall, 2010a). 그 후에, 정책 평가는 독자적인 연구 분야로 자리를 잡았다.

[정리] 정책 평가의 목적과 기능 및 역사

- 정책 평가의 목적은 정책 과정이 효과적인지를 체계적으로 조사하고, 정책 개입이 관련자들의 사회적·경제적 여건을 개선하는 데 가치가 있는지를 결정하는 데 있다.
- 정책 평가는 프로그램의 효과성과 효율성 등을 파악하고, 프로그램을 더 낫게 실시하는 데 유리한 자료를 제공하는 등의 기능을 한다.
- 선진국의 경우, 2차 세계대전 후에 정책 평가는 하나의 활동으로 자리잡기 시작하였다.

3 정책 평가의 기준

정책을 평가하는 기준에는 여러 가지가 있다. 주요한 정책 평가 기준으로 다음과 같은 것이 있다(송근원, 2004).

① 효율성(능률성)이 있다. 효율성은 투입한 것에 대해서 산출이 가장 크게 나오는 것을 가리킨다. 사회복지정책에서 효율성을 평가 기준으로 삼을 경우, 제한된 자원을 가지고 사회복지 서비스를 얼마나 산출하였는지를 평가하는 데 주목한다. 하지만 시간 차원을 고려할 경우, 효율성은 모호해지는 경향이 있다. 예를 들어 해당 정책이 단기적으로는 효율성이 높지만, 장기적으로는 효율성이 낮고 자원을

1) 앞 장에서 이미 설명된 바와 같이, 위대한 사회(Great Society)는 미국에서 1960년대와 1970년대에 실시한 사회적 개혁을 일컫는다.

낭비하는 경우가 있을 수 있다. 그러므로 효율성이라는 평가 기준을 적용하는 경우에는, 투입과 산출이 이루어지는 기간을 분명하게 제시할 필요가 있다.

② 효과성이 있다. 효과성은 사회복지정책의 목표를 달성한 정도를 가리킨다. 즉, 효과성을 평가 기준으로 삼을 경우, 사회복지정책의 목표와 비교해 볼 때 사회복지 서비스를 얼마나 산출하였는지를 평가하는 데 주목한다.[2] 사회복지 전문가들은 효과성에 대해 크게 관심을 가지는 경우가 많다. 하지만 실제로 정책을 평가할 때에는 효과성을 정책 기준으로 정하기 어려운 경우가 많다. 그 이유는, 정책의 목표를 명백히 이해하고 분명하게 규정하여야 효과성을 정확히 측정할 수 있는데, 현실에서는 정책 목표를 명백히 이해하고 분명히 규정하기 어려운 경우가 많기 때문이다.

③ 형평성이 있다. 형평성(또는 사회적 형평)은 사회 계층들 사이에 불평등이 줄어드는 정도를 가리킨다. 사회복지정책이 형평성을 가진다는 것은 소득이 낮은 계층(또는 지역)에는 혜택을 더 많이 제공하고 소득이 높은 계층(또는 지역)에는 혜택을 상대적으로 더 적게 제공함으로써, 전체적으로 삶의 평등성을 유지하고 있는 상태를 말한다. 형평성은 사회복지정책을 평가하는 기준으로 매우 중요하다. 왜냐하면 다른 정책 분야에 비해서, 사회복지정책은 재분배적 성격을 지니기 때문이다. 그러나 평가 기준으로서의 형평성은 객관적으로 측정하기 어렵다.

④ 반응성(responsiveness)이 있다. 반응성은 특정한 정책 대안이나 정책 결과가 특정한 집단의 요구나 선호나 가치 등을 반영하는 정도를 가리킨다. 그러므로 반응성을 평가 기준으로 삼을 경우에는, 정책 대상 집단에 따라서 그 결과가 달라진다.

⑤ 체계적 연관성이 있다. 체계적 연관성은 국가의 발전 목표 등과 체계

2) 사회복지정책에서 효과성과 비슷한 개념으로 자주 사용되는 평가 기준으로 사회적 효과성이 있다. 사회복지정책에서 사회적 효과성을 평가 기준으로 삼을 경우, 사회복지정책을 실시한 결과로 사회통합이 얼마나 이루어졌는지를 평가하는 데 주목한다.

적으로 관련되고 서로 조화를 유지하는 정도를 가리킨다. 따라서 체계적 연관성은 효율성이나 효과성보다 상위 개념이라고 볼 수 있다.

⑥ 적정성이 있다. 적정성은 정책이나 정책 대안이 문제의 해결과 관련되는 정도를 가리킨다. 적정성은 정책의 목표와 수단 사이의 관계가 타당한 정도와 관련된다. 그러므로 적정성을 타당성이라고 부르는 경우도 있다.

⑦ 실현 가능성이 있다. 실현 가능성은 정책이 실현될 수 있는 정도를 가리킨다. 따라서 실현 가능성은 다른 평가 기준들보다 먼저 적용할 수 있는 매우 중요하고 기본적인 평가 기준에 해당된다. 실현 가능성의 경우, 구성하는 내용에 따라서 기술적 실현 가능성, 재정적 또는 경제적 실현 가능성, 행정적 실현 가능성, 법적·윤리적 실현 가능성, 정치적 실현 가능성, 시간적 실현 가능성으로 구분될 수 있다.

⑧ 합법성이 있다. 합법성은 사회의 변화와 관련된 규범적 가치를 실현하는 정도를 가리킨다. 합법성은 법적·윤리적 실현 가능성에 포함된다고 볼 수도 있다. 이런 경우에는 합법성을 별도의 독립적인 평가 기준으로 정할 필요가 없을 수 있다.

⑨ 창의성이 있다. 창의성은 새로운 정책 대안을 찾아내서 문제를 해결할 수 있는 능력을 증가시키는 정도를 가리킨다.

⑩ 시의성이 있다. 시의성은 정책이나 정책 대안이 당시의 시대적 상황에 적절한 정도를 가리킨다.

⑪ 실현 의지가 있다. 실현 의지는 정책을 실현하고자 하는 의지를 가리킨다. 실현 의지는 정치적 실현 가능성에 포함된다고 볼 수도 있다. 이런 경우에는 실현 의지를 별도의 독립적인 평가 기준으로 설정할 필요가 없을 수 있다.

[정리] 정책 평가의 기준

- 정책을 평가하는 주요 기준으로 효율성, 효과성, 형평성, 반응성, 체계적 연관성, 적정성, 실현 가능성, 합법성, 창의성, 시의성, 실현 의지가 있다.

4 정책 평가의 형태와 방법

1) 정책 평가의 일반적 형태

정책 평가에서는 광범위한 기법을 사용하고 있고, 또한 정책 평가에서는 광범위한 측면에 주목하고 있다. 그리고 정책 평가는 다양한 학문적 토대에 근거해 발전하고 있다. 이에 따라 정책을 평가하는 방법에는 여러 가지가 있다(Einbinder, 1995). 일반적으로 정책 평가의 형태로 다음과 같은 것이 있다(송근원, 2004).

① 평가 범위에 따라 단일 평가와 포괄적 평가로 구분할 수 있다. 사회복지정책의 평가 범위는 평가하는 목적에 따라 결정된다. 이 경우, 평가의 목적에 따라서 평가를 ㉠ 문제를 개념화하고 정부가 개입하는 것을 설계하는 것과 관련된 분석, ㉡ 정책을 집행하는 것과 관련된 분석, ㉢ 정책의 효용성에 관한 분석으로 구분할 수 있다. 이 경우, 단일 평가는 각각의 분석을 하는 활동을 말한다. 그리고 포괄적 평가는 이 세 가지 분석을 모두 포함하는 평가를 말한다.

② 평가 시점에 따라 다음과 같은 두 가지 방법으로 나눌 수 있다. ㉠ 사전 평가와 사후 평가로 구분할 수 있다. 사전 평가는 정책이 형성되기 이전에 하는 평가를 말한다. 그리고 사후 평가는 정책이 종료된 이후에 하는 평가를 말한다. ㉡ 형성 평가와 총괄 평가로 구분할 수 있다.[3)] 형성 평가는 정책을 개발하기 위해 실시하거나, 실행하고 있는 정책을 개선하기 위해 실시하는 평가를 말한다. 그리고 총괄 평가는 정책이 종료된 후에 정책이 잘 되고 있는지 여부를 알기 위해 실시하는 평가를 말한다.

③ 평가자에 따라 자체 평가와 내부 평가와 외부 평가로 구분할 수 있

3) 형성 평가와 총괄 평가에 관해서는 아래에서 자세히 설명한다.

다. 자체 평가는 프로그램을 직접 담당한 사람들이 평가하는 것을 말한다. 내부 평가는 프로그램을 직접 담당한 사람은 아니지만 해당 기관의 내부에 있는 책임자나 동료가 평가하는 것을 말한다. 외부 평가는 정책을 담당하는 기관의 외부에 있는 평가자가 평가하는 것을 말한다.

④ 구체적인 평가 목적이나 정책 단계에 따라 정책 설계 평가, 정책 집행 평가, 정책 영향 평가로 구분할 수 있다. 정책 설계 평가는 정부가 인식한 사회복지 문제에 대해서 정부가 어떤 반응을 보이는지에 관한 평가를 말한다. 그리고 정책 집행 평가는 사회복지정책과 관련된 프로그램이 원래 계획한대로 정확하게 실행되고 있는지를 따져보는 평가를 말한다. 또한 정책 영향 평가는 사회복지정책이 실행된 후에 나타나는 효과에 관한 평가를 말한다.

2) 사용 방법

정책 평가에서는 사회과학의 조사방법들을 사용한다: 조사방법을 소개하고 있는 국내 서적(황창순 외, 2010)과 해외 서적(Berg, 2007)의 표지(일부)

정책 평가에서는 정책이 미친 영향을 살펴보기 위해서 사회과학의 조사방법들을 사용한다(Hall, 2010b; National School of Government, 2008). 구체적으로 다음과 같은 방법으로 정책에 대한 평가를 실시할 수 있다(Gilbert & Terrell, 2005).

① 질적 자료와 양적 자료를 수집하여 측정할 수 있다.

② 다양한 학문 분야에서 여러 가지 방법적 도구를 적용하여 측정할 수 있다.

그러나 정책을 평가할 경우에, 어떤 한 가지의 방법이 특별하게 우수하다고 보지는 않는다. 즉, 정책을 평가할 경우에, 다양한 방법은 서로 보완적인 성격을 지닌다는 점을 인정하고 있다. 실제로 각각의 평가 방법은 나름대로 주목하는 측면이 있고, 또한 나름대로의 목적을 가지고 있다(National

School of Government, 2008; Government Social Research Unit, 2007; Einbinder, 1995). 그리고 정책을 평가하는 데 사용하는 방법은 실질적인 정책 주제에 따라 결정되는 경우가 많다.

[정리] 정책 평가의 유형과 방법

- 정책 평가는 평가 범위에 따라 단일 평가와 포괄적 평가로 구분할 수 있다. 그리고 평가 시점에 따라 사전 평가와 사후 평가로 구분하거나 형성 평가와 총괄 평가로 구분할 수 있다. 또한 평가자에 따라 자체 평가와 내부 평가와 외부 평가로 구분할 수 있고, 구체적인 평가 목적이나 정책 단계에 따라 정책 설계 평가, 정책 집행 평가, 정책 영향 평가로 구분할 수 있다.
- 정책 평가에서는 사회과학의 조사방법들을 사용한다.

5 정책 평가의 구체적 방법

1) 총괄 평가와 형성 평가

정책을 평가할 경우에 많이 사용하는 평가의 유형으로 '총괄 평가(summative evaluation)'와 '형성 평가(formative evaluation)'가 있다(Government Social Research Unit, 2007; National School of Government, 2008; Hall, 2010b).

(1) 총괄 평가

총괄 평가는 정책이 원래의 의도된 목적을 달성하였는지 여부를 살펴보는 평가를 말한다. 따라서 총괄 평가의 경우, 정책이 특정한 결과에 미치는 영향에 관해 살펴보고, 또한 서로 다른 대상 집단에게 미치는 영향에 관해 살펴본다. 그러므로 총괄 평가를 영향 평가(impact evaluation)라고도 부른다.

총괄 평가에서 정책의 영향을 측정하고자 할 경우에, 다음과 같은 것을 비교의 기준으로 삼는다.

① 해당 정책을 시행한 초기에 예상되는 성과와 비교해서, 해당 정책의

영향을 측정하고자 한다.

② 다른 정책적 개입과 비교해서, 해당 정책의 영향을 측정하고자 한다.

③ 아무 것도 개입하지 않은 상황과 비교해서, 해당 정책의 영향을 측정하고자 한다.

(2) 형성 평가

형성 평가는 프로그램의 운영을 살펴보는 평가를 말한다. 따라서 형성 평가의 경우, 어떻게 왜 어떤 조건에서 정책 개입이 성공적인지(또는 실패하는지)에 관해서 살펴본다. 그러므로 형성 평가를 과정 평가(process evaluation)라고도 부른다.

구체적으로 형성 평가에서는 다음과 같은 것을 살펴본다.

① 정책적 개입이나 관련 프로그램이 '어떻게' 작동하는지(또는 작동하지 못하는지)를 살펴본다.

② 정책적 개입이나 관련 프로그램이 '왜' 작동하는지(또는 작동하지 못하는지)를 살펴본다.

③ 정책적 개입이나 관련 프로그램이 '어떤 조건에서' 작동하는지(또는 작동하지 못하는지)를 살펴본다.

그리고 형성 평가에서는 맥락적 요인에 관한 정보를 찾는 경우가 많다. 즉, 형성 평가에서는 정책이 성공하거나 실패하는 데 있어 매우 중요한 기제(mechanism)와 과정에 관한 정보를 살펴보는 경우가 많다. 이럴 때, 다음과 같은 측면을 다루는 경우가 많다.

① 정책이 '누구에게' 제대로 작동되는지(또는 작동되지 않는지)를 따져본다.

② 정책이 '왜' 누구에게는 제대로 작동되는지(또는 작동되지 않는지)를 따져본다.

그러므로 형성 평가는 정책이나 프로그램을 효과적으로 실시하고 있고 또한 효과적으로 전달하고 있는지 여부를 결정하는 데 중요한 역할을 한다.

(3) 구분관련 유의점과 관행

총괄 평가와 형성 평가의 특징을 위와 같이 구분하여 제시하고 있지만, 총괄 평가와 형성 평가를 이렇게 엄격하게 항상 구분할 수 있는 것은 아니다. 왜냐하면 어떤 정책이 영향을 미쳤는지 여부를 결정하는 작업은, 이 정책이 어떻게 진행되고 있는지, 누구를 대상으로 하고 있는지, 왜 그렇게 되고 있는지, 어떤 조건에서 그런 결과가 나타났는지(또는 나타나지 않았는지)에 관해서도 따져보는 작업을 포함하는 경우가 많기 때문이다. 그리고 가장 좋은 정책 평가에서는 형성 평가와 총괄 평가를 함께 사용하는 포괄적인 접근 방식을 취하는 경우가 많기 때문이다.

그럼에도 불구하고 정책을 평가하는 연구에서는, 정책적 개입이 영향을 미쳤는지 여부를 따져보는 총괄 평가와 해당 정책이 왜 그렇게 영향을 미쳤는지를 따져보는 형성 평가로 대조하여 구분하는 경우가 많다.

2) 목적중심 평가와 목적배제 평가

목적을 달성하는지를 따져보는지 여부와 관련해, 평가를 '목적중심 평가(goals-based evaluation)'와 '목적배제 평가(goals-free evaluation)'로 구분할 수 있다(Government Social Research Unit, 2007).

(1) 목적중심 평가

정책 평가에서는 정책이 목적을 달성하고 있는지를 살펴보는 경우가 많다. 이것은 정책 평가에서 가장 자주 주목하는 질문의 하나에 속한다. 이런 정책 평가를 목적중심 평가라고 부른다.

(2) 목적배제 평가

정책을 결정하는 사람들과 정책을 평가하는 사람들은 해당 정책에서 '의도하지 않았던' 결과나 성과에 대해 관심을 가지는 경우가 많다. 이렇게 의도하지 않았던 결과는 유익한 것일 수도 있고 해로운 것일 수도 있다. 이와 관련된 평가가 목적배제 평가이다.

목적배제 평가에서는, 해당 정책이 의도하였던 목적이 무엇이었는지를 반드시 따져보지 않는다. 즉, 목적배제 평가의 경우, 해당 정책의 '실제' 효과나 성과에 관심을 가지고 있다.

다음과 같은 평가자들이 목적배제 평가를 더 사용하는 경향이 있다.

① 정부에 의존하지 않는 평가자들이 목적배제 평가를 더 사용하는 경향이 있다.

② 예상되는 결과에만 관심을 가지기보다는, 해당 정책이 미친 '광범위한' 결과에 관심을 더 많이 가지는 평가자들이 목적배제 평가를 더 사용하는 경향이 있다.

3) 경제적 평가

(1) 개념과 배경

'경제적 평가(economic appraisal and evaluation)'는 정책을 평가하는 데 있어 경제학의 분석방법을 사용하는 평가를 말한다. 정책의 경우, 이해관계가 다르기 때문에 서로 경쟁하는 대상에게 귀하고 한정된 자원을 제공하는 작업과 관련되고 있다. 이에 따라서 다음과 같이 경제적 분석을 실시할 필요가 있게 된다(Government Social Research Unit, 2007).

① 정책을 시행하기 전에 다음과 같은 것을 실시할 필요가 있다. ㉠ 여러 가지 정책 방안들을 경제적으로 평가한다. ㉡ 이런 정책 방안들을 실시할 경우에 나타날 것으로 보이는 긍정적인 결과와 부정적인 결과를 경제적으로 평가한다. ㉢ 이런 결과를 달성하는 데 필요한 비용을 경제적으로 평가한다.

② 선택된 정책을 일정 기간 동안 실시한 후에, 정책을 경제적으로 평가할 필요가 있다. 왜냐하면 정책을 통해 기대되는 결과나 기타 결과가 달성되었는지를 따져볼 필요가 있기 때문이다.

그리고 경제적 평가에는 주어진 자원을 다른 곳에 사용할 경우의 가치를 추정하는 것이 포함된다. 즉, 경제적 평가의 경우, 정책의 '기회 비용(opportunity cost)'을 따져보는 작업을 포함하고 있다.[4)]

(2) 형태

정책을 경제적으로 평가하는 방법에는 여러 가지가 있다. 경제적 평가를 할 경우에 사용하는 분석의 예로 다음과 같은 것이 있다(Government Social Research Unit, 2007; National School of Government, 2008; Einbinder, 1995).

(가) 비용 분석

'비용 분석(cost appraisal and evaluation, cost-analysis)'은 달성된 성과(또는 달성 중인 성과)를 고려함이 없이, 서로 다른 정책 방안의 비용만을 단순하게 비교하는 것을 말한다. 비용 분석은 경제적으로 평가하는 방법들 중에서 가장 단순한 형태이다.

비용 분석은 성과에 대한 정보를 제공하지 않는다. 즉, 비용 분석을 통해서는, 서로 다른 정책 방안이 '상대적으로 얼마나 효과적인지 또는 상대적으로 얼마나 편익을 가져오는지'에 대해서는 거의 알 수 없다. 따라서 비용 분석에서는 서로 다른 정책 방안들이 가지는 상대적인 효과성이나 편익에 관한 정보를 크게 제공할 수 없거나 전혀 제공할 수 없다. 이런 점은 비용 분석의 주요한 단점에 속한다.

(나) 비용효과 분석

'비용효과 분석(cost-effectiveness analysis)'은 주어진 목적이나 성과를 달성하는 데 사용된 서로 다른 비용을 비교하는 것을 말한다. 비용효과 분석의 경우, 각 정책의 비용과 편익을 금전으로 반드시 환산하지 않아도 된다.[5)] 정책을 평가하는 사람들은 어떤 편익의 금전적 가치를 알지 못할 수 있다. 그럴지라도 정책평가자들은 예상되는 편익의 금전적 가치에 상관없이, 동일한 목적을 달성하는 데 어떤 정책이 비용이 덜 드는지를 비교할 수 있다.

---

4) 기회 비용은 결정한 대안의 다음으로 가치가 많은 대안을 사용할 경우의 가치를 말한다(Henderson, 2008).

5) 이런 점에서 비용효과 분석은 비용편익 분석과 차이가 난다.

(다) 비용편익 분석

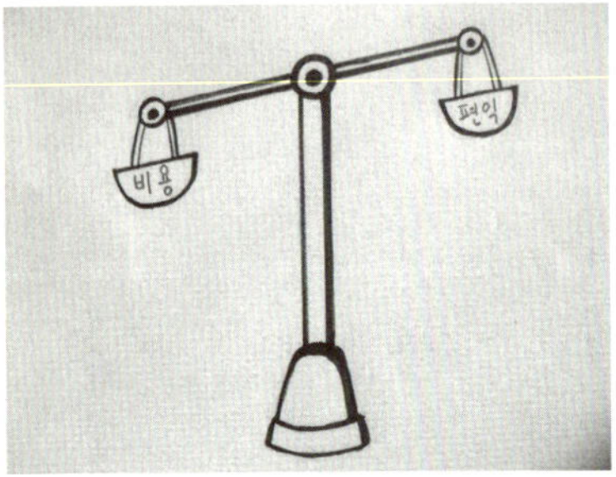

비용편익 분석에서는 직접·간접 비용과 편익을 따져본다.(그림: 전영신)

'비용편익 분석(cost-benefit analysis)'은 정책을 실행하는 데 들어가는 직접적·간접적인 비용과 이런 정책이 가져오는 직접적·간접적인 편익을 서로 관련시키는 것을 말한다. 비용편익 분석의 경우, 주어진 자원을 사용하여 얻어질 수 있는 편익들을 서로 비교한다.

또한 비용편익 분석에는 주어진 자원을 다른 곳에 사용하였을 경우의 가치를 추정하는 것이 포함된다. 따라서 비용편익 분석에서는 '기회 비용'을 따져보고 있다.

그리고 비용편익 분석을 하기 위해서는, 해당 정책의 비용과 편익을 모두 금전으로 계산할 수 있어야 한다. 그러나 비용과 편익을 금전으로 환산하는 작업은 어려운 경우가 많다. 왜냐하면 정책평가자들은 사회복지 영역의 활동을 정확하게 금전으로 환산할 수 없는 경우가 많기 때문이다. 예를 들어 정책평가자들은 사람의 생명을 구하는 것의 금전적 비용과 가치, 빈곤아동의 가족을 강화시키는 것의 금전적 비용과 가치, 클라이언트의 우울증을 줄여주는 것의 금전적 비용과 가치를 정확하게 계산하기 어렵다.

4) 실험 평가와 유사실험 평가

'실험 평가와 유사실험 평가(experimental and quasi-experimental evaluation)'는 실험 설계와 유사실험 설계를 사용하는 평가를 말한다. 실험 평가와 유사실험 평가는 정책 개입의 상대적 효과에 관해 타당성이 있고 신뢰성이 있는 증거를 제공하는 역할을 한다. 즉, 실험 평가와 유사실험 평가를 사용할 경우, 다른 정책 개입이나 정책을 개입하지 않은 것에 비해서, 해당 정책 개입이 '상대적으로 얼마나 효과가 있는지'에 관한 증거를 얻을 수 있다(Government Social Research Unit, 2007).

(1) 실험 평가

실험 평가는 실험 방법을 사용하는 평가를 말한다. 가장 순수한 형태의 실험 방법은 '무작위 통제 설계(randomized controlled trial)'이다. 이것을 '무작위 배정 방법'을 통한 평가라고도 부른다.

무작위 통제 설계의 경우, 실험집단에 속하는 사람들과 통제집단에 속하는 사람들을 동일한 요인에 노출시킨다. 그러나 이 경우에, 조사하고자 하는 정책이나 관련 프로그램은 실험집단에만 적용한다. 이렇게 함으로써, 무작위 통제 설계는 정책의 성과에 영향을 미칠 수 있는 기타 요인들과 관련된 요인들을 통제하고자 한다.

이 경우, 순전하게 무작위 방법을 사용하여, 사람들을 정책적으로 개입하는 실험집단에 배정할 것인지 또는 개입을 하지 않은 통제집단에 배정할 것인지를 결정한다. 따라서 사람들이 실험집단에 배정될지 또는 통제집단에 배정될지 여부는 순전히 우연에 의해 결정된다.

무작위 배정을 한다고 해서, 실험집단과 통제집단이 동일할 것이라는 보장을 할 수는 없다. 그러나 무작위 배정을 할 경우에는, 실험집단과 통제집단 사이에 나타나는 유일한 차이는 우연 때문에 생겼다고 볼 수 있다. 따라서 무작위 배정을 하면, 외부 변수들이 미치는 영향이 줄어들게 된다.

무작위 배정의 경우, 개인이나 조직적 단위나 지리적 분포나 전체 지역에 근거해서 무작위로 배정할 수 있다. 이런 예를 들면 다음과 같다.

① 일부 정책 방안의 경우, 개인을 실험집단이나 통제집단에 배정할 수 있다. 예를 들어 자활정책과 관련된 프로그램의 경우, 개인을 실험집단이나 통제집단에 배정해서 그 프로그램의 성과를 볼 수 있다.

② 일부 정책 방안의 경우, 조직적 단위를 실험집단이나 통제집단에 배정할 수 있다. 예를 들어 정책과 관련된 프로그램의 경우, 학교나 병원이나 주거 단지나 전체 동네를 실험집단이나 통제집단에 배정해서 그 프로그램의 성과를 볼 수 있다.

(2) 유사실험 평가

유사실험 평가는 유사실험 방법을 사용하는 평가를 말한다. 유사실험 방법은 실험집단과 통제집단의 성과를 무작위 배정이 아닌 다른 방법을 사용해서 비교하는 조사 설계를 말한다.

유사실험 방법에는 다음과 같은 것이 포함된다.

① 단일집단 사전 사후 설계가 있다. 이 경우, 단일집단을 사용해서 사전 조사와 사후 조사를 실시하여 비교한다.

② 통제집단 사전 사후 설계가 있다. 이 경우, 실험집단과 통제집단에 속한 사람들을 대상으로 사전 조사와 사후 조사를 실시하여 비교한다.

③ 시계열 연구(interrupted time series studies)가 있다. 이 경우, 타당성이 있고 신뢰성이 있는 표준화된 측정 도구를 시간에 걸쳐서 반복적으로 사용하여 정책의 성과를 평가한다.

5) 질적 평가

'질적 평가(qualitative evaluations)'는 질적 방법을 사용하는 평가를 말한다. 질적 평가를 실시할 경우, 평가자는 정책의 관련 쟁점을 깊이 있고 자세하게 연구할 수 있다. 깊이 있고 자세하게 연구하는 작업은 다음과 같은 것을 하기 위해 필요한 경우가 많다(Government Social Research Unit, 2007).

① 정책 평가에서 조사할 적절한 질문을 결정하고자 한다.

② 정책이 제대로 운영되거나 제대로 운영되지 않는 상황을 파악하고자 한다.

정책을 질적으로 평가하는 데에는 여러 가지 방법을 사용하고 있다. 이런 방법의 예로 심층 면접, 사례 연구, 초점집단, 민속학, 참여 관찰이 있다.

[정리] 정책 평가의 구체적 방법

- 정책 평가에서 많이 사용하는 평가 유형으로 총괄 평가와 형성 평가가 있다. 총괄 평가는 프로그램이 의도된 목적을 달성하였는지 여부를 살펴보는 평가이고, 형성 평가는 프로그램의 운영을 살펴보는 평가이다.
- 목적 달성을 따져보는지 여부와 관련해, 평가를 목적중심 평가와 목적배제 평가로 구분할 수 있다. 목적중심 평가는 정책이나 프로그램이 목적을 달성하고 있는지를 살펴보는 평가이고, 목적배제 평가는 의도하지 않았던 결과나 성과에 대해 관심을 가지는 평가이다.
- 경제적 평가는 경제학의 분석방법을 사용하는 평가이다. 경제적 평가의 예로 비용 분석, 비용효과 분석, 비용편익 분석이 있다. 비용 분석에서는 성과를 고려함이 없이, 서로 다른 정책 방안의 비용만을 단순하게 비교한다. 비용효과 분석에서는 주어진 목적이나 성과를 달성하는 데 사용된 서로 다른 비용을 비교한다. 비용편익 분석에서는 정책을 실행하는 데 들어가는 직·간접적 비용과 직·간접적 편익을 관련시킨다.
- 실험 평가와 유사실험 평가에서는 실험설계와 유사실험설계를 사용해 평가한다. 실험 평가에서는 무작위 배정 방법을 사용하여 실험집단과 통제집단에 배정한다. 유사실험 평가에서는 무작위 배정이 아닌 다른 방법을 사용한다.
- 질적 평가는 질적 방법을 사용하는 평가이다. 질적 평가를 통해서 쟁점을 깊이 있고 자세하게 파악할 수 있다.

PART 04

사회복지정책의 주요 쟁점

제12장

사회복지정책과 경제

1. 사회복지정책과 경제정책
2. 경제정책이 사회정책에 미치는 영향
3. 사회복지정책이 경제정책에 미치는 영향
4. 사회복지정책과 개인의 경제적 행동
5. 빈곤층의 경제 활동 증진 방안

1 사회복지정책과 경제정책

경제정책과 사회복지정책은 서로 다른 영역을 다루는 것으로 알려져 있다.[1] 하지만 사회복지정책 영역과 경제정책 영역을 엄밀하게 구분하기 어려운 측면도 있다. 이것은 사회복지정책보다 더 넓은 의미로 사용되는 사회정책의 경우에 특히 그렇다.

실제로 사회정책과 경제정책을 구분하는 경계가 무엇인지에 관해서 크게 논란되는 경우가 많다. 이것을 일부 제시하면 다음과 같다(Gough, 1999).

① 일부 학자의 경우, 정책이 추구하는 목적의 측면에서 경제정책과 사회정책을 구분하고 있다. 예를 들어 경제정책은 효율을 정책 목적으로 추구하고, 사회정책은 분배를 정책 목적으로 추구한다는 식으로

1) 본장에서는 사회정책과 경제정책 사이의 관계에 주로 주목한다. 1장에서 설명한 것처럼, 사회복지정책은 사회정책의 한 부분을 구성한다.

구분할 수 있다고 본다.

② 일부 학자의 경우, 정책이 다루는 영역의 측면에서 경제정책과 사회정책을 구분하고 있다. 예를 들어 경제정책에서는 재정정책을 다루고, 사회정책에서는 주거정책을 다룬다는 식으로 구분할 수 있다고 본다.

그러나 경제정책과 사회정책을 위와 같이 항상 분명하게 구분할 수 있는 것은 아니다. 앞에서도 부분적으로 언급한 것처럼, 경제정책은 사회정책 및 사회복지정책과도 밀접하게 관련되고 있다. 이런 예를 들면 다음과 같다 (Gough, 1999).

① 영국에서 2차 세계대전 이후부터 1970년대 말까지의 경우, 경제정책과 사회정책은 자주 갈등적인 관계에 있었지만, 부분적으로 경제정책과 사회정책은 서로 관련되고 있었다.

② 2차 세계대전 이후부터 1970년대 말까지의 경우, 영국 이외의 유럽 국가에서는 경제정책과 사회정책이 영국에서보다 더 밀접하게 관련되어 있었다. 이와 관련된 사례를 들면 다음과 같다. ㉠ 스웨덴에서는 적극적인 노동시장정책을 실시하고 있었다. ㉡ 독일에서는 직업훈련정책을 실시하고 있었다.

특히 일부 정책 영역은 경제정책과 사회정책 모두와 관련되고 있다 (Gough, 1999). 예를 들어 고용정책은 경제정책뿐만 아니라 사회정책과도 크게 관련되고 있다. 실제로 많은 학자들의 경우, 2차 세계대전 이후에 등장한 복지국가에서 완전고용은 중요한 부분을 차지한다고 보고 있다. 사실, 근래에 들어서 고용정책은 사회복지정책에서 매우 큰 비중을 차지하는 영역이 되고 있다.

고용정책은 경제정책뿐만 아니라 사회(복지)정책과도 크게 관련된다: 고용센터(저자 찍음)

따라서 실제로 경제정책과 사회정책은 긴밀하게 서로 연관되어 있음을 알 수 있다. 그리고 앞으로 경제정책과 사회정책(사회복지정책)은 서로 더 많이 관련되는 방향으로 나갈 가능성이 크다(Porter, 2000; Gough, 1999).

[정리] 사회복지정책과 경제정책

- 경제정책과 사회정책(사회복지정책)은 서로 다른 영역을 다루는 것으로 인식되어 왔다. 그러나 경제정책은 사회정책(사회복지정책)과 밀접하게 관련된다. 특히 일부 정책 영역은 경제정책과 사회정책 모두와 관련된다.
- 앞으로 경제정책과 사회정책(사회복지정책)은 더 관련되는 방향으로 나갈 가능성이 크다.

2 경제정책이 사회정책에 미치는 영향

1) 경제정책이 사회정책에 미치는 영향

경제정책은 사회정책에 크게 영향을 미친다. 그러므로 경제정책과 경제 영역은 사회정책에서 매우 중요한 의미를 지닌다. 일반적으로 경제정책은 사회정책과 관련해 다음과 같이 영향을 미친다(Spicker, 2010; Gough, 1999).

① 경제정책은 정부의 지출액을 결정한다. 이에 따라서 경제정책은 사회정책의 목적을 추구하는 데 사용할 수 있는 자원에 영향을 미친다.

② 경제정책에 따라서, 실업 상태에 놓이는 사람의 수가 달라진다. 이에 따라서 경제정책은 실업자에게 소득보장을 어느 정도 제공할 것인가와 관련해 영향을 미친다.

③ 경제정책은 소득 불평등의 정도와 빈곤의 정도에 영향을 미친다. 이에 따라서 경제정책은 경제적으로 취약한 사람에게 제공하는 원조와 관련해 영향을 미친다. 사실, 거의 모든 경제정책은 서로 다른 집단들 사이에 자원을 분배하는 데 영향을 미친다.

④ 경제정책은 금리에 영향을 미친다. 이에 따라서 경제정책은 일반인이나 저소득층이 주택을 구입하는 비용에 영향을 미치거나, 관련자들이 의료시설이나 복지시설을 짓는 비용에 영향을 미친다.

⑤ 경제정책은 국내와 해외에 투자하는 정도에 영향을 미친다. 이에 따

라서 경제정책은 젊은 층이 일자리를 구할 수 있는 기회에 영향을 미친다.

2) 조세정책이 사회(복지)정책에 미치는 영향

조세정책은 사회복지 영역에 영향을 미친다: 세무서(저자 찍음)

조세정책은 경제정책에서 주요한 영역의 하나에 속한다. 이런 조세정책은 사회복지와 관련된 영역에 영향을 미치고 있고, 이에 따라 조세정책은 사회복지정책에 직접적·간접적으로 영향을 미치고 있다.

조세정책이 사회복지와 관련된 영역에 미치는 영향을 살펴보면 다음과 같다.

(1) 경제적 행동 관련 영향

조세정책은 개인의 경제적 행동과 관련되어 왔다. 사실, 전통적으로 사회복지와 관련된 공공정책에서는 조세정책이 경제적 행동에 영향을 미치는 방식에 주목해 왔다. 이런 경제적 행동들 중에서도, 공공정책은 저축하는 행동과 투자하는 행동에 특히 주목해 왔다.

이와 연관되는 것들 가운데 하나는, 세율이 개인의 경제적 행동과 어떻게 관련되느냐이다. 그러나 조세를 부담하는 비율에 관해서, 보수주의자와 진보주의자의 의견은 서로 다르다. 보수주의자의 경우, 세율을 높이면, 일을 열심히 하지 않으려 하고 진취성이 줄어든다고 주장한다. 그러나 진보주의자의 경우, 정부의 자금을 확보하는 데 있어 더 많이 가진 사람들이 부담을 더 많이 하는 것은 당연하다고 주장한다(Gilbert & Terrell, 2005; Blau, 2004).

(2) 사회적 행동 관련 영향

조세정책은 사회복지와 관련된 중요한 사회적 행동에도 영향을 미쳐 왔다. 사회복지와 관련된 사회적 행동의 예로 다음과 같은 것이 있다(Gilbert & Terrell, 2005).

① 퇴직하는 시기를 결정한다.

② 퇴직에 대비해 얼마만큼 저축할지를 결정한다.
③ 아이를 가질 것인지 여부나 보호가 필요한 가족 구성원을 돌볼 것인지 여부를 결정한다.
④ 자선 활동에 참여한다.

한편, 법에서는 어떤 종류의 행동을 불법 행동으로 다루어 규제한다. 그러나 조세정책에서는 경제적으로 이익이나 불이익을 줌으로써 사람이 행동하는 방식에 영향을 미칠 수 있다. 이런 예를 들면 다음과 같다(Gilbert & Terrell, 2005).

① 조세정책의 경우, 어떤 활동을 하게 되면 값비싼 대가를 치르게 함으로써, 이런 활동을 하지 못하게 할 수 있다. 구체적으로 어떤 해로운 활동에 대해 세금을 무겁게 부과하면, 사회적으로 해로운 행동이 줄어들 수 있다.
② 조세정책의 경우, 어떤 활동을 하는 것이 비용이 크게 들지 않게 함으로써, 이런 활동을 장려할 수 있다. 구체적으로 어떤 바람직한 활동에 대해 세금을 가볍게 부과하거나 세금을 전혀 부과하지 않으면, 바람직한 행동이 더 나타날 수 있다.

(3) 조세정책을 통한 행동 변화의 사례

조세정책을 통해서 사회복지정책과 관련된 행동을 변화시키는 사례를 살펴보면 다음과 같다(Gilbert & Terrell, 2005).

① 조세정책은 전 세계적으로 인구정책의 한 수단으로 활용되어 왔다. 예를 들어 조세정책은 자녀의 수가 많은 가족에게 혜택을 주는 방식으로 활용될 수 있다. 예컨대 프랑스와 네덜란드의 경우, 가족의 수가 많을수록 세율을 낮게 부과한 바 있다.
② 조세정책은 가족 구성원을 보호하는 수단으로 활용되어 왔다. 예를 들어 아픈 가족 구성원이나 보호가 필요한 가족 구성원을 가족이 돌보는 것을 장려하기 위해서, 세금을 줄여주는 정책을 활용할 수 있다. 이것은 대부분의 선진국에서 노인에게 장기 요양이 크게 필요한

점과 관련이 있다.

③ 조세정책은 기타의 긍정적 행동을 장려하는 데 활용되어 왔다. 예를 들어 미국의 일부 주에서는, 부모가 자녀의 대학 교육비를 마련하기 위해 저축하는 것을 도와주는 조세정책을 실시한 바 있다.

[정리] 경제정책이 사회정책에 미치는 영향

- 경제정책은 사회정책에 크게 영향을 미친다. 이중에서도, 경제정책의 주요 영역의 하나인 조세정책은 사회복지정책에 직·간접으로 영향을 미친다.

3 사회복지정책이 경제정책에 미치는 영향

1) 사회복지정책이 경제정책에 미치는 영향

경제정책이 사회복지정책에 영향을 미치지만, 이와 반대로 사회복지정책도 경제정책과 관련된 영역에 영향을 미친다. 사회복지정책이 경제정책과 관련된 영역에 미치는 영향을 살펴보면 다음과 같다(Gough, 1999).

① 사회복지정책은 공적으로 지출하는 비용이 사용되는 용도에 영향을 미친다. 일반적으로 주요한 복지 서비스에 정부가 직접 지출하는 비용은, 공적으로 지출하는 전체 비용에서 상당히 높은 비율을 차지한다.

② 일부 사회복지정책은 경제가 효율적으로 돌아가는 데 영향을 미친다. 예를 들어 저소득층에게 임대 아파트를 제공하기 위한 정책은 건설 및 건축과 관련된 경제가 잘 돌아가는 방향으로 영향을 미친다.

③ 사회복지정책은 기업이 근로자의 복지 및 사회보험과 관련해 부담하여야 하는 비용에 영향을 미친다. 기업이 근로자의 복지를 위해 납부하는 세금과 사회보험 기여금(보험료)은, 기업의 입장에서는 전체 노동비용에 추가로 부담하는 비용의 성격을 지닌다. 그리고 이런 세금과 사회보험 기여금은 기업이 경쟁할 수 있는 능력에 영향을 미친다.

④ 사회복지정책은 경제 영역의 생산성과 경쟁력을 증가시키는 방향으로 영향을 미친다. 특히 일부 사회복지정책은 경제정책에 분명히 긍정적으로 영향을 미친다. 이런 사회복지정책의 예로 교육, 훈련, 소득보장과 관련된 정책이 있다. 예를 들어 교육 및 훈련과 보육시설은 경제 영역에 다음과 같이 영향을 미친다. ㉠ 기업의 생산성을 높인다. ㉡ 기업이 부가 가치가 높은 생산 영역에서 경쟁할 수 있는 능력을 높인다.

저소득층에게 임대 아파트를 제공하는 사회복지정책 때문에, 건설과 관련된 경제가 잘 운영될 수 있다: 어느 도시 지역의 임대 아파트(저자 찍음)

⑤ 일부 사회복지정책은 생산적인 경제 활동에 불리하게 영향을 미친다. 예를 들어 공공부조 및 주택보조금과 같은 사회보장 급여 때문에, 사람들은 다음과 같이 행동할 수 있다. ㉠ 공식적인 노동시장에서 일자리를 찾는 것을 꺼릴 수 있다. ㉡ 저축하는 것을 꺼릴 수 있다.

정리하건대, 사회복지정책은 경제정책에 긍정적인 방식으로도 영향을 미치고 부정적인 방식으로도 영향을 미친다고 볼 수 있다.

2) 사회복지정책과 경제발전 사이의 관계에 관한 논쟁

(1) 구체적 주장

그간의 경우, 사회복지정책과 경제발전 사이에 어떤 관계에 있는지에 대해서 격렬하게 논쟁해 왔다. 특히 사회복지정책이 경제가 발전하는 것을 방해한다는 주장은, 최근에 들어서 더욱 자주 제시되고 있다(ILO, 1984). 사회복지정책이 경제발전에 부정적으로 영향을 미치는지에 관해 논의된 바를 몇 가지 제시하면 다음과 같다(노병일, 2009).

① 사회복지정책은 노동시장을 왜곡하고, 이에 따라 사회복지정책은 고용 창출과 경제발전에 부정적으로 영향을 미친다는 주장이 있다. 특히, 사업장에서 복지 비용이 증가하면 고용주는 노동 비용을 감소하려 하고, 이에 따라서 고용주는 사람 대신에 기계를 사용하거나 복

지 비용이 적은 국가로 투자 장소를 옮기게 된다는 것이다. 예를 들어, 선진국에서 기업이 복지 영역에서 지출하는 비용이 증가함에 따라 생산비가 증가해서 국제 경쟁력이 낮아지게 된다. 그 결과, 기업은 복지 비용의 부담이 적은 제3세계로 사업장을 옮기는 현상이 나타난다. 이렇게 되면 해당 국가에서 일자리가 줄어들게 되고, 이것은 경제발전과 고용에 좋지 않은 방향으로 영향을 미친다.

② 사회복지정책은 저축과 투자 자본에 부정적으로 영향을 미친다는 주장이 있다. 근로자는 사회복지정책이 자기 욕구를 충족시켜 줄 것이라고 믿기 때문에, 자기의 퇴직에 대비해 저축하려고 하지 않는다는 것이다. 저축은 경제성장에 필요한 주요한 투자 자본의 하나이기 때문에, 저축을 권장하지 않는 사회복지정책은 경제발전에 부정적으로 영향을 미친다.

③ 다음과 같은 이유 때문에 사회복지정책은 인플레이션을 증가시키고 근로 의욕을 감소시키고, 그 결과로 경제가 침체된다는 주장이 있다. ㉠ 근로자가 사회보장 기여금을 납부하여야 하기 때문에, 근로자가 실제로 사용할 수 있는 소득은 줄어든다. 이에 따라 근로자들은 높은 임금을 계속해서 요구하게 되고, 그 결과로 인플레이션이 증가한다. ㉡ 사회복지정책 때문에, 정부에 대한 기대가 높아진다. 이런 기대를 충족시키기 위해 공적 복지의 영역은 커지게 되고, 이에 따라 세금이 증가하고 관료제도가 더 개입하게 된다. 그 결과, 경제가 역동적이지 못하게 된다.

(2) 비판

위와 같은 주장에 반대하는 입장의 경우, 경제발전 수준이 낮아지는 현상을 모두 다 사회복지정책의 탓으로 돌리기는 어렵다고 주장하고 있다. 그리고 이들은 위와 같은 주장이 보편적이고 설득력 있게 적용되는 것은 아니라고 주장하고 있다. 이런 예를 들면 다음과 같다(Midgley, 1996; Gordon, 1994; Blanchard, 1983; ISSA, 2008; Gough, 1999).

① 1980년대에 영국의 대처(Thatcher) 정권과 미국의 레이건(Reagan) 정권 당시에 복지를 대규모로 축소하였음에도 불구하고, 영국과 미국에서 경제가 크게 발전하였다는 증거는 없다. 그러므로 사회복지정책이 경제발전에 부정적으로 작용한다고 단정 짓기가 어렵다.

② 고든(Gordon)이 경제협력개발기구(OECD)에 속한 국가들을 대상으로 조사한 바에 따르면, 사회보장 지출과 경제발전 사이에는 약한 역(-) 관계가 나타났다. 하지만 이 경우에, 사회보장 지출보다는 다른 요인이 경제발전에 더 중요하게 영향을 미치는 것으로 밝혀졌다. 예를 들어 개인 소득이 경제발전에 더 중요하게 영향을 미치는 것으로 나타났다.

③ 코피(Korpi)는 사회보장 영역에 크게 지출하면 경제발전에 불리하다는 주장이 맞는지 여부를 알아보기 위해, 유럽의 선진국 18개국을 1950~1982년의 기간에 걸쳐 조사하였다. 그 결과, 이런 주장을 뒷받침하는 증거를 찾지 못하였다.

④ 국제노동기구의 사무총장이었던 블랑샤르(Blanchard)는 보수주의자들과는 다른 의견을 제시한 바 있다. 구체적으로 블랑샤르는 사회보장에 주목하면서 다음과 같이 주장한 바 있다: "사회보장이 경제발전에 걸림돌이 되기는커녕, 굳건하고 건전한 토대 위에 구축된 사회보장은 경제발전을 촉진시킬 것이다. 왜냐하면 사람들이 증가된 보장에서 혜택을 받고 내일의 걱정에서 벗어나게 되면, 사람들은 당연히 더 생산적이 될 것이기 때문이다."

⑤ 국제사회보장협회(ISSA)의 경우, 유럽의 역사를 살펴보면 효율적인 경제와 효율적인 사회보장제도는 서로 협력하면서 발달할 수 있음을 알 수 있다고 주장한다. 그러므로 국제사회보장협회는 사회복지제도는 경제가 발전하는 데 걸림돌로 작용하지 않는다고 주장한다.

그러므로 사회복지정책이 경제발전에 어떤 영향을 미치는지에 대해 여러 견해가 있었지만, 아직까지 뚜렷한 증거가 구체적으로 일관성 있게 나타나고 있지는 않다. 여러 학자들이 연구한 결과를 종합해 볼 때, 사회복지정책과 경제발전 사이에 분명한 관계는 없는 것으로 보인다.

[정리] 사회복지정책이 경제정책에 미치는 영향

- 사회복지정책은 경제정책에 긍정적인 방식으로도 영향을 미치고 부정적인 방식으로도 영향을 미친다.
- 사회복지정책과 경제발전 사이의 관계에 대해 항상 논쟁해 왔다. 구체적으로, 사회복지정책은 노동시장을 왜곡하여 고용 창출과 경제발전에 부정적으로 영향을 미친다는 주장, 사회복지정책은 저축과 투자 자본에 부정적으로 영향을 미친다는 주장, 사회복지정책은 인플레이션을 증가시키고 근로 의욕을 감소시키어 경제가 침체된다는 주장이 있어 왔다. 그러나 이와 관련해 뚜렷한 증거가 구체적으로 일관성 있게 나타나고 있지는 않다.

4 사회복지정책과 개인의 경제적 행동

위에서 언급한 바와 같이, 사회복지정책은 개인의 경제적 행동에 영향을 미친다고 알려져 왔다. 사회복지정책이 경제적 행동에 미치는 영향에 관한 논의의 많은 부분은, 사회복지정책이 개인의 일하려는 동기(work incentives, 근로 의욕)와 어떻게 관련되느냐에 맞춰져 있다.

1) 사회복지정책과 근로 의욕

급여를 제공하는 기준은 급여를 받는 대상자를 일하도록 자극하는지 여부의 측면에서 평가되어야 한다는 점에 대해서, 많은 사람이 동의하고 있다. 따라서 소득을 보장하는 사회복지제도에서 현금급여를 제공할 경우에, 개인이 일하기보다는 복지급여를 받는 식으로 행동할지 여부에 관한 논쟁은 매우 오랫동안 지속되어 왔다(Chambers & Wedel, 2009). 근로 의욕과 관련된 문제는 현재에도 여전히 논쟁거리가 되고 있다.

특히 복지국가를 반대하는 입장에서는, 복지국가가 근로 의욕을 약화시킨다는 주장을 끊임없이 제시해 왔다. 즉, 복지국가에 대해 비판적 입장을 취하는 사람들의 경우, 사회복지정책 때문에 개인이 주도적으로 행동하지 못하고 개인 스스로 재정적으로 책임을 지지 않는 방향으로 나간다고 비판해 왔다(Kruschke & Jackson, 1987). 이런 주장을 좀 더 살펴보면 다음과 같다(Gough, 1999; Chambers & Wedel, 2009).

① 경제협력개발기구(OECD)의 경우, 실업보험과 관련 급여 제도 덕분에 많은 국가에서 거의 영구하게 소득을 보장해주는 방향으로 나가고 있고, 이에 따라서 일하려는 의욕이 줄어든다고 주장해 왔다.

② 일반적인 경제이론에 따르면, 복지와 관련된 급여를 더 많이 제공할 경우에는 일자리가 없이 생활하여도 어려움을 덜 겪게 된다. 그러므로 일반적인 경제이론의 경우, 사회복지에서 제공하는 급여 때문에 근로 의욕이 줄어들 것이라고 본다. 즉, 사람이 일하지 않아도 되는데, 왜 굳이 일을 하겠느냐는 것이다.

2) 사회보험정책과 개인의 경제적 행동

사회보험정책에서는 적절한 근로 의욕을 장려하고 있다. 사회보험제도에서 급여를 받을 자격을 갖기 위해서는, 일정한 비용을 정기적으로 기여금으로 납부하여야 하기 때문이다. 따라서 실제로 사회보험정책은 다음과 같은 역할을 한다고 볼 수 있다(Furniss & Tilton, 1977).

① 사회보험정책은 강제적으로 저축하도록 장려하는 역할을 한다.

② 사회보험정책은 정규적으로 노동시장에 참여하는 것을 강력하게 장려하는 역할을 한다.

3) 빈곤층과 개인의 경제적 행동

(1) 빈곤층의 근로 윤리

일반적으로, 대상을 선별적으로 선정해 제공하는 급여(즉, 선택주의에 근거한 급여)는 근로 의욕을 약화시키는 방향으로 영향을 미친다고 인식해 왔다. 따라서 근로 의욕이나 근로 윤리와 관련해 가장 논쟁거리가 되고 있는 층은 빈곤층이다.

사실, 공공부조 프로그램 때문에 빈곤층의 수가 실제로 증가할 수 있다는 주장은 예전부터 있어 왔다(DiNitto, 2007). 즉, 빈곤층에게 급여를 제공하는 것이 근로 의욕에 어떻게 영향을 미치는가에 대해서는 과거부터 관심을 가져왔다. 이런 예를 들면 다음과 같다(Chambers & Wedel, 2009; DiNitto, 2007; 윤찬영, 2007).

① 빈곤층에게 급여를 제공할 경우에 빈곤층의 근로 의욕이 어떻게 변할 것인가의 문제는, 1795년에 영국의 스핀햄랜드(Speenhamland)에서 실시한 사업에서 주요한 관심거리이었다.[2)]

② 영국의 엘리자베스(Elizabeth) 여왕이 통치하던 시절부터, 빈곤층이 일하는 대신에 공공부조를 선택하는 것을 꺼리게 하기 위해서 공공부조 급여를 최저 수준으로 제공해 왔다.[3)]

③ 우리나라의 경우, 공공부조법인 국민기초생활보장법을 제정하는 것에 대해 찬성하는 입장과 반대하는 입장이 크게 맞선 바 있었다. 이 경우의 논쟁에서 가장 핵심적인 쟁점으로 떠오른 것은, 국민기초생활보장법을 통해 국가로부터 생계급여를 받는 사람들의 근로 의욕과 관련된 것이었다.

(2) 빈곤의 함정과 의존 문화

빈곤층의 근로 의욕과 관련되는 주요한 개념으로 '빈곤의 함정(빈곤의 덫, poverty trap)'과 '의존 문화(culture of dependency)'가 있다.

어떤 빈곤한 사람이 일자리를 얻어 임금이 많아질 경우, 이 사람은 이전에 받던 급여를 받지 못하게 되고 또한 세금을 납부하여야 하기 때문에, 이전보다 더 열악한 상태에 놓일 수 있다. 빈곤의 함정은 이런 상황을 말한다. 즉, 빈곤한 사람의 수입이 빈곤선보다 더 많을 경우에, 이 사람은 소득세를 납부하여야 하고 또한 공공부조와 같은 급여를 받지 못하게 된다. 이렇게 되면, 이 사람은 수입이 증가함에도 불구하고 경제적으로 더 불리한 상황

2) 이점은 사회복지정책의 역사를 다루는 장(6장)에서 이미 설명한 바 있다.
3) 이것을 열등 처우의 원칙(principle of less eligibility)이라고 부른다.

에 놓이게 된다(Alcock, Erskine & May, 1999; Spicker, Leguizamon & Gordon, 2007). 이런 경우에 이 사람은 빈곤의 함정에 놓일 가능성이 있다. 그러므로 빈곤층이 빈곤 상태를 벗어나려고 하지 않는 것과 관련된 것이 빈곤의 함정이다.

그리고 보수주의자들의 경우, 빈곤층은 의존하려는 문화를 가지고 있다고 보면서 '의존 문화'라는 개념을 제시하고 있다. 의존 문화는 국가의 도움에 너무 의존하면 자립할 수 없게 된다고 주장하는 사람들이 사용하는 용어이다(Alcock, Erskine & May, 1999).

[정리] 사회복지정책과 개인의 경제적 행동

- 사회복지정책이 경제적 행동에 미치는 영향에 관한 논의는 근로 의욕에 관한 것인 경우가 많다.
- 복지국가 반대자들은 복지국가가 근로 의욕을 약화시킨다고 주장한다.
- 빈곤층에게 급여를 제공하는 것이 근로 의욕에 부정적으로 미치는 영향에 관해서는 예전부터 논의되어 왔다.
- 빈곤층의 근로 의욕과 관련되는 주요 개념은 빈곤의 함정과 의존 문화이다. 빈곤의 함정은 일자리를 얻어 임금이 많아질 경우에, 이 사람은 이전에 받던 급여를 받지 못하게 되고 또한 세금을 내야 하기 때문에, 그 결과로서 이전보다 더 열악한 상태에 놓이는 상황을 말한다. 의존 문화는 국가의 도움에 너무 의존하면 자립할 수 없게 된다는 주장과 관련된 용어이다.

5 빈곤층의 경제 활동 증진 방안

그간의 경우, 빈곤층을 경제 활동에 더 참여시키기 위해서 여러 가지 방안을 제시해 왔다. 물론, 빈곤층이 경제 활동에 참여하도록 장려하는 데 있어, 어느 방안도 완벽하지는 않다. 이런 방안을 몇 가지 살펴보면 다음과 같다.

1) 워크페어

(1) 워크페어의 배경과 개념

사회복지정책이 역사적으로 발전된 과정을 살펴볼 경우, 가장 먼저 사용하였고 또한 가장 널리 사용된 자격 요건은 근로 능력이 있는지 여부이었다(송근원·김태성, 1995). 이것은 근로 능력이 있는 사람에게는 사회복지 급여를 제한적으로 제공하겠다는 의도를 보여주는 것이라고 볼 수 있다.

그리고 일반적으로 보수주의자들은 빈곤과 관련해 다음과 같이 주장하고 있다(DiNitto, 2007).

① 공공부조 프로그램 때문에 빈곤층의 수가 증가한다.

② 의무적으로라도 일을 하게 되면, 빈곤과 관련된 거의 대부분의 문제가 근본적으로 해결될 것이다.

그러므로 근로 능력이 있는 빈곤층에게 복지를 제공하는 것에 대해 부정적으로 인식하는 보수주의자들은, 빈곤층의 근로 윤리를 증진하는 데 관심을 크게 가지고 있다. 이에 따라서 나타난 제도가 바로 워크페어(workfare)이다.

워크페어는 공공부조를 신청하는 사람은 급여를 받는 대신에 특정한 근로 요건을 충족시켜야 한다는 것을 가리킨다. 일반적으로 워크페어는 공공부조 수급자(때에 따라서는 실업급여 수급자)가 급여를 받는 대신에, 의무적으로 일하게 하거나 관련 활동에 참여하게 하는 제도라고 정리할 수 있다(노병일, 2009).

(2) 진전

일부 국가에서 워크페어가 진전한 바를 살펴보면 다음과 같다(Alcock, Erskine & May, 1999; DiNitto, 2007; 윤찬영, 2007).

① 워크페어는 미국에서 처음으로 등장한 제도이다. 미국에서 워크페어가 정책적으로 진전된 바를 살펴보면 다음과 같다. ㉠ 미국 의회와

클린턴(Clinton) 대통령의 경우, 기존의 공공부조제도를 철폐하는 방향으로 나갔다. ⓒ 부시(Bush) 대통령의 경우, 공공부조를 받는 사람들에게 일자리 요건을 더 강화함으로써 이런 방향으로 더 나가고자 하였다.

② 우리나라의 경우, 1999년 8월에 국회에서 국민기초생활보장법이 통과되었다. 그 후, 당시의 김대중 대통령은 8·15 광복절 경축사에서 생산적 복지의 이념을 강력하게 추구할 것을 주장하였다. 이 경우, 생산적 복지의 개념은 워크페어를 닮은 개념이었다.

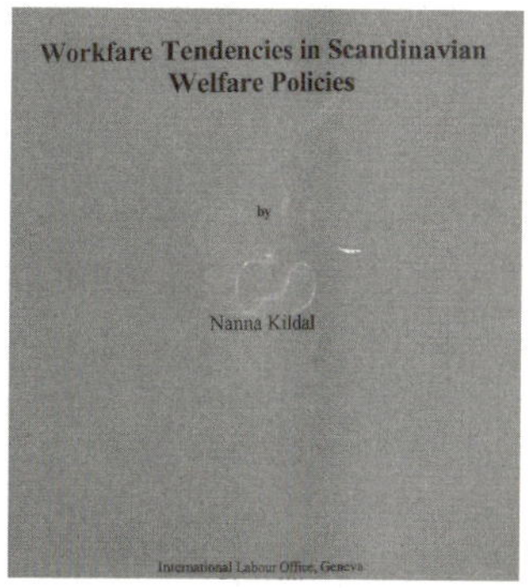
Workfare Tendencies in Scandinavian Welfare Policies

by

Nanna Kildal

International Labour Office, Geneva

북유럽 국가의 복지정책에서도 워크페어에 관심을 많다: 국제노동기구에서 발간한 보고서(Kildal, 2001)의 표지

2) 자력 자본주의

우리나라의 경우, 자활사업은 생산적 복지와 크게 관련된다: 자활사업의 차량(대구에서 저자 찍음)

공공부조는 수급자에게 오명을 주고 있다. 따라서 빈곤층에게 오명을 주지 않으면서 근로 의욕을 증진하는 방안이 관심을 끌고 있다. 이런 방안들과 관련된 개념들 가운데 하나가 자력 자본주의(bootstrap capitalism)이다. 기존의 공공부조 프로그램과는 대조적으로, 자력 자본주의는 다음과 같은 두 가지 방법을 통해서 공공부조를 받는 빈곤층과 근로 빈곤층이 주류 사회의 구성원이 되게 하려고 한다(Stoesz, 2007).

① 빈곤층과 근로 빈곤층에게 대부분의 일반인이 당연하게 여기는 재정 서비스를 똑같이 제공한다.

② 지역사회개발 사업에 자본을 투입한다.

그간의 경우, 사회복지를 담당하는 전문가들은 자력 자본주의와 같은 것에는 크게 관심을 가져오지 않았다. 하지만 스토이즈(Stoesz)는 이런 관점은 매우 잘못된 것이라고 주장한다. 스토이즈의 경우, 미국에서 지난 수십 년 동안에 공공부조 프로그램은 빈곤층을 위한 국가 독점사업으로 나가고 있다고 본다. 즉, 공공부조 프로그램은 2류 시민에게 2류 서비스를 제공하는 프로그램이 되고 있다는 것이다. 따라서 사회정의와 경제정의를 옹호하는 사람들의 경우, 기존의 공공부조 프로그램을 없애고 자력 자본주의로 대체하는 방안을 제안하고 있다.

자력 자본주의에 근거한 정책은 다음과 같은 장점이 있다(Stoesz, 2007).

① 자력 자본주의에 근거한 정책에서는 자산에 주목하는데, 이런 점 때문에 자력 자본주의는 공공부조보다 전략적으로 유리하다. 기존의 공공부조는 사실상 임금을 보조하는 프로그램의 역할만을 하고 있다. 이와는 대조적으로, 자력 자본주의는 빈곤층이 자산을 늘이고 주류 사회에서 제공되는 재정 서비스를 이용할 수 있게 하는 역할을 수행한다. 이에 따라서, 자력 자본주의 때문에 빈곤층은 더 나은 계층으로 더 잘 이동할 수 있게 된다.

UN '국제 소액대출의 해'를 맞아

빈곤층 없는 2005년 되길

경제칼럼

노병일 대전대 사회복지학과 교수

마이크로 크레디트(소액대출, 미소금융)는 빈곤을 없애기 위한 생산적인 정책 방안의 하나이다. 유엔은 2005년을 소액대출의 해로 정한 바 있다(저자의 신문 칼럼).

② 자력 자본주의에 근거한 정책은 빈곤 퇴치와 관련된 세계적인 경향을 더 반영한다. 이런 경향을 보여주는 예로 그라민 은행(Grameen Bank)이 있다. 그라민 은행은 1976년도에 설립되었는데, 그라민 은행은 빈곤층에게 대출을 해주는 데 있어 선구적인 역할을 해오고 있다.

요컨대, 자력 자본주의에 근거한 사회복지정책은 더 넓은 경제 활동에 참여하게 해줌으로써, 소득이 적은 층이 더 나은 계층으로 더 빠르게 가게 할 수 있는 접근 방식이라고 볼 수 있다.

3) 근로장려세제

근로장려세제(earned income tax credit, EITC)는 조세제도를 활용해서 빈곤층이나 소득이 적은 층의 근로 의욕을 증진시키는 방안의 하나이다.

미국의 전국사회사업가협회에서 간행한 사전에 따르면, 소득이 적은 근로자가 세금을 납부하지 않았을 경우에도, 자격을 갖춘 저소득 근로자에게 세금을 돌려주는 프로그램을 말한다(Barker, 2003).

근로장려세제는 다음과 같은 장점이 있다(Stoesz, 2007; Barker, 2003).

① 근로장려세제는 소득이 적은 근로자가 노동시장에 계속해서 참여하는 것을 장려한다. 이것은 아동이 있는 저소득 근로자의 경우에 특히 그렇다.

② 공공부조 급여에 비해서 근로장려세제는 오명이 적다. 그러므로 근로장려세제의 자격이 있는 사람들 중에서 근로장려세제를 신청하는 사람의 비율은 높은 편이다.

> **대한민국의 저소득근로자들에게 새로운 희망이 다가옵니다.**
>
> "근로장려세제관련 법안이 국회에서 통과됨으로써 일하는 저소득층에 대한 소득지원제도인 근로장려세제(EITC : Earned Income Tax Credit)가 2008년부터 시행됩니다. 새로 도입되는 근로장려세제는 근로와 연계한 복지제도로서 일을 많이 할수록 더 많은 근로장려금을 세금환급 방식으로 지원해 주는 제도입니다.
>
> 이 제도는 1975년 미국에서 도입된 이래 현재 30여 년간 운영 중에 있고, 미국의 저소득가구에 대해 가장 중요한 빈곤정책으로 자리매김하고 있으며, 영국, 프랑스 등 다른 선진국에서도 각 나라 실정에 맞는 EITC를 도입하여 근로빈곤층의 근로유인 및 경제적 자립을 지원하고 있습니다."
>
> [출처 : 희망살림이 근로장려세제(2008)]

미국의 경우, 근로장려세제 법령은 1975년에 제정되었다. 그리고 그 이후에, 근로장려세제 법령은 여러 차례 개정되었다(Barker, 2003). 그리고 우리나라의 경우, 2008년부터 근로장려세제를 실시하고 있다.

[정리] 빈곤층의 경제 활동 증진 방안

- 그간의 경우, 빈곤층을 경제 활동에 더 참여시키기 위해 여러 방안을 제시해 왔다. 이와 관련된 방안의 예로 워크페어, 자력 자본주의, 근로장려세제가 있다.
- 워크페어는 공공부조 수급자가 급여를 받는 대신에, 의무적으로 일하게 하거나 관련 활동에 참여하게 하는 제도이다.
- 자력 자본주의는 재정 서비스를 제공하고 지역사회개발 사업에 자본을 투입함으로써, 빈곤층이 주류 사회의 구성원이 되게 하려는 제도이다.
- 근로장려세제는 저소득 근로자에게 근로장려금을 세금으로 환불해주는 제도이다.

제13장

사회복지정책과 여성[1]

1 사회복지정책과 여성

그간의 경우, 사회에서 남성과 여성이 수행하는 역할과 사회에서 남성과 여성에 대해 기대하는 바는, 성에 따라 차이가 있어 왔다. 그리고 성에 따른 이런 차이는 여성에 대한 차별로 이어지는 경우가 적지 않았다.

따라서 많은 조직과 학자들은 여성에 대한 차별을 없앨 것을 주장해 왔다. 예를 들어 1945년에 제정된 유엔(UN, 국제연합) 헌장에서는 남성과 여성이 동등한 권리를 누릴 것을 강조하고 있다. 그리고 유엔의 경우, 여성에 대한 차별을 철폐하는 것과 관련해 다음과 같은 행동을 취한 바 있다(Rubin

1) 이 부분은 이데올로기와 관련해 조지와 윌딩이 분류한 형태의 하나인 페미니즘과도 관련된다(4장을 참조할 것).

& Bartle, 2005; Britannica, 2000).

① 1979년에 유엔총회는 '여성에 대한 모든 형태의 차별 철폐에 관한 협약(Conventions on the Elimination of All Forms of Discrimination against Women)'을 채택하였다.

② 1995년에 베이징에서 열린 제4차 유엔 세계여성회의(World Conference on Women)에 모인 정부 대표들은, 여성에 대한 차별을 없애자는 1979년 협약을 지킬 것을 다시 확인하였다.

한편, 남성과 여성이 사회에서 겪는 경험은 서로 차이가 나기 때문에, 평등하다고 보는 사회에서도 남성과 여성 사이에 큰 격차가 있을 수 있다. 그러므로 사회복지정책에서 성(남성과 여성)의 측면을 고려하는 것은 매우 중요하다. 사회복지정책에서 남성과 여성 사이의 차이를 이해하는 것이 중요한 이유에는 다음과 같은 것이 포함된다(Spicker, 2010; Lewis, 1999).

① 여성에게 영향을 미치는 쟁점은 사회복지정책이 다루어야 하는 의제에 속하기 때문이다.

② 사회복지정책에서 관심을 가지는 주제들 중에는 성과 관련된 것이 많기 때문이다.[2] 특히, 유급(paid) 노동과 무급(unpaid) 노동은 성에 따라 분화되어 있다. 그리고 이에 따라서 남성과 여성 사이에 불평등이 나타나고 있다.

여성주의 관점에서 쓴 『사회정책』(Pascall, 1986)의 표지(부분)

현재의 경우, 지위를 결정하는 데 있어 성이 미치는 영향력은 예전에 비해 적다고 볼 수도 있다. 하지만 사회복지정책을 이해하고 평가하고 변화시키는 데 있어 성은 여전히 유용한 잣대가 되고 있다. 따라서 이와 같은 여러 상황 때문에, 성의 측면을 고려하면서 훨씬 더 가다듬어진 사회복지정책이 더욱 필요하다(Gilbert & Terrell, 2005; Lewis, 1999).

2) 사회복지정책에서 관심을 가지는 주제의 예로 빈곤, 건강, 노령과 같은 것이 있다.

[정리] 사회복지정책과 여성

- 여성에게 영향을 미치는 쟁점은 사회복지정책이 다루어야 하는 의제에 속하고 또한 사회복지정책에서 관심을 가지는 주제들 중에는 성과 관련된 것이 많기 때문에, 사회복지정책에서 성의 측면을 고려하는 것은 매우 중요하다.
- 사회복지정책을 이해·평가·설계하는 데 있어 성은 유용한 잣대가 된다.

2 사회복지정책과 관련된 여성의 위치

여성은 사회복지정책과 관련해 여러 가지 방식으로 관련되고 있다. 따라서 여성주의자들은 현대의 복지국가에서 여성이 차지하는 위치는 복잡하다는 점을 주장해 왔다. 구체적으로 여성주의자들은 여성을 복지를 제공받는 사람, 유급 및 무급으로 복지를 제공하는 사람, 조직적으로 힘을 발휘하는 사람으로서 고려하여야 한다고 주장해 왔다(Lewis, 1999). 따라서 이런 관계를 다음과 같이 구분할 수 있다.

① 여성은 사회복지정책에 따른 프로그램의 클라이언트가 되고 있다.

② 여성은 복지를 제공하고 있다.

③ 여성은 사회복지정책을 결정하는 데 영향력을 행사하고 있다.

이런 각각의 관계에 대해 좀 더 자세히 살펴보면 다음과 같다.

1) 클라이언트로서의 여성

사회복지정책에 관해 이전에 수행한 연구에서는, 여성을 복지국가의 '클라이언트'로 다루는 경향이 있어 왔다. 현재의 경우에도, 사회에서 가장 취약한 사람들 중에서 여성이 차지하는 비율은 매우 높다(Gilbert & Terrell, 2005; Lewis, 1999). 그러므로 여성은 사회복지정책을 통해서 실시하는 복지 프로그램의 주요한 클라이언트가 되고 있다.

2) 복지 제공자로서의 여성

여성은 복지를 주로 제공하는 사람에 속해 왔다. 구체적으로 다음과 같은 사실에서 이런 점을 알 수 있다(Lewis, 1999; The Canadian Encyclopedia, 2010).

① 선진국의 경우, 노동시장에 참여하는 기혼 여성의 수가 2차 세계대전 이후에 증가해 왔다. 그러나 이런 여성의 다수는 복지국가의 서비스직에서 근무하고 있다. 이런 여성의 예로 사회복지사와 교사가 있다. 또한 여성 근로자가 일하는 직종은 주요한 돌봄(care) 일을 하는 직종과 관련되는 경우가 많다.

② 보수를 받지 않고 비공식적으로 제공되는 복지의 대부분을 여성이 맡아오고 있다.

한편, 노동시장에서 빠져 나오는 여성은 아동이나 성인 가족구성원을 보살피기 위해서 그렇게 하는 경우가 많다. 그러므로 여성은 무급 노동을 하기 위해서 유급 노동을 그만두는 셈이 된다. 이렇게 될 경우에는, 다음과 같은 상황이 나타나게 된다(Lewis, 1999).

① 복지국가의 클라이언트인 여성은 복지를 무급으로 제공하는 사람으로서의 역할도 동시에 할 가능성이 매우 크다.

② 복지제도의 결과를 분석하는 데 있어 여성이 무급 복지 제공자로서 기여하는 측면을 고려하지 않을 경우에는, 여성이 복지제도에 투입하는 것보다는 여성이 복지제도에서 얻는 것을 너무 높게 평가할 가능성이 크다.

그러므로 복지국가에서 여성이 복지 제공자로서 가지는 위치와 클라이언트로서 가지는 위치는 서로 밀접하게 관련되는 경우가 많다.

3) 영향력 행사자로서의 여성

여성은 사회복지정책에 영향을 미치는 역할을 하고 있다. 겉으로 보기에, 현대의 복지국가를 구성하는 데 있어 여성은 영향력을 거의 미치지 못한 것처럼 보인다. 그러나 선진국의 복지가 발달한 역사를 살펴보면, 이것은 사실이 아니다.[3] 사회복지정책과 이에 따른 사회복지 프로그램이 발달하는 데 있어, 여성 개인, 여성과 관련된 사회조직, 여성운동은 나름의 역할을 한 바 있다(Gilbert & Terrell, 2005; Lewis, 1999).

[정리] 사회복지정책과 관련된 여성의 위치

- 여성은 복지국가에서 복지를 제공받는 사람, 유급·무급으로 복지를 제공하는 사람, 조직적으로 힘을 발휘하는 사람의 역할을 한다.
- 가장 취약한 사람들 중에서 여성이 차지하는 비율은 매우 높다.
- 여성이 복지 제공자로서 가지는 위치와 클라이언트로서 가지는 위치는 서로 밀접하게 관련되는 경우가 많다.
- 여성은 사회복지정책에 영향을 미치고 있다.

3 이전의 성 논의 및 관련 모델

1) 이전의 성 관련 논의

예전의 경우에는 사회복지정책(사회정책)에서 성의 측면을 크게 고려하지 않았거나 거의 고려하지 않았다. 예컨대 영국의 경우, 2차 세계대전 이후에 복지국가를 연구하는 과정에서 여성에 대해서는 거의 언급하지 않았다. 이와 관련된 예를 살펴보면 다음과 같다(Lewis, 1999; Deacon, 2002;

---

3) 예를 들어 미국의 경우, 여성 민간조직은 다음과 같은 제도나 법령을 도입하려고 의회 등에 압력을 넣었고, 이런 노력은 성공하였다(Lewis, 1999). ① 모성연금을 도입하고자 하였다. 모성연금은 아동급여의 초기 형태라고 볼 수 있다. ② 여성 근로자를 보호하기 위한 노동법을 제정하고자 하였다. ③ 모성복지 및 아동복지와 관련된 법령을 제정하고자 하였다.

Williams, 1994; Denney, 1998).

① 티트머스(Titmuss)는 민간 영역과 가족이 제공하는 급여와 서비스에 관해서는 연구하지 않았다. 민간 영역과 가족은 중요한 복지 제공자에 속한다. 그리고 역사적으로 볼 때, 민간 영역과 가족에서 복지를 주로 제공한 사람은 여성이었다. 따라서 영국에서 사회정책의 토대를 세운 것으로 평가받는 티트머스는 '성(gender)'에 근거한 측면에는 주목하지 않았다.[4)]

② 2차 세계대회 이후에, 사회에서 남성과 여성이 수행하는 역할과 남성과 여성의 행동에 대해 가정하면서 사회복지와 관련된 정책을 결정하고 급여를 제공하였다. 이 당시에 정책 결정자들은 베버리지(Beveridge)가 가정한 바에 근거해서 정책을 결정하였다. 베버리지의 경우, 여성은 가정에 머물러서 가족을 돌보아야 한다는 입장에서 여성·가족문제를 접근하였다. 베버리지에 따르면, 여성은 가정에서 남성 배우자를 위해 가사 일을 하고 자녀를 돌보는 일을 맡아야만 하였다. 베버리지는 구체적으로 다음과 같이 가정하였다. ㉠ 성인 남성은 정규직으로 고용 상태를 유지할 것이다. ㉡ 여성의 주요한 역할은 주부의 역할과 가족 구성원을 돌보는 역할일 것이다. ㉢ 결혼은 안정된 상태를 유지할 것이다.

그러나 베버리지의 이런 가정은 들어맞지 않는 방향으로 나갔다. 실제로 여성주의자들의 경우, 2차 세계대전 후의 베버리지 방안에서 위와 같은 점은 커다란 문제점이라고 주장해 왔다. 예를 들어 2차 세계대전 이후에 가장 중요하게 보이는 사회적 경향은 다음과 같은 것이었다. ㉠ 결혼한 여성이 노동시장에 참여하는 비율이 크게 증가해 왔다. ㉡ 이혼하는 비율이 크게 증가해 왔다. ㉢ 정식으로 결혼하지 않은 상태에서 아이를 낳는 비율이 크게 증가해 왔다. 이런 모든 경향들은 여성에게 더 불리하게 영향을 미쳐오고 있다.

③ 에스핑 안데르센(Esping-Andersen)이 제시한 유명한 복지국가 모

4) 마찬가지로 성의 측면에 대해서는 다른 학자들도 주목하지 않았다.

델도, 여성의 측면을 소홀히 다루었다는 비판을 받고 있다.

한편, 이데올로기와 관련해서도, 예전의 이데올로기에서는 성의 측면을 고려하지 않았다. 예를 들어 예전의 경우에는, 이데올로기를 논의할 때에 보수주의나 자유주의나 급진주의와 같은 것만을 다루었다. 이런 이데올로기에서는 여성의 측면에 크게 주목하지 않았다.

2) 이전의 성 관련 모델

성과 관련해 이전까지 지속적으로 유지되어온 모델은 남성 가장 모델(male breadwinner model)이었다. 남성 가장 모델은 결혼한 여성과 그 자녀들은 가족 임금(family wage)이라는 측면을 통해서 남성에게 의존할 것이라고 가정하는 모델을 말한다(Alcock, Erskine & May, 1999). 구체적으로 가족 임금은, 사람은 남성 가장이 지원하는 가족에서 생활할 것이고, 남성 가장이 얻는 소득 때문에 여성 배우자는 가정에서 무급으로 가족을 돌볼 수 있게 되고 가사 일을 할 수 있게 될 것이라는 가정과 관련된다.

남성 가장 모델은 가부장적 인식에 바탕을 둔다: 전영신의 『여성수난사』 작품 (일부)

당연히 남성 가장 모델의 바탕에는 가부장적 인식이 깔려 있다. 이에 따라 일부 여성주의 관점에서는, 사회복지제도와 사회복지정책이 발달한 과정과 현재의 모습은 뿌리 깊은 문화적 규범과 풍습을 반영한 것이라고 주장해 왔다(Gilbert & Terrell, 2005).

한편, 모든 남성 가장 모델에서는 여성이 남성 가장에게 의존한다고 가정하고 있지만, 루이스(Lewis)는 남성 가장 모델들 사이에 중요한 차이가 있다는 점을 지적하고 있다. 루이스(Spicker(2010)에서 재인용)는 이런 남성 가장 모델을 다음과 같이 분류한 바 있다.

① 적극적(strong) 남성 가장 모델이 있다. 적극적 남성 가장 모델의 경우, 여성의 소득은 남성의 소득을 보조하는 것이라고 보고 있다.

② 수정(modified) 남성 가장 모델이 있다. 수정 남성 가장 모델의 경우, 모성과 관련해 여성에게 특별한 지위를 부여하고 있다.

③ 소극적(weak) 남성 가장 모델이 있다. 소극적 남성 가장 모델의 경

우, 여성이 남성과 동일한 방식으로 가장으로 행동하는 것을 인정하고 있다.

위에 제시한 모델들이 모두 가부장적 특성을 지니는 것은 아니다. 예를 들어 소극적 남성 가장 모델은 성 인지적 측면을 많이 가지고 있다.

[정리] 이전의 성 논의 및 관련 모델

- 예전의 경우에는 사회복지정책이나 이데올로기에서 성의 측면을 크게 고려하지 않았거나 거의 고려하지 않았다.
- 성과 관련해 이전까지 지속적으로 적용해 온 모델은 남성 가장 모델이었다. 남성 가장 모델은 결혼한 여성과 그 자녀들은 남성에게 의존할 것이라고 가정하는 모델로서, 가부장적 인식에 바탕을 둔다.

4 성에 대한 새로운 시각 : 여성주의와 사회복지정책

1) 진전과 의의

최근 들어서 사회복지정책을 분석하는 것과 관련된 전통적인 모델에 중요한 새로운 관점이 추가되고 있다. 이런 관점은 여성의 역할을 강조하는 여성주의(feminism, 페미니즘)을 말한다(Gilbert & Terrell, 2005). 여성주의의 경우, 사회 현상을 설명하는 데 있어 성이라는 프리즘을 사용해 왔고, 또한 사회 현상을 분석하는 데 있어 여성을 분석의 주요한 측면으로 고려해왔다. 이렇게 함으로써, 여성주의에서는 새로운 관점을 제시해오고 있고, 또한 기존의 여러 사회이론이 가지는 문제점에 주목해오고 있다(Sainsbury, 2001).

무엇보다도 최근에 들어서 여성과 복지국가에 관해 논의하기 시작하였다. 이에 따라서 기존에 제시되던 이데올로기(예컨대 보수주의나 자유주의나 급진주의)에 여성주의라는 관점이 추가되고 있다.[5)]

5) 사실, 1970년대에 이르러서야 사회복지정책을 여성주의 시각에서 분석하기 시작하였다. 영국의

앞에서 언급된 바와 같이, 사회복지 급여와 서비스를 받는 클라이언트들 중에는 여성이 많고 또한 근로자들 중에도 여성이 많다. 이런 상황을 고려하여, 여성주의는 기존의 주류 이데올로기가 여성과 복지국가 사이의 관계를 제대로 살펴보지 못하였다고 비판하고 있다(Abramovitz, 2004).

여성에게 더 많은 공간을 할당한 화장실은 성의 측면을 고려한 결과물이다.(북한산에서 저자 찍음)

그리고 사회복지정책을 분석하는 데 있어 이렇게 성을 중요한 원칙으로 제시하는 방식 때문에, 정책 연구가 크게 발달하게 되었다. 성을 중요하게 취급하는 접근 방식의 경우, 오랫동안 무시해온 여러 가지 쟁점이나 심각하게 주목하지 않아온 여러 가지 쟁점을 부각시키고 있다(Gilbert & Terrell, 2005).

2) 여성주의의 개념과 특징

여성주의는 모든 생활 영역에서 여성이 남성과 더 평등하게 지내는 것을 목적으로 하는 여러 가지 관점들을 포함하는 용어를 말한다(Alcock, Erskine, & May, 1999). 이런 여성주의는 다양한 관점을 포함하고 있다.[6] 이런 다양한 관점이 공통적으로 지니는 특성은, 사회복지정책에서 성을 중심적 쟁점으로 삼고 있다는 점이다. 즉, 여성주의 관점의 경우, 사회복지와 관련된 정책이나 프로그램을 연구하고 해석하는 데 있어 의미 있고 다양한 방식으로 여성의 측면을 고려하고 있다. 예를 들어 일부 연구에서는 사회(예컨대 가족과 사업장과 학교)에서 여성은 취약한 상태에 놓여 있다는 점을 조사해 왔다. 이런 연구의 경우, 여성이 겪는 여러 가지 사회적 불평등을 분석하고 있다(The Canadian Encyclopedia, 2010; Spicker, 2010; Gilbert & Terrell, 2005).

무엇보다도, 여성주의 시각에서 사회복지정책을 비판하는 사람들의 경우, 사회복지정책은 여성에게 크게 불리하다고 주장해 왔다. 예를 들어 여성

경우, 사회복지정책에서 복지를 여성주의 입장에서 분석하는 경향은 1980년대에 들어서 두드러졌다(Lewis, 1999; Denney, 1998).

6) 이것에 대해서는 뒤에서 다시 논의한다.

주의에서는, 여성이 일하는 장소가 가정에서든 또는 노동시장에서든 간에, 여성이 하는 일을 너무 낮게 평가하고 있다고 본다.

여성주의 관점에서는, 남성과 여성을 똑같이 대우하느냐 또는 차이가 나게 대우하느냐의 문제는 현대의 사회복지정책에서 중요한 문제라고 보고 있다. 이런 맥락에서 여성주의 학자들과 활동가들은 남성과 여성이 더 평등한 상태를 유지하는 사회복지정책을 실현하는 데 크게 관여하고 있다 (Lewis, 1999; Gilbert & Terrell, 2005).

한편, 여성주의는 기존의 이데올로기에 대해서 비판적인 입장을 취하고 있다. 편의상, 사회복지정책과 관련해 이데올로기를 보수주의와 자유주의와 급진주의로 크게 구분할 수 있는데, 여성주의는 이런 이데올로기에 대해 다음과 같이 비판하고 있다(Abramovitz, 2004).

① 여성주의의 경우, 보수주의는 여성의 역할을 소극적으로 보고 있고, 또한 보수주의는 정부가 사회복지에 관여하는 것을 반대하고 있다고 비판하고 있다. 모든 형태의 여성주의자들은 보수주의의 이와 같은 견해를 받아들이지 않고 있다.

② 여성주의의 경우, 자유주의는 여성의 권리를 무시하고 있다고 비판하고 있다.

③ 여성주의의 경우, 급진주의는 노동, 계급 구조, 자본주의에는 주목하지만, 성 및 가부장과 같은 측면에는 주목하고 있지 않다고 비판하고 있다.

[정리] 성에 대한 새로운 시각 : 여성주의와 사회복지정책

- 여성주의는 사회복지정책의 분석에서 성을 중요한 원칙으로 제시한다.
- 여성주의는 사회복지정책이 여성에게 크게 불리하게 되어 있다고 주장한다. 따라서 여성주의는 남성과 여성이 더 평등한 상태를 유지하는 사회복지정책을 실현하는 데 크게 주목한다.

5 여성주의의 형태와 각 형태의 주장

1) 여성주의의 형태

여성주의 학자들과 활동가들은 정치적 전략과 관련된 접근 방식에서 서로 크게 차이를 보이고 있다. 따라서 여성주의 입장에서 사회복지정책에 접근하는 방식을 한 가지만으로 정리할 수는 없다.

실제로 여성주의자들은 다음과 같은 측면에서 서로 차이가 있어 왔다(Lewis, 1999).

① 이론적 접근 방식에서 서로 차이가 있어 왔다.

② 관심을 가지는 쟁점에서 서로 차이가 있어 왔다.

여성주의의 각 형태에서 주장하는 바가 다름에 따라서, 사회복지정책의 영역에서 각 형태가 제시하는 방향은 서로 차이가 난다.

한편, 사회복지정책과 관련해, 여성주의의 형태를 구분하는 방식에는 다음과 같은 것이 있다.

① 여성주의의 입장을 시간의 흐름에 따라 구분하는 방식이 있다.

② 여성주의의 입장을 이데올로기에 따라 구분하는 방식이 있다.

2) 시간의 흐름에 따른 여성주의 형태

솜머즈(Sommers)는 여성주의를 시간의 흐름에 따라 구분하고 있다. 예를 들어 솜머즈는 여성이 남성에게 종속되는 것을 정책적으로 해결하는 방안을 제1세대 여성주의(first wave feminism)와 제2세대 여성주의(second wave feminism)로 구분하면서 설명한 바 있다. 그리고 그 이후에 제3세대 여성주의(third wave feminism)가 등장하였다. 각 세대의 여성주의에 관해 살펴보면 다음과 같다(Gilbert & Terrell, 2005; Wikipedia, 2010a; 2010b; 2010c).

(1) 제1세대 여성주의

제1세대 여성주의는 미국과 영국에서 19세기와 20세기 초에 활동한 여성주의를 가리킨다. 제1세대 여성주의라는 용어는 1970년대에 이르러 그 이전의 여성주의를 가리키는 용어로 등장하였다.

제1세대 여성주의는 형평(equity)의 측면에 주목하는 여성주의이다.[7] 따라서 제1세대 여성주의를 '형평 여성주의'라고도 부른다. 제1세대 여성주의는 예전부터 있었던 자유주의적 주제에 관심을 가졌는데, 이런 주제는 여성이 정치적 권리를 획득하고 여성에게 기회를 확대하는 것을 말한다.

특히 제1세대 여성주의의 경우, 공식적인 불평등을 퇴치하는 데 관심을 가졌다. 이 경우에, 제1세대 여성주의에서 주로 관심을 가진 것은 여성이 투표할 수 있는 권리를 얻는 것이었다.

구체적으로 제1세대 여성주의는 다음과 같은 특징이 있다.

① 사회에 있는 모든 제도적인 영역에서 여성에게 실질적으로 기회를 제공하는 것에 주목하였다.[8] 그러므로 제1세대 여성주의가 주요하게 관심을 가지는 쟁점에는 낙태할 수 있는 권리, 보육, 아동에 대한 지원이 포함된다.

② 여성에게 선택이 중요하다는 점을 인정하였다. 여성에게 선택이 중요하다는 점은 다음의 두 가지 모두를 의미한다. ㉠ 남성에게 제공되는 기회를 여성에게도 똑같이 제공한다. ㉡ 전업 주부와 같은 전통적인 역할을 선택한 여성에게도 도움을 준다.

제1세대 여성주의자들은 여성이 커다란 어려움을 겪고 있다는 점을 인정하였다. 그렇지만 제1세대 여성주의자들은 여성을 가부장의 피해자로 보기보다는, 사회의 취약층에게 기회를 더 주기 위한 노력에서 남성의 동반자로 활동하는 사람으로 보는 경향이 있었다.

---

7) 앞장에서 이미 언급한 것처럼, 형평은 사회복지정책에서 추구하는 중요한 사회적 가치에 속한다.
8) 사회의 제도적 영역에는 학교, 사업장, 정치 영역이 포함된다.

(2) 제2세대 여성주의

미국의 경우, 제2세대 여성주의는 1960년대 초부터 1970년대 말까지 활동한 여성주의를 가리킨다. 제2세대 여성주의에서는 성(gender)의 측면에 주목하였다. 그러므로 제2세대 여성주의를 '성 여성주의'라고도 부른다.

제1세대 여성주의는 여성이 평등을 이루는 데 장애가 되는 법적인 걸림돌에 주로 관심을 가졌다. 제1세대 여성주의는 투표권과 재산권에 주로 관심을 가졌다. 이에 비해서 제2세대 여성주의는 여성과 관련된 여러 가지 쟁점, 비공식적인 불평등, 법 영역에서의 공식적인 불평등, 성적 활동, 가족, 사업장, 낙태와 관련된 권리에 관심을 가졌다.

제2세대 여성주의자들은 제1세대 여성주의자들보다 더 광범위하고 더 급진적인 관점을 취하였다. 제2세대 여성주의자들은 사회의 기본적인 제도에 들어있는 근본적인 불평등을 퇴치하려고 하였다. 특히 제2세대 여성주의자들은 사회의 기본 제도들 중에서도, 가족과 관련된 근본적인 불평등을 퇴치하려고 하였다.

제2세대 여성주의자들의 경우, 어린 소녀부터 노인 여성까지의 모든 여성은 뿌리 깊고 널리 퍼져있는 문화적 제약과 사회적 제약의 피해자라고 보았다. 제2세대 여성주의자들에 따르면, 이런 문화적·사회적 제약은 여성에게 다음과 같이 부정적으로 작용한다. ① 여성의 발달을 제약한다. ② 여성의 가능성을 제약한다. ③ 사회문제를 유발할 뿐만 아니라, 심리적 장애와 정서적 장애를 유발한다.[9)]

따라서 제2세대 여성주의자들은 다음과 같이 인식하고 있었다.

① 사회의 지배적인 가치는 본질적으로 성 차별적(sexist)이다.

② 이런 성 차별은 정치와 경제와 사회복지정책에서 '재생산'된다.[10)]

9) 이와 관련된 심리적·정서적 장애의 예로 자존감이 낮은 것, 우울증을 겪는 것, 식욕이 낮아지는 것이 있다.

10) 이런 맥락에서 제2세대 여성주의자들의 경우, 복지와 관련된 법령이 발달하는 것은 가족에서 여성을 종속시키는 것을 반영하는 것이라고 보았다.

(3) 제3세대 여성주의

1990년부터 현재까지 다양한 여성주의자들의 활동과 연구가 있었는데, 이와 관련된 것이 제3세대 여성주의이다. 제3세대 여성주의는 다음과 같은 배경에서 등장하였다.

① 제2세대 여성주의가 실시한 프로그램과 여성운동을 실패한 것으로 인식하였고, 또한 이런 프로그램과 여성운동에 대해 큰 비판이 있었다. 따라서 이에 대한 반응으로 제3세대 여성주의가 등장하였다.

② 여성은 다양한 인종과 국적과 종교와 문화를 가진다는 점을 인정하게 되었고, 이에 따라서 제3세대 여성주의가 등장하였다.

그러나 제3세대 여성주의의 경우, 모든 것을 포함하는 단일한 여성주의 이데올로기를 가지고 있지는 않다.

3) 이데올로기에 따른 여성주의 형태

여성주의의 입장을 이데올로기에 따라 구분하는 경우가 있다. 그러나 이데올로기에 근거해 여성주의의 형태를 분류하는 것에 대해서는 학자들 사이에 의견이 완전히 일치되어 있지 않다. 일부 학자들이 분류하는 예를 살펴보면 다음과 같다.

① 스픽커(Spicker, 2010)의 경우, 주요한 여성주의의 주요한 형태를 자유주의적(liberal) 여성주의, 마르크스적(Marxist) 여성주의, 급진주의적(radical) 여성주의로 구분할 수 있다고 본다.

② 아브라모비쯔(Abramovitz, 2004)의 경우, 여성주의의 주요한 형태를 자유주의적 여성주의, 문화적 여성주의, 사회주의적 여성주의로 구분하고 있다.

③ 윌리엄스(Williams, Denney(1998)에서 재인용)의 경우, 여성주의의 주요한 형태를 자유방임적(libertarian) 여성주의, 사회주의적 여성주의, 인종적(black) 여성주의, 후기근대적(postmodernist) 여성주의로 구분하고 있다.

따라서 여러 학자들이 공통적으로 제시하는 주요한 여성주의의 형태로 자유주의적 여성주의, 급진주의적 여성주의, 사회주의적 여성주의를 들 수 있다. 각각의 여성주의 형태에 대해 살펴보면 다음과 같다.

(1) 자유주의적 여성주의

자유주의적 여성주의에서는 여성이 개인으로서 가지는 권리를 주장하고 있다. 구체적으로 자유주의적 여성주의에서는 다음과 같은 점을 주장하고 있다(Spicker, 2010).

① 여성에 대한 차별과 편견에 반대한다.

② 여성을 남성과 동등하게 존경하고, 여성에게도 기회의 평등을 제공한다.

그러므로 자유주의적 여성주의에서는 다음과 같은 것이 중요하다는 점을 강조하는 경향이 있어 왔다(Lewis, 1999).

① 권리가 중요하다.

② 평등하게 기회를 가지고 평등하게 대우받는 것이 중요한다.

그리고 자유주의적 여성주의의 경우, 정부는 갈등적인 사회적 이해관계를 중립적으로 중재하는 기구로 보고 있다. 그러므로 자유주의적 여성주의는 자유, 평등, 자율, 자아 실현, 정의를 여성에게 확대하려는 활동을 하는 데 있어, 정부는 자신들의 협조자가 될 수 있다고 보고 있다. 이에 따라서 자유주의적 여성주의의 경우, 국가가 여성의 권리를 확대하기 위한 적절하고 합당한 제도라는 점을 당연하게 여기고 있다(Abramovitz, 2004). 그러므로 자유주의적 여성주의에서는 성 차별적인 사회복지 프로그램에 대해 국가가 책임이 있다고 본다.

한편, 역사적으로 볼 때, 자유주의적 여성주의에서는 성 차별에 관심을 가져 왔다. 따라서 자유주의적 여성주의자들은 사회복지 프로그램이 다음과 같다는 점을 처음으로 제시한 사람들이다(Abramovitz, 2004).

① 사회복지 프로그램은 남성 편향적이었고 성 측면을 다루지 않았다.[11)]

11) 자유주의적 여성주의자들에 따르면, 남성 편향성은 사회복지정책에서 일과 임금을 크게 강조하기 때문에 나타난다. 이런 경향은 남성 중심의 생활 유형과 노동 유형을 보여준다.

② 사회복지 프로그램에서는 성에 근거해 여성을 남성에 비해 다르게 대우하였다.

자유주의적 여성주의에 따르면, 사회복지정책은 구체적으로 다음과 같은 문제점이 있다(Abramovitz, 2004).

① 사회복지정책은 성의 측면을 소홀히 다루고 있다. 왜냐하면 사회복지정책은 성에서 차이가 없는 것처럼 인식하면서 남성의 경험을 여성의 경험에까지 일반화시키고 있기 때문이다.

② 사회복지정책은 여성의 독특한 상황을 잘 반영하지 못하고 있다. 이런 점을 예로 들면 다음과 같다. ㉠ 사회복지 프로그램이 노동시장에서 실패하였기 때문에 생긴 일부 어려움으로부터 개인과 가족을 보호하기는 하지만,[12] 사회복지 프로그램이 여성이 겪는 독특한 사회적 위험을 보호하는 경우는 드물다.[13] ㉡ 여성이 결혼생활에서 실패할 경우에 겪는 어려움에 대해서, 사회복지정책은 매우 잘 보호하지 못하고 있다.[14] 사회복지정책이 여성의 이런 위험에 대해 잘 보호하지 못함에 따라서, 여성은 다음과 같은 상황에 놓일 가능성이 크다. ㉠ 빈곤 상태에 놓인다. ㉡ 스스로 아동을 보호하여야 한다.

(2) 급진주의적 여성주의

급진주의적 여성주의에서는 다음과 같은 것에 더 주목하는 경향이 있어왔다(Lewis, 1999).

① 남성의 권력 측면에 더 주목한다.

② 가정폭력과 같은 쟁점에 더 주목한다.

그러므로 급진주의적 여성주의에서는 가부장 제도가 사회를 지배한다고 주장하고 있다.[15] 예를 들어 급진주의적 여성주의의 경우, 전통적인 핵가족

12) 노동시장에서의 실패 때문에 나타나는 어려움의 예로 노령과 실업과 질병 때문에 소득을 상실하는 것이 있다.

13) 여성이 겪는 독특한 사회적 위험의 예로 임신하는 것, 아동을 양육하는 것, 가족 구성원을 보살피는 의무 때문에 소득을 상실하는 것이 있다.

14) 여성이 결혼생활에서 실패할 경우에 겪는 어려움으로 이혼하는 것, 버림을 받는 것, 아동을 보호하기 어려운 것, 가정에서 폭력을 겪는 것이 있다.

15) 가부장 제도는 남성이 여성을 지배하는 권력구조를 말한다. 극단적으로 표현하자면, 가부장은

은 가부장을 구체적으로 보여주는 것이라고 인식하고 있다(Spicker, 2010; Gilbert & Terrell, 2005).

(3) 사회주의적 여성주의

사회주의적 여성주의는 복지국가에 대해 가장 체계적으로 비판하고 있다. 사회주의적 여성주의에서는 다음과 같은 것에 더 관심을 가지는 경향이 있어 왔다(Lewis, 1999).

① 국가복지와 자본 사이의 관계에 관심을 가진다.

② 이런 관계가 여성의 위치와 관련해 가지는 의미에 관심을 가진다.

사회주의적 여성주의의 경우, 계급에 근거한 불평등한 권력 관계뿐만 아니라 성에 근거한 불평등한 권력 관계도 복지국가에서 다시 나타나고 있고, 또한 이런 불평등한 권력 관계가 더 커지게 된다고 주장하고 있다.

자유주의적 여성주의에서는 여성을 차별 대우하는 문제에 주로 주목한다. 그러나 사회주의적 여성주의에서는 여기에서 더 나아가서, 복지국가는 남성이 여성을 지배하기 위한 사회적 토대와 경제적 토대를 지지한다고 주장하고 있다. 그러므로 사회주의적 여성주의의 경우, 사회의 경제구조 때문에 여성이 억압을 받는다고 주장하고 있다(Abramovitz, 2004; Spicker, 2010).[16]

4) 정리

여성주의 관점에서 강조한 바를 정리하면 다음과 같다(Sainsbury, 2001).

① 일부 여성주의자들의 경우, 기존의 주류 모델이 다음과 같이 나가는 점에 대해 비판해 왔다. ㉠ 공적 영역과 사적 영역이 분리되어 있다고 보는 점에 대해 비판해 왔다. ㉡ 시장과 국가 사이의 관계에 집중하고, 이에 따라 가족과 국가와 시장 사이의 관계를 무시한다는

남성은 권위를 누리고 여성은 노예 상태에 있는 것을 말한다.

16) 마르크스(Marx)나 엥겔스(Engels) 누구도 자본주의 사회에서 여성이 겪는 문제에 대해 자세히 다루지 않았다(Day, 2009). 그러나 마르크스와 엥겔스의 경우, 여성은 근로자로서 착취당하고 또한 '노동을 재생산하는 사람'으로서 착취당하기 때문에, 결국 여성은 이중으로 착취당한다는 점을 인정하고 있다.

점에 대해 비판해 왔다.

이에 따라서 여성주의자들은 가족 내부와 가족 외부에서 수행하는 유급 노동과 무급 노동을 모두 살펴보아야 한다고 주장한다. 여성주의자들에 따르면, 기존의 주류 모델에서는 복지 급여를 제공하는 데 있어 국가가 어느 정도 책임을 지는지에 대해 주목해 왔다. 따라서 여성주의자들이 볼 때, 이런 주류 모델은 국가 이외에 복지를 제공하는 주체에 대해 잘 파악하지 못하고 있다.

② 여성주의자들의 경우, 공적 영역에서 고용 기회와 서비스를 제공하는 것이 여성의 상황에 어떻게 영향을 미치는지를 살펴볼 필요가 있다는 점을 강조해 왔다.

③ 여성주의자들의 경우, 사회복지정책에 영향을 미치는 데 있어 이데올로기가 중요하다는 점을 강조해 왔다. 그러나 여성주의자들의 경우, 잔여적 모델과 제도적 모델에서 주장하는 가치와는 아주 다른 가치에 관심을 가져왔다. 즉, 여성주의자들의 경우, 국가 개입을 옹호하는 이데올로기나 분배를 옹호하는 이데올로기보다는, 가족 이데올로기와 성 이데올로기가 복지국가를 분석하는 데 중요한 것으로 보고 있다.

④ 여성주의자들의 경우, 복지국가의 정책이 여성에게 유리하게 작용할 수 있다는 점에 관심을 가져왔다.

[정리] 여성주의의 분파와 각 분파의 주장

- 여성주의에서 사회복지정책에 접근하는 방식을 한 가지로 정리하기는 어렵다.
- 제1세대 여성주의는 형평에 주목하고, 제2세대 여성주의는 성에 주목한다. 제3세대 여성주의는 모든 것을 포함하는 단일한 여성주의 이데올로기를 가지고 있지 않다.
- 이데올로기에 근거해 여성주의의 분파를 분류하는 것에 대해서는 학자들 사이에 의견이 일치되어 있지 않다. 여러 학자들이 공통적으로 제시하는 주요 여성주의로 자유주의적 여성주의, 사회주의적 여성주의, 급진주의적 여성주의를 들 수 있다. 자유주의적 여성주의에서는 여성이 개인으로서 가지는 권리를 주장한다. 급진주의적 여성주의에서는 가부장 제도가 사회를 지배한다고 주장한다. 사회주의적 여성주의에서는 복지국가가 남성이 여성을 지배하기 위한 사회적·경제적 토대를 지지한다고 주장한다.

6 복지국가와 여성 : 복지국가에 관한 여성주의 관점

복지국가는 사회복지정책을 실현하는 국가이다. 여성주의는 이런 복지국가가 성과 관련해 무지한 성격을 지닌다는 점을 비판하고 있다(Abramovitz, 2004).

> **복지국가의 두 얼굴**
>
> 여성주의 입장에서 볼 경우, 복지국가는 다음과 같은 긍정적인 측면과 부정적인 측면을 모두 다 가지고 있다(The Canadian Encyclopedia, 2010).
>
> ① 복지국가는 사회복지와 관련된 급여를 많이 제공하고 있다.
>
> ② 복지국가는 여성을 억압하고 있다.

여성주의 관점에서 복지국가를 분석하는 사람들은 국가와 시장과 가족 사이의 연결고리를 잘 살펴보아야 한다고 주장한다. 즉, 남성 위주의 주류 학자들은 복지국가를 연구할 때 국가와 시장에 크게 주목하고 있다. 이에 비해서, 여성주의 관점에서 복지국가를 접근하는 학자들은 가족의 중요성을 강조하고 있고, 또한 여성이 수행하는 유급 노동과 무급 노동을 강조하는 경향이 있다. 여성주의 관점의 경우, 자본주의 사회의 노동시장에서 남성이 핵심 근로자로 자리 잡아 온 경향이 있기 때문에, 자본주의 사회에서는 성과 관련해 이중(二重) 복지체계가 나타나고 있다고 비판하고 있다. 즉, 자본주의 사회에는 남성 복지국가(men's welfare state)와 여성 복지국가(women's welfare state)라는 두 가지 복지체계가 따로 존재한다는 것이다(Bryson, Bittman & Donath, 1994).

그러므로 여성주의자들의 경우, 복지국가가 가족, 사회적 재생산, 노동의 성 분화, 여성의 정치적 투쟁과 관련해 가지는 관계를 기존의 이데올로기적 관점에 포함시키지 않는다면, 기존의 이데올로기적 관점은 여성에게 적용될 수 없다고 본다(Abramovitz, 2004).

> **[정리] 복지국가와 여성 : 복지국가에 관한 여성주의 관점**
>
> • 여성주의는 복지국가가 성과 관련해 무지하다는 점을 비판한다. 따라서 여성주의의 경우, 자본주의 사회에서는 남성 복지국가와 여성 복지국가라는 두 복지체계가 따로 존재한다고 본다.

7 여성 관련 주요 사회복지정책 영역

여성주의 입장의 학자들은 사회복지정책 영역에서 여성과 관련되는 여러 주제에 관심을 가지고 있다. 예를 들어 여성에 관한 연구에서는 여성의 고용 및 소득보장과 같은 주제에 오랫동안 주목해 왔다. 여성과 관련해, 사회복지정책에서 주요한 영역을 몇 가지 살펴보면 다음과 같다(The Canadian Encyclopedia, 2010; Gilbert & Terrell, 2005; Pieters, 1993; DiNitto, 2007; Rubin & Bartle, 2005; 노병일, 2009).

1) 고용 영역

여성과 관련된 사회복지정책에서 가장 중요한 영역은 아마도 여성의 고용과 관련된 영역일 것이다. 여성이 남성 가장에 의존하지 않고 경제적으로 독립하기 위해서는 노동시장에 참여하여야 하기 때문이다.[17] 현재의 경우, 여성이 노동시장에 참여하는 비율은 높아지고 있다.

그러나 여성의 고용 여건은 크게 개선되지 않고 있다. 예를 들어 여성의 임금 수준은 항상 문제가 되고 있다. 실제로 여성주의자들이 자주 거론하는 주제들 가운데 하나가 남성 근로자와 여성 근로자 사이의 임금 격차이다. 예컨대 미국에서 남성과 여성이 비슷한 업종에서 근무할 경우에, 여성 근로자는 남성 근로자가 받는 임금의 3/4정도만 받는 것으로 조사된 바 있다. 남성 근로자와 여성 근로자 사이의 임금 격차는 여성이 사업장에서 수행하는 역할과 관련해 편견을 가지기 때문에 생기는 경우가 많다.

17) 그리고 여성의 노동시장참여는 여성이 가진 능력을 활용하여 사회에 기여하고 여성의 자아를 실현하기 위해서도 필요하다.

2) 돌봄 영역

보육정책은 여성의 노동시장참여를 위한 고용정책과 매우 밀접하게 관련된다: 한국산업인력공단 본사에 위치한 직장어린이집(서울에서 저자 찍음)

여성과 관련된 사회복지정책에서 자주 거론되는 또 하나의 영역은 여성의 돌봄 역할과 관련된 영역이다. 여성은 가정에서 남성 배우자, 자녀, 나이든 가족 구성원에게 돌봄을 제공하는 주요한 인물이어 왔다. 실제로 현대 사회에서도, 여성들 중에는 노동시장에 참여하는지 여부와 상관없이 가족 구성원을 돌보는 여성이 많다.

특히 노동시장에 참여하는 여성들 중에는 어린 자녀가 있는 여성이 많다. 따라서 자녀가 있는 여성 근로자에게는 무엇보다도 비용이 합당하고 질이 좋은 보육 서비스가 필요하다. 이런 의미에서 보육정책은 여성의 노동시장참여를 위한 고용정책과 매우 밀접하게 관련되어 있다.18)

그리고 여성이 노동시장에 참여하는지 여부에 상관없이, 노인 돌봄은 해당 여성에게 부담으로 작용하고 있다. 특히 노인을 돌보면서 노동시장에 참여하는 여성에게는, 노인 가족구성원을 돌보는 것은 매우 큰 부담이 된다. 따라서 보육정책에서와 마찬가지로, 노인을 보호하는 정책도 여성이 노동시장에 참여하기 위한 고용정책과 밀접하게 관련되어 있다. 예를 들어 캐나다의 경우, 나이든 가족 구성원을 돌볼 수 있는 시설이 충분하지 못하기 때문에, 가정에서 노인을 돌보는 여성 근로자에게 부담이 더 커지는 것으로 밝혀진 바 있다.

요컨대, 가족 구성원을 돌보는 문제는 여성의 고용과 긴밀하게 관련되어 있다. 가족구성원을 돌보아야 하는 여성은 노동시장에 참여하기가 어렵거나, 참여하여도 불리한 조건에서 참여할 가능성이 크다.

18) 공적 보육(공보육)은 여성의 고용과 관련된 사회복지정책에서 특히 중요하다. 예를 들어 캐나다의 경우, 공적 보육시설이 충분하지 못하기 때문에, 많은 여성들은 유급 일자리를 찾지 못하고 있다고 밝혀진 바 있다.

3) 사회보장 영역

사회보장제도에서는 기본적인 소득을 제공한다. 이에 따라 사회보장은 여성과 관련된 사회복지정책에서 자주 거론되는 영역이다. 현대의 사회보장제도에서 여성을 남성과 동등하게 대우하지 못하는 측면은 아직도 적지 않게 남아 있다. 물론 성에 따라서 사회보장 급여를 차별하는 관행은 대부분의 사회보장제도에서 없어졌다. 국가에 따라서는 유족급여, 연금급여, 가족수당이 여성에게 유리한 경우도 있다. 그러나 사회보장 영역의 제도나 프로그램은 여성에게 불리한 경우가 많다. 그리고 사회보장제도에서 성과 관련된 '간접적' 차별은 아직도 많이 존재하고 있다.

한편, 사회보장과 관련된 사회복지정책에서는 역사적으로 빈곤에 관심을 가져왔다. 그중에서 근래에 들어, 빈곤의 여성화(feminization of poverty)는 중요한 관심거리를 이루어 왔다.[19]

사실상 전통적으로, 여성은 경제적으로 특히 취약한 경향을 보이고 있다. 그러므로 빈곤의 여성화 현상은 새로이 등장한 현상이 아니다. 빈곤 상태에 있는 성인들과 공공부조를 받고 있는 사람들의 대부분을 항상 여성이 차지해 왔기 때문이다. 이에 따라서 여성은 복지국가의 프로그램에 특히 의존하고 있다.[20]

그리고 노동시장에 참여하는 여성이 증가하는 것과 더불어, 최근에 여성과 관련해 벌어지고 있는 중요한 흐름으로 새로운 생활양식이 등장한다는 점을 꼽을 수 있다. 즉, 한편으로는 일자리를 갖는 여성이 증가하고, 다른 한편으로는 이혼·별거·동거 등의 새로운 방식으로 생활을 꾸려나가는 여성이 증가하고 있다. 새로운 방식으로 생활하는 여성은 빈곤 상태에 놓여 있거나, 나중에 빈곤 상태에 놓일 가능성이 크다.

19) 빈곤의 여성화에 대한 정의는 학자마다 다소 차이가 있다. 에잇젠과 진(Eitzen & Zinn, 2000)에 따르면, 빈곤의 여성화는 빈곤층 가운데 빈곤한 여성이 상대적으로 높은 비율을 차지하는 현상을 가리킨다.

20) 예를 들어 미국의 경우, 공공부조를 받는 가구들 중에서 여성이 가장인 비율이 90%를 넘는다고 밝혀진 바 있다.

따라서 여성의 빈곤을 퇴치하거나 감소시키는 방안이나 프로그램은 여성과 관련된 사회복지정책에서 중요하게 다루어야 할 주제이다.

4) 예산 설계 영역

사회복지정책과 관련해, 일부 여성주의자들은 예산 측면에 주목하고 있다. 여성에 대한 차별을 없애기 위한 프로그램을 활성화시키는 방안의 하나는 성 친화적으로 예산을 설계하는 것이기 때문이다. 실제로 '여성에 대한 모든 형태의 차별 철폐에 관한 협약'에 서명한 사람들과 베이징(Beijing)의 세계여성회의에 참석한 사람들의 경우, 정부의 예산에서 남성과 여성을 동등하게 대우하는 것이 성 평등을 이루기 위해 중요하다는 점을 인정한 바 있다.

정부의 공적 예산을 통해서 정부가 우선순위를 어디에 두는지를 알 수 있다. 일반적으로 정부 예산은 재정적 측면을 총괄적으로 보여주는 지표이다. 그러므로 정부 예산에서는 남성과 여성을 특별하게 언급하지 않고 있다. 이런 측면에서 보면, 정부 예산은 성 중립적인 것처럼 보인다.

그러나 정부의 세입과 지출이 남성과 여성에게 서로 다르게 영향을 미친다면, 정부의 예산을 성 중립적이라고 보기 어렵다. 오히려 남성과 여성 사이의 차이를 무시하는 것이 성에 대해 무지한 측면을 보여준다. 여성에게 불리함을 없애주기 위해서는, 여성을 위한 사회복지제도에 예산을 더 배정하는 데 주목할 필요가 있다.[21]

[정리] 여성 관련 주요 사회복지정책 영역

- 여성과 관련해 사회복지정책에서 주요한 영역으로 고용, 돌봄, 사회보장, 예산 설계를 들 수 있다.
- 사회보장과 관련된 사회복지정책에서 '빈곤의 여성화'는 중요한 관심거리이다.

21) 성친화적 예산과 관련된 프로그램의 예로 미국의 사회보장법에 근거해 실시된 모성·아동건강 서비스 프로그램(Maternal and Child Health Services Program)이 있다. 이 프로그램의 경우, 여성과 아동의 건강과 관련된 프로그램에 특별히 재정적으로 지원하고 있다.

PART 05

사회보장정책과 빈곤관련 정책

제14장

사회보장과 사회보험[1)]

1. 사회보장의 개념
2. 사회보장의 목적
3. 사회보장의 형태
4. 사회적 위험
5. 사회보장 프로그램의 분류
6. 사회보장의 기능
7. 사회보험의 개념과 목적 및 의의
8. 사회보험의 특징
9. 사회보험의 원칙
10. 사회보험의 대상과 급여와 운영 및 재정

1 사회보장의 개념

사회보장(social security)이라는 용어는 전 세계적으로 두루 사용되고 있다. 사회보장이라는 용어는, 유럽에서 실시하고 있던 '사회보험'의 '사회(social)'와 미국의 대공황 시기에 구성된 '긴급 경제보장 위원회(Emergency Economic Security Committee)'의 '보장(security)'이라는 용어가 합쳐서

1) 본 장은 노병일(2009)을 많이 참조하였다.

사회보장제도는 전 세계적으로 두루 실시되고 있다: 저자가 미국에서 발급받은 사회보장카드

탄생한 것으로 알려져 있다. 이와 같이, 사회보장이라는 용어가 등장한 시기에 관해서는 대체로 의견이 일치되어 있다.

하지만 그럼에도 불구하고, 사회보장의 개념에 관해서는 의견이 분명하게 일치하고 있지 않다. 그 결과, 학자에 따라서 사회보장에 대한 정의가 서로 다르다. 그리고 더 나아가 국가와 시대에 따라서도, 사회보장의 의미는 서로 다르게 인식되고 있다(노병일, 2009).

프랑스의 사회보장 건물
[출처: Wikipedia]

사회보장의 개념을 몇 가지 살펴보면 다음과 같다.

1) 베버리지

베버리지(Beveridge, 1942)는 이른바 '베버리지 보고서'라고 불리는 『사회보험과 관련 서비스(Social Insurance and Allied Services)』에서, 사회보장은 다음과 같은 것을 위해서 소득을 보장해주는 것이라고 정의하고 있다.

① 실업이나 질병이나 사고 때문에 수입이 중단될 경우에, 이런 수입을 대신한다.

② 나이가 들어 퇴직하는 것에 대비한다.

③ 가장(家長)과 같은 가족 구성원이 사망한 탓에 부양을 받지 못하는 것에 대비한다.

④ 특별한 비용(예컨대, 출생·사망·결혼과 관련된 비용)을 감당한다.

그리고 베버리지에 따르면, 좋은 사회보장제도가 되기 위해서는 다음과 같은 전제 조건이 충족되어야 한다.

① 아동수당을 제공한다. 이 경우, 15세까지 아동수당을 제공하고, 아동이 정규 학생이면 16세까지 아동수당을 제공한다.

② 포괄적인 의료 서비스와 재활 서비스를 제공한다. 이 경우, 질병을 예방하고 질병을 치료하기 위해서 포괄적인 의료 서비스와 재활 서

비스를 제공하고, 또한 일할 수 있는 능력을 회복하기 위해서 포괄적인 의료 서비스와 재활 서비스를 제공한다. 그리고 이런 서비스는 지역사회의 모든 사람들이 이용할 수 있어야 한다.

③ 고용을 유지한다. 이것은 대규모 실업을 방지하는 것을 말한다.

2) 국제노동기구

국제노동기구(ILO)는 1942년에 발간한 『사회보장에의 접근(Approaches to Social Security)』에서 사회보장의 개념에 관해 설명한 바 있다. 국제노동기구가 제시한 이런 개념은 일반적으로 많이 인용되고 있다. 국제노동기구에 따르면, 사회보장은 "사회구성원들이 부딪히는 일정한 위험에 대해 사회가 적절한 조직을 통해 부여하는 보장"을 말한다(장인협(1986)에서 재인용).

그 후에 국제노동기구는 사회보장의 의미를 표준화하려고 시도해 왔다. 예를 들어 국제인권기관, 국제노동기구의 관련 자료, 국제노동기구가 채택한 사회보장 협약과 권고안에 근거해서, 국제노동기구(ILO, 2008)는 사회보장을 다음과 같이 정의하고 있다: 사회보장은 다음과 같은 이유 때문에 상실·감소된 소득을 제공해 빈곤(want)을 완화·방지하기 위해서, 보호할 필요가 있는 모든 사람에게 기본적인 소득 보장을 확보해주기 위한 공적 조치를 취하는 것을 말한다.

① 일할 능력이 없기 때문에, 소득이 상실되거나 감소되는 경우가 있다.

② 여러 가지 사건이 발생한 탓에 유급 일자리를 찾지 못해서, 소득이 상실되거나 감소되는 경우가 있다. 여러 가지 사건으로는 질병, 실업, 노령, 산업재해, 가족부양, 아동의 출산, 폐질(invalidity),[2] 가장의 사망이 있다.

2) 국제노동기구의 경우, '폐질'은 개인이 소득을 얻을 수 있는 일자리에 영구적으로 참여할 수 있을 가능성이 매우 적은 것과 관련된다고 본다. 그러나 유엔 인권선언협약에서는 폐질이 되는 상황을 '장애(disability)'로 언급하기도 한다.

3) 우리나라의 사회보장기본법

1995년에 제정되고 2013년에 개정된 우리나라 사회보장기본법의 경우, 사회보장은 "출산, 양육, 실업, 노령, 장애, 질병, 빈곤 및 사망 등의 사회적 위험으로부터 모든 국민을 보호하고 국민 삶의 질을 향상시키는 데 필요한 소득·서비스를 보장하는 사회보험, 공공부조, 사회서비스"라고 정의하고 있다(국가법령정보센터, 2013).

4) 정리 및 유의점

사회보장의 연구에서는 소득보장에 초점을 두는 접근방식이 전통적으로 주류를 이루었다. 그래서인지 위에 제시한 사회보장 개념들 중에는, 소득보장을 강조하는 개념이 많다. 그러나 사회보장이 소득보장과 밀접한 관련이 있음은 사실이나, 현대에 들어 새로운 사회적 위험이 등장함에 따라서 사회보장의 개념을 더 넓게 보는 방향으로 나가고 있다(노병일, 2009).

한편, 유럽 대륙에서는 미국이나 영국에 비해 '사회보장'이라는 용어를 매우 드물게 사용하고 있다. 그 대신에, 이런 국가들은 사회보장을 나타내는 용어로 '사회적 보호(social protection)'라는 용어를 사용하는 경향이 있다(Abel-Smith, 2008).

International Labour Review, Vol. 139 (2000), No. 2

INTRODUCTION:
SOCIAL POLICY AND SOCIAL PROTECTION

The domain of social policy is vast. In fact, it largely serves to
society. It includes most of what a community collectively does
its weakest members, but it also has to meet the social needs of all.
central aspect of social life, and there are a great many concerns —

유럽에서는 '사회적 보호'라는 용어를 사용하는 경향이 있다: 사회적 보호를 다루고 있는 학술지(국제노동기구(ILO)가 간행하는 International Labour Review)

사회적 보호라는 용어는 사회보장이라는 용어보다 더 넓은 의미를 지니는 식으로 사용되고 있다. 하지만 사회적 보호에 대해서는 일반적으로 합의된 정의가 없다. 사회적 보호라는 용어를 사용하는 사람마다, 사회적 보호의 영역에 관해서 크게 다른 의견을 제시하고 있다. 사회적 보호를 가장 넓게 볼 경우에, 사회적 보호에는 정부가 하는 것들 중에서 빈곤과 연관될 수 있는 모든 것이 포함된다고 볼 수 있다(Ogborn, 2009).

그리고 사회안전망(social safety net)이라는 용어도 대략적으로 사회보장을 나타내는 의미로 자주 사용되고 있다. 그러나 사회적 보호나 사회보장이라는 용어의 의미에 비해서, 사회안전망이라는 용어가 가지는 의미는 학술적으로 덜 분명하다(노병일, 2009).

사회안전망이라는 용어도 사회보장을 나타내는 의미로 자주 사용된다: 사회안전망을 소개한 정부 홍보물(보건복지부·노동부·국정홍보처, n.d)과 일본의 사회안전망을 다룬 기사(Kattoulas, 2000)

[정리] 사회보장의 개념

- 사회보장의 개념에 관해서는 의견이 일치되어 있지 않아서, 학자·국가·시대에 따라 사회보장의 의미는 서로 다를 수 있다.
- 베버리지의 경우, 사회보장은 다음과 같은 것을 위해 소득을 보장해주는 것이라고 정의한다: ① 실업·질병·사고 때문에 수입이 중단될 경우에, 이런 수입을 대신한다. ② 나이가 들어 퇴직하는 것에 대비한다. ③ 가장과 같은 가족 구성원이 사망한 탓에 부양을 받지 못하는 것에 대비한다. ④ 특별한 비용을 감당한다. 그리고 베버리지에 따르면, 좋은 사회보장제도가 되기 위해서는 아동수당, 포괄적인 의료·재활 서비스, 고용의 유지라는 전제 조건이 충족되어야 한다.
- 우리나라의 사회보장기본법에 따르면, 사회보장은 "출산, 양육, 실업, 노령, 장애, 질병, 빈곤 및 사망 등의 사회적 위험으로부터 모든 국민을 보호하고 국민 삶의 질을 향상시키는 데 필요한 소득·서비스를 보장하는 사회보험, 공공부조, 사회서비스"이다.
- 유럽 대륙의 국가에서는 사회보장을 나타내는 용어로 사회적 보호라는 용어를 사용하는 경향이 있다. 그리고 사회안전망이라는 용어도 대략적으로 사회보장을 나타내는 의미로 자주 사용된다.

2 사회보장의 목적

1) 사회보장의 목적

사회보장이 추구하는 목적은 시대와 국가와 대상자에 따라 차이가 나는 경우가 많다. 또한 사회보장의 목적이 분명하게 겉으로 드러나지 않는 경우도 많다. 그리고 때에 따라서는, 사회보장이 추구하는 하위 목적들은 서로 모순되는 경우도 있다(Ditch, 1999).

우선, 국제노동기구는 사회보장의 목적을 다음과 같이 좁은 의미와 넓은 의미로 구분한 바 있다(ILO, 1984).

① 사회보장이 추구하는 좁은 의미의 목적은, 빈곤을 방지하고 빈곤을 구제하는 것이다.

② 사회보장이 추구하는 가장 넓은 의미의 목적은 안정을 얻고자하는 욕구와 관련된다. 즉, 사회보장이 추구하는 근본적인 목적은, 개인·가족의 생활수준과 삶의 질이 사회적·경제적 사건 때문에 크게 손상되지 않을 것이라고 개인과 가족이 믿게 하는 것이다. 사회보장이 추구하는 이런 넓은 목적을 달성하기 위해서는, 현금급여뿐만 아니라 여러 가지 사회서비스와 의료서비스도 필요하다.

그리고 세인즈베리(Sainsbury, 1999)의 경우, 사회보장의 오래된 목적과 최근 목적을 구분하는 것이 유용하다고 주장하고 있다. 이 경우, 사회보장의 오래된 목적은 다음과 같다.

① 사회보장은 빈곤을 완화하고자 한다. 이것은 사회보장의 목적들 중에서 일반인에게 가장 잘 알려진 목적에 속한다.

② 사회보장은 사람들의 욕구를 충족하고자 한다. 그러나 이런 목적이 구체적인 정책에서 어떻게 실현되는지는 정치의 영역에서 결정된다. 이에 따라, 사람들의 욕구를 충족하는 목적은 논쟁이 생길 가능성이

있고, 또한 이에 대해서 근본적으로 의견이 일치하기 어렵다.

③ 사회보장은 소득을 유지하고 소득을 대체하고자 한다.

④ 사회보장은 보상하고자 한다.

⑤ 사회보장은 인구층 사이에 재정적 자원을 재분배하고자 한다.

그리고 사회보장의 최근 목적은 다음과 같다.

① 사회보장은 일자리를 가지게 하고자 한다.

② 사회보장은 소득이 낮은 층의 행동을 변화시키고자 한다.

2) 정리

요컨대, 학자나 기관에 따라서 사회보장의 목적으로 강조하는 점에서 차이가 난다. 그러나 대부분의 학자나 기관이 사회보장과 관련해 공통적으로 제시하는 목적은, 사회적 사건에 대해 미리 대비함으로써 사회구성원의 최저 생활을 확보하고 궁극적으로 사회구성원이 안정된 생활을 유지하게 하는 것이다(노병일, 2009).

[정리] 사회보장의 목적

- 사회보장이 추구하는 목적은 시대·국가·대상자에 따라 차이가 나는 경우가 많고, 사회보장의 목적이 분명하게 겉으로 드러나지 않는 경우도 많다.
- 사회보장의 오래된 목적에는 빈곤 구제, 욕구 충족, 소득의 유지·대체, 보상, 자원 재분배가 있고, 최근의 목적에는 일자리 확보와 저소득층의 행동 변화가 있다.

3 사회보장의 형태

사회보장의 형태는 여러 가지로 분류되고 있다. 사회보장의 형태에 대해 분류한 것을 몇 가지 살펴보면 다음과 같다.

1) 베버리지

베버리지(Beveridge, 1942)는 ‘보장 방법’을 사회보험, 국가부조(공공부조), 임의보험으로 분류하고 있다. 각 형태에 관해 간단히 살펴보면 다음과 같다.

① 사회보험(social insurance)은 개인이 직접 납부하거나 또는 그 개인을 대신해서 다른 사람이 납부한 강제적인 기여금(보험료)에 근거해서 현금급여를 제공받는 방법이다. 이 경우, 개인이 가진 자원을 고려하지 않는다.

② 국가부조(national assistance)는 급여를 신청할 때 증명된 욕구에 따라서 현금급여를 제공받는 방법이다. 국가부조는 특별한 경우의 욕구를 충족시키는 방법이다. 이 경우, 기여금을 이전에 납부하였는지 여부와는 상관이 없다.

③ 개인이 기본적인 생활수준에 추가해서 더 높은 수준을 유지하는 것이 필요할 경우에는, 개인은 임의보험(voluntary insurance)을 선택할 수 있다.

2) 피터스

피터스(Pieters, 2006)는 사회보장을 사회보험, 사회부조(공공부조), 사회수당, 사회보상으로 구분하고 있다. 여기서 사회보험과 공공부조는 베버리지가 제시한 사회보험 및 국가부조와 같은 개념이다. 그러므로 이중에서 사회수당과 사회보상에 대해 간단히 살펴보면 다음과 같다.

사회수당은 조세를 통해 재정을 충당하는데, 이런 점에서 사회수당은 사회부조(공공부조)와 유사한 측면이 있다. 그러나 사회수당은 어떤 욕구와 관련이 있는 것이 아니라 어떤 정해진 사회적 위험과 관련이 있는데, 이런 점에서 사회수당은 사회보험과 유사한 측면이 있다.

그리고 사회보상은 정부나 사회가 특별한 어려움을 겪는 사람들에게 연대감을 표시하기 위해 사용하는 제도이다. 이런 예로 전쟁과 관련해 피해를 입은 사람들이나 과거의 정부가 기본적인 인권을 탄압하는 과정에서 피해를 입은 사람들에게 제공하는 연금이 있다. 사회보상에 대한 재정은 일반 조세로 충당한다.

3) 우리나라의 사회보장기본법

우리나라의 사회보장기본법에서는, 사회보장의 종류를 사회보험, 공공부조, 사회서비스로 구분하고 있다. 각 형태에 관해 간단히 살펴보면 다음과 같다(국가법령정보센터, 2013).

① 사회보험은 "국민에게 발생하는 사회적 위험을 보험의 방식으로 대처함으로써 국민의 건강과 소득을 보장하는 제도"이다.

② 공공부조는 "국가와 지방자치단체의 책임 하에 생활 유지 능력이 없거나 생활이 어려운 국민의 최저생활을 보장하고 자립을 지원하는 제도"이다.

③ 사회서비스는 "국가·지방자치단체 및 민간부문의 도움이 필요한 모든 국민에게 복지, 보건의료, 교육, 고용, 주거, 문화, 환경 등의 분야에서 인간다운 생활을 보장하고 상담, 재활, 돌봄, 정보의 제공, 관련 시설의 이용, 역량 개발, 사회참여 지원 등을 통하여 국민의 삶의 질이 향상되도록 지원하는 제도"이다.

4) 정리

지금까지 논의한 것을 종합하면, 사회보장의 '주요한' 형태가 사회보험과 공공부조라는 점에 대해서는, 학자들이나 기관 사이에 대체로 의견이 일치되어 있다. 그리고 많은 학자나 기관들은 사회수당을 언급하고 있다. 사회수당 급여를 받을 수 있는 자격에 제한이 있기는 하지만, 사회수당은 보편적 성격을 지니는 급여이기 때문이다(노병일, 2009).

사회수당은 보편적 성격을 지니는 급여이다: 아동수당의 확대와 관련된 포스터(일본 동경에서 저자 찍음)

따라서 사회보장의 일반적인 형태로 사회보험, 공공부조, 사회수당을 꼽을 수 있다. 각각의 주요한 특징은 기여금을 납부하는지 여부와 자산조사를 실시하는지 여부의 두 가지 측면에서 찾을 수 있다(〈표 14-1〉 참조). 물론 이런 특징을 항상 적용할 수 있는 것은 아니다.

〈표 14-1〉 사회보험과 공공부조와 사회수당의 구분

사회보장의 형태	기여금 납부	자산조사 실시
사회보험	○	×
공공부조	×	○
사회수당	×	×

* 출처: 노병일(2009: 34)

[정리] 사회보장의 형태

- 학자·기관에 따라 사회보장의 형태는 여러 가지로 분류된다.
- 베버리지는 보장 방법을 사회보험, 국가부조(공공부조), 임의보험으로 분류한다.
- 우리나라의 사회보장기본법에서는 사회보장의 종류를 사회보험, 공공부조, 사회서비스로 구분한다.
- 사회보험과 공공부조와 사회수당의 주요 특징은 기여금을 납부하는지 여부와 자산조사를 실시하는지 여부에서 찾을 수 있다.

4 사회적 위험

사회보장은 사회적 위험(social risk)에 대비하여 급여를 제공하는 장치이다. 사회적 위험을 제시할 경우에, 국제노동기구 102조 협약(Convention)에 제시된 것을 기본으로 삼는 경우가 많다(Pieters, 2006; ILO, 1952).

국제노동기구 102조 협약에서는 사회보장의 최저 수준을 논의하고 있는데, 여기에서는 구체적으로 의료급여, 질병급여, 실업급여, 노령급여, 산업재해급여, 가족급여, 모성급여, 폐질급여, 유족급여를 다루고 있다.

국제노동기구 102조 협약에서 제시된 것은 사회적 위험과 관련되기보다는, 급여 형태와 관련된다. 그러나 국제노동기구 102조 협약에서 제시된 급여 형태는 인정된 사회적 위험을 제시한다고 볼 수 있다. 즉, 국제노동기구 102조 협약에서 제시된 급여 형태를 통해서, 사회적 위험으로 의료, 질병, 실업, 노령, 산업재해, 가족 부담, 모성, 폐질, 유족을 끄집어 낼 수 있다. 따라서 국제노동기구는 아홉 가지의 사회적 위험을 제시하는 셈이다.

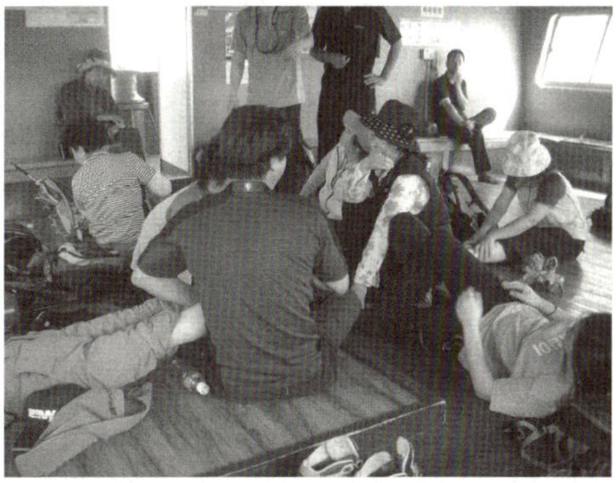

사회보장은 사회적 위험에 대비해 급여를 제공하는 장치이다. 사회적 위험은 누구에게 언제나 발생할 수 있다: 배안에서 갑자기 아픈 사람을 치료하고 있는 여행팀(저자 찍음)

그리고 피터스(Pieters, 2006)는 사회적 위험으로 다음과 같은 것을 제시하고 있다.

① 노령이나 근로 능력을 상실하거나 실업 때문에 더 이상 일하지 못하는 사람들에게 영향을 미치는 소득 부족이 있다.

② 가장이 사망하였기 때문에 소득이 부족한 것이 있다.

③ 아동과 기타 가족 구성원을 돌보는 데 필요한 특별 비용이 있다.

④ 의료비가 있다.

⑤ 품위가 있게 사는 데 필요한 자산이 부족한 것이 있다.

사회적 위험의 종류와 관련해, 피터스가 취하는 접근방식은 국제노동기구가 취하는 접근방식과 몇 가지 측면에서 차이가 난다(노병일, 2009).

[정리] 사회적 위험

- 국제노동기구 102조 협약에서 제시된 급여 형태를 통해서, 사회적 위험으로 의료, 질병, 실업, 노령, 산업재해, 가족 부담, 모성, 폐질, 유족을 끄집어 낼 수 있다.

5 사회보장 프로그램의 분류

다양한 형태의 사회적 위험에 대비하기 위해서, 여러 가지 사회보장 프로그램이 제시되어 왔다. 학자와 기관이 제시한 구체적인 사회보장 프로그램의 예를 일부 살펴보면 다음과 같다.

미국은 사회보장국(사회보장청)에서 사회보장을 다루고 있다: 영화 『다이하드 4.0』의 장면 (출처: 화면 캡처)

① 미국 사회보장청(SSA, 1999)은 사회보장 프로그램을 노령·장애·사망 프로그램, 산업재해 프로그램, 질병·모성 프로그램, 실업 프로그램, 가족수당 프로그램, 자산조사식 프로그램으로 분류한 바 있다.

② 국제사회보장협회와 미국 사회보장청(ISSA & SSA, 2007)은 사회보장 프로그램을 노령과 장애 및 유족과 관련된 프로그램, 질병 및 모성과 관련된 프로그램, 산업재해와 관련된 프로그램, 실업과 관련된 프로그램, 가족수당과 관련된 프로그램으로 분류하고 있다.

가장 일반적인 형태의 사회보장 프로그램은 연금이다: 국민연금 지사(저자 찍음)

③ 고든(Gordon, 1994)은 사회보장 프로그램의 주요한 유형을 연금 프로그램, 의료급여 프로그램, 실업 및 고용과 관련된 프로그램, 아동수당 및 가족정책과 관련된 프로그램, 공공부조 프로그램으로 분류하고 있다.

대체적으로 보아, 구체적인 주요 사회보장 프로그램으로 노령과 장애 및 배우자 사망(유족)과 관련된 프로그램, 질병 및 모성과 관련된 프로그램, 산업재해와 관련된 프로그램, 실업 및 고용과 관련된 프로그램, 아동 및 가족수당과 관련된 프로그램, 자산조사를 거치는 프로그램을 제시할 수 있다. 전 세계적으로 볼 경우, 가장 일반적인 형태의 사회보장 프로그램은 노령·장애·

유족과 관련된 연금 프로그램이다(ISSA, 2008).

그리고 앞으로 고령화가 빠르게 진행됨에 따라서, 노인을 장기적으로 보살피는 것과 관련된 사회보장 프로그램도 중요한 위치를 차지할 것으로 보인다.

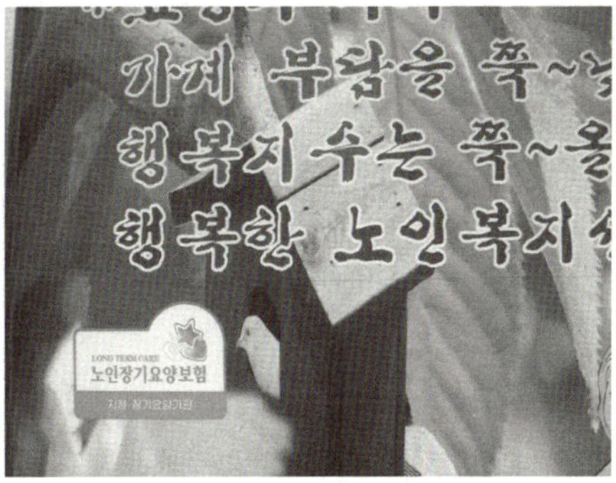

고령화가 빠르게 진행됨에 따라, 우리나라에서도 노인요양을 위한 사회보장제도가 도입되었다: 노인장기요양보험 적용기관의 안내문(저자 찍음)

[정리] 사회보장 프로그램의 분류

- 대체적으로 보아, 구체적인 주요 사회보장 프로그램으로 노령·장애·유족과 관련된 프로그램, 질병·모성과 관련된 프로그램, 산업재해와 관련된 프로그램, 실업·고용과 관련된 프로그램, 아동·가족수당과 관련된 프로그램, 자산조사를 거치는 프로그램이 있다.

6 사회보장의 기능

사회보장은 다양한 기능을 수행하고 있다. 사회보장이 수행하는 기능은 사회보장의 개념이나 사회보장의 목적을 논의할 때 직접적으로 또는 간접적으로 이미 제시되어 왔다. 사회보장이 수행하는 기능에는 여러 가지가 있겠지만, 사회보장의 주요한 기능을 크게 경제적 기능, 사회적 기능, 정치적 기능으로 나눌 수 있다(노병일, 2009).

1) 사회보장의 경제적 기능

사회보장의 경제적 기능은 사회보장을 논의할 때 자주 제시되는 기능이다. 구체적으로 사회보장의 경제적 기능으로 다음과 같은 것을 들 수 있다

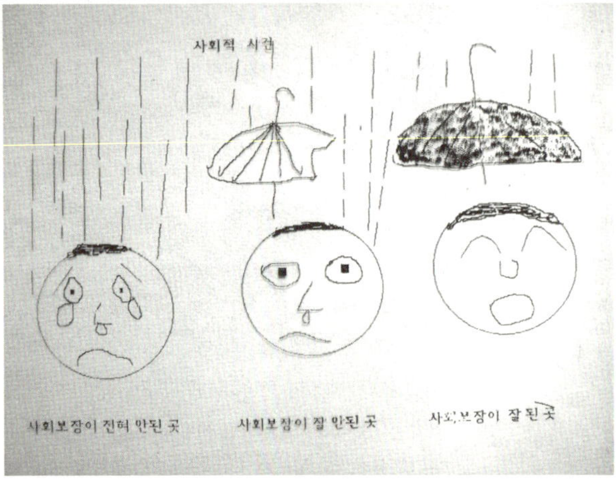

사회보장은 우산과 같은 보호 기능을 수행한다: 초등학생의 그림(제공: 노지용님)

(노병일, 2009).

① 사회보장은 개인과 가족을 경제적으로 안정시키는 기능을 한다. 사회보장 프로그램들 중에서, 개인이나 가족 수준에서 수행하는 경제적 기능을 가장 잘 보여주는 프로그램은 연금이다.

② 사회보장은 경제제도를 발전시키는 기능을 수행한다. 우선, 사회보장제도에서 제공하는 급여는 금융시장과 일반시장에 다시 투자되어, 결국에 가서 경제가 잘 돌아가게 하는 기능을 한다. 예를 들어 연금으로 생활하는 사람이 연금을 받아서 시장에서 물품이나 서비스를 구입할 경우에, 시장경제가 활성화된다. 또한 실업자가 받는 실업급여는 경기가 침체된 시기에 상품을 구매할 수 있는 능력을 유지하는 데 도움을 주어, 궁극적으로 경제제도를 안정시키는 역할을 한다. 그리고 사회보장에서 근로자나 실업자에게 제공하는 급여는 근로자의 질과 생산성의 측면에서 유리하게 작용하여, 궁극적으로 경제제도에 긍정적으로 기능한다.

③ 사회보장은 소득을 재분배하는 기능을 수행한다. 구체적으로, 사회보장은 국내 총생산의 상당한 부분을 재분배함으로써, 사회구성원을 사회적으로 보호하는 데 긍정적인 역할을 한다. 사회보장의 소득 재분배 기능은 여러 가지 과정을 통해서 이루어진다. 예를 들어 사회보장 급여가 사회보장 기여금에 비례하는 정도와 관련해, 사회보장의 소득 재분배 기능이 자주 논의되고 있다.

2) 사회보장의 사회적 기능

사회보장은 사회적으로 유리한 기능을 수행한다. 일반적으로 사회보장은 사회 안정을 가져오거나 사회 안정을 유지하는 기능을 말한다. 구체적으로 사회보장의 사회적 기능으로 다음과 같은 것을 들 수 있다(노병일, 2009).

① 사회보장은 국민의 최저생활을 확보해 줌으로써 사회 안정을 가져오는 기능을 한다. 이 경우, 사회보장은 생활이 더 불안해짐에 따라 나타나는 사회적 긴장을 완화시키는 기능을 한다.

② 사회보장은 서로 지지하고 서로 책임을 지는 네트워크에 다양한 사회집단을 묶는 기능을 한다. 그러므로 사회보장은 사회적 위험을 겪고 있는 층 사이에 연대 관계를 형성해주는 기능을 한다.

3) 사회보장의 정치적 기능

사회보장은 정치적으로 유리한 기능을 수행한다. 구체적으로 사회보장의 정치적 기능으로 다음과 같은 것을 들 수 있다(Baldwin, 1995).

① 사회보장은 계급의식을 약화시키고 불만을 방지함으로써, 체제를 유지시키는 기능을 한다. 즉, 사회보장은 사회구조와 정치체제의 판을 근본적으로 새로 짜는 급진적인 혁명이 발생하는 것을 예방하고, 그 대신에 기존 체제 내에서만 개혁하는 기능을 한다.

② 사회보장은 정치를 긍정적으로 안정시키는 기능을 한다. 위에서 언급한 체제 유지·안정과 관련된 기능이 사회보장을 비판적 시각에서 본 것이라면, 긍정적인 정치 안정의 기능은 사회보장을 긍정적 시각에서 본 것이다. 즉, 잘된 사회보장제도를 갖추면 정치적으로 안정된 상황이 나타날 가능성이 커지고, 이와 반대로 사회보장이 열악하거나 미비하면 정치적으로 불안정한 상황이 나타날 가능성이 커진다는 것이다.

[정리] 사회보장의 기능

- 사회보장이 수행하는 기능에는 여러 가지가 있겠지만, 사회보장의 주요 기능을 크게 경제적 기능, 사회적 기능, 정치적 기능으로 나눌 수 있다.
- 사회보장의 경제적 기능으로 개인·가족을 경제적으로 안정시키는 기능, 경제제도를 발전시키는 기능, 소득을 재분배하는 기능이 있다.
- 사회보장의 사회적 기능으로 사회 안정을 가져오는 기능과 다양한 사회집단을 묶는 연대 기능이 있다.
- 사회보장의 정치적 기능으로 체제를 유지시키는 기능과 정치를 긍정적으로 안정시키는 기능이 있다.

7 사회보험의 개념과 목적 및 의의

1) 사회보험의 개념

사회보험은 사회보장제도에서 규모가 가장 큰 프로그램이다. 일부 기관과 법령에서 사회보험에 관해 정의한 바를 살펴보면 다음과 같다(Rejda, 1999; Barker, 2003; 국가법령정보센터, 2013; 한국사회복지협의회, 1993).

① 미국 위험·보험협회에 따르면, 사회보험은 가입자가 미리 명시된 상실을 겪을 경우에 위험을 공동으로 관리하는 제도를 말한다. 이 경우 해당 가입자나 관련자에게 현금급여나 서비스를 제공하도록 법에 규정된 기관(대개는 정부)에게 이런 위험을 맡기는 방식을 취한다.

② 미국의 전국사회사업가협회에서 간행한 사전에 따르면, 사회보험은 법적으로 명시된 위험에 대해 사회 구성원들을 보호해 주는 정부 프로그램을 말한다.

③ 우리나라에서 제정된 사회보장기본법에 따르면, 사회보험은 "국민에게 발생하는 사회적 위험을 보험의 방식으로 대처함으로써 국민의 건강과 소득을 보장하는 제도"를 말한다.

④ 한국사회복지협의회에 따르면, 사회보험은 "질병·부상·분만·노령·장애·사망·실업 등 생활 곤란을 초래하는 여러 가지 사고에 대해 일정한 급부[급여]를 행함으로써 피보험자의 생활 안정을 도모하는 강제성 보험제도"를 말한다.

요컨대, 사회보험은 강제 보험 방법을 사용하여 사회구성원이 겪는 사회적 위험에 대해 공동으로 대비하는 제도라고 볼 수 있다(노병일, 2009).

사회보험은 복지국가의 핵심 프로그램이다: 사회보험에 관해 널리 인용되는 저서(Rejda(1999)의 표지)

2) 사회보험의 목적

사회보험의 가장 큰 목적은 사회구성원이 소득을 안정되게 유지하도록 해주는 것이다(노병일, 2009). 경제적 관점에서 볼 경우, 사회보험은 몇 가지 중요한 목적을 가지고 있다. 레이더(Rejda, 1999)는 이런 중요한 목적을 다음과 같이 제시한 바 있다.

① 기본적인 경제적 보장을 제공하고자 한다. 즉, 사회보험의 목적은 이른 나이에 사망하는 것, 나이가 드는 것, 질병에 걸리는 것, 장애 상태에 놓이는 것, 실업 상태에 놓이는 것과 같은 장기적 위험을 경험할 경우에, 경제적 측면에서 기본적으로 안정된 생활을 누리게 하는 데 있다.

② 빈곤을 예방하고자 한다.

③ 경제를 안정되게 하고자 한다. 즉, 사회보험의 목적은 국가가 경제적으로 더 안정된 상태를 유지하는 방향으로 나가도록 하는 데 있다.

④ 중요한 가치를 보존하고자 한다. 즉, 사회보험의 목적은 개인적 동기, 적극성, 절약 정신을 더 가지게 하는 데 있다.

3) 사회보험의 의의

사회보험은 복지국가에서 중요한 역할을 한다. 사실, 복지국가의 핵심적인 프로그램은 산업사회에서 생활하면서 겪는 기본적인 위험에 대비해주는 사회보험의 형태를 띠고 있다(Wilensky, Luebbert, Hahn & Jamieson, 1985). 따라서 사회보험은 사회복지정책에서 중요하다. 실제로, 사회보험은 사회복지정책에서 기둥의 역할을 하고 있다(Karger & Stoesz, 2006).

[정리] 사회보험의 개념과 목적

- 사회보험은 강제 보험 방법을 사용하여 사회구성원이 겪는 사회적 위험에 대해 공동으로 대비하는 제도이다.
- 사회보험의 가장 큰 목적은 사회구성원이 소득을 안정되게 유지하도록 해주는 것이다.
- 사회보험은 사회복지정책에서 중요한 역할을 한다.

8 사회보험의 특징

1) 사회보험의 일반적 특징

사회보험은 나름의 독특한 특징을 지니고 있다. 일반적으로 사회보험의 특징은 다음과 같다(노병일, 2009).

① 사실상 모든 경우에, 법에 의해서 사회보험에 강제로 가입하도록 되어 있다. 즉, 사회보험의 경우, 강제적(의무적)으로 기여금을 내고 강제적(의무적)으로 참여하여야 한다.

② 사회보험을 처음으로 도입하는 과도기를 제외하고는, 사회보험 급여를 받을 수 있는 자격은 당사자나 그가 보호하는 사람이 사회보험 프로그램에 납부한 기여금에 근거한다. 따라서 사회보험에서는 자산조사를 실시하지 않는다.

③ 급여를 결정하는 방법은 법에 명시되어 있다. 즉, 사회보험의 경우, 급여를 제공하는 것과 관련해 확정된 공식이 있다.

④ 사회보험에서 받는 급여의 양은 당사자나 관련자가 납부한 기여금의 양과 직접적으로 비례하지 않는 경우가 많다. 그 대신에 사회보험 급여의 양은 어떤 집단에 유리하도록 분배하는 경우가 많다.

⑤ 사회보험 급여에 필요한 재정을 확보하기 위한 계획이 분명하게 세워져 있다. 이런 계획은 장기적으로 적절하도록 설계되어 있다.

⑥ 사회보험제도에 필요한 비용은 기여금을 통해서 주로 충당된다. 기여금은 급여를 받는 대상자가 납부하거나, 고용주가 납부하거나, 대상자·고용주 모두가 납부하는 경우가 많다.

⑦ 정부는 사회보험제도를 운영하거나 적어도 감독한다. 예를 들어 정부나 공공기관이 사회보험과 관련된 자금을 관리하고, 근로자가 퇴직하거나 사망하거나 장애를 겪거나 실업자가 되는 경우에 이 자금을 사용한다.

한편, 위의 특징들 중에서, 일부는 서로 관련되어 있다. 사회보험의 특징들이 서로 관련된 예를 몇 가지 살펴보면 다음과 같다(Thompson, 1994).

① 소득이 적은 층에게도 소득을 적절히 보장해주기 위해서는, 소득이 많은 층으로부터 소득이 적은 층에게 경제적 자원이 이전되어야 한다. 그러므로 이와 같이 소득을 재분배하기 위해서, 사회보험에서는 기여금에 직접 비례하는 방식으로 급여를 제공하는 것이 아니라, 소득을 재분배하는 방식으로 급여를 제공할 수밖에 없다.

② 재분배를 추진하는 프로그램에서는 강제적으로 가입하게 하는 방식을 취할 수밖에 없다. 강제적으로 가입하는 방식을 취하지 않으면, 소득이 많은 층은 사회보험 프로그램에 가입하려고 하지 않을 수 있기 때문이다.

2) 사회보험과 민간보험(사보험)의 유사점과 차이점

사회보험과 민간보험은 서로 혼동되는 경우가 많은데, 그 이유는 민간보험의 기준을 사회보험에 적용하였기 때문이다. 우선, 사회보험과 민간보험은 다음과 같은 점에서 비슷하다(Rejda, 1999).

① 사회보험과 민간보험은 위험을 이전하고자 하고, 또한 정해진 위험을 광범위하게 공동으로 관리하고 있다.

② 사회보험과 민간보험에서는 적용 범위, 급여의 내용, 재정과 관련된 모든 조건을 구체적이고 완벽하게 명시하고 있다.

③ 사회보험과 민간보험의 경우, 급여를 받을 자격과 급여의 양을 결정하기 위해서 정확하게 수학적으로 계산할 필요가 있다.

④ 사회보험과 민간보험에서는, 프로그램을 운영하는 데 사용할 비용을 충당하기 위해서 충분한 기여금이나 보험료가 필요하다.

⑤ 사회보험과 민간보험에서 정해진 급여를 받고자 할 경우에는 욕구를 증명할 필요가 없다.

⑥ 사회보험과 민간보험은 경제적으로 안정시키는 역할을 하고 있고, 이에 따라 사회 전체적으로 긍정적인 역할을 한다.

민간보험과 사회보험은 서로 유사점과 차이점을 가지고 있다: 일본 동경의 민간보험회사와 우리나라의 민간보험회사의 홍보 간판(저자 찍음)

그러나 사회보험과 민간보험은 다음과 같은 점에서 크게 차이가 난다(Rejda, 1999).

① 가입에서 차이가 있다. 사회보험에서는 강제적으로 가입하여야 한다. 그러나 민간보험에서는 임의로(자율적으로) 가입한다.

② 보호 수준에서 차이가 있다. 사회보험에서는 최저 수준의 소득을 보호한다. 그러나 민간보험에서는 더 많은 양의 보호를 받을 수 있다. 민간보험에서 보호받는 양은 개인이 바라는 바와 지불할 수 있는 능력에 따라 좌우된다.

③ 강조하는 사회적 가치에서 차이가 있다. 사회보험에서는 사회적 적절성을 강조한다. 이에 따라서 사회보험에서는 복지 요소를 강조한다. 그러나 민간보험에서는 개인적 형평을 강조한다. 이에 따라서 민간보험에서는 보험 요소를 강조한다.

④ 급여의 근거에서 차이가 있다. 사회보험에서는 법에 따라 급여가 결

정되고, 이런 법은 변경될 수 있다. 그러나 민간보험에서는 계약에 따라 급여가 결정된다.

⑤ 독점 여부에서 차이가 있다. 사회보험은 정부가 독점한다. 그러나 민간보험은 민간 회사들이 서로 경쟁한다.

⑥ 비용에서 차이가 있다. 사회보험의 비용은 예측하기 어렵다. 그러나 민간보험의 비용은 상대적으로 더 쉽게 예측할 수 있다.

⑦ 재정 확보의 정도에서 차이가 있다. 사회보험에서는 재정을 완전하게 확보할 필요가 없다. 사회보험은 강제 가입 방식이므로, 새로운 가입자로부터 기여금이 계속해서 납부되기 때문이다. 또한 사회보험 프로그램은 영구히 지속될 것으로 보기 때문이다. 그러나 민간보험에서는 완전한 재정을 확보할 필요가 있다. 왜냐하면 민간보험은 새로운 가입자가 납부하는 보험료에 의존함이 없이, 완전히 재정을 확보한 상태에서 운영하여야 하기 때문이다.

⑧ 보험 계약에서 차이가 있다. 사회보험에서는 보험 계약을 하지 않는다. 그러나 민간보험에서는 개인 또는 집단이 보험 계약을 한다.

⑨ 목적과 결과에 대한 의견에서 차이가 있다. 사회보험의 목적과 결과에 관해서는 의견 차이가 크다. 그러나 민간보험의 목적과 결과에 관해서는 의견이 일반적으로 더 통일되어 있다.

⑩ 투자하는 방식에서 차이가 있다. 사회보험에서는 일반적으로 중앙정부나 위임기관이 주도하여 투자한다. 그러나 민간보험에서는 주로 민간 통로를 통해 투자하다.

⑪ 인플레이션에 취약한지 여부에서 차이가 있다. 인플레이션 때문에 생긴 손실을 보상하기 위해, 사회보험에서는 정부가 세금을 부과하는 힘을 쉽게 동원할 수 있다. 그러나 민간보험은 그렇지 못하므로, 민간보험은 인플레이션에 더 취약하다.

이상을 정리하면 〈표 14-2〉와 같다.

〈표 14-2〉 사회보험과 민간보험의 차이점

항목	사회보험	민간보험
가입	강제 가입	임의 가입
보호수준	최저 수준의 소득보호	더 많은 양의 보호 가능
강조하는 사회적 가치	사회적 적절성	개인적 형평
급여의 근거	법에 따라 결정	계약에 따라 결정
독점 여부	정부 독점	경쟁
비용	예측 어려움	더 쉽게 예측 가능
재정 확보	완전한 재정 확보 필요 없음	완전한 재정 확보 필요
보험 계약	안함	개인·집단이 계약
목적·결과에 대한 의견	큰 의견 차이	더 통일됨
투자 방식	중앙정부나 위임기관이 주도	주로 민간 통로 통함
인플레이션 대처	세금 부과력을 쉽게 동원	더 취약

* 출처: 노병일(2009: 107)

3) 사회보험의 장점

다른 사회보장 프로그램에 비해서, 사회보험은 장점을 많이 가지고 있다. 사회보험의 장점을 몇 가지 살펴보면 다음과 같다(Thompson, 1994; ILO, 1984).

① 사회보험 급여는 법적 권리로 제공되므로, 급여를 받는 사람은 남에게 의존한다는 의식을 갖지 않게 되고, 또한 급여를 받는 사람이 이전에 지니던 지위가 위축되지 않는다. 즉, 사회보험 급여는 기여금에서 나오기 때문에, 사회보험 급여를 받는 사람은 오명을 피할 수 있고 또한 자신의 권위를 지킬 수 있다.

② 사회보험제도는 재정과 관련해 다음과 같은 장점이 있다: ㉠ 일반 납세자에게 세금 부담을 주지 않는다. ㉡ 재정을 확보하기가 비교적 쉽다. 왜냐하면 사회보험의 기여금을 계산하는 방법은 단순하기 때문이다. 그리고 고용주도 기여금을 납부하므로 근로자 자신도 기꺼이 기여금을 납부하려고 하기 때문이다. ㉢ 사회보험 방식은 재정적

으로 방만해지지 않을 수 있다. 사회보험 급여를 받는 사람은 급여액이 많을수록 좋아할 것이다. 그러나 사회보험의 급여 수준이 증가되려면 그에 맞게 기여금 수준도 증가되어야 한다. 따라서 급여를 많이 받기 위해서는 기여금도 많이 납부하여야 하므로, 사회보험의 급여 수준을 증가시키려는 정치적 움직임을 견제할 수 있다.

③ 빈곤을 감소시키는 데 있어서, 사회보험 프로그램은 공공부조 프로그램보다 더 효과적이다.

[정리] 사회보험의 특징

- 사회보험의 특징으로 강제 가입, 급여 자격은 기여금에 근거, 급여 결정 방법은 법에 명시, 급여 양은 기여금 양과 직접 비례하지 않음, 재정 확보를 위한 명확한 계획의 수립, 비용은 기여금을 통해 주로 충당, 정부의 사회보험제도 운영 또는 감독이 있다.
- 사회보험과 민간보험은 유사한 면이 많다. 하지만 사회보험과 민간보험은 가입, 보호 수준, 강조하는 사회적 가치, 급여의 근거, 독점 여부, 비용, 재정 확보의 정도, 보험 계약, 목적·결과에 대한 의견, 투자 방식, 인플레이션에의 취약에서 차이가 난다.
- 사회보험은 자기 권위를 지킬 수 있고, 재정과 관련해 유리하고, 빈곤 감소에 효과적이라는 장점이 있다.

9 사회보험의 원칙

베버리지(Beveridge, 1942)의 경우, 사회보험은 다음과 같은 여섯 가지의 기본적인 원칙을 구현한다고 주장하고 있다.

① 첫 번째의 기본적인 원칙은 정액 급여(flat rate of subsistence benefit)의 원칙이다. 정액 급여의 원칙은 실업이나 장애 때문에 중단된 소득의 양이나 퇴직으로 중단된 소득의 양에 상관없이, 사회보험의 급여를 정액으로 제공하는 것을 말한다.

② 두 번째의 기본적인 원칙은 정액 기여금(flat rate of contribution)의 원칙이다. 정액 기여금의 원칙은 사회보험에 가입한 사람이나 고용주는 가진 자산에 상관없이, 강제적으로 기여금을 정액으로 납부

하여야 하는 것을 말한다.

③ 세 번째의 기본적인 원칙은 행정 간소화(unification of administrative responsibility)의 원칙이다. 행정 간소화의 원칙은 효율성과 경제성을 위해서 행정적 측면을 통일하는 것을 말한다.

④ 네 번째의 기본적인 원칙은 급여 적절성(adequacy of benefit)의 원칙이다. 급여 적절성의 원칙은 급여가 양과 시간의 측면에서 적절한 것을 말한다.

⑤ 다섯 번째의 기본적인 원칙은 포괄성(comprehensiveness)의 원칙이다. 포괄성의 원칙은 급여를 받는 대상과 이들의 욕구와 관련해 포괄적이어야 함을 말한다.

⑥ 여섯 번째의 기본적인 원칙은 분류(classification)의 원칙이다. 분류의 원칙은 사회보험이 통일되고 포괄적이기는 하나, 사회에 있는 서로 다른 층의 서로 다른 생활방식을 고려하여야 한다는 것을 말한다.

[정리] 사회보험의 원칙

- 베버리지는 사회보험의 기본 원칙으로 정액 급여의 원칙, 정액 기여금의 원칙, 행정 간소화의 원칙, 급여 적절성의 원칙, 포괄성의 원칙, 분류의 원칙을 제시한다.

10 사회보험의 대상과 급여와 운영 및 재정

1) 사회보험의 대상

대부분의 경우에, 일정 범주의 근로자와 고용주는 사회보험제도에 의무적으로 가입하도록 되어 있다. 그러나 일부 사회보험제도에서는 근로자가 자발적으로 사회보험에 가입하는 것을 허용하고 있다. 이것은 자영업자의 경우에 특히 그렇다(ISSA & SSA, 2007).

2) 사회보험의 급여

모든 사회구성원을 대상으로 하는 보편적 사회보험제도에서는 급여액이 정액인 경우가 많다. 그리고 직업 활동에 근거해 운영되는 사회보험제도에서는, 일정 기간 동안에 얻은 평균 임금이나 평균 소득의 일정 비율을 급여로 제공하는 경우가 많다(Pieters, 1993; ISSA & SSA, 2007).

일반적으로 연금을 포함한 모든 장기적·단기적 급여의 양은, 관련된 사회적 사건 때문에 소득이 중단되기 이전의 소득과 관련된다. 그러나 급여의 양에는 상한선이 있는 경우가 많다. 또한 어떤 경우에는 최저 급여의 양을 정하기도 한다.

3) 사회보험의 운영

정부가 사회보험제도를 관리하거나 감독하지만, 정부가 사회보험 업무를 반드시 운영하는 것은 아니다. 사회보험제도는 다음과 같은 세 가지 방식으로 운영될 수 있다(Thompson, 1994).

① 민간기관이 운영하는 방식이 있다.

② 공공기관과 민간 계약자가 합동으로 운영하는 방식이 있다.

③ 공공기관이 직접 운영하는 방식이 있다.

4) 사회보험의 재정

사회보험제도의 경우, 고용주나 근로자나 고용주·근로자 모두가 납부하는 기여금으로 재정을 전부 충당하거나 또는 많은 부분을 충당한다. 일반적으로 기여금의 액수는 소득의 일정 비율로 정해진다(ISSA & SSA, 2007).

[정리] 사회보험의 대상과 급여와 운영 및 재정

- 대개의 경우, 일정 범주의 근로자와 고용주는 사회보험제도에 의무적으로 가입하도록 되어 있다.
- 직업 활동에 근거해 운영되는 사회보험제도에서는, 일정 기간에 얻은 평균 임금·소득의 일정 비율을 급여로 제공하는 경우가 많다.
- 정부가 사회보험제도를 관리·감독하지만, 정부가 사회보험 업무를 반드시 운영하는 것은 아니다.
- 사회보험제도의 경우, 고용주나 근로자나 고용주·근로자 모두가 납부하는 기여금으로 재정을 전부 또는 많은 부분을 충당한다.

제15장

사회복지정책과 빈곤[1]

1 사회복지정책과 빈곤

역사적으로 빈곤은 사회복지정책에서 가장 중요한 주제가 되어 왔다(Rank & Hirschl, 1999). 사실, 사회복지정책에서 자주 논의되고 있는 복지국가의 개념과 목적은 빈곤을 퇴치하는 것과 밀접하게 관련되어 있다. 예를 들어 영국에서 복지국가의 개념이 크게 부각된 시기는 빈곤층의 비참한 실태가 밝혀지면서부터이다. 또한 롭슨(Robson, 1976)은 복지국가가 추구하는 주요한 목적이 빈곤을 퇴치하는 데 있다고 주장한 바 있다.

후기 산업사회에서는 빈곤이 보이지 않게 된다는 견해도 있었으나(Lasch, 1972), 선진국에서 빈곤은 엄연한 현실로 계속 존재해 왔다. 특히 1960년대와 1970년대에 많은 선진국에서는 빈곤이 '공식적으로' 다시 발견되었고(rediscovery), 이에 따라 국가 차원에서 여러 가지 조처가 취해졌다.

1) 이 부분은 노병일(2009)을 많이 참조하였다.

보이지 않는 빈곤을 다룬 해링턴의 저서인 『또 하나의 미국』은 미국의 빈곤정책에 크게 영향을 미쳤다: 해당 저서(Harrington, 1962)의 표지

전 세계에서 빈곤은 주요한 사회문제가 되고 있다: 스웨덴의 노숙자 (스톡홀름에서 저자 찍음)

이런 예를 들면 다음과 같다(Bryson, 1992).

① 미국에서는 존슨(Johnson) 대통령이 '위대한 사회(Great Society)' 프로그램을 실시하면서, 1960년대에 '빈곤과의 전쟁(War on Poverty)'을 시작하였다.

② 호주에서는 1971년에 빈곤조사 위원회를 구성해, 1975년에 보고서를 내놓았다.

미국의 경우, 경기가 좋았고 생산성이 높았고 부동산 경기가 좋았고 실업률이 낮았던 1990년대에 들어서, 어떤 빈곤문제 전문가는 미국에서 빈곤은 문젯거리가 아니라고 장담하였다(Economist, 2000). 그러나 이런 장담과는 다르게, 미국 성인들 중에서 적어도 1년 동안 빈곤 상태에서 살게 될 사람의 비율이 60%로 추정되었고, 미국 성인의 3분의 1은 빈곤을 심하게 겪을 것으로 추정된 바 있다(Rank & Hirschl, 1999). 빈곤에 대한 위험은 2000년대에 들어서도 줄어들지 않고 있다.

일반적으로 전 세계에 걸쳐서, 빈곤은 계속해서 주요한 사회문제에 속하고 있다. 예를 들어 빈곤선을 중위 소득의 50%로 정할 경우,[2] 2000년대 초에 경제협력개발기구(OECD) 회원국들의 평균 빈곤율은 10.6%이었다. 우리나라는 미국 및 일본과 더불어 상대적 빈곤율이 높은 국가에 속하고 있다(OECD, 2008). 이에 따라 빈곤을 퇴치하는 것은 사회복지정책에서 여전히 핵심적인 과제가 되고 있다.

[정리] 사회복지정책과 빈곤

- 선진국에서조차 빈곤은 엄연한 현실로 계속 존재해 왔다. 이에 따라 빈곤을 퇴치하는 것은 사회복지정책에서 여전히 핵심적인 과제가 되고 있다.

2) 중위(median) 소득은 소득 분포의 한가운데에 해당되는 소득을 말한다.

2 빈곤의 개념과 측정

1) 빈곤의 개념

사회복지정책의 영역에서 빈곤이라는 주제가 차지하는 위치가 큼에도 불구하고, 빈곤에 대해서는 일반적으로 의견이 일치되고 있지 않다. 이런 현실은 빈곤을 정의하는 것은 합리적 활동이라기보다는 정치적 성격을 지니는 활동이라는 점과도 관련이 있다(Spicker, 2010; DiNitto, 2007). 그리고 빈곤을 정의하는 데는 주관적 측면도 크게 관여한다. 그러므로 빈곤에 대한 개념은 사람이나 기관마다 다르게 된다.

하지만 빈곤이 모호한 개념이라는 지적이 있음에도 불구하고, 빈곤은 꾸준히 정의되고 있다. 빈곤에 대한 개념을 몇 가지 살펴보면 다음과 같다(Barker, 2003; Encyclopædia Britannica, 2008; 이두호·최일섭·김태성·나성린, 1992).

① 미국의 전국사회사업가협회(NASW)에서 간행한 사전에 따르면, 빈곤은 금전이나 생존수단이 열악하거나 부족한 상태를 말한다.

② 브리태니커(Britannica) 백과사전에 따르면, 빈곤은 통상적이거나 사회적으로 인정되는 양의 현금이나 재산을 가지고 있지 않은 사람이 놓여 있는 상태를 가리킨다.

③ 이두호·최일섭·김태성·나성린은 빈곤의 개념과 관련된 쟁점을 정리하면서, 빈곤을 다음과 같이 세 가지로 구분하고 있다. ㉠ 객관적으로 결정한 최저 기준보다 적게 가지는 것이 있다. 이것은 절대적 빈곤과 관련되는 개념이다. ㉡ 사회의 다른 사람들보다 적게 가지는 것이 있다. 이것은 상대적 빈곤과 관련되는 개념이다.[3] ㉢ 자신이 충분히 갖고 있지 않다고 느끼는 것이 있다. 이것은 주관적 빈곤 또는

3) 절대적 빈곤과 상대적 빈곤에 관해서는 뒤에서 설명한다.

> **빈곤이 의미할 수 있는 것**
>
> 빈곤은 다음과 같은 것을 가리킬 수 있다(Spicker, 2010).
>
> ① 빈곤은 물질적 여건을 가리킬 수 있다. 이것은 재화와 서비스가 필요한 것, 복합 박탈 상태에 있는 것, 생활수준이 낮은 것을 말한다.
> ② 경제적 위치를 가리킬 수 있다. 이것은 소득이 적은 것, 자원이 제약된 것, 불평등, 사회적 계급이 낮은 것을 말한다.
> ③ 사회적 위치를 가리킬 수 있다. 이것은 자격이 없거나, 의존하거나, 사회적 배제를 겪음으로써 나타난다.

박탈과 관련되는 개념이다.

이상의 논의를 정리하면, 빈곤의 개념을 자원(resource) 관점과 박탈(deprivation) 관점으로 크게 나눌 수 있다. 자원(금전) 관점의 빈곤에서는, 사람이 무엇을 가졌는지 또는 가지지 않았는지 여부에 초점을 둔다. 그리고 박탈 관점의 빈곤에서는, 사람이 무엇을 하는지 또는 하지 않는지 여부에 초점을 둔다(Alcock, 1997).

빈곤과 관련해, 유럽에서는 사회적 배제라는 용어를 광범위하게 사용한다: 사회적 배제를 다룬 우리나라와 외국 저서의 표지(일부)(시계 방향으로 Pierson(2002), Jordan(1996), 노병일(2006))

한편, 빈곤과 관련된 용어는 항상 변하고 있다. 이와 관련해서, 유럽에서는 '사회적 배제(social exclusion)'라는 용어를 광범위하게 사용하고 있다(노병일, 2006).

사회적 배제라는 개념을 처음으로 사용한 국가는 프랑스이다. 프랑스의 경우, 사회적 배제는 통합 정책의 기본이었다. 이런 정책에서는, 사람들을 사회에 통합시키려는 계획 및 협약이 있을 경우에만 급여를 제공한다. 다른 국가들도 프랑스의 사회적 배제 정책을 따르고 있다. 이에 따라서, 사회적 배제라는 개념은 유럽연합에서 주요한 개념의 하나가 되어 왔다(Spicker, 2010).

사회적 배제는 주류 사회에 참여하지 못하는 현상을 나타낸다: 사회적 융화(사회적 배제의 반대) 운동의 안내문(홍콩에서 저자 찍음)

사회적 배제는 박탈과 밀접하게 관련되어 있다. 즉, 경기 침체, 인구 변화, 노동시장의 구조 조정 때문에 주류 사회에 참여하지 못하는 현상을 나타내기 위해서, 경제적 측면에 주목하는 빈곤보다 더 넓고 역동적인 개념인 '사회적 배제'를 근래에 들어 자주 사용하고 있다(Eardley et al., 1996).

2) 빈곤의 형태

빈곤의 형태에는 여러 가지가 있다. 그러나 가장 일반적인 분류 방법은 빈곤을 '절대적 빈곤(absolute poverty)'과 '상대적 빈곤(relative poverty)'으로 구분하는 것이다. 이런 구분은 빈곤을 나타내는 주요 모델로 제시되는 경우가 많다. 절대적 빈곤과 상대적 빈곤은 서로 비교된다. 각각에 대해 좀 더 살펴보면 다음과 같다(Spicker, 2010; Barker, 2003).

(1) 절대적 빈곤

일반적으로 절대적 빈곤은 생계를 유지할만한 수준의 소득을 가질 수 없는 상태를 말한다. 따라서 절대적 빈곤에서는 생존에 주목한다.

이와 관련해 절대적 빈곤에서는 생활하는 데 필요한 최저 수준에 주목한다. 이런 맥락에서 코펜하겐 선언(Copenhagen Declaration)에서는 절대적 빈곤을 기본적인 인간적 욕구가 크게 부족한 것이 특징인 상태라고 정의한 바 있다. 이런 빈곤 상태는 소득에 좌우될 뿐만 아니라 사회 서비스에 접근할 수 있는지 여부에도 좌우된다.

(2) 상대적 빈곤

상대적 빈곤은 자산과 소득이 너무 적어서, 개인이나 집단이 주류 사회에서 누리는 수준에 맞는 생활수준을 유지할 수 없는 상태를 말한다. 그러므로 상대적 빈곤에서는 빈곤층을 사회의 다른 층과 비교하는 것에 주목한다.

구체적으로 상대적 빈곤은 개인의 생활수준이 주류 사회의 생활수준보다는 낮으나 생계 수준보다는 높은 상태를 말한다. 예를 들어 우리나라에서 공공부조를 받으면서 열악한 주택에서 살고 있는 사람은, 우리나라의 중산층과 비교할 때는 빈곤하다고 볼 수 있지만, 제대로 먹지 못하고 주택이 없이 살고 있는 제3세계 사람들에 비해서는 빈곤하다고 볼 수 없다.

3) 빈곤의 측정

(1) 빈곤선

앞에서 이미 살펴본 바와 같이, 빈곤의 정의에 대해서는 의견이 일치되어 있지 않다. 따라서 빈곤을 측정하는 방법에 관해서도 의견이 일치되기 어렵다. 그리고 빈곤에 관한 정의가 통일되어 있는 경우에조차도, 빈곤을 측정하는 것은 복잡하고 어려울 가능성이 크다(Spicker, 2010).

그러나 빈곤과 관련된 사회복지정책을 설계하고 이런 정책을 실시하기 위해서는, 빈곤을 측정하는 작업이 필요하다. 빈곤의 측정과 관련해 우선적으로 등장하는 용어가 '빈곤선(poverty line 또는 poverty threshold)'이다.

빈곤선을 정의한 것을 몇 가지 살펴보면 다음과 같다(U.S. Census Bureau, 2009; Barker, 2003).

① 미국의 인구조사국(Census Bureau)에 따르면, 빈곤선은 가족의 빈곤 상태나 개인의 빈곤 상태를 결정하기 위해 사용하는 현금의 양을 말한다.

② 미국의 전국사회사업가협회(NASW)에 따르면, 빈곤선은 사람이 최저 생계수준이나 최저 생활수준에서 살기 위해서 정부나 사회가 필요하다고 생각하는 금전의 양을 나타낸다.

그러므로 빈곤선은 빈곤 상태를 알기 위한 기준이 된다. 따라서 빈곤선은 빈곤을 '측정'하기 위한 필수적인 도구라는 데, 그 의의가 있다. 또한 빈곤선은 빈곤층에 대한 정확한 실태를 파악하는 것에서 더 나아가서, 빈곤층을 도와주거나 빈곤을 퇴치하기 위한 제도나 프로그램을 구상하기 위해서도 꼭 필요하다. 따라서 빈곤선은 사회복지정책과 관련해 큰 의의가 있다(노병일, 2009).

그리고 빈곤선은 그 사회에서 허용하는 최저 생활수준이나 최저 생계수준을 알 수 있게 해 준다는 데, 그 의의가 있다. 이런 맥락에서, 베버리지(Beveridge)는 라운트리(Rowntree)의 '빈곤선' 개념을 '최저 생계수준(subsistence minimum)'

으로 바꾸어 사용한 바 있다(Marshall, 1981). 그러므로 빈곤선은 빈곤 상태에 있는지를 판단하는 최저 생계비라고 볼 수 있다. 우리나라의 국민기초생활보장법의 경우, 최저 생계비는 "국민이 건강하고 문화적인 생활을 유지하기 위하여 필요한 최소한의 비용"이라고 정의하고 있다(국가법령정보, 2013).

빈곤선이나 최저 생계비가 등장한 역사를 몇 개의 국가를 중심으로 간단히 살펴보면 다음과 같다(노병일, 2009).

① 미국의 경우, 케네디(Kennedy) 대통령이 정권을 잡고 있던 1961년에, 인종을 차별하는 문제를 해결하고 빈곤이 지속되는 문제를 해결할 필요성이 커졌다. 당시의 경우, 비참한 상태에서 살고 있다는 미국인이 수백만 명이나 된다는 주장에 대해서, 많은 미국인들이 공감하고 있던 터이었다. 이런 분위기 속에서, 다음과 같은 목적을 위해서 공식적인 빈곤선이 필요하게 되었다. ㉠ 빈곤문제가 얼마나 심각한지를 측정하기 위해, 빈곤선이 필요하게 되었다. ㉡ 빈곤문제를 해결하기 위한 정책이 얼마나 효과가 있었는지를 알기 위해, 빈곤선이 필요하게 되었다.

그리고 빈곤선을 사용할 경우에는 다음과 같은 장점이 있다고 판단되어, 미국에서는 공식적인 빈곤선에 관심을 더 가지게 되었다. ㉠ 인구 통계를 통해 빈곤층의 수를 정확히 추정할 수 있다. ㉡ 빈곤을 유발하는 구체적인 원인이 무엇인지를 파악할 수 있다. ㉢ 빈곤층의 수와 빈곤의 원인에 대한 자료에 근거해, 빈곤층을 도와줄 수 있는 프로그램을 개발할 수 있다.

그러다가 미국의 사회보장청에서 근무하던 오샨스키(Orshansky)가 빈곤선을 제시하였다. 미국에서 최초의 빈곤선은 생계를 유지하기 위한 식품비의 3배로 정해졌다. 그러다가 1989년 이후부터는, 빈곤선은 이전 연도의 빈곤선에다 소비자 물가가 변한 것을 조정하여 정하고 있다.

② 영국의 경우, 자유당이 집권하던 시기인 1906~1914년에, 빈곤과 관련해 최저 생계수준과 같은 개념이 등장하였다.

③ 우리나라의 경우, 예전에는 공인된 최저 생계비가 없었다. 그러나 1990년대 후반에 보건복지부는 식료품비, 주거비, 광열수도비, 피복신발비, 보건의료비, 자녀교육비 등의 열 가지 항목을 기준으로 해서 최저 생계비를 조사한다는 계획을 세웠다. 그러다가 1999년에 국민기초생활보장법이 제정됨에 따라서, 최저 생계비를 결정하는 것이 필요하게 되었다. 우리나라의 국민기초생활보장법에 따르면, 최저 생계비를 결정하기 위한 계측 조사를 3년마다 실시하도록 되어 있다.

(2) 빈곤의 측정

그간의 연구에서는 빈곤층의 수를 파악하기 위해서 여러 가지 방법을 사용해 왔다. 빈곤을 측정하는 방법에는 다음과 같은 것이 포함된다(Spicker, 2010; 원석조, 2006).

① 임의 기준을 정하는 방법이 있다. 이 경우에 가장 많이 사용하는 방법은 소득에 근거해서 빈곤 여부를 따지는 것이다. 예를 들어 한 달에 100만원이라는 기준을 임의로 정하고, 이만큼의 소득을 얻지 못하는 사람은 빈곤 상태에 있다고 볼 수 있다.

② 예산 기준(budget standards) 방법이 있다. 이 방법의 경우, 필요한 최저 물품에 대한 비용에 근거해 빈곤을 추정한다. 이 방법은 미국에서 빈곤선을 정할 경우에 사용하고 있다. 미국의 경우, 필요한 식품의 가격을 파악한 후에, 여기에 근거해 필요한 소득을 추정하는 방법으로 빈곤선을 정하고 있다.[4)]

③ 상대적 방법이 있다. 이 방법의 경우, 빈곤 상태에 있는지 여부를 상대적 빈곤의 관점에서 파악한다. 예를 들어 중위 소득의 50%를 빈곤선으로 정할 수 있다. 이런 방법을 가계지출 방법이라고도 부른다.

④ 주관적 방법이 있다. 이 방법의 경우, 사람이 자신을 빈곤하다고 보

4) 어떤 학자는 예산 기준 방법을 더 세분하기도 한다. 예를 들어 미국에서와 같이, 생활비에서 식품비로 지출되는 비율을 나타내는 엥겔 계수를 구한 다음에, 이 계수에 근거해 전체 생계비를 계산해서 이 생계비를 빈곤선으로 보는 방법을 오션스키 방법(Orshansky scale, 또는 반물량 방법)이라고 부르고 있다. 이에 비해서, 위의 예산 기준 방법을 전물량 방법이라고 부르고 있다(원석조, 2006).

는지 여부에 근거해서 빈곤 상태에 있는지 여부를 파악한다.

⑤ 합의적(consensual) 방법이 있다. 이 방법의 경우, 여론조사를 실시해서 그 사회에 있는 사람들이 필수적으로 필요하다고 보는 것을 파악한다. 그러고 나서 이런 필수품을 가질 수 없는 사람은 빈곤 상태에 있다고 본다.

[정리] 빈곤의 개념과 측정

- 일반적으로 빈곤의 개념을 자원 관점과 박탈 관점으로 나눌 수 있다. 자원 관점의 빈곤에서는, 사람이 무엇을 가졌는지 또는 가지지 않았는지 여부에 주목한다. 그리고 박탈 관점의 빈곤에서는, 사람이 무엇을 하는지 또는 하지 않는지 여부에 주목한다.
- 유럽에서는 사회적 배제라는 용어를 광범위하게 사용한다. 사회적 배제는 주류 사회에 참여하지 못하는 현상과 관련되는 것으로서, 경제적 측면에 주목하는 빈곤보다 더 넓고 역동적인 개념이다.
- 일반적으로 빈곤을 절대적 빈곤과 상대적 빈곤으로 구분한다. 절대적 빈곤은 생계를 유지할만한 수준의 소득을 가질 수 없는 상태를 말한다. 상대적 빈곤은 개인이나 집단이 주류 사회에서 누리는 수준에 맞는 생활수준을 유지할 수 없는 상태를 말한다.
- 빈곤선은 사람이 최저 생활수준에서 살기 위해서 정부나 사회가 필요하다고 생각하는 금전의 액수를 말한다. 빈곤선은 빈곤 상태에 있는지를 판단하는 최저 생계비라고 볼 수 있다.
- 빈곤을 측정하는 방법에는 여러 가지가 있다.

3 빈곤의 원인에 관한 관점

그간의 경우, 빈곤이 발생하는 원인으로 여러 가지가 제시되어 왔다. 특히, 근래에 들어 빈곤의 원인과 관련해 의견 차이가 더 커지는 방향으로 나가고 있다(DiNitto, 2007). 빈곤의 원인을 무엇으로 보느냐에 따라서, 빈곤층과 관련된 이데올로기가 달라지고 또한 빈곤층을 위한 사회복지정책이 달라진다.

빈곤의 원인을 구분하는 예를 살펴보면 다음과 같다.

1) 디니토의 구분

디니토(DiNitto, 2007)의 경우, 빈곤을 정의하는 것과 관련해 여섯 가지 접근방식을 제시하고 있다. 이것은 박탈로서의 빈곤, 불평등으로서의 빈곤, 인적 자원이 부족한 것으로서의 빈곤, 문화로서의 빈곤, 차별로서의 빈곤, 구조로서의 빈곤을 말한다. 이런 구분은 빈곤의 원인과 직접적으로 관련된다. 따라서 디니토의 경우, 빈곤의 원인에는 여러 가지가 있다고 본다. 이런 원인의 일부를 살펴보면 다음과 같다.

① 일부 사람들은 인적 자원이 부족하기 때문에 빈곤하다. 즉, 일부 사람들은 빈곤하지 않은 사람들이 가지고 있는 자원과 기회가 없기 때문에 빈곤 상태에 놓인다.

② 일부 사람들은 일할 능력이 없기 때문에 빈곤하다. 예를 들어 노인과 아동과 중증 장애인은 일할 능력이 없기 때문에 빈곤 상태에 놓인다.

③ 일부 사람들은 차별 때문에 빈곤하다. 실제로 많은 국가에서 기회의 불평등은 빈곤을 퇴치하는 데 걸림돌이 되고 있다.

2) 스픽커의 구분

스픽커(Spicker, 2010)는 빈곤의 원인에 관한 주요한 관점을 크게 병리적(pathological) 관점과 구조적(structural) 관점으로 구분하고 있다. 각 관점에 관해 좀 더 살펴보면 다음과 같다.

(1) 병리적 관점

병리적 관점의 경우, 빈곤층의 특성이나 행동 때문에 빈곤이 나타난다고 본다. 병리적 관점에는 다음과 같은 것이 포함된다.

① 개인주의적 관점이 있다. 개인주의적 관점에서는 빈곤층이 잘못된 선택을 하고 또한 빈곤층이 자신만의 생활방식을 선택한다고 가정한다.

② 가족적 관점이 있다. 가족적 관점에서는 빈곤이 가족 내에 들어있다고 본다. 즉, 가족적 관점의 경우, 부적절한 행동은 한 세대에서 다음 세대로 전달된다고 본다. 학자들은 가족적 관점에 관해서 체계적으로 연구해 왔다. 그 결과, 가족적 관점은 사실이 아닌 것으로 밝혀지고 있다.

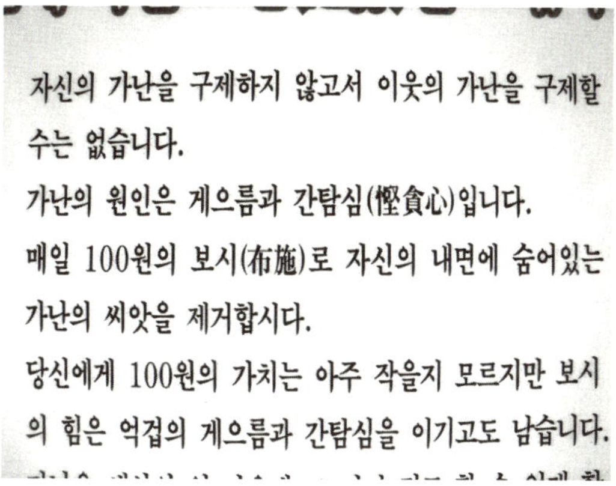

병리적 관점에 따르면, 빈곤층의 특성이나 행동 때문에 빈곤이 나타난다: 한 사찰의 안내문(저자 찍음)

③ 하위문화적 관점이 있다. 하위문화적 관점에서는 '빈곤 문화'의 측면에서 빈곤의 원인을 설명한다. 하위문화적 관점의 경우, 하위문화 때문에 빈곤층은 다음과 같은 것을 배우게 된다고 주장한다. ㉠ 자신은 주류 사회에 살고 있는 사람과 다르다는 것을 배운다. ㉡ 빈곤에 적응하는 것을 배운다. 하위문화적 관점이 맞는지에 관해서는 의견이 통일되어 있지 않다. 그러므로 하위문화적 관점과 관련해 논쟁이 크게 나타나고 있다.

(2) 구조적 관점

구조적 관점의 경우, 빈곤이 나타나는 사회와 연관시켜 빈곤을 설명하고 있다. 구조적 관점에는 다음과 같은 것이 포함된다.

① 계급중심 관점이 있다. 계급중심 관점의 경우, 생산 과정의 주변에 있게 되면 생활 기회가 제약되고, 그 결과로 빈곤이 나타난다고 본다.

② 기관중심 관점이 있다. 기관에 초점을 두는 관점의 경우, 공적 서비스가 제대로 제공되지 못하기 때문에 빈곤이 나타난다고 본다.

③ 불평등중심 관점이 있다. 불평등에 초점을 두는 관점의 경우, 사회 구조에 불평등이 존재하기 때문에 빈곤이 나타난다고 본다. 구체적으로 이런 관점에서는, 사회 구조의 불평등 때문에 기회를 갖지 못하고 취약 상태에 영구히 놓이기 때문에 빈곤이 나타난다고 본다.

> **사례**
>
> 미국의 경우, 빈곤에 대한 원인은 시대에 따라 차이가 났다. 예를 들어 미국에서는 시대별로 빈곤의 원인이 다음과 같은 것에 있다고 보았다(DiNitto, 2007).
> ① 1920년대의 경우, 빈곤의 주요 원인은 기업의 이해관계가 지배하고 근로자를 착취하는 것에 있다고 보았다.
> ② 1930년대의 경우, 빈곤의 주요 원인은 전국적으로 경제가 쇠퇴한 것에 있다고 보았다.
> ③ 1960년대의 경우, 빈곤의 주요 원인은 차별을 겪고 기회가 부족한 것에 있다고 보았다. 여기서 차별은 인종차별과 성차별을 말한다.

이런 불평등의 예로 소득에 따른 불평등, 부에 따른 불평등, 인종에 따른 불평등, 성에 따른 불평등이 있다.

> **[정리] 빈곤의 원인에 관한 관점**
>
> - 빈곤의 원인에는 여러 가지가 있는데, 빈곤의 원인에 관한 주요한 관점을 크게 병리적 관점과 구조적 관점으로 나눌 수 있다. 병리적 관점에서는 빈곤층의 특성·행동 때문에 빈곤이 나타난다고 본다. 구조적 관점에서는 빈곤이 나타나는 사회와 연관시켜 빈곤을 설명한다.

4 공공부조제도

1) 공공부조의 개념

빈곤층을 위한 기본적인 사회복지정책과 관련된 프로그램은 공공부조이다. 일부 기관과 학자가 공공부조에 대해 정의한 것을 몇 가지 살펴보면 다음과 같다(Barker, 2003; Rejda, 1999; 국가법령정보센터, 2013).

① 미국의 전국사회복지사협회(NASW)에 따르면, 공공부조는 자신을 부양할 수단이 없는 사람들에게 정부가 최소한의 재정적 원조를 제공하는 것을 말한다.

② 레이더(Rejda)에 따르면, 공공부조는 개인적으로 통제할 수 없는 여러 요인들 때문에 개인이 생활필수품을 구하기 어려울 경우에, 빈곤

한 개인과 가족이 기본 욕구를 충족하도록 돕기 위해서 현금, 의료 서비스, 기타 서비스를 제공하는 프로그램을 말한다.

③ 우리나라의 사회보장기본법에 따르면, 공공부조는 "국가 및 지방자치단체의 책임 하에 생활 유지 능력이 없거나 생활이 어려운 국민의 최저생활을 보장하고 자립을 지원하는 제도"를 말한다.

요컨대, 공공부조는 경제적으로 어려운 사람들을 국가가 도와주는 공적 제도라고 정리할 수 있다(노병일, 2009).

2) 공공부조의 필요성과 의의

사회복지정책에서 공공부조는 여러 가지 이유 때문에 필요하다. 사회복지정책에서 공공부조가 필요한 이유를 구체적으로 살펴보면 다음과 같다(Rejda, 1999).

① 공공부조는 사회보험이나 기타 공적인 프로그램을 통해 급여를 받을 자격이 없는 빈곤한 개인과 가족에게 현금급여, 의료 서비스, 사회 서비스를 제공하기 때문이다.

② 공공부조는 다음과 같은 사람들에게 보조 소득을 제공하기 때문이다. ㉠ 재정적 자원이 적거나 없는 사람들에게 보조 소득을 제공한다. ㉡ 특별한 욕구 때문에 소득을 보조받을 필요가 있거나 관련 서비스가 필요한 사람들에게 보조 소득을 제공한다.

③ 어떤 개인과 가족들은 신체적 문제나 심리적 문제나 정서적 문제 때문에 최저 생활수준을 누리지 못할 수 있기 때문이다. 이런 경우에 공공부조 급여는 이런 사람들이 통제할 수 없거나 이해할 수 없는 신체적·심리적·정서적 문제와 기타 어려운 경제적 문제를 대처하는 데 도움을 준다.

④ 사회는 빈곤층에 대해 인도주의적으로 생각하기 때문이다. 개인적 요인과 성격의 결함 때문에, 어떤 사람은 근로를 통해 사회에 기여할 수 없거나 기여하려고 하지 않을 수 있다. 이런 사람들이 생산적이지 못하기는 하지만, 사회는 이런 사람들을 버리지는 않는다.

한편, 공공부조는 사회보험과 더불어 사회보장제도의 중요한 기둥을 이룬다는 데, 그 의의가 있다. 일반적으로 사회복지정책에서 공공부조제도는 다음과 같은 의의를 가지고 있다(Walker, 2005).

① 사실상의 빈곤선이나 최저 생활수준을 제시한다.

② 개인과 가족이 시민권이나 거주에 근거해 최저 생활수준을 유지할 수 있는 장치를 제공한다.

3) 공공부조의 특징과 원칙

(1) 공공부조의 일반적 특징

공공부조는 몇 가지 일반적인 특징을 가지고 있다. 이것을 좀 더 자세히 살펴보면 다음과 같다(Rejda, 1999; ISSA & SSA, 2007).

① 공공부조에서는 소득, 자산, 경제적 가치가 있는 기타 소득이 공식적인 기준보다 낮은 빈곤층에게 여러 가지 급여를 제공한다. 따라서 공공부조 급여를 받을 수 있는 대상은 소득이 적은 층이나 빈곤층으로 제한되는 경우가 많다.

② 공공부조를 신청하는 사람은 자산조사(means test)를 거쳐야 한다. 구체적으로, 공공부조를 신청하는 사람은 자신이 가진 소득과 자산이 공식적인 기준보다 낮다는 것을 보여주어야 한다. 따라서 공공부조 급여는 타고난 권리에 토대를 두어 자동적으로 제공되는 것이 아니다.

③ 일반적으로 정부의 일반 수입에서 공공부조의 재정을 대부분 확보한다.

④ 자산조사는 자의적인 측면을 가지고 있고 또한 공공부조를 받을 수 있는 자격 요건은 엄격하다. 따라서 공공부조에서 제공하는 현금급여의 양을 미리 예측하기 어려운 경우가 많다.

(2) 사회보험과 공공부조의 차이점

사회보험과 공공부조는 사회보장제도를 구성하는 두 개의 주요한 틀이다. 그러나 사회보험과 공공부조는 다음과 같은 점에서 차이가 난다(Rejda, 1999; Pieters, 2006).

① 사회보험과 공공부조는 급여를 받을 수 있는 자격 요건을 예측할 수 있는지 여부에서 차이가 나고, 또한 급여의 양에서 차이가 난다. 사회보험에서는 일반적으로 급여의 양을 예측할 수 있다. 그러나 공공부조에서는 급여의 양을 예측하기가 더 어렵다. 왜냐하면 공공부조 제도를 통해서 수급자가 받는 급여의 양은 제시된 욕구의 정도에 좌우되기 때문이다.

② 사회보험과 공공부조는 욕구를 보여주어야 하는지 여부에서 차이가 난다. 사회적 위험이 발생한 경우, 사회보험에 가입한 사람은 자산조사를 신청할 필요가 없이 급여를 받을 자격을 가진다. 즉, 사회보험에 가입한 사람은 자신이 급여가 실제로 '필요한지' 여부에 상관없이 급여를 받을 자격을 가진다. 그러나 이와는 반대로, 공공부조와 관련된 행정기관은 공공부조를 신청한 사람이 급여를 신청하는 것이 적절한지 여부를 평가하여야 한다. 이 경우에, 공공부조 급여를 신청한 사람이 이용할 수 있는 자산을 항상 따져본다. 그러므로 공공부조에서는 자산조사가 항상 필요하다.

③ 사회보험과 공공부조는 재정을 충당하는 방식에서 차이가 난다. 일반적으로 사회보험은 특정하게 정해진 기여금(보험료)이나 목적세를 통해서 재정을 충당한다. 그러나 공공부조는 정부의 일반 수입에서 재정을 충당하는 경우가 많다. 또한 공공부조의 경우, 급여를 받는 사람은 자신이 공공부조 급여를 받을 자격을 갖추기 전에 공공부조 프로그램에 특별하게 기여금을 납부하지 않는다.

④ 사회보험과 공공부조는 참여자의 수에서 차이가 난다. 사회보험 프로그램에 참여하는 사람들은 모두가 보험에 가입한 사람들이다. 사회보험의 경우, 모든 가입자들 중에서 어느 주어진 시간에 실제로 급여를 받는 사람의 수는 많지 않다. 그러나 공공부조 프로그램에 직접적으로 참여하고 있는 사람들은 급여를 받는 사람들뿐이다. 그러므로 공

공부조에 비해서, 사회보험에 더 많은 사람들이 참여하고 있다.

⑤ 사회보험과 공공부조는 급여에 오명(stigma)이 가해지는지 여부에서 차이가 난다. 사회보험 급여를 받는 것에는 어떤 오명도 따라 다니지 않는다. 왜냐하면 급여를 받을 수 있는 요건을 충족할 경우에, 급여를 받는 사람은 욕구를 보여주지 않고서도 급여를 받을 수 있는 법적 권리를 가지기 때문이다. 그러나 공공부조 급여를 받기 위해서는 자산조사를 거쳐야 하는데, 여기에는 오명이 따른다.

(3) 공공부조의 원칙

공공부조 법령과 관련해 몇 가지의 기본적인 원리와 원칙이 있다. 우선, 공공부조 법령과 관련된 기본적인 원리로 다음과 같은 것이 있다(노병일, 2009).

① 생존권 보장의 원리가 있다. 이 원리는 국민에게 보호를 받을 권리를 보장하는 것을 말한다.

② 국가 책임의 원리가 있다. 이 원리는 생활이 어려운 모든 국민에게 공공부조와 관련된 법을 통해서 국민의 생존권을 실현하는 것을, 국가가 궁극적으로 책임지는 것을 말한다.

③ 최저 생활 보호의 원리가 있다. 이 원리는 최저 생활을 모든 국민에게 똑같이 보장해주는 것을 말한다.

④ 무분별 평등의 원리가 있다. 이 원리는 공공부조와 관련된 법이 정한 요건을 충족할 경우에는, 보호 상태에 놓이게 된 이유, 인종, 신조(creed), 성별, 사회적 신분이 무엇인지 여부에 상관없이, 모든 국민은 공공부조와 관련된 법에서 차별 없이 평등하게 보호를 받는 것을 말한다.

⑤ 보족성의 원리가 있다. 이 원리는 생활의 어려움과 관련해 보호를 받아야 할 국민이 개인적으로 이용할 수 있는 모든 수단을 찾아본 후에도 최저 생활을 유지할 수 없을 경우에, 국가가 최종적으로 부족한 부분을 보충하는 것을 말한다.

⑥ 자립 성장의 원리가 있다. 이 원리는 공공부조와 관련된 법을 통해 보호를 받는 국민이 가진 가능성을 장려하여, 해당 국민이 자기 힘으로 사회생활에 적응할 수 있게 하는 것을 말한다.

그리고 이런 기본적인 원리에 토대를 두어 법을 실시할 경우에 실제적으로 근거가 되는 몇 가지 기본적인 원칙이 있다. 이것은 구체적으로 다음과 같은 원칙을 가리킨다(노병일, 2009).

① 신청 보호의 원칙이 있다. 이 원칙은 공공부조와 관련된 사업을 실시하는 기관의 직권에 의해 보호가 시작되는 것이 아니라, 보호가 필요한 사람의 신청에 의해 보호가 시작되는 것을 말한다.

② 기준 및 정도의 원칙이 있다. 이 원칙은 어떤 사람이 스스로의 힘으로 생활할 수 없는 경우에, 이 사람의 생활이 어렵다는 것을 나타내는 기준을 결정하는 것을 말한다.

③ 필요 즉응(卽應)의 원칙이 있다. 이 원칙은 빈곤선이 보호를 제공하는 기준이기는 하지만, 구체적으로 제공하는 보호는 보호가 실제로 필요한 정도에 따라 개별화시키는 것을 말한다.

④ 세대 단위의 원칙이 있다. 이 원칙은 보호가 필요한지 여부와 보호가 필요한 정도를 세대를 단위로 해서 결정하는 것을 말한다.

⑤ 금전부조(金錢扶助)의 원칙이 있다. 이 원칙은 현금으로 도와주는 것을 말한다.

⑥ 거택(居宅) 보호의 원칙이 있다. 이 원칙은 보호가 필요한 사람이 거주하는 곳에서 보호를 제공하는 것을 말한다.

한편, 근근로의 가치에 대한 관심 때문에, 시간이 흐르면서 공공부조에서 몇 가지 원칙이 등장하였다. 이런 원칙은 사회복지정책의 세부적인 측면과 직접적으로 관련되고 있다. 이런 원칙에는 다음과 같은 세 가지 원칙이 포함된다(Meenaghan & Washington, 1980; Alcock, 1997).[5]

① 첫째 원칙은 조건을 충족할 경우에만 공공부조 급여를 제공하는 원칙이다. 1950년대에서 1990년 말까지만 해도, 이런 조건은 거주지

5) 이런 세 가지 원칙은 위에서 제시한 기본 원리 및 기본 원칙과 비슷한 내용을 담고 있다.

와 관련된 경우가 많았다. 즉, 정해진 장소에 어느 기간 동안 거주하고 있어야만, 개인은 공공부조 급여를 신청할 수 있었다. 그러나 최근의 경우, 이런 개념은 욕구를 가지고 있음을 보여주는 것을 의미하는 방향으로 나가고 있다. 욕구를 보여주는 것은, 자신이 어려운 상태에 있다는 점을 다소 복잡한 관료적 절차를 통해 증명하는 식으로 진행된다. 하지만 신청 과정 그 자체는 처벌의 성격을 지닌다고 볼 수 있다. 그리고 신청 과정이 존재한다는 것은 신청을 꺼리게 하려는 의도를 가지고 있다.

② 둘째 원칙은 가족이 가진 자원을 사용하는 것을 장려하는 원칙이다.[6] 이 원칙의 속에 담긴 의미는 다음과 같다. ㉠ 가능하면 사회의 자원을 낭비하지 말아야 한다. ㉡ 국가가 제공한 현금이나 물품이 제대로 사용되는지 여부를 파악할 경우에는, 정부보다 가족이 더 효과적일 수 있다. 예를 들어 정부에 비해서 가족은 특정한 기간 동안 제공되는 현금의 양과 같은 측면에 더 신경을 쓰는 것으로 알려져 있다.

③ 셋째 원칙은 급여 수준을 제한하는 원칙이다. 이것은 '열등 처우(less eligibility)'의 원칙을 말한다. 구체적으로 이것은 공적 원조를 제공할 경우에, 빈곤 상태에 있는 모든 범주의 사람들에게는 노동시장에 참여한 사람들이 받는 최저 임금보다 더 낮은 급여를 제공하는 것이 좋다는 원칙을 말한다. 이것은 일할 능력에 있는 빈곤층의 경우에 특히 해당된다. 그러므로 열등 처우의 원칙은 빈곤을 구제하기 위해서는, 국가가 제공하는 원조의 수준은 임금이 가장 적은 근로자가 놓인 여건보다 더 낮게 정해야 한다는 것을 가리킨다.

6) 이 원칙은 위에서 언급한 보족성의 원리와 크게 관련된다.

4) 미국과 우리나라의 공공부조제도

대부분의 국가는 나름의 공공부조제도를 갖추고 있다. 이중에서 미국의 공공부조와 우리나라의 공공부조를 간단히 살펴보면 다음과 같다.

(1) 미국의 공공부조

미국에서 실시하고 있는 주요한 공공부조 프로그램은 다음과 같다(Karger & Stoesz, 2006; Zastrow, 2008).

① 빈곤가족에게의 일시 부조(Temporary Assistance for Needy Families, TANF)가 있다. 이 프로그램의 특징은 다음과 같다. ㉠ 워크페어를 강조하고 있다.[7] ㉡ 급여를 받을 수 있는 기간을 제한하고 있다.

② 보충보장소득(Supplemental Security Income, SSI)이 있다. 이 프로그램의 경우, 노인과 빈곤한 장애인에게 현금급여를 제공한다.

③ 일반부조(General Assistance, GA)가 있다. 이 프로그램은 주정부나 지방정부 수준에서 운영된다. 이 프로그램의 경우, 연방정부 수준에서 실시하는 공공부조 프로그램의 대상이 될 수 없는 저소득층에게 기본 급여를 제공한다.

> **미국의 주요 공공부조제도**
>
> 1996년까지의 경우, '보호아동이 있는 가족에게의 원조(AFDC)' 프로그램은 미국의 대표적인 공공부조 프로그램이었다. 그러다가 미국에서는 1996년에 공공부조제도가 개혁되었다. 이것을 '복지(공공부조) 개혁(welfare reform)'이라고 부른다.[8] 이에 따라서 '보호아동이 있는 가족에게의 원조' 프로그램은 폐지되었다. 그리고 그 대신에 '빈곤가족에게의 일시 부조(TANF)' 프로그램이 등장하였다(노병일, 2009).

(2) 우리나라의 공공부조

우리나라의 공공부조는 국민기초생활보장제도이다. 우리나라의 경우, 1961년에 제정된 생활보호법에 따라 공공부조제도인 생활보호제도가 등장하였고, 빈곤층은 이 제도를 통해서 국가로부터 원조를 받았다. 그러다가 빈곤층의 생활을 최저 수준으로 유지하게 해주기 위해서, 1999년 9월에 국민기

7) 워크페어에 관해서는 사회복지정책과 경제를 다루는 장(12장)에서 설명하였다.
8) 1장에서 제시된 바와 같이, 미국에서 대부분의 사람들은 공공부조를 단순히 '복지(welfare)'라고 부른다.

초생활보장법을 제정하였다. 국민기초생활보장법이 제정됨에 따라서, 2000년 10월부터 국민기초생활보장제도는 우리나라의 주요한 공공부조제도가 되었다.

우리나라에서는 부양의무자가 없거나, 부양의무자가 있어도 부양능력이 없거나 부양을 받을 수 없는 사람으로서 소득으로 인정되는 액수가 최저 생계비 이하인 사람은, 국민기초생활보장법을 통해 급여를 받을 수 있는 자격을 가진다(국가법령정보센터, 2013).

우리나라의 국민기초생활보장제도에서 제공하는 급여에는 다음과 같은 것이 있다(국가법령정보센터, 2013).

① 생계급여가 있다. 생계급여는 수급자에게 의복, 음식물, 연료비, 기타 일상생활에 기본적으로 필요한 금품을 제공해서 생계를 유지하게 해주는 것을 말한다.

인간의 삶에서 주거는 중요하다. 우리나라의 경우, 국민기초생활보장제도에서 주거급여를 도입하였다: 사람들이 거주하고 있다는 묘지(이집트에서 저자 찍음)

② 주거급여가 있다. 주거급여는 수급자에게 주거 안정에 필요한 임차료, 유지수선비, 기타 물품을 제공하는 것을 말한다. 우리나라의 경우, 국민기초생활보장제도에서 주거급여를 처음으로 도입하였다.

③ 의료급여가 있다. 의료급여는 수급권자의 질병·부상·출산 등과 관련해, 진찰·검사, 약제·치료 재료의 지급, 처치·수술과 기타 치료, 예방·재활, 입원, 간호, 이송과 기타 조치를 제공하는 것을 말한다.

우리나라에서 의료와 관련된 공공부조는 의료급여이다: 의료급여 신청 안내문(저자 찍음)

④ 교육급여가 있다. 교육급여는 수급자에게 입학금, 수업료, 학용품비, 기타 물품을 제공하는 것을 말한다.

⑤ 해산급여가 있다. 해산급여는 수급자에게 조산과 분만 전후에 필요한 조치와 보호를 제공하는 것을

말한다.

⑥ 장제급여가 있다. 장제급여는 수급자가 사망한 경우에 사체를 확인·운반·화장하거나 매장하고, 기타 장제 조치를 제공하는 것을 말한다.

⑦ 자활급여가 있다. 자활급여는 수급자의 자활을 조성하기 위해 제공하는 여러 가지 조처를 말한다. 우리나라의 국민기초생활보장제도에서는 자활의 측면을 강조하고 있다.

[정리] 공공부조제도

- 빈곤층을 위한 기본적인 프로그램은 공공부조이다. 공공부조는 경제적으로 생활이 어려운 사람을 국가가 도와주는 장치이다.
- 공공부조는 사회보험과 더불어 사회보장제도의 중요한 기둥이다. 공공부조는 사실상의 빈곤선이나 최저 생활수준을 제시한다.
- 공공부조는 소득이 공식 기준보다 낮은 빈곤층에게 제공하고, 자산조사를 실시한다. 그리고 공공부조는 정부의 일반 수입에서 재정을 대부분 충당한다.
- 사회보험과 공공부조는 급여를 받는 자격 요건을 예측할 수 있는지 여부, 욕구를 보여주어야 하는지 여부, 재정을 충당하는 방식, 참여자의 수, 오명이 가해지는지 여부에서 차이가 난다.
- 공공부조 법령과 관련된 기본적인 원리로 생존권 보장의 원리, 국가 책임의 원리, 최저 생활 보호의 원리, 무분별 평등의 원리, 보족성의 원리, 자립 성장의 원리가 있다. 이중에서 보족성의 원리는 보호를 받아야 할 국민이 개인적으로 이용할 수 있는 모든 수단을 찾아본 후에도 최저 생활을 유지할 수 없을 경우에, 국가가 최종적으로 부족한 부분을 보충하는 원리를 일컫는다.
- 법을 실시할 경우에 실제적으로 근거가 되는 기본적인 원칙으로 신청 보호의 원칙, 기준 및 정도의 원칙, 필요 즉응의 원칙, 세대 단위의 원칙, 금전부조의 원칙, 거택 보호의 원칙이 있다.
- 미국의 주요한 공공부조는 빈곤가족에게의 일시 부조(TANF)이다. 그리고 우리나라의 주요한 공공부조는 국민기초생활보장제도인데, 여기에서는 생계급여, 주거급여, 의료급여, 교육급여, 해산급여, 장제급여, 자활급여를 제공한다.

참고문헌

국세청. 2006. "조세 일반 이론." www.nts.go.kr/youth/task/task03.html.

김태성. [2003] 2005. ≪사회복지정책입문≫. 서울: 청목출판사.

김태성·성경륭. [2000] 2007. ≪복지국가론≫. 서울: 나남출판.

노병일. 2002. ≪사회보장론(개정판)≫. 서울: 대학출판사.

노병일. 2006. ≪취약 지역의 사회적 배제≫. 서울: 도서출판 다운샘.

노병일. 2007. ≪현대 산업복지론≫. 경기: 공동체.

노병일. 2009. ≪사회보장론(개정2판)≫. 경기: 공동체.

박병현. 2007. ≪사회복지정책론: 이론과 분석(개정2판)≫. 경기: 학현사.

박정호. 2000. ≪사회복지정책론≫. 서울: 학지사.

보건복지부·노동부·국정홍보처. n.d. ≪사회안전망 이렇게 이용할 수 있습니다≫.

송근원. 2004. ≪사회복지정책론≫. 서울: 학지사.

송근원·김태성. [1995] 2003. ≪사회복지정책론≫. 서울: 나남출판.

원석조. 2006. ≪사회복지정책론≫. 경기: 공동체.

장인협·이혜경·오정수. 2007. ≪사회복지학(제2개정판)≫. 서울: 서울대학교출판부.

최성재. 1999. "사회복지 교육에 대한 도전에 대응합시다." ≪한국사회복지대학협의회 NEWSLETTER≫ 4월.

한국사회복지협의회 편. 1993. ≪사회복지사전≫. 서울: 한국사회복지협의회.

황선영·노병일·김세원. 2009. ≪사회복지정책론≫. 서울: 창지사.

황창순·김형수·노병일·도종수·유지영. 2010. ≪사회복지조사론≫. 경기: 양서원.

희망살림이 근로장려세제. 2008. "근로장려세제 주요 내용." http://blog.korea.kr/main/blog.

Abel-Smith, Brian. 2008. "Social Security." Encyclopædia Britannica Online.

Abramovitz, Mimi. 2001. "Everyone Is Still on Welfare: The Role of Redistribution in Social Policy." *Social Work* 46(4): 297-308.

Abramovitz, Mimi. 2004a. "Definition and Functions of Social Welfare Policy: Setting the Stage for Social Change." In *The Dynamics of Social Welfare Policy*, authored by Joel Blau. New York: Oxford University Press.

Abramovitz, Mimi. 2004b. "Ideological Perspectives and Conflicts." In *The Dynamics of Social Welfare Policy*, authored by Joel Blau. New York: Oxford University Press.

Alcock, Pete, A. Erskine, and M. May. eds. 1998. *The Student's Companion to*

Social Policy. Oxford, UK: Blackwell.

Andersen, M. L. 2000. *Thinking about Women: Sociological Perspectives on Sex and Gender (5th ed)*. Needham Heights, MA: Allyn and Bacon.

Anonymous. 2004. *The Washington Post* (March 5th).

Ansell, C. K. 2001. "Garbage Can Model of Behavior." In *International Encyclopedia of the Social and Behavioral Sciences*. New York: Elsevier Science.

Answers Encyclopedia. 2010. http://answers.encyclopedia.com.

Baldwin, P. 1995. "Promotion of Welfare." In *Encyclopedia of Democracy*, edited by S. M. Lipset. London: Routledge.

Barker, Robert L. 2003. *The Social Work Dictionary (5th ed)*. Washington DC: NASW Press.

Berg, Bruce L. 2007. *Qualitative Research Methods for the Social Sciences*. Boston, MA: Allyn and Bacon.

Beveridge, William. 1942. *Social Insurance and Allied Services*. London: Her Majesty's Stationery Office.

Birkland, Thomas A. 2001. *An Introduction to the Policy Process: Theories, Concepts, and Models of Public Policy Making*. Armonk, NY: M. E. Sharpe.

Blank, Rebecca M. 2002. "Evaluating Welfare Reform in the United States." *Journal of Economic Literature* 40(4): 1105-1162.

Blau, Joel. 2004. *The Dynamics of Social Welfare Policy*. New York: Oxford University Press.

Bowles, Samuel, David M. Gordon, and Thomas E. Weisskopf. 1990. *After The Waste Land: A Democratic Economics For The Year 2000*. Armonk, NY: M. E. Sharpe.

Brieland, Donald. 1995. "Social Work Practice: History and Evolution." In *Encyclopedia of Social Work (19th ed)*, edited by J. L. Edwards et al. Washington D.C.: NASW Press.

Brown, J. 1995. *The British Welfare State*. Oxford, UK: Blackwell.

Bryson, Lois, Michael Bittman, and Sue Donath. 1994. "Men's Welfare State, Women's Welfare State: Tendencies to Convergence in Practice and Theory." In *Gendering Welfare States*, edited by Diane Sainsbury. London: Sage.

Caldera, Selena. 2009. "Social Security: Ten Facts that Matter."*Fact Sheet* 154 (AARP Public Policy Institute).

Cannon, John A. 2002. *The Oxford Companion to British History*. Oxford, UK: Oxford University Press.

CAPC (Center to Advance Palliative Care). 2007. "CAPC Manual."

http://64.85.16.230/educate/content.

Chambers, Donald E. and Kenneth R. Wedel. 2009. *Social Policy and Social Programs: A Method for the Practical Public Policy Analyst (3rd ed).* Needham Heights, MA: Allyn and Bacon.

Citizen's Income Online. 2009. "What Is a Citizen's Income?" http://www.citizensincome.org.

Clasen, Jochen and Richard Freeman. ed. 1994. *Social Policy in Germany.* Hertfordshire, UK: Harvester Wheatsheaf.

Cobb, Roger W. and Charles E. Elder. 1983. *Participation in American Politics: The Dynamics of Agenda-Building (2nd ed).* Baltimore, MD: Johns Hopkins University Press.

Cochrane, Allan, John Clarke, and Sharon Gewirtz. 2001. "Comparing Welfare States." In *Comparing Welfare States*, edited by Allan Cochrane, John Clarke, and Sharon Gewirtz. London: Sage.

Columbia Electronic Encyclopedia. 2007. www.cc.columbia.edu.

Dattalo, Patrick. 2007. "Borrowing to Save: A Critique of Recent Proposals to Partially Privatize Social Security." *Social Work* 52(3): 233-242.

Day, Phyllis. J. 2000. *A New History of Social Welfare (3rd ed).* Boston, MA: Pearson Education Inc.

Day, Phyllis. J. 2009. *A New History of Social Welfare (6th ed).* Boston, MA: Pearson Education Inc.

Deacon, Alan. 2002. *Perspectives on Welfare: Ideas, Ideologies and Policy Debates.* Buckingham, UK: Open University Press.

Dear, Ronald B. 1995. "Social Welfare Policy." In *Encyclopedia of Social Work (19th ed)*, edited by J. L. Edwards et al. Washington D.C.: NASW Press.

Denney, David. 1998. *Social Policy and Social Work.* Oxford, UK: Oxford University Press.

Dickson, Niall. 1999. "What is the Third Way?" *BBC* September 27.

DiNitto, Daina M. 2007. *Social Welfare: Politics and Public Policy (6th ed).* Boston, MA: Pearson.

Ditch, John. 1999. "Income Protection and Social Security." In *The Student's Companion to Social Policy*, eidted by Pete Alcock, A. Erskine, and M. May. Oxford, UK. Blackwell.

Dolgoff, R. and D. Feldstein. 2000. *Understanding Social Welfare (5th ed).* Boston: Allyn and Bacon.

Donohue, William A. 1990. "[Books in Review] The Enabling State: Modern

Welfare Capitalism in America." *Society* 27(4): 111-112.

Dumont, Jean-Pierre. 1992. *Les Syst mes de Protection Sociale en Europe*. Paris, France: Economica.

Dye, Thomas R. 2008. *Understanding Public Policy* (12th ed). Upper Saddle, NJ: Pearson Education, Inc.

Economic Geography Glossary. 2009. "Garbage Can Model." http://faculty.washington.edu.

Einbinder, Susan D. 1995. "Policy Analysis." In *Encyclopedia of Social Work (19th ed)*. Washington D.C.: NASW Press.

Eitzen, D. S. and M. B. Zinn. 2000. *Social Problems (8th ed)*. Needham Heights, MA: Allyn and Bacon.

Encyclopædia Britannica. 2009. "Welfare State." http://www.britannica.com.

Ervik, Rune and Stein Kuhnle. 1996. "The Nordic Welfare Model and the European Union." In *Comparative Welfare Systems: The Scandinavian Model in a Period of Change*, edited by Benmt Greve. London: MacMillan.

Esping-Andersen, Gosta. 1990. *The Three Worlds of Welfare Capitalism*. Cambridge, UK: Polity Press.

Evers, Adalbert and Ivan Svetlik. ed. 1993. *Balancing Pluralism: New Welfare Mixes in Care for the Elderly*. Hants, UK: Avebury.

Featherstone, Brid. 2006. "Rethinking Family Support in the Current Policy Context." *British Journal of Social Work* 36(5): 5-19.

Fitzpatrick, Tony. 2001. *Welfare Theory: An Introduction*. Hampshire, UK: Palgrave.

Forsakringskassan. 2006. *Social Insurance: General Information about Social Insurance*. Forsakringskassan.

Furniss, Norman and Timothy Tilton. 1977. *The Case for the Welfare State: From Social Security to Social Equality*. Bloomington, IN: Indiana University Press.

George V. and S. Miller. ed. 1995. *Social Policy Toward 2000: Squaring the Welfare Circle*. London: Routledge.

George, Vic and Paul Wilding. 1994. *Welfare and Ideology*. New York: Harvester Wheatsheaf.

Giddens, Anthony. 1998a. "The Third Way Revealed." *Economist* September 19-25: 54.

Giddens, Anthony. 1998b. *The Third Way: The Renewal of Social Democracy*. Oxford, UK: Polity.

Giddens, Anthony. 2000. *The Third Way and Its Critics*. Cambridge, UK: Polity Press.

Giddens, Anthony. 2006. *Sociology (5th ed)*. Cambridge, UK: Polity Press. (김미숙김

용학·박길성·송호근·신광영·유홍준·정성호 옮김. 《현대 사회학》. 서울: 을유문화사).

Gilbert, Neil and Paul Terrell. 2005. *Dimensions of Social Welfare Policy (6th ed).* Boston, MA: Pearson Education.

Ginsburg, Norman. 2001. "Sweden: The Social Democratic Case." In *Comparing Welfare States,* edited by Allan Cochrane, John Clarke, and Sharon Gewirtz. London: Sage.

Goldstein, Lisa. 2003. "Survey Says Parents Using Fla. 'McKay' Vouchers Satisfied." *Education Week* Vol. 22, Iss. 41: 14.

Goodman, Roger and Ito Peng. 1996. "The East Asian Welfare States: Peripatetic Learning, Adaptive Change, and Nation-Building." In *Welfare States in Transition: National Adaptation in Global Economies*, edited by G. Esping-Andersen. London: Sage.

Gordon, Margaret S. 1994. *Social Security Policies in Industrial Countries.* New York: Cambridge University Press.

Gough, Ian. [1979] 1981. *The Political Economy of the Welfare State.* London: MacMillan.

Gough, Ian. 1999. "Social Policy and Economic Policy." In *The Student's Companion to Social Policy*, edited by P. Alcock, A. Erskine, and M. May. Oxford, UK: Blackwell.

Government Social Research Unit. 2007. *The Magenta Book: Guidance Notes for Policy Evaluation and Analysis – Background Paper 1: What Is Policy Evaluation?* London: HM Treasury.

Hall, Shane. 2010a. "What Is the Meaning of Evaluation?" http://www.ehow.com.

Hall, Shane. 2010b. "What Is Policy Evaluation?" http://www.ehow.com.

Harrington, Michael. [1962] 1981. *The Other America: Poverty in the United States.* New York: Penguin Groups.

Henderson, David R. 2008. "Opportunity Cost." *The Concise Encyclopedia of Economics* http://www.econlib.org/library/Enc/OpportunityCost.html.

Higgins, Joan. 1984. *The States of Welfare: Comparative Analysis in Social Policy.* Oxford, UK: Basil Blackwell.

Hill, Michael. 1999. "Social Policy and the Political Process." In *The Student's Companion to Social Policy*, edited by P. Alcock, A. Erskine, and M. May. Oxford, UK: Blackwell.

Hills, John, John Ditch and Howard Glennerster. 1994. *Beveridge and Social Security: An International Perspective.* New York: Oxford University Press.

ILO (International Labor Organization). 1984. *Into the Twenty-First Century:*

The Development of Social Security. Geneva: ILO.

ILO (International Labor Organization). 2008. *Setting Social Security Standards in a Global Society.* Geneva, Switzerland: International Labor Office.

ISSA (International Social Security Association). 2008. "Social Security Financing." www.issa.int/aiss/Topics.

ISSA and SSA (International Social Security Association and Social Security Administration). 2007. *Social Security Programs Throughout the World: Asia and the Pacific.* Washington D.C.: Social Security Administration.

Johnson, L. C. and C. L. Schwarz. 1994. *Social Welfare: A Response to Human Need (3rd ed).* Needham Heights, MA: Allyn and Bacon.

Jones, Catherine. 1985. *Patterns of Social Policy: An Introduction to Comparative Analysis.* London: Tavistock.

Karger, Howard Jacob and David Stoesz. 2006. *American Social Welfare Policy: A Pluralist Approach (5th ed).* Boston, MA: Allyn and Bacon.

Kattoulas, Vwlisarios. 2000. "Social Safety Net: Through the Crack." *Far Eastern Economic Review* (March 23): 40-42.

Kelly, Rita Mae and Dennis Palumbo. 1986. "Theories of Policy Making." In Vol. 2 of *Encyclopedia of Government and Politics*, edited by Mary Hawkesworth and Maurice Kogan. London: Routledge.

Kruschke, Earl R. and Byron M. Jackson. 1987. *The Public Policy Dictionary.* Santa Barbara, CA: ABC-Clio.

Ku, Yeun-Wen. 2006. "[Book Review of] Healthy Democracies: Welfare Politics in Taiwan and South Korea." *The China Journal* Iss. 55: 239-240.

Lafitte, F. 1973. "Social Policy in a Free Society." In *Social Administration: Readings in Applied Social Science*, edited by W. Birrell. New York: Penguin.

Leef, George C. 2008. "[Book Review of] Is the Welfare State Justified?" *Freeman* 58(10): 35-36.

Lewis, Jane. 1999. "Feminist Perspectives." In *The Student's Companion to Social Policy*, edited by P. Alcock, A. Erskine, and M. May. Oxford, UK: Blackwell.

MacKenzie, Iain. 1995. "Introduction: The Arena of Ideology." In *Political Ideologies: An Introduction (2nd ed)*, authored by Eccleshall, Robert, Vincent Geoghegan, Richard Jay, Michael Kenny, Iain MacKenzie, and Rick Wilford. London: Routledge.

Marshall, T. H. 1975. *Social Policy in the Twentieth Century* (4th ed). London,

UK: Hutchinson.

Marshall, Will. 2005. "From Welfare State to "Enabling State"." *Business Week* (May 16).

Maxwell. 2009. "Pareto Efficiency." http://wilcoxen.maxwell.

Medeiros, Marcelo and Joana Costa. 2008. "Is There a Feminization of Poverty in Latin America?" *World Development* 36(1): 115-127.

Meenaghan, Thomas, M. and Robert O. Washington. 1980. *Social Policy and Social Welfare: Structure and Applications*. New York: Free Press.

Megginson, William L. and Jeffry M. Netter. 2001. "From State to Market: A Survey of Empirical Studies on Privatization." *Journal of Economic Literature* 39(2): 321-389.

Midgley, J. 1996. "Challenges Facing Social Security" In *Challenges to Social Security: An International Exploration*, edited by J. Midgley and M. B. Tracy. Westport, CT: Auburn.

Mishra, Ramesh. 1984. *The Welfare State in Crisis: Social Thought and Social Change*. Brighton, UK: Wheatsheaf Books.

Mishra, Ramesh. 1989. "The Academic Tradition in Social Policy: The Titmuss Years." In *The Goals of Social Policy*, edited by Martin Bulmer, Jane Lewis and David Piachaud. London: Unwin Hyman.

Mishra, Ramesh. 1990. *The Welfare State in Capitalist Society: Policies of Retrenchment and Mainteance in Europe, North America and Australia*. Hempstead, UK: Harvester.

Mishra, Ramesh. 2005. "Globalization and Welfare States." In *Welfare State and the Future*, edited by B. Vivekanandan and Nimmi Kurian. London: Palgrave.

Mohan, Brij. 1988. *The Logic of Social Welfare: Conjectures and Formulations*. Hertfordshire, UK: Harvester Wheatsheaf.

Morris, R. 1979. *Social Policy of the American Welfare State*. New York: Harper and Row.

Mount, Ferdinand. 2008. *Five Types of Inequality*. York, UK: Joseph Rowntree Foundation.

National Conference of State Legislatures. 2008. "Welfare Reform: Family Cap Policies" www.ncsl.org/statefed.

National School of Government. 2008. "What Is Policy Evaluation?" http://www.nationalschool.gov.uk.

OECD. 2008. *Are We Growing Unequal?* Paris, France: OECD Publishing.

Ogborn, Keith. 2009. "Social Protection Options on the Web."

http://www.socialprotection.net/.

Okun, Arthur, M. 1975. *Equality and Efficiency: The Big Tradeoff.* Washington D.C.: The Brookings Institution.

Pascall, Gillian. 1986. *Social Policy: A Feminist Analysis.* London: Tavistock Publications.

Pembrokeshire Record Office. 2005. *Overseers of the Poor in Pembrokeshire.* Pembrokeshire, UK: Pembrokeshire Council.

Perkins, K. 1992. "Psychosocial Implications of Women and Retirement." *Social Work* 37(6): 526-532.

Petersen, Rodney J. 2009. "The Policy Process Life Cycle." *EDUCAUSE Review* 44(1): 74-75.

Pierson, Chris. 2005. "'Late Industrializers' and the Development of Welfare Regimes." *Acta Politica* 40(4): 395-418.

Pierson, Christopher. 2007. *Beyond the Welfare State: The New Political Economy of Welfare (3rd ed).* University Park, PA: Pennsylvania State University Press.

Pieters, Danny. 1993. *Introduction into the Basic Principles of Social Security.* Deventer, The Netherlands: Kluwer Law International.

Pieters, Danny. 2006. *Social Security: An Introduction to the Basic Principles (2nd ed).* Hague, The Netherlands: Kluwer Law International.

Pijl, Marja. 1994, "When Private Care Goes Public." *In Payments for Care: A Comparative Overview*, edited by A. Evers, M. Pijl and C. Ungerson. Hants, UK: Avebury.

Pinker, Robert. 1986. "Social Welfare in Japan and Britain: A Comparative View. Formal and Informal Aspects of Welfare." *In Comparing Welfare States and Their Futures*, edited by E. Oyen. Hants, UK: Grower.

Piven, Francis Fox and Richard A. Cloward. 1972. *Regulating the Poor: The Function of Public Welfare.* London, Tavistock Publications.

Porter, Michael E. 2000. "Attitudes, Values, Beliefs, and the Microeconomics of Prosperity." In *Culture Matters: How Values Shape Human Progress*, edited by Lawrence E. Harrison and Samuel P. Huntington. New York: Basic Books.

Powell, Martin and Martin Hewitt. 2002. *Welfare State and Welfare Change.* Buckingham, UK: Open University Press.

Quade, E. 1984. *Analysis for Public Decisions.* Englewood Cliffs, NJ: Prentice-Hall.

Rejda, George. E. 1999. *Social Insurance and Economic Security (6th ed).* Uppler

Saddle River, NJ: Prentice-Hall.

Robson, William A. 1976. *Welfare State and Welfare Society: Illusion and Reality*. London: George Allen and Unwin.

Romanyshyn, J. M. 1971. *Social Welfare: Charity to Justice*. New York: Random House and Council on Social Work Education.

Rubin, Marilyn Marks and John R. Bartle. 2005. "Integrating Gender into Government Budgets: A New Perspective." *Public Administration Review* 65(3): 259-272.

Sainsbury, Diane. 2001. "Gendering Dimensions of Welfare States." In *Rethinking European Welfare: Transformations of Europe and Social Policy*, edited by Janet Fink, Gail Lewis, and John Clarke. London: Sage.

Sainsbury, R. 1999. "The Aims of Social Security." In *Introduction to Social Security: Policies, Benefits and Poverty*, edited by J. Ditch. London: Routledge.

Sherraden, Michael. 2003. "From the Social Welfare State to the Social Investment State." *Issue* #128, *March/April*. http://www.nhi.org.

Smith, Rolland E. 1995. "Settlements and Neighborhood Centers." In *Encyclopedia of Social Work (19th ed)*, edited by J. L. Edwards et al. Washington D.C.: NASW Press.

Spartacus Educational. 2010. http://www.spartacus.schoolnet.co.uk/.

Spicker, Paul, Sonia A. Leguizamon, and David Gordon. eds. 2007. *Poverty: An International Glossary (2nd ed)*. New York: Zed Books.

Spicker, Paul. 2010. "An Introduction to Social Policy." http://www2.rgu.ac.uk/publicpolicy.

SSA (Social Security Administration). 1999. *Social Security Programs throughout the World - 1999*. Washington D.C.: GPO.

SSA and ISSA (Social Security Administration and International Social Security Association). 2007. *Social Security Programs Throughout the World: Asia and the Pacific, 2006* (released March 2007). www.ssa.gov.

Stiglitz, Joseph E. 1997. *Economics (2nd ed)*. (김균·안현효 옮김. 2002. 《스티글리츠의 거시경제학》 서울: 한울 아카데미.)

Stoesz, David. 2007. "Bootstrap Capitalism: Sequel to Welfare Reform." *Families in Society* 88(3): 375-378.

Tawney, Richard H. 1931. *Equality*. London: Allen and Unwin.

Taylor-Gooby, Peter. 2004. "New Risks and Social Change." In *New Risks, New Welfare: The Transformation of the European Welfare State*, edited by P. Taylor-Gooby. Oxford, UK: Oxford University Press.

The Canadian Encyclopedia. 2010. "Welfare State." http://www.thecanadianencyclopedia.com.

Thompson, L. H. 1994. "The Advantages and Disadvantages of Different Social Welfare Strategies." *Social Security Bulletin* 57(3): 3-11.

Tice, Carolyn, J. and Kathleen Perkins. 2002. *The Faces of Social Policy: A Strengths Perspective*. Pacific Grove, CA: Brook/Cole.

Titmuss, Richard M. [1974] 1979. *Social Policy: An Introduction*. London: George Allen & Unwin.

Tracy, M. B. 1996: "Conclusion: Responding to the Challenge." In *Challenges to Social Security: An International Exploration*, edited by J. Midgley and M. B. Tracy. Westport, CT: Auburn.

U.S. House of Representatives. 2009. "Republican Contract With America." http://www.house.gov.

Walker, Robert. 2005. *Social Security and Welfare: Concepts and Comparisons*. Berkshire, UK: Open University Press.

Wikipedia. http://en.wikipedia.org.

Wilensky, Harld, L., Gregory M. Luebbert, Susan R. Hahn, and Adrienne M. Jamieson. 1985. *Comparative Social Policy: Theories, Methods, Findings*. Berkeley, CA: University of California Press.

Wilensky, Harold L. and Charles N. Lebeaux. 1965. *Industrial Society and Social Welfare: The Impact of Industrialization on the Supply and Organization of Social Welfare Services in the United States*. New York: Free Press.

Wilensky, Harold. 1975. *The Welfare State and Equality*. Berkeley, CA: University of California Press.

Williams, F. 1994. "Social Relations, Welfare and the Post-Fordism Debate." In *Towards A Post-Fordist Welfare State?*, edited by R. Burrows and B. Loader. London: Routledge.

Young, Pat. 1989. *Mastering Social Welfare (2nd ed)*. London: MacMillan.

찾아보기

(사)

(아)

(자)

저자소개

노병일(盧炳一)

대전 출생
서울대학교 졸업(학사)
공주대학교 대학원 졸업(사회복지학 석사)
미국 뉴욕주립대학교 대학원 졸업(사회학 박사)
대전대학교 지역협력연구원장 역임
중앙공무원 사회복지학 시험문제 출제위원, 시험문제 선정위원 역임
사회복지공동모금회 대전광역시 지부 배분위원 역임
대전광역시 사회복지위원, 건강가정위원 역임
현재 대전대학교 사회복지학과 교수

주요 저서

《빈곤론》 (2013)
《아동복지론》 (2012, 2000, 2002, 2008)
《사회보장론》 (1999, 2002, 2009, 2010)
《사회복지조사론》 (공저, 2010)
《현대 산업복지론》 (2008)
《지역사회정신보건정책 및 서비스》 (공저, 2007)
《사회복지법제론》 (공저, 2006)
《취약지역의 사회적 배제》 (2006)
《East Asian Cooperation in the Glocal Era》 (영문 공저, 2006)
《지역 노인의 사회적 지지와 우울》 (공저, 2005)
《주거빈곤층의 삶과 터전》 (공저, 2004)

주요 논문

"비정규직 근로자의 사회적 배제가 정신건강에 미치는 영향"
"지역사회빈곤과 사회적 유대가 도시 주민의 우울에 미치는 영향"
"사회적 지지의 수준과 차원이 노인 우울에 미치는 영향"
"도시노숙자의 삶의 질 예측 요인"
"자원봉사가 정부역량에 미치는 영향"

카 페

'병일세상'(cafe.daum.net/bisesang)

사회복지정책론

2011년 1월 20일 1판 1쇄 발행
2013년 8월 30일 1판 2쇄 발행

저 자 : 노 병 일
발행인 : 김 동 규
발행처 : 교 육 과 학 사

저자와의
협의하에
인지생략

경기도 파주시 교하읍 문발리
파주출판문화정보산업단지 514-5
전화(031)955-6956-8 / 팩스(031)955-6037
Home-page : www.kyoyookbook.co.kr
등록 : 1970년 5월 18일 제2-73호

낙장·파본은 교환해 드립니다.
Printed in Korea.

정가 20,000원
ISBN 978-89-254-0448-6